第12版

环境资源法
配套测试

试题

教学辅导中心 / 组编　编委会主任 / 曹　炜

编审人员

曹　炜　喻海倚　沈　舒　张　舒
黄　凡　潘怡宁　顾楷淳　刘馨然

中国法治出版社
CHINA LEGAL PUBLISHING HOUSE

出版说明

　　"高校法学专业核心课程配套测试"丛书由我社教学辅导中心精心组编，专为学生课堂同步学习、准备法学考试，教师丰富课件素材、提升备课效率而设计。自2005年首次出版以来，丛书始终秉持"以题促学、以考促研"的编写理念，凭借其考点全面、题量充足、解析详尽、应试性强等特点，成为法学教辅领域的口碑品牌，深受广大师生信赖。

　　本丛书具有以下特色：

　　1. **适配核心课程，精设十六分册。**丛书参照普通高等学校法学专业必修课主要课程，设置十六个分册，涵盖基础理论、实体法、程序法及国际法等核心领域，旨在帮助学生构建系统的法学知识框架，筑牢理论根基，掌握法律思维。

　　2. **专业团队编审，严控内容品质。**由北京大学、中国人民大学、中国政法大学、北京航空航天大学、中国社会科学院、西南政法大学、西北政法大学、南开大学、北京理工大学等法学知名院校教师领衔编委会，全程把控试题筛选、答案审定及知识体系优化，确保内容兼具理论深度及实践价值。

　　3. **科学编排体系，助力知识巩固。**每章开篇设置"基础知识图解"板块，以思维导图形式梳理核心概念与法律关系，帮助学生快速构建知识框架。习题聚焦法学考试高频考点，覆盖单项选择题、多项选择题、不定项选择题、名词解释、简答题、论述题、案例分析题等常见题型，满足课堂练习、期末备考、法考训练、考研复习等需求。答案标注法条依据，详解解题思路。设置综合测试题板块，方便学生自我检测、巩固知识。

　　4. **紧跟法治动态，及时更新内容。**丛书依据新近立法动态进行修订，注重融入学科前沿成果，同时，贴合国家统一法律职业资格考试重点，强化实务导向题型训练，切实提升学生应试能力。

　　5. **贴心双册设计，提升阅读体验。**试题与解析分册编排，方便学生专注刷题，随时查阅答案，大幅提升学习效率。

　　6. **拓展功能模块，丰富学习资源。**附录部分收录与对应课程紧密相关的核心法律文件目录，帮助学生建立法律规范知识体系；另附参考文献及推荐书目，既明确了答案参考，亦为学生提供拓展阅读指引。

7. **附赠思维导图，扫码即可获取。** 购买本书，扫描封底二维码可下载课程配套思维导图，便于学生随时查阅、灵活使用，为学习提供更多便利与支持。

尽管本丛书已历经学生试用、教师审阅、编辑加工校对等多个环节，但难免存在疏漏和值得商榷之处。法学的魅力恰在于永恒的思辨。若您在研习过程中有任何问题或建议，欢迎发送邮件至 hepengjuan@zgfzs.com，与编委会共同交流探讨。我们将持续关注法学学习需求，以更开放的姿态完善知识体系，与广大师生共同推动本丛书内容的迭代优化。

"法律的生命不在逻辑，而在经验。"——愿我们在求索路上互为灯塔。

教学辅导中心

2025 年 8 月

《环境资源法配套测试》导言

党的十八大以来，以习近平同志为核心的党中央从中华民族永续发展的高度出发，深刻把握生态文明建设在新时代中国特色社会主义事业中的重要地位和战略意义，大力推动生态文明理论创新、实践创新、制度创新，创造性提出一系列富有中国特色、体现时代精神、引领人类文明发展进步的新理念新思想新战略，形成了习近平生态文明思想，高高举起了新时代生态文明建设的思想旗帜，为新时代我国生态文明建设提供了根本遵循和行动指南。在生态文明建设国家战略的时代背景下，环境资源法学已成为法学教育中极具现实关怀和未来性的学科。它不仅关涉生态环境保护、自然资源利用、生物多样性、气候变化等重大议题，更深刻影响着生态环境治理体系与治理能力现代化的法治化构建。党的十八大以来，我国持续推进生态文明体制改革，出台了《生态文明体制改革总体方案》等一系列顶层设计文件，并不断完善环境法规范体系，相关立法文件的数量也急剧增长。2025年4月，在十四届全国人大常委会第十五次会议上，常委会会议初次审议了《中华人民共和国生态环境法典（草案）》。法典编纂工作的推进意味着我国环境法治建设即将迈入体系化、协调化、综合化的新阶段。在这一历史性进程中，加强环境资源法学教育，对于培养具有社会使命感和责任感的新时代复合型法学人才具有重要的意义和作用。通过对环境资源法基本法律概念、主要制度类型、部门法关系、调整机制、权利义务配置等内容的全面理解，研习者才能准确把握环境资源法的内在逻辑与制度形式，为参与生态文明立法、执法与司法实践夯实理论基础。

值得一提的是，环境资源法与民法、行政法、经济法等法律部门关系密切，既体现为制度规范上的交叉，也反映出目标功能上的互补，读者朋友在研习时亦会感悟到这一特征。其一，环境资源法在环境侵权责任、生态环境损害赔偿、自然资源物权等领域形成规则协同；其二，环境资源法与行政法高度依赖，环境许可、行政处罚、信息公开和公众参与等核心制度都是环境资源法赖以实施的规范基础；其三，环境资源法与经济法融合紧密，排污权交易、生态保护补偿、绿色金融等制度体现出环境资源法一定的政策工具属性和运作机制的经济化特征。正确理解这种不同法律体系之间的内在联系，方可准确把握多元、复合的环境资源法治体系。因此，环境资源法的研习要求学生掌握一定基础法学知识的同时，进一步掌握环境资源法与其他法律部门的共性和特殊性，准确理解环境资源法"领域法"的本质属性。

本书结合环境资源法律法规最新立法和修改完善情况，对旧版中已经失效、修改的知识点进行了更新完善，使得全书内容更加全面精准。本书不仅强化了知识框架建构，使得学生能够初步掌握环境资源法的知识体系，还强化了习题训练，紧贴环境资源法的核心内容与前沿问题，配套设置单项选择题、多项选择题、名词解释、简答题与论述题等多种题型。本书既可作为教辅用书服务于本科教学，也可以为研究生考试及法律职业资格考试等复合型考核场景提供训练支撑。题目设计兼顾基础理论、规范适用与案例分析，致力于帮助学习者在掌握法律条文的同时，提升对法律制度背后价值目标和内在逻辑的理解，进而培养学生运用法学方法解决复杂问题的能力。

希望本书能够成为您走近环境资源法世界的良师益友，也愿读者朋友在新时代法治体系建设进程中贡献属于法律共同体成员的理性与担当！

目　录

第一编 总 论

第一章 导 论

A+ 基础知识图解

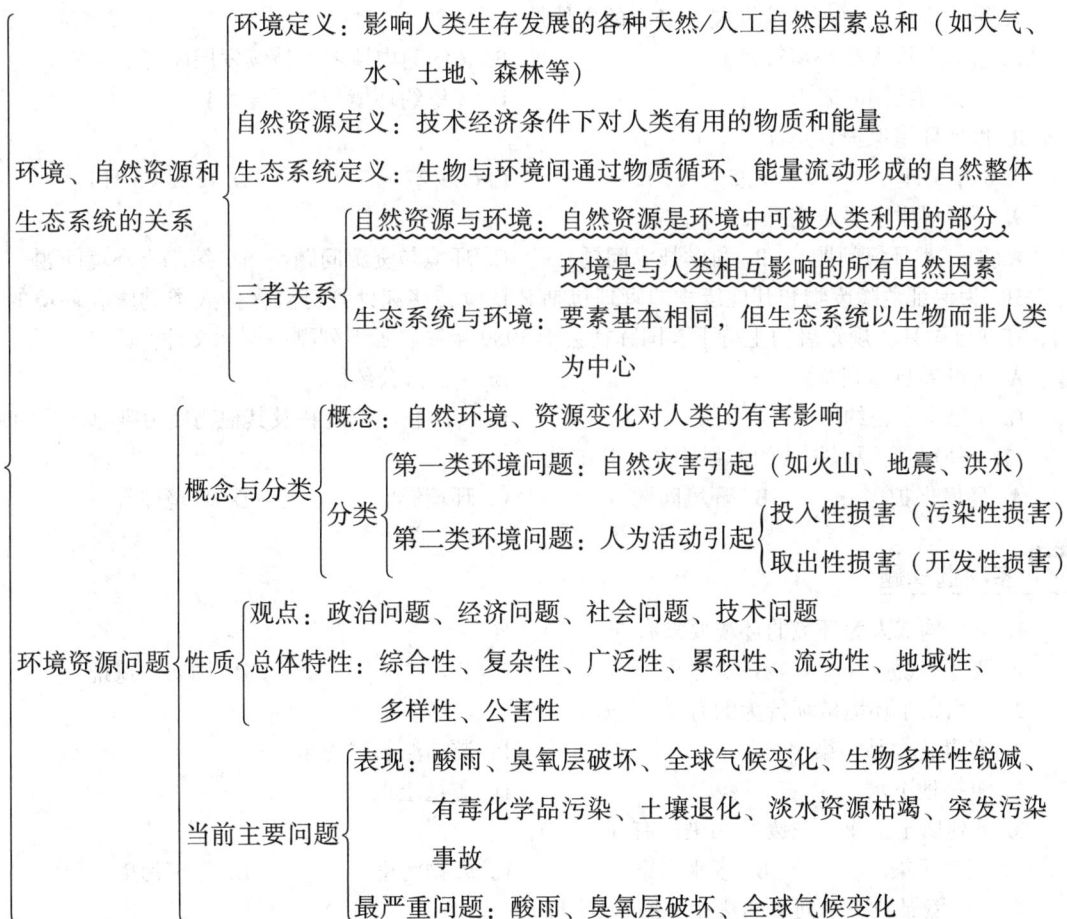

环境、自然资源和生态系统的关系
- 环境定义：影响人类生存发展的各种天然/人工自然因素总和（如大气、水、土地、森林等）
- 自然资源定义：技术经济条件下对人类有用的物质和能量
- 生态系统定义：生物与环境间通过物质循环、能量流动形成的自然整体
- 三者关系
  - 自然资源与环境：自然资源是环境中可被人类利用的部分，环境是与人类相互影响的所有自然因素
  - 生态系统与环境：要素基本相同，但生态系统以生物而非人类为中心

环境资源问题
- 概念与分类
  - 概念：自然环境、资源变化对人类的有害影响
  - 分类
    - 第一类环境问题：自然灾害引起（如火山、地震、洪水）
    - 第二类环境问题：人为活动引起
      - 投入性损害（污染性损害）
      - 取出性损害（开发性损害）
- 性质
  - 观点：政治问题、经济问题、社会问题、技术问题
  - 总体特性：综合性、复杂性、广泛性、累积性、流动性、地域性、多样性、公害性
- 当前主要问题
  - 表现：酸雨、臭氧层破坏、全球气候变化、生物多样性锐减、有毒化学品污染、土壤退化、淡水资源枯竭、突发污染事故
  - 最严重问题：酸雨、臭氧层破坏、全球气候变化

配套测试

单项选择题

1. "人类环境"这个概念是在 1972 年联合国人类环境会议上被提出的，它是指以（　　）为中心、为主体的外部世界。

A. 人类　　　　　　B. 生物　　　　　　C. 生态系统　　　　　　D. 生物和非生命物质

2. 依据组成环境的物质与人类活动的关系，环境可以分为（　　）。

A. 生活环境与生态环境　　　　　　　　　　B. 大气环境、水环境、土壤环境

C. 天然环境与人为环境　　　　　　　　　　D. 室内环境、村镇环境、城市环境

3. 下列资源属于可更新资源的是（　　）。

A. 煤　　　　　　　　B. 土壤　　　　　　　　C. 石油　　　　　　　　D. 非金属矿藏

4. 下列属于无限资源的有（　　）。

A. 淡水　　　　　　　B. 动物　　　　　　　　C. 植物　　　　　　　　D. 太阳能

5. 一般将人为原因引起的环境问题称为（　　）。

A. 人口问题　　　　　B. 原生环境问题　　　　C. 次生环境问题　　　　D. 第一类环境问题

6. 按照"灰色系统"理论，环境保护所要鼓励的环境行为是（　　）。

A. 黑色行为　　　　　B. 白色行为　　　　　　C. 灰色行为　　　　　　D. 蓝色行为

7. 第一次阐述"可持续发展"概念的文件是（　　）。

A.《联合国人类环境宣言》　　　　　　　　B.《约翰内斯堡可持续发展序言》

C.《我们共同的未来》　　　　　　　　　　D.《里约环境与发展宣言》

8. 世界环境保护日是（　　）。

A. 6 月 5 日　　　　　B. 5 月 22 日　　　　　C. 6 月 27 日　　　　　D. 12 月 25 日

9. 环境科学主要研究（　　）。

A. 第一类环境问题　　B. 科学技术问题　　　　C. 环境与资源问题　　　D. 第二类环境问题

10. 为保证危险废物和其他废物的管理包括其越境转移和处置符合保护人类健康和环境的目的，在联合国环境规划署的主持下，国际社会于 1989 年签署了下列哪一国际文件？（　　）

A.《世界自然宪章》　　　　　　　　　　　B.《公海公约》

C.《巴塞尔公约》　　　　　　　　　　　　D.《防止倾倒废物及其他物质污染海洋公约》

11. 环境与资源保护法的体系构建的基础是（　　）。

A. 环境保护　　　　　B. 环境问题　　　　　　C. 环境影响　　　　　　D. 环境差异

多项选择题

1. 下列构成人为环境的环境要素有（　　）。

A. 万里长城　　　　　B. 太平洋　　　　　　　C. 长江　　　　　　　　D. 圆明园遗址

2. 下列属于环境破坏行为的有（　　）。

A. 有毒化学品污染　　　　　　　　　　　　B. 滥捕滥杀藏羚羊

C. 滥抽地下水　　　　　　　　　　　　　　D. 滥垦土地

3. 下列属于工业"三废"污染的有（　　）。

A. 废气污染　　　　　B. 废水污染　　　　　　C. 废物污染　　　　　　D. 噪声污染

4.《环境保护法》列举的法律保护的范围有（　　）。

A. 城市与乡村　　　　B. 矿藏　　　　　　　　C. 自然保护区　　　　　D. 人文遗迹

5. 关于人类与环境的关系，下列表述正确的是（　　）。

A. 人类是环境的产物

B. 人类能够主动地适应和改造环境

C. 随着科学的不断进步，人类可以逐步摆脱环境的限制和制约

D. 人类与环境是相互联系、相互作用、相互影响的

6. 下列选项中，属于世界八大环境公害事件的有（　　）。

A. 洛杉矶光化学烟雾事件　　　　　　　　　B. 伦敦烟雾事件

C. 富山骨痛病事件　　　　　　　　　　D. 米糠油事件

7. 下列选项中属于《巴塞尔公约》规定的任务的是（　　　）。

A. 减少危险废物的产生

B. 促进有利于环境的废物管理

C. 尽可能地在废物产生地处置废物，将废物的越境运输降到最低限度

D. 防止危险废物的非法转移

名词解释

1. 环境问题

2. 环境要素

3. 生态平衡

4. 自然环境

5. 可持续发展

6. 自然资源

7. 循环经济

简答题

1. 简述当代环境问题的性质。

2. 简述我国进行环境保护的意义。

3. 简述循环经济与绿色消费的关系。

4. 简述环境科学的基本任务。

5. 当前人类面临的主要环境问题是什么？

6. 简述第一类环境问题与第二类环境问题。

7. 简述我国生态环境标准分类。

8. 简述部门法划分"双重标准说"的观点。

9. 简述环境与资源保护法所解决的次生环境问题的基本类型。

10. 环境与资源保护法的体系构建应包含哪些方面的内容？

论述题

1. 论述环境、资源、人口和发展的关系。

2. 论述生态系统的组成。

3. 论述环境保护与可持续发展的关系。

4. 论述环境保护与深化企业改革。

5. 环境资源法规定的"环境"与环境科学规定的"环境"在范围上有哪些异同？

6. 论述生态规律在环境资源法中的运用。

7. 论述部门法研究范式在环境与资源保护法研究领域的不适应性。

8. 论述部门法研究范式影响环境与资源保护法体系的完整性。

第二章　环境与资源保护法概述

A+基础知识图解

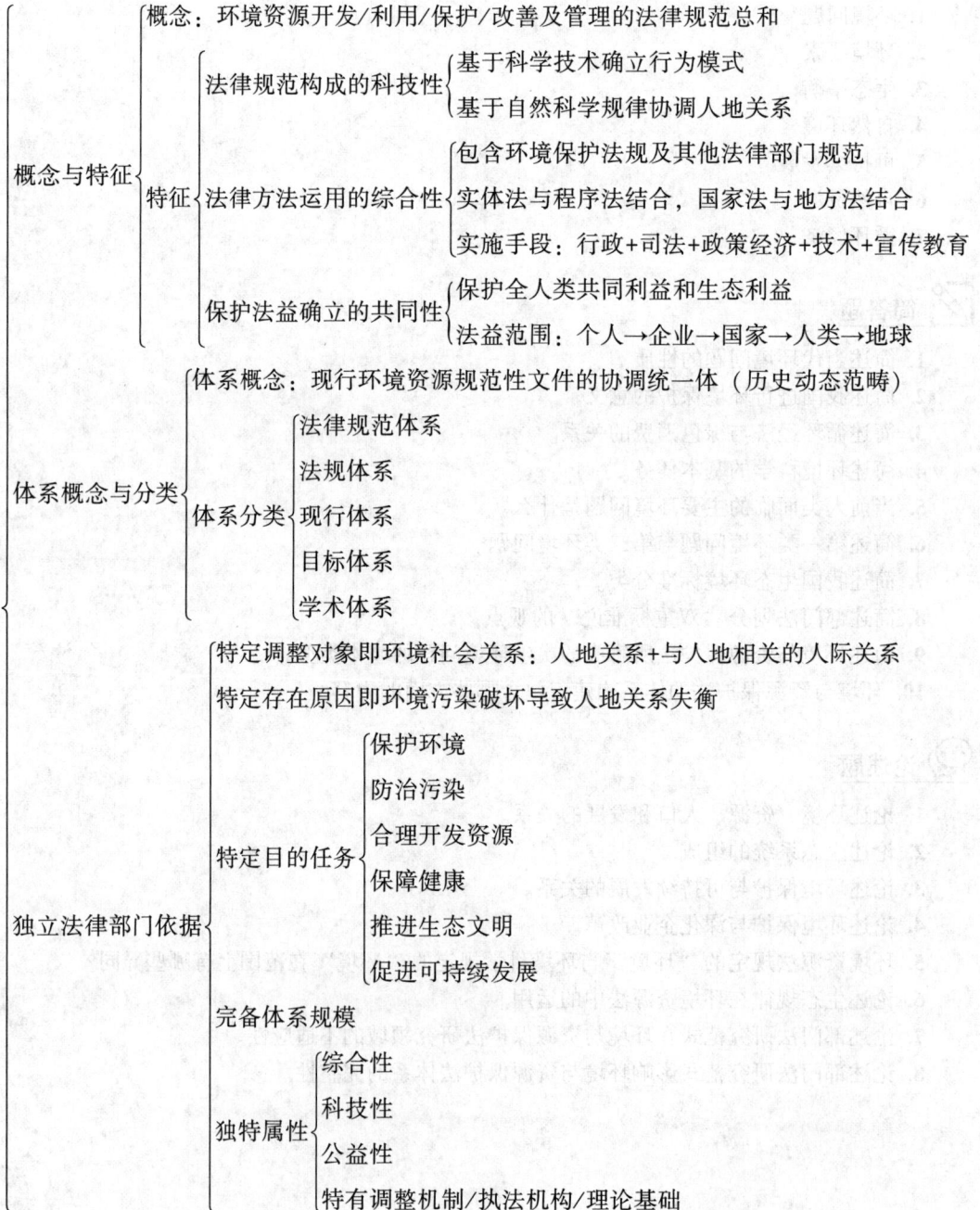

概念：环境资源开发/利用/保护/改善及管理的法律规范总和

概念与特征
- 特征
  - 法律规范构成的科技性
    - 基于科学技术确立行为模式
    - 基于自然科学规律协调人地关系
  - 法律方法运用的综合性
    - 包含环境保护法规及其他法律部门规范
    - 实体法与程序法结合，国家法与地方法结合
    - 实施手段：行政+司法+政策经济+技术+宣传教育
  - 保护法益确立的共同性
    - 保护全人类共同利益和生态利益
    - 法益范围：个人→企业→国家→人类→地球

体系概念与分类
- 体系概念：现行环境资源规范性文件的协调统一体（历史动态范畴）
- 体系分类
  - 法律规范体系
  - 法规体系
  - 现行体系
  - 目标体系
  - 学术体系

独立法律部门依据
- 特定调整对象即环境社会关系：人地关系+与人地相关的人际关系
- 特定存在原因即环境污染破坏导致人地关系失衡
- 特定目的任务
  - 保护环境
  - 防治污染
  - 合理开发资源
  - 保障健康
  - 推进生态文明
  - 促进可持续发展
- 完备体系规模
- 独特属性
  - 综合性
  - 科技性
  - 公益性
  - 特有调整机制/执法机构/理论基础

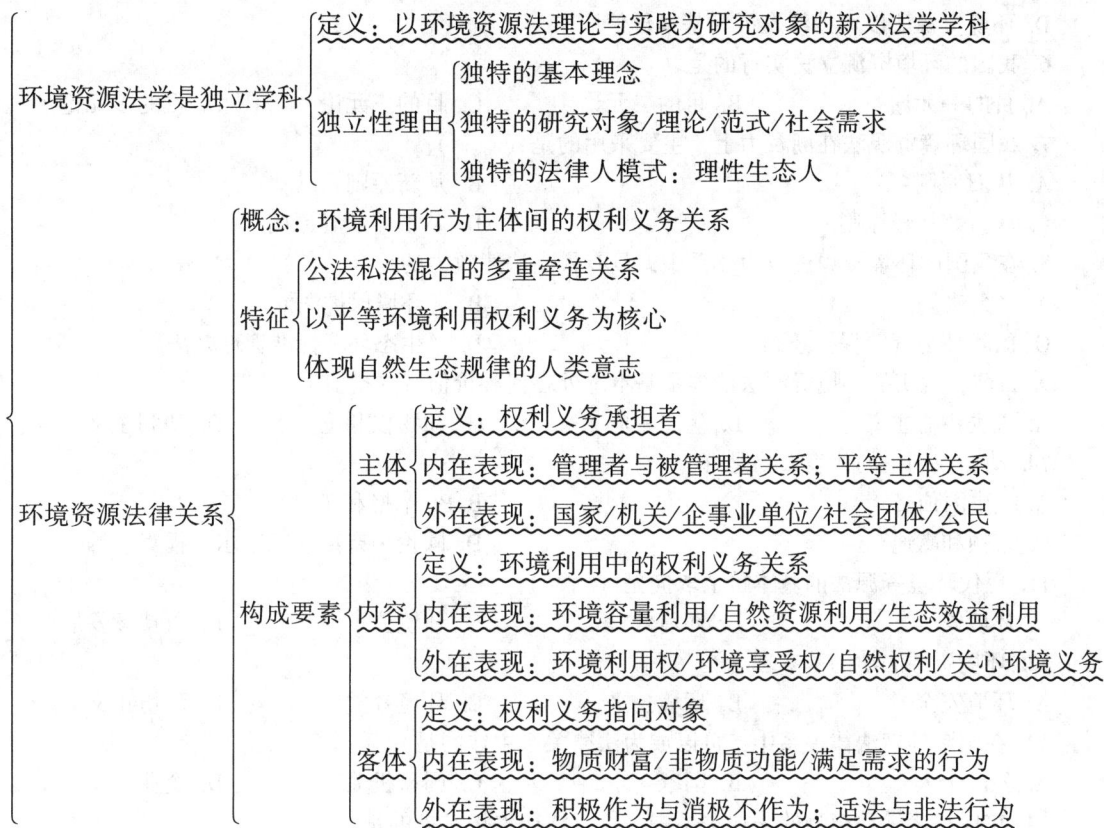

环境资源法学是独立学科
- 定义：以环境资源法理论与实践为研究对象的新兴法学学科
- 独立性理由
  - 独特的基本理念
  - 独特的研究对象/理论/范式/社会需求
  - 独特的法律人模式：理性生态人

环境资源法律关系
- 概念：环境利用行为主体间的权利义务关系
- 特征
  - 公法私法混合的多重牵连关系
  - 以平等环境利用权利义务为核心
  - 体现自然生态规律的人类意志
- 构成要素
  - 主体
    - 定义：权利义务承担者
    - 内在表现：管理者与被管理者关系；平等主体关系
    - 外在表现：国家/机关/企事业单位/社会团体/公民
  - 内容
    - 定义：环境利用中的权利义务关系
    - 内在表现：环境容量利用/自然资源利用/生态效益利用
    - 外在表现：环境利用权/环境享受权/自然权利/关心环境义务
  - 客体
    - 定义：权利义务指向对象
    - 内在表现：物质财富/非物质功能/满足需求的行为
    - 外在表现：积极作为与消极不作为；适法与非法行为

配套测试

✔ 单项选择题

1. 1972 年 6 月，联合国人类环境会议在斯德哥尔摩举行，这次会议通过的文件有（　　）。

A.《我们共同的未来》　　　　　　　　B.《21 世纪议程》

C.《人类环境宣言》　　　　　　　　　D.《生物多样性公约》

2. 标志着全球中心议题从"斯德哥尔摩时期"的环境保护向"可持续发展时期"的环境保护转变的会议是（　　）。

A. 约翰内斯堡会议　　　　　　　　　B. 第二届地球首脑会议

C. 斯德哥尔摩会议　　　　　　　　　D. 里约会议

3. 在我国当前的环境资源法规体系中，属于综合性环境资源法律的是（　　）。

A.《海洋环境保护法》　　　　　　　　B.《水污染防治法》

C.《固体废物污染环境防治法》　　　　D.《环境保护法》

4. 关于环境资源法的性质，下列表述正确的是（　　）。

A. 技术性　　　　　　　　　　　　　B. 阶级性

C. 公益性　　　　　　　　　　　　　D. 阶级性和公益性的统一

5. 环境资源法作为一个独立的法律部门、区别于其他法律部门的基本标志是（　　）。

A. 环境资源法的性质具有特殊性

B. 环境资源法调整对象的特殊性

C. 环境资源法具有很强的科学技术性

D. 环境资源法以可持续发展为基本价值取向

6. 我国的环境资源立法实行的是（　　　）。

A. 目的一元论　　　　　B. 目的二元论　　　　　C. 目的三元论　　　　　D. 目的多元论

7. 我国环境资源法在溯及力上，主要采用的是（　　　）。

A. 从旧原则　　　　　　　　　　　　　　　B. 从新原则

C. 从新兼从轻原则　　　　　　　　　　　　D. 从旧兼从轻原则

8. 在我国的环境资源法效力体系中，具有最高法律效力的是（　　　）。

A.《宪法》　　　　　　　　　　　　　　　B.《环境保护法》

C. 国际环境资源保护条约　　　　　　　　　D.《生态环境标准管理办法》

9. 目前，现实的环境资源法治体系基本上处于何种价值观的指引下？（　　　）

A. 人类中心主义　　　　B. 生态中心主义　　　　C. 动物权利论　　　　D. 功利主义

10. 动物权利论的代表人物是（　　　）。

A. J. 法因伯格　　　　　　　　　　　　　　B. P. 辛格和 T. 里根

C. 诺顿和默迪　　　　　　　　　　　　　　D. 阿伦·奈斯、德韦尔、福克斯等

11. 现代环境资源法的基本价值取向是（　　　）。

A. 环境安全　　　　　　B. 环境效益　　　　　　C. 环境公平　　　　D. 可持续发展

12. 环境资源法学的基本理念是（　　　）。

A. 环境安全　　　　　　B. 环境公平　　　　　　C. 环境效益　　　　D. 环境正义

13. 在国际环境法律关系中，可以成为法律关系主体的是（　　　）。

A. 公民个人　　　　　　B. 国家　　　　　　　　C. 国家机关　　　　D. 企业

14. 在保护珍稀动植物的法律关系中，负有法律保护义务的是（　　　）。

A. 所有公民　　　　　　B. 法律工作者　　　　　C. 国家　　　　　　D. 猎人

15. 下列可以成为环境资源法律关系客体的是（　　　）。

A. 马戏团里的驯兽　　　B. 矿藏　　　　　　　　C. 克隆人　　　　　D. 自然人

16. 下列哪一项表述是不正确的？（　　　）

A. 地方各级人民政府应当对本行政区域的环境质量负责

B. 企事业单位和其他生产经营者应当防止、减少环境污染和生态破坏，对所造成的损害依法承担责任

C. 公民应当增强环境保护意识，采取低碳、节俭的生活方式，自觉履行环境保护义务

D. 环保宣传部门应当开展环境保护法律法规和环境保护知识的宣传，对环境违法行为进行舆论监督即可

☑️ 多项选择题

1. 下列规定中体现环境资源保护思想的有（　　　）

A.《逸周书·大聚解》记载："禹之禁，春三月山林不登斧，以成草木之长；夏三月川泽不入网罟，以成鱼鳖之长。"

B. 西周颁布的《伐崇令》规定："毋坏屋，毋填井，毋伐树木，毋动六畜。有不如令者，死无赦。"

C.《秦律·田律》规定："春二月，毋敢伐材木山林及雍堤水。不夏月，毋敢夜草为灰，取生荔……毒鱼鳖，置阱罔，到七月而纵之。"

D.《唐律疏议·杂律下》规定："穿垣出秽污者，杖六十；诸在市及人众者，故相惊动，令扰乱者，杖八十。"

2. 下列关于我国古代环境资源保护法律的表述正确的是（　　）。

A. 体现了我国古代人民朴素的环境保护思想

B. 规定零散，通常只是关于环境资源保护某一方面的法律规定

C. 现存最早最完整的古代环境资源法规见于 1975 年湖北云梦县出土的秦简

D. 我国古代出现过专门的环境资源保护法规

3. 下列关于"斯德哥尔摩时期"的环境资源法特点的表述正确的是（　　）。

A. 环境资源法发展的不平衡性和差别性逐渐缩小

B. 环境立法初现综合化的趋势

C. 环境资源法律开始重视设立统一的环境监督管理政府机构

D. 生态环境标准和环境规划逐步成为环境资源法体系的一个重要组成部分

4. 下列属于环境资源法特征的有（　　）。

A. 调整对象的特殊性　　　B. 综合性　　　　　C. 公益性　　　　　D. 科学技术性

5. 环境资源法的调整机制是一种综合性的调整机制，下列属于环境资源法三大调整机制的是（　　）。

A. 技术机制　　　　　　　B. 行政机制　　　　C. 市场机制　　　　D. 社会机制

6. 下列关于环境资源立法"目的二元论"的说法正确的是（　　）。

A. "目的二元论"以"环境优先"为最高原则

B. "目的二元论"要求必须在经济发展和环境保护之间找到平衡点

C. 我国的环境资源立法实行的是"目的二元论"

D. 日本、匈牙利等国的环境资源立法实行的是"目的二元论"

7. 环境资源法的调整对象是（　　）。

A. 人与物的关系　　　　　　　　　　　B. 人与社会的关系

C. 人与自然的关系　　　　　　　　　　D. 与环境资源有关的人与人之间的关系

8. 环境资源法的适用范围包括（　　）。

A. 适地范围　　　　　　　B. 适人范围　　　　C. 适事范围　　　　D. 适时范围

9. 根据《环境保护法》和《海洋环境保护法》的有关规定，下列属于我国环境资源法空间适用范围的有（　　）。

A. 外层空间　　　　　　　　　　　　　B. 中国驻外大使馆

C. 东海　　　　　　　　　　　　　　　D. 在大西洋航行的我国船舶

10. 我国环境资源法的适人范围包括（　　）。

A. 法人单位　　　　　　　　　　　　　B. 非法人单位

C. 中华人民共和国公民　　　　　　　　D. 享有外交特权和豁免权的外国人

11. 生态中心主义的两项最高准则是（　　）。

A. 自我实现　　　　　　　　　　　　　B. 生态中心平等主义

C. 个人主义　　　　　　　　　　　　　D. 利他主义

12. 可持续发展的特点有（　　）。

A. 公平性　　　　　　　　B. 可持续性　　　　C. 共同性　　　　　D. 需求性

13. 环境资源法律规范按其内容的不同可以分为（　　）。

A. 委任性环境规范　　　　　　　　　　B. 授权性环境规范

C. 义务性环境规范　　　　　　　　　　D. 权义合成环境规范

14. 编制和实施环境与资源保护立法的规划，必须注意以下哪几个方面的关系和问题？（　　）

A. 应当根据国家的政治、经济、文化和科学技术等各种社会关系的发展变化以及这些发展变化对立法提出的要求来制定立法规划

B. 必须从整体上、从立法的全过程中不断建立和完善国家的环境资源法律体系

C. 应当由具有立法权的国家机关进行立法规划的编制

D. 关于环境资源法的行政法规、法律实施细则的立法规划应当由司法部编制

15. 制定环境与资源法应当遵循的指导性原则是（　　）。

A. 以可持续发展为导向的原则　　　　　B. 尊重和体现生态规律的原则

C. 向循环经济增长模式转变的原则　　　D. 突出运用环境经济学方法的原则

16. 环境资源保护法基本法和单行法的关系是（　　）。

A. 基本法内容比较抽象，而单行法内容相对具体

B. 单行法是对基本法某一方面规定的具体化

C. 基本法效力高于单行法，单行法不能违背基本法的原则和立法精神

D. 基本法针对环境保护的重要问题进行全面的规定，单行法则针对特定的环境保护对象作出规定

17. 环境资源法学的主要研究对象是（　　）。

A. 人与自然的关系　　　　　　　　　　B. 与环境有关的人与人的关系

C. 环境资源法　　　　　　　　　　　　D. 环境科学

18. 下列属于环境资源法律关系构成要素的有（　　）。

A. 行为　　　　　B. 主体　　　　　C. 客体　　　　　D. 内容

19. 下列对我国环境资源法律关系主体的理解正确的是（　　）。

A. 环境资源法律关系的主体是环境资源法律关系中权利的享有者和义务的承担者

B. 环境资源法律关系的主体包括国家、国家机关、一切单位和个人

C. 年满 18 周岁的公民才能成为环境资源法律关系的主体

D. 我国环境资源法律关系的主体还包括除了人类之外的动物、非人生命体

20. 环境资源法律关系的主要客体包括（　　）。

A. 精神财富　　　　　B. 物　　　　　C. 智力成果　　　　　D. 行为

21. 下列对环境资源法律关系内容的论述正确的是（　　）。

A. 环境资源法律关系的内容包括环境资源法权利和环境资源法义务

B. 环境资源法权利和环境资源法义务分别由不同的主体来享有或承担

C. 环境资源法律关系各主体的权利义务既不均衡也不对等

D. 环境资源法对同一主体权利义务的规定存在一定的倾斜性

22. 公民、法人和其他组织依法享有以下哪些权利？（　　）

A. 获取环境信息　　　B. 制定环境政策　　　C. 参与环境保护　　　D. 监督环境保护

名词解释

1. 环境保护法
2. 环境基本法
3. 环境资源法体系
4. 环境资源法学
4. 环境资源法学的调整论
6. 环境资源法律关系

✍️ 简答题

1. 简述"可持续发展时期"环境资源法的主要特点。

2. 简述环境资源法规范的类别。

3. 简述环境资源法产生和发展的主要规律。

4. 简述可持续发展对环境资源法的影响。

5. 简述我国关于环境保护的宪法性规定。

6. 环境保护法的适用范围包括哪几个方面？

7. 《环境保护法》中的环境是指什么？

8. 试分析环境资源法的科学性。

9. 试述环境经济政策的作用和意义。

10. 简述环境的外部不经济性及其内部化。

11. 简述环境资源法学的特征。

12. 简述环境资源法学是一门独立学科的理由。

13. 简述环境资源法所调整的人与自然关系的特点。

14. 简述环境资源法律关系的含义及特点。

15. 试述环境资源法学的研究方法。

💬 论述题

1. 论环境资源法体系的构想。

2. 论环境资源法的特征。

3. 论环境资源法与民法的关系。

4. 论环境资源法的宗旨。

5. 论中国环境资源法治完善途径。

6. 试论环境资源法与自然资源法的关系。

7. 论环境资源法是一个独立的法律部门的理由。

8. 结合可持续发展战略分析当代环境资源法的发展趋势。

9. 试评述环境资源法调整对象的几种主要观点。

10. 试述环境资源法学和环境科学的关系。

第三章　环境与资源保护法的历史演进

A+基础知识图解

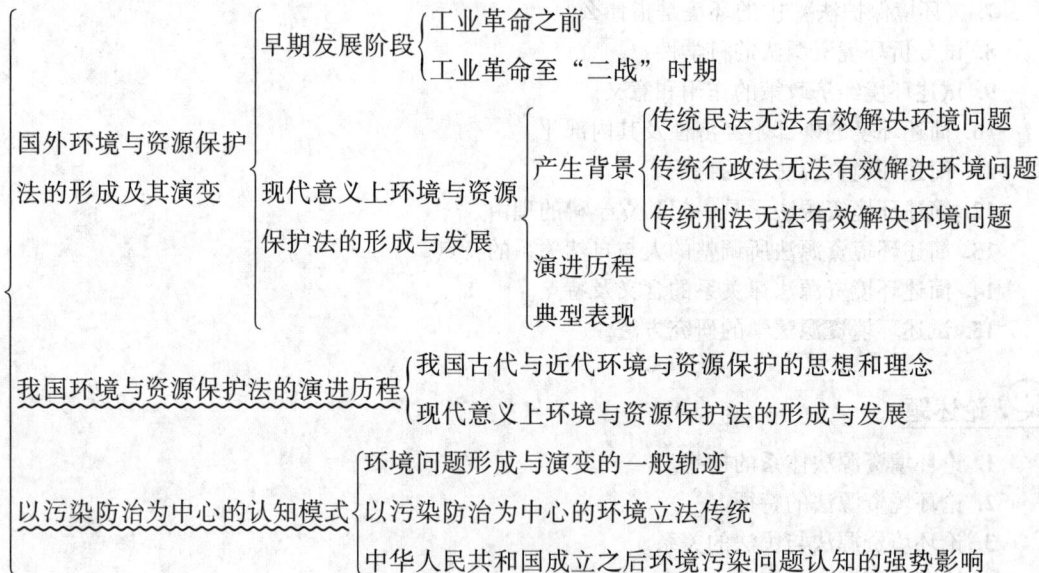

国外环境与资源保护法的形成及其演变
- 早期发展阶段
  - 工业革命之前
  - 工业革命至"二战"时期
- 现代意义上环境与资源保护法的形成与发展
  - 产生背景
    - 传统民法无法有效解决环境问题
    - 传统行政法无法有效解决环境问题
    - 传统刑法无法有效解决环境问题
  - 演进历程
  - 典型表现

我国环境与资源保护法的演进历程
- 我国古代与近代环境与资源保护的思想和理念
- 现代意义上环境与资源保护法的形成与发展

以污染防治为中心的认知模式
- 环境问题形成与演变的一般轨迹
- 以污染防治为中心的环境立法传统
- 中华人民共和国成立之后环境污染问题认知的强势影响

配套测试

单项选择题

1. 下列属于我国汉朝环境与资源保护思想的是（　　）。

A. 毋坏屋，毋填井，毋伐树木，毋动六畜。有不如令者，死无赦

B. 水处者渔，山处者木，谷处者牧，陆处者农

C. 禹之禁，春三月山林不登斧，以成草木之长；夏三月川泽不入网罟，以成鱼鳖之长

D. 山林非时不升斤斧，以成草木之长

2. 下列属于中国共产党领导的革命根据地制定的环境与资源保护方面法律法规的是（　　）。

A. 1929 年《渔业法》　　　　　　　　　　B. 1930 年《土地法》

C. 1941 年《陕甘边区森林条例》　　　　　D. 1938 年《晋察冀边区垦荒单行条例》

3. 1972 年 6 月，联合国召开联合国人类环境会议，召开城市和通过的文件分别是（　　）。

A. 斯德哥尔摩；《21 世纪议程》　　　　　B. 里约；《人类环境宣言》

C. 斯德哥尔摩；《人类环境宣言》　　　　　D. 里约；《21 世纪议程》

4. 1973 年，在国务院的哪次会议上，通过了《关于保护和改善环境的若干规定（试行草案）》？（　　）

A. 第一次全国环境保护会议　　　　　　　B. 第二次全国环境保护会议

C. 第一次中华环境保护会议　　　　　　　D. 第二次中华环境保护会议

多项选择题

1. 下列属于工业革命之前的环境与资源保护法的是（　　　）。

A.《乌尔纳姆法典》　　　　　　　　　B.《李必特·伊丝达法典》

C.《汉谟拉比法典》　　　　　　　　　D.《座奴法典》

2. 工业革命至"二战"时期，造成了逾千人死亡的发生在英国伦敦的因燃煤引起的毒雾事件的年份是（　　　）。

A. 1871 年　　　　　　B. 1873 年　　　　　C. 1880 年　　　　　D. 1891 年

3. 下列属于工业革命至"二战"时期，为应对严重的环境污染和资源破坏演变成社会问题而制定的法律文件的是（　　　）。

A.《公共改良法》　　　　　　　　　　B.《国家环境政策法》

C.《特别区（改良）法》　　　　　　　D.《人类环境宣言》

4. 下列属于中国共产党领导的革命根据地制定的环境与资源保护方面法律法规的是（　　　）。

A.《闽西苏区山林法令》　　　　　　　B.《晋察冀边区垦荒单行条例》

C.《晋察冀边区森林保护办法》　　　　D.《西南解放区森林保护条例》

简答题

1. 简述工业革命之前的环境与资源保护法的特点。

2. 简述工业革命至"二战"时期的环境与资源保护法的特点。

论述题

试论述现代意义上环境与资源保护法的形成与发展。

第四章　环境管理体制

🧑 A⁺ 基础知识图解

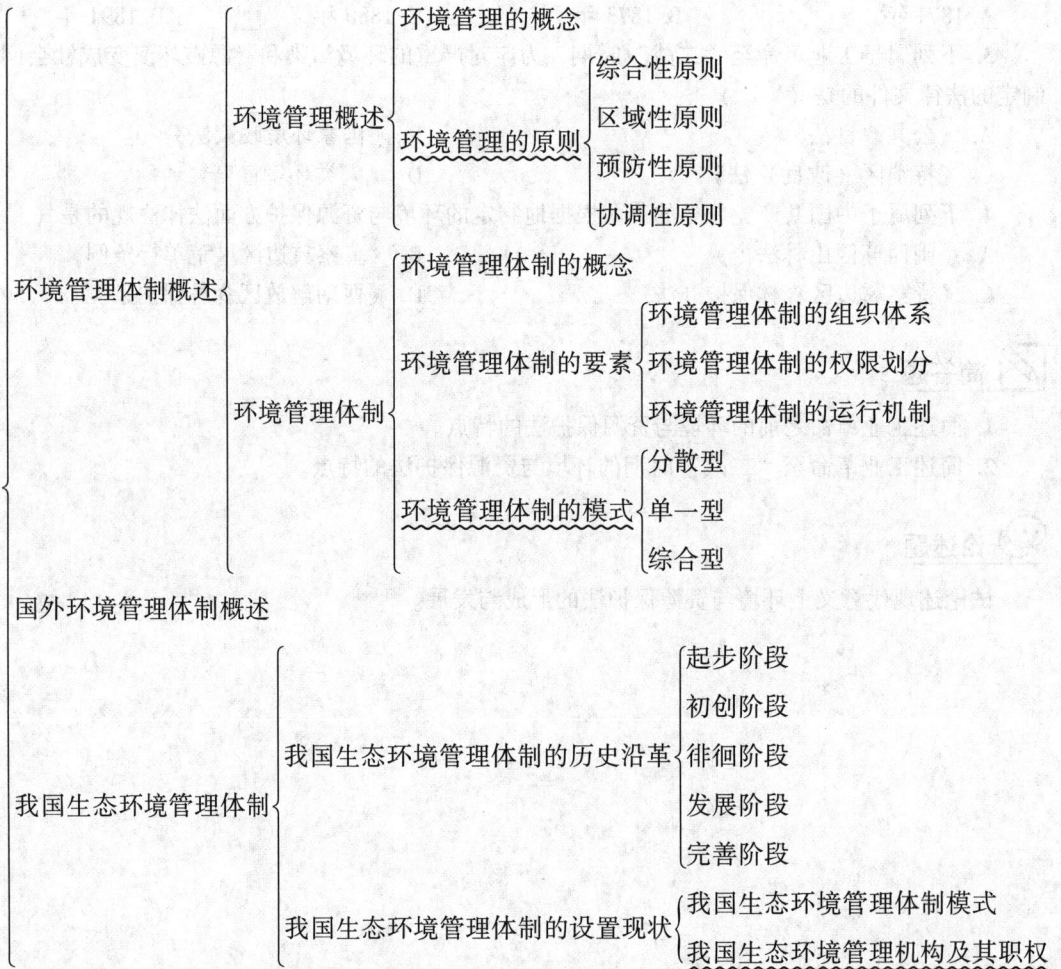

环境管理体制概述
- 环境管理概述
  - 环境管理的概念
  - 环境管理的原则
    - 综合性原则
    - 区域性原则
    - 预防性原则
    - 协调性原则
- 环境管理体制
  - 环境管理体制的概念
  - 环境管理体制的要素
    - 环境管理体制的组织体系
    - 环境管理体制的权限划分
    - 环境管理体制的运行机制
  - 环境管理体制的模式
    - 分散型
    - 单一型
    - 综合型

国外环境管理体制概述

我国生态环境管理体制
- 我国生态环境管理体制的历史沿革
  - 起步阶段
  - 初创阶段
  - 徘徊阶段
  - 发展阶段
  - 完善阶段
- 我国生态环境管理体制的设置现状
  - 我国生态环境管理体制模式
  - 我国生态环境管理机构及其职权

◈ 配套测试

📖 名词解释

1. 环境管理
2. 环境管理的原则
3. 环境管理体制

简答题

1. 环境管理体制模式。
2. 我国生态环境管理机构及其职权。
3. 环境管理体制的要素。

论述题

论述我国生态环境管理体制。

第五章　环境与资源保护法的基本原则

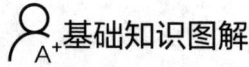

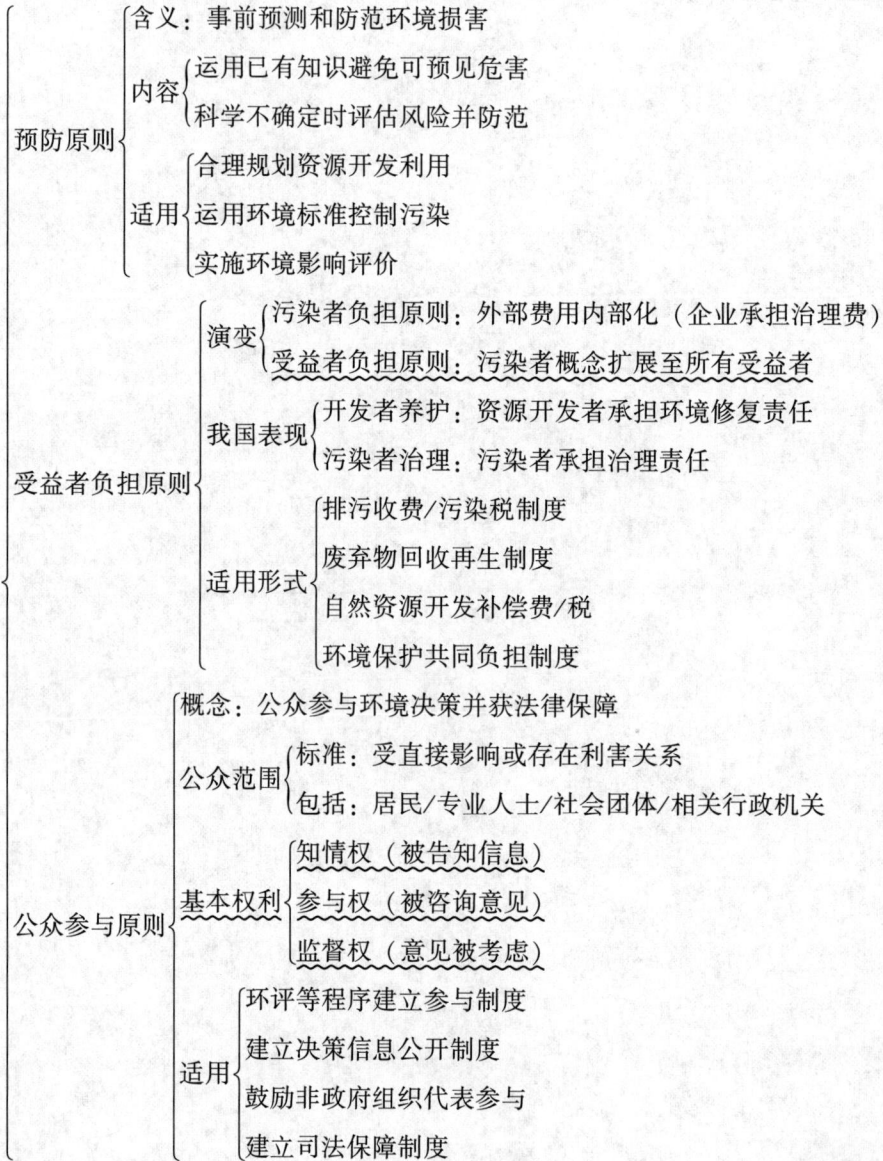

基础知识图解

预防原则
- 含义：事前预测和防范环境损害
- 内容
  - 运用已有知识避免可预见危害
  - 科学不确定时评估风险并防范
- 适用
  - 合理规划资源开发利用
  - 运用环境标准控制污染
  - 实施环境影响评价

受益者负担原则
- 演变
  - 污染者负担原则：外部费用内部化（企业承担治理费）
  - 受益者负担原则：污染者概念扩展至所有受益者
- 我国表现
  - 开发者养护：资源开发者承担环境修复责任
  - 污染者治理：污染者承担治理责任
- 适用形式
  - 排污收费/污染税制度
  - 废弃物回收再生制度
  - 自然资源开发补偿费/税
  - 环境保护共同负担制度

公众参与原则
- 概念：公众参与环境决策并获法律保障
- 公众范围
  - 标准：受直接影响或存在利害关系
  - 包括：居民/专业人士/社会团体/相关行政机关
- 基本权利
  - 知情权（被告知信息）
  - 参与权（被咨询意见）
  - 监督权（意见被考虑）
- 适用
  - 环评等程序建立参与制度
  - 建立决策信息公开制度
  - 鼓励非政府组织代表参与
  - 建立司法保障制度

配套测试

单项选择题

1. 在改革开放的背景下，我国处理经济发展和环境保护的正确决策是（   ）。

A. 经济发展优先   B. 环境保护优先

C. 经济与环境同步发展   D. 经济与环境协调发展

2. 将环境资源的开发、利用与保护、改善结合起来的中心环节是（   ）。

A. 实行资源综合开发和区域综合开发整治

B. 大力推行可持续性的生产和消费方式

C. 建立健全环境政策体系、环境资源法规体系和环境资源管理制度

D. 制订并实施国土规划

3. 在环境保护的综合调整机制中，属于市场调整机制主体的有（   ）。

A. 政府组织   B. 营利性企业

C. 非政府组织   D. 非营利性组织

4. 为了解决造成环境污染者的责任问题，由 24 个国家组成的经济合作与发展组织环境委员会于 1972 年首次提出了（   ）。

A. 利用者补偿原则   B. 开发者保护原则

C. 污染者付费原则   D. 破坏者恢复原则

5. 我国环境管理制度的核心是（   ）。

A. 谁主管谁承担责任   B. 谁破坏谁承担责任

C. 谁污染谁承担责任   D. 谁受益谁补偿

6. 把环境权作为基本人权规定下来的国际性文件是（   ）。

A.《世界人权宣言》   B.《我们共同的未来》

C.《可持续发展实施计划》   D.《人类环境宣言》

7. 在各种环境权中，最基础的环境权是（   ）。

A. 公民环境权   B. 单位环境权   C. 国家环境权   D. 人类环境权

8. 国家环境权的行使主体是（   ）。

A. 公民个人   B. 国家   C. 国家机关   D. 全人类

多项选择题

1. 人与自然的四种主要关系是（   ）。

A. 开发关系   B. 利用关系   C. 保护关系   D. 改善关系

2. 我国"三项建设""三同步""三统一"中的"三项建设"是（   ）。

A. 法治建设   B. 经济建设   C. 城乡建设   D. 环境建设

3. 下列环境资源法制度中主要体现预防原则的有（   ）。

A. 环境影响评价制度   B. 事前控制制度

C. 清洁生产制度   D. 源头控制制度

4. 贯彻预防原则的方法有（   ）。

A. 搞好全面规划、合理布局和宏观调控

B. 对自然资源的开发者规定各种强制性的整治和养护责任

C. 建立健全各种环境管理法律制度

D. 综合运用各种环境保护管理的方法和手段

5. 我国预防原则的提出是针对（　　）。

A. 环境问题的特点
B. 政治经济体制改革的需要

C. 改革开放基本国策的需要
D. 国内外环境管理的主要经验和教训

6. "谁污染谁承担责任"的责任内容有（　　）。

A. 污染者直接防治
B. 承担治理费用

C. 整顿环境
D. 依法购买排污权或排污指标

7. 国际上一般认为"污染者负担原则"中污染者应当承担的费用是（　　）。

A. 消除污染费用
B. 损害赔偿费用

C. 污染预防费用
D. 防止公害费用

8. 下列环境权中属于公民环境权的有（　　）。

A. 开发利用权
B. 日照权

C. 利用本国资源的主权权利
D. 景观权

9. 从理论上看，环境权是一个由多项子权利组成的内容丰富的权利系统，下列各项属于环境权子权利的有（　　）。

A. 环境开发利用权　　　B. 知情权　　　C. 参与权　　　D. 请求权

10. 下列关于环境权的理解正确的是（　　）。

A. 环境权是自然权利和道德权利的法定化

B. 环境权仅指基本环境权利而不包括基本环境义务

C. 环境权具有预防性、公益性、指导性和有限性等特征

D. 环境权是一种与多种基本人权或与社会经济性法律权利有关联的新型法律权利

📖 名词解释

1. 预防原则

2. 损害环境者付费原则

3. 公民环境权

4. 环境资源法的基本原则

✏️ 简答题

1. 简论风险预防原则。

2. 简论环境权。

3. 论述受益者负担原则。

4. 试论"谁主管谁负责"原则的意义及贯彻途径。

5. 试述《环境保护法》中的预防原则。

6. 简述环境公平理论。

💬 论述题

1. 论相邻权在环境资源法中的适用。

2. 论述环境权的"单一主体论"和"多元主体论"及其合理选择。

3. 试述公民环境权立法及政策。

4. 试述环境资源物权。

5. 试述环境资源合同。

6. 试述环境责任原则。

第六章　环境与资源保护法律制度

A+ 基础知识图解

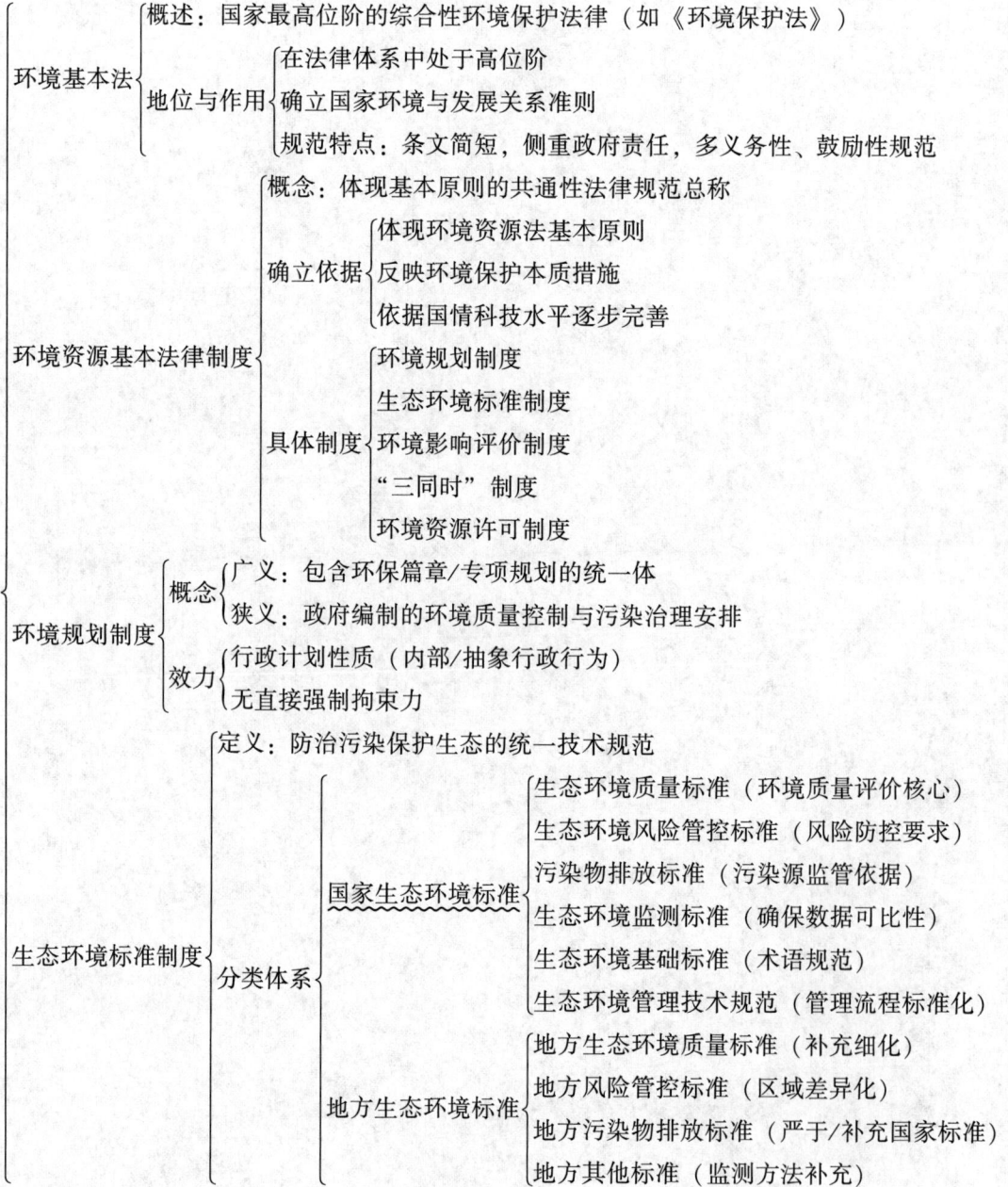

环境基本法
- 概述：国家最高位阶的综合性环境保护法律（如《环境保护法》）
- 地位与作用
  - 在法律体系中处于高位阶
  - 确立国家环境与发展关系准则
  - 规范特点：条文简短，侧重政府责任，多义务性、鼓励性规范

环境资源基本法律制度
- 概念：体现基本原则的共通性法律规范总称
- 确立依据
  - 体现环境资源法基本原则
  - 反映环境保护本质措施
  - 依据国情科技水平逐步完善
- 具体制度
  - 环境规划制度
  - 生态环境标准制度
  - 环境影响评价制度
  - "三同时"制度
  - 环境资源许可制度

环境规划制度
- 概念
  - 广义：包含环保篇章/专项规划的统一体
  - 狭义：政府编制的环境质量控制与污染治理安排
- 效力
  - 行政计划性质（内部/抽象行政行为）
  - 无直接强制拘束力

生态环境标准制度
- 定义：防治污染保护生态的统一技术规范
- 分类体系
  - 国家生态环境标准
    - 生态环境质量标准（环境质量评价核心）
    - 生态环境风险管控标准（风险防控要求）
    - 污染物排放标准（污染源监管依据）
    - 生态环境监测标准（确保数据可比性）
    - 生态环境基础标准（术语规范）
    - 生态环境管理技术规范（管理流程标准化）
  - 地方生态环境标准
    - 地方生态环境质量标准（补充细化）
    - 地方风险管控标准（区域差异化）
    - 地方污染物排放标准（严于/补充国家标准）
    - 地方其他标准（监测方法补充）

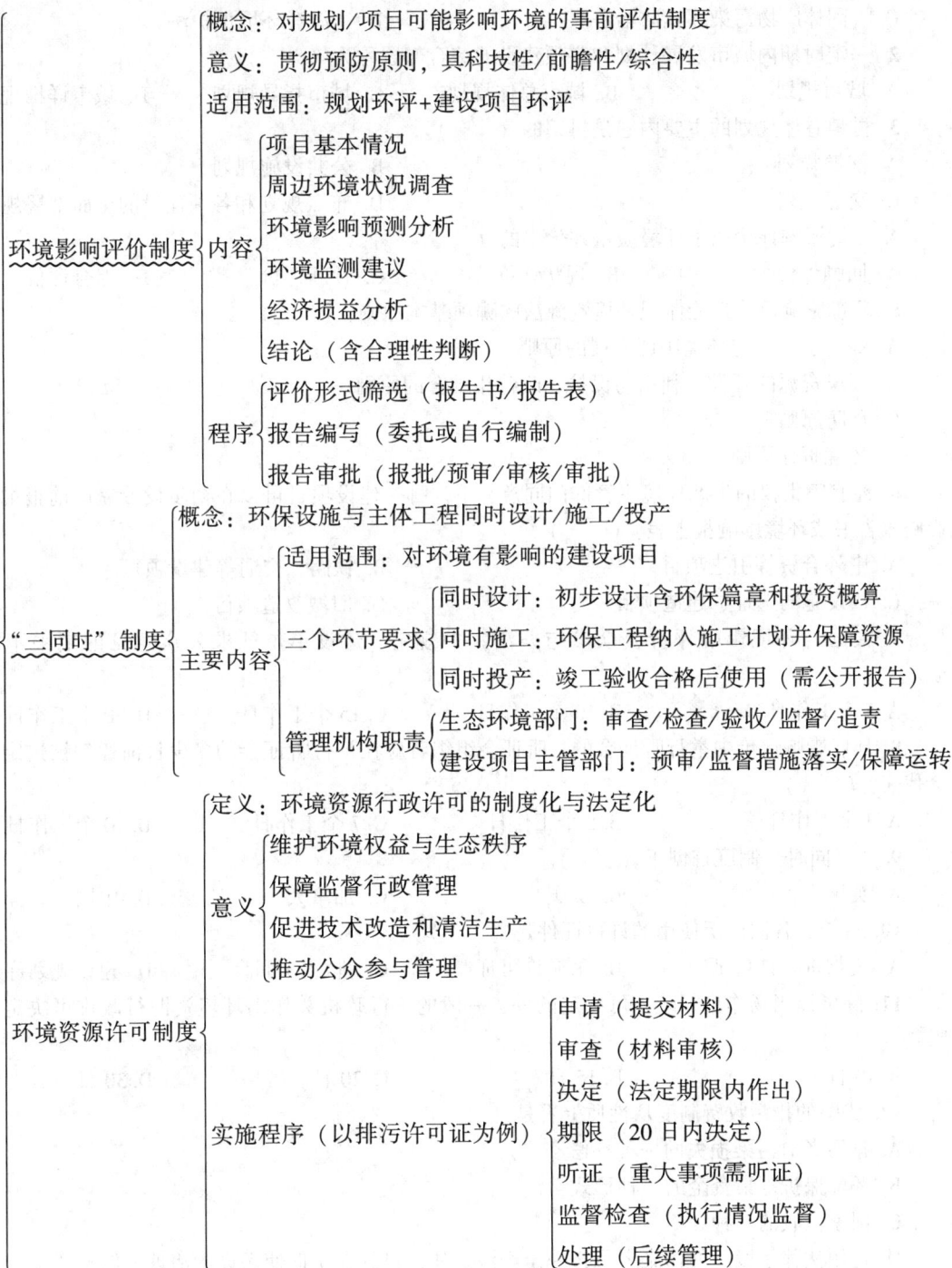

环境影响评价制度
- 概念：对规划/项目可能影响环境的事前评估制度
- 意义：贯彻预防原则，具科技性/前瞻性/综合性
- 适用范围：规划环评+建设项目环评
- 内容
  - 项目基本情况
  - 周边环境状况调查
  - 环境影响预测分析
  - 环境监测建议
  - 经济损益分析
  - 结论（含合理性判断）
- 程序
  - 评价形式筛选（报告书/报告表）
  - 报告编写（委托或自行编制）
  - 报告审批（报批/预审/审核/审批）

"三同时"制度
- 概念：环保设施与主体工程同时设计/施工/投产
- 主要内容
  - 适用范围：对环境有影响的建设项目
  - 三个环节要求
    - 同时设计：初步设计含环保篇章和投资概算
    - 同时施工：环保工程纳入施工计划并保障资源
    - 同时投产：竣工验收合格后使用（需公开报告）
  - 管理机构职责
    - 生态环境部门：审查/检查/验收/监督/追责
    - 建设项目主管部门：预审/监督措施落实/保障运转

环境资源许可制度
- 定义：环境资源行政许可的制度化与法定化
- 意义
  - 维护环境权益与生态秩序
  - 保障监督行政管理
  - 促进技术改造和清洁生产
  - 推动公众参与管理
- 实施程序（以排污许可证为例）
  - 申请（提交材料）
  - 审查（材料审核）
  - 决定（法定期限内作出）
  - 期限（20日内决定）
  - 听证（重大事项需听证）
  - 监督检查（执行情况监督）
  - 处理（后续管理）

≋ 配套测试

☑ **单项选择题**

1. 首次在单行法中明确规定了"三同时"制度的法律是（　　　）。

A. 《水污染防治法》　　　　　　　　　　　B. 《大气污染防治法》

C. 《固体废物污染环境防治法》　　　　　　　　D. 《海洋环境保护法》

2. 一定时期内城市发展计划和各项建设的综合部署称为（　　）。

A. 城市规划　　　　　B. 城市总体规划　　　C. 城市指导规划　　　D. 城市详细规划

3. 村镇总体规划的主要内容是村镇的（　　）。

A. 能源规划　　　　　　　　　　　　　　　B. 公共设施规划

C. 交通规划　　　　　　　　　　　　　　　D. 布点规划和各项建设的全面部署规划

4. 环境影响评价属于环境质量评价中的（　　）。

A. 回顾评价　　　　　B. 现状评价　　　　　C. 预断评价　　　　　D. 综合评价

5. 环境影响评价最能体现环境资源法的哪项基本原则？（　　）

A. 经济、社会与环境协调发展的原则

B. 环境资源的开发、利用与保护、改善相结合的原则

C. 预防原则

D. 环境责任原则

6. 经有审批权的生态环境主管部门同意，下列哪一建设项目可以在初步设计完成前报批环境影响报告书或环境影响报告表？（　　）

A. 中外合资等引进项目　　　　　　　　　B. 铁路、交通等建设项目

C. 核设施的选址、建造项目　　　　　　　D. 旧城改造项目

7. 根据《环境影响评价公众参与办法》的规定，建设单位征求公众意见的期限不能少于（　　）。

A. 5 个工作日　　　　B. 10 个工作日　　　C. 15 个工作日　　　D. 20 个工作日

8. 环境影响评价中举行听证会的，听证会组织者应在举行听证会的多少日前通知被选定的参会代表？（　　）

A. 3 个工作日　　　　B. 5 个工作日　　　　C. 7 个工作日　　　　D. 10 个工作日

9. "三同时"制度首创于（　　）。

A. 英国　　　　　　　B. 美国　　　　　　　C. 加拿大　　　　　　D. 中国

10. 目前，各国广泛使用的许可证件是（　　）。

A. 废物进口许可证　　B. 采矿许可证　　　　C. 排污许可证　　　　D. 建设规划许可证

11. 除可以当场作出行政许可决定的外，一般的，行政机关作出环境资源行政许可决定的期限是（　　）。

A. 10 日　　　　　　　B. 15 日　　　　　　　C. 20 日　　　　　　　D. 30 日

12. 我国的排污收费制度从性质上看是（　　）。

A. 排污者对污染损失的一种补偿

B. 环境保护筹集资金的一种形式

C. 国家税收的一种

D. 运用法律手段，使污染者承担一定经济责任，目的在于促使污染的治理，保护环境

13. 在经济刺激制度的各项类目可以起到正反两方面作用的是（　　）。

A. 财政援助　　　　　B. 税收　　　　　　　C. 低息贷款　　　　　D. 保险

14. 为了使环境污染的外部不经济性内部化，在环境与资源管理中应当广泛采用的是（　　）。

A. 许可证制度　　　　　　　　　　　　　　B. 环境影响评价制度

C. 经济刺激制度　　　　　　　　　　　　　D. 排污收费制度

15. 按照突发事件的严重性和紧急程度，突发环境事件中的Ⅳ级是（　　）。

A. 一般环境事件　　　　　　　　　　　　　B. 较大环境事件

C. 重大环境事件　　　　　　　　　　　　D. 特别重大环境事件

16. 《国家突发环境事件应急预案》将突发环境事件的预警分为四级，由低到高分别是（　　）。

A. 蓝色、黄色、橙色、黑色　　　　　　　B. 黑色、红色、黄色、蓝色

C. 红色、橙色、黄色、蓝色　　　　　　　D. 蓝色、黄色、橙色、红色

17. 突发环境事件应急响应主要坚持（　　）。

A. 属人主义的原则　　　　　　　　　　　B. 属地主义的原则

C. 保护主义的原则　　　　　　　　　　　D. 属人主义和属地主义相结合的原则

18. "清洁生产"概念最早产生于（　　）。

A. 美国　　　　　　B. 英国　　　　　　C. 中国　　　　　　D. 欧共体

19. 负责组织、协调全国的清洁生产促进工作的机构是（　　）。

A. 生态环境部　　　　　　　　　　　　　B. 科学技术部

C. 国务院清洁生产综合协调部门　　　　　D. 国家市场监督管理总局

20. 根据《环境保护法》的规定，环境影响评价报告书应在建设项目的哪一阶段报批？（　　）

A. 设计阶段　　　　B. 可行性研究阶段　　C. 竣工验收阶段　　D. 投入使用阶段

21. ISO14000 属于（　　）。

A. 国家标准　　　　B. 企业标准　　　　C. 国际标准　　　　D. 行业标准

22. 我国国家生态环境标准的制定机构是（　　）。

A. 生态环境部　　　　B. 行业组织　　　　C. 企业　　　　　　D. 标准化组织

23. 在环境纠纷中，判断双方所出示证据的合法性的依据是（　　）。

A. 生态环境质量标准　　　　　　　　　　B. 污染物排放标准

C. 环境基础标准　　　　　　　　　　　　D. 环境监测方法标准

24. 地方生态环境标准的制定机关是（　　）。

A. 地方各级人民代表大会　　　　　　　　B. 省级人民政府

C. 地方各级环保机构　　　　　　　　　　D. 省级环保机构

25. 下列有关生态环境质量标准的说法哪一个是正确的？（　　）

A. 生态环境质量标准包括国家生态环境标准和各级地方政府制定的地方生态环境标准

B. 对国家污染物排放标准已作规定的项目，不得制定地方标准

C. 凡是向已有地方污染物排放标准的区域排污的，应当执行该地方标准

D. 地方污染物排放标准必须报国务院环境保护行政主管部门批准

26. 根据《环境保护法》的规定，下列哪一项是县级以上人民政府生态环境主管部门的职权？（　　）

A. 对国家生态环境质量标准中未作规定的项目，制定地方生态环境质量标准

B. 对国家污染物排放标准中未作规定的项目，制定地方污染物排放标准；对国家污染物排放标准中已作规定的项目，制定严于国家污染物排放标准的地方污染物排放标准

C. 定期发布环境状况公报

D. 会同有关部门对管辖范围内的环境状况进行调查和评价，拟订环境保护规划

27. 某市混凝土公司新建临时搅拌站，在试运行期间通过暗管将污水直接排放到周边，严重破坏了当地环境。公司经理还指派员工潜入当地环境监测站内，用棉纱堵塞空气采集器，造成自动监测数据多次出现异常。有关部门对其处罚后，公司生产经营严重困难，拟裁员 20 人以上。关于该临时搅拌站建设，下列说法正确的是（　　）。

A. 如在该市规划区内进行建设的，应经市城管执法部门批准

B. 如该搅拌站影响该市近期建设规划的实施，有关部门不得批准

C. 如该搅拌站系未经批准进行临时建设的，由市政府责令限期拆除

D. 如该搅拌站超过批准时限不拆除的，由市城乡规划部门采取强制拆除措施

☑️ 多项选择题

1. 下列制度属于综合性的环境资源制度的是（   ）。

A. 资源综合利用制度 　　　　　　　　B. 排污申报登记制度

C. 清洁生产制度 　　　　　　　　　　D. 环境影响评价制度

2. 下列关于国土规划的论述正确的是（   ）。

A. 我国国土规划的基本任务是从总体上协调国土资源开发利用与治理保护的关系，协调人口、资源、环境的关系，促进地域经济的综合发展

B. 我国应用范围较广和法律规定比较具体的规划主要有区域规划、城市规划、村镇规划等

C. 区域规划中的区域一般是指行政区域

D. 国土规划是法定机关按照法定程序制订的国土开发整治方案，是独立于国民经济和社会发展规划的重要规划

3. 在国外，对现有污染严重的大城市，一般采取的补救措施有（   ）。

A. 建设卫星城市，采取"工业分散"政策，使工业布局郊区化

B. 对污染严重又不能治理的企业实行关、停、并、转、迁

C. 外迁"有害工厂"

D. 发展"工业小区"

4. 下列属于建设项目环境影响评价适用范围的有（   ）。

A. 流域开发、开发区建设、城市新区建设和旧城改造等对环境有影响的区域性开发活动

B. 中外合资、中外合作、外商独资等对环境有影响的引进项目

C. 核设施的选址、建造、运行、退役等对环境有影响的活动

D. 区域、流域、海域的建设、开发利用规划

5. 关于生态环境质量标准和污染物排放标准，下列哪些说法是正确的？（   ）

A. 国家生态环境质量标准是制定国家污染物排放标准的根据之一

B. 国家污染物排放标准由国务院生态环境主管部门制定

C. 国家生态环境质量标准中未作规定的项目，省级政府可制定地方生态环境质量标准，并报国务院生态环境主管部门备案

D. 地方污染物排放标准由省级生态环境主管部门制定，报省级政府备案

6. 应当报生态环境部审批的环境影响评价项目是（   ）。

A. 跨省、自治区、直辖市界区的项目 　　B. 核设施项目

C. 对环境问题有争议的项目 　　　　　　D. 绝密工程

7. 关于建设项目环境影响评价程序的论述正确的是（   ）。

A. 建设项目有行业主管部门的，其环境影响报告书或者环境影响报告表应当由行业主管部门审批

B. 审批部门应当自收到环境影响报告书之日起 30 日内，作出审批决定并书面通知建设单位

C. 预审、审核、审批建设项目环境影响评价文件，不得收取任何费用

D. 建设项目的环境影响评价文件自批准之日起超过 5 年，方决定该项目开工建设的，其环境影响评价文件应当报原审批部门重新审核

8. 公众参与环境影响评价活动应当遵循的原则包括（　　　）。

A. 公开原则　　　　　　　　B. 平等原则　　　　　　　　C. 广泛原则　　　　　　　　D. 便利原则

9. 环境影响评价的主体有（　　　）。

A. 委托评价单位　　　　　　　　　　　　　　B. 环评服务机构

C. 审批机关　　　　　　　　　　　　　　　　D. 参与环评的公众

10. 我国环境影响评价的适用对象包括（　　　）。

A. 制定政策　　　　　　B. 制订规划　　　　　　C. 制订计划　　　　　　D. 建设项目

11. 我国的"三同时"制度是（　　　）。

A. 同时规划　　　　　　B. 同时设计　　　　　　C. 同时施工　　　　　　D. 同时投产使用

12. "三同时"制度的适用范围是（　　　）。

A. 对环境有影响的建设项目　　　　　　　　B. 对环境有影响的基本建设项目

C. 对环境没有任何影响的技术改造项目　　　D. 环保集中处理设施建设项目

13. 在"三同时"制度中，生态环境主管部门的主要职责是（　　　）。

A. 对初步设计中环境保护篇章和环保设施竣工验收的预审

B. 对建设项目初步设计中的环境保护篇章进行审查

C. 对环境保护设施的竣工进行验收

D. 对建设项目中水土保持设施的检查

14. 目前，"三同时"制度的主要执行方法有（　　　）。

A. 将清洁生产思想引入建设项目的设计阶段　　B. 实行"三同时"合同书制度

C. 实行建设项目环境保护责任书制度　　　　　D. 采取"三同时"执行保证金制度

15. 采取"三同时"执行保证金制度的，当建设单位未执行"三同时"或未达到要求的，对保证金的处理正确的是（　　　）。

A. 保证金全部退还给建设单位

B. 保证金连带利息全部退还给建设单位

C. 保证金的全部或一部分抵为罚款

D. 保证金的一部分或全部转为专项治理基金

16. 环境资源方面可以设定行政许可的事项主要有（　　　）。

A. 直接涉及生态环境保护等特定活动，需要按照法定条件予以批准的事项

B. 直接关系公共利益的特定行业的市场准入

C. 有限自然资源的开发利用活动

D. 公共资源的配置活动

17. 下列许可证中，属于防止环境资源破坏许可证的有（　　　）。

A. 废物进口许可证　　　　　　　　　　　　B. 林木采伐许可证

C. 建设规划许可证　　　　　　　　　　　　D. 捕捞许可证

18. 根据《行政许可法》的规定，有权设定环境资源行政许可的是（　　　）。

A. 法律　　　　　　B. 行政法规　　　　　　C. 地方性法规　　　　　　D. 部门规章

19. 下列关于设定和实施环境资源行政许可的理解正确的是（　　　）。

A. 为了保护本地方的经济，地方性法规可以对其他地区的企业和个人到本地区从事生产经营和提供服务设定特别的条件

B. 为了公共利益的需要，行政机关可以擅自变更或撤销已经生效的行政许可，且无须予以赔偿

C. 对直接关系公共环境安全的设备、设施、产品、物品的检验、检测、检疫，应当逐步由符

合法定条件的专业技术组织实施

D. 地方性法规和省、自治区、直辖市人民政府规章不得设定应当由国家统一确定的公民、法人和其他组织的资格、资质的行政许可

20. 环境资源行政许可的申请方式有（　　　）。

A. 信函　　　　　　B. 传真　　　　　　C. 电子数据交换　　　D. 电子邮件

21. 下列关于环境资源行政许可的听证错误的是（　　　）。

A. 听证应当制作笔录，听证笔录应当交听证主持人确认无误后签字或者盖章

B. 申请人、利害关系人在被告知听证权利之日起 5 日内提出听证申请的，行政机关应当在 20 日内组织听证

C. 听证应当公开举行

D. 申请人、利害关系人需要承担行政机关组织听证的费用

22. 下列表述中，有哪几项是正确的？（　　　）

A. 国家促进清洁生产和资源循环利用

B. 国家实行重点污染物排放总量控制制度

C. 国家依照法律规定实行排污许可管理制度

D. 国家激励投保环境污染责任保险

23. 在环境保护领域，经济刺激手段主要包括（　　　）。

A. 财政补贴　　　　　　B. 税收　　　　　　C. 押金担保制度　　　D. 价格手段

24.《国家突发环境事件应急预案》的编制依据是（　　　）。

A.《环境保护法》　　　　　　　　　　B.《突发事件应对法》

C.《放射性污染防治法》　　　　　　　D.《国家突发公共事件总体应急预案》

25. 国家突发环境事件应急保障包括（　　　）。

A. 物资与资金保障　　　　　　　　　　B. 技术保障

C. 通信、交通与运输保障　　　　　　　D. 队伍保障

26. 关于现场检查制度，下列论述错误的是（　　　）。

A. 县级以上人民政府环境主管部门和其他负有环境保护监督管理职责的部门，有权对排放污染物的企事业单位和其他生产经营者进行现场检查

B. 法定检查机关进行现场检查时不需要征得被检查者的同意

C. 现场检查必须是对每个排污单位都要逐个检查

D. 检查机关可以对法定的检查内容以外的内容进行检查，但不能泄露被检查单位的商业秘密

27. 国际范围内环境污染转移或转嫁的情形主要有（　　　）。

A. 在一国生产的产品出口到另一国，不符合进口国的绿色标准

B. 将在发达国家淘汰和禁止使用的污染环境的技术设备转移到欠发达国家

C. 海外投资中污染密集型产业的转移或转嫁

D. 洋垃圾的转移

28. 从双方信息拥有的角度看，环境污染的社会转移可分为（　　　）。

A. 强制性转移　　　　B. 无知型转移　　　　C. 欺骗型转移　　　　D. 纯交易型转移

29. 下列关于清洁生产的论述正确的是（　　　）。

A. 清洁生产是实现经济和社会可持续发展的良好途径

B. 清洁生产本质上是一种同时具有技术可行性和经济合理性、富有生态效率的工业生产新模式

C. 清洁生产把综合预防的环境策略持续应用于生产过程和产品中

D. 企业是实施清洁生产的主体

30. 清洁生产的"清洁"主要表现在（　　）。

A. 清洁的技术标准　　　B. 清洁的能源　　　C. 清洁的生产过程　　　D. 清洁的产品

31. 生态环境标准按照执行性质可以分为（　　）。

A. 强制性标准　　　　　　B. 国家标准　　　　　C. 推荐性标准　　　　D. 地方标准

32. 下列标准中属于生态环境资源标准中的强制性标准的有（　　）。

A. 国家标准、行业标准中的保障人体健康、人身财产安全的标准

B. 地方标准中的工业产品的安全、卫生要求的标准

C. 工程建设的质量、安全、卫生等标准

D. EVD 技术标准

33. 按照监测调查的目的，环境资源监测可以分为（　　）。

A. 研究性监测　　　　　B. 监视性监测　　　　C. 定点监测　　　　D. 紧急监测

34. 全国环境监测网有（　　）。

A. 国家网　　　　　　　B. 省级网　　　　　　C. 市级网　　　　　D. 县级网

35. 环境监测的内容包括（　　）。

A. 污染源的监测　　　　B. 物理指标的监测　　C. 化学指标的监测　　D. 生态系统的监测

36. 下列关于生态环境标准的说法错误的是（　　）。

A. 生态环境标准是我国环境与资源保护法体系中一个独立的、特殊的、重要的组成部分

B. 生态环境标准同法律标准一样，是通过法律条文规定人们的行为模式和法律后果

C. 生态环境标准与一般法律的不同之处，是通过一些定量化的数据、指标、技术规范表示行为规则，调整人们的行为

D. 一般环境资源法规具有强制力，生态环境标准不具有强制力

37. 甲化工厂和乙造纸厂排放污水，造成某村农作物减产。当地环境主管部门经检测认定，甲厂排污中的有机物超标 3 倍，是农作物减产的主要原因；乙厂排污未超标，但其中的悬浮物仍对农作物减产造成一定影响。关于甲、乙厂应承担的法律责任，下列哪些选项是正确的？（　　）

A. 甲厂应对该村损失承担赔偿责任

B. 乙厂应对该村损失承担赔偿责任

C. 环境主管部门有权追究甲厂的行政责任

D. 环境主管部门有权追究乙厂的行政责任

38. 某公司从甲省承包一条高速公路的修建工程。该高速公路横跨甲、乙两省。环境影响评价文件已经审批。某公司准备开工时发现该公路需要延长到丙省。关于该公司环评文件报批的相关事宜，下列说法正确的是（　　）。

A. 该公路的环境影响评价文件应由丙省的生态环境主管部门审批

B. 在原环境影响评价文件上作相应补充，由丙省的生态环境主管部门审批

C. 未经生态环境主管部门审批环评文件，该公路不得开工建设

D. 应对此公路项目重新进行环境影响评价

39. 某市林业和草原局与规划局正在编制当地林业远期发展规划，下列说法正确的是（　　）。

A. 林业发展规划不是建设规划，不需要进行环境影响评价

B. 林业发展规划属于专项规划，在规划草案上报审批前应进行环境影响评价，并出具环境影响报告书

C. 林业和草原局可批准依法取得国有林地使用权的张某对外转让林地使用权

D. 应在林业发展规划编制过程中组织环境影响评价，编写有关环境影响的编著或说明

40. 关于突发环境事件的预警与处置，下列做法正确的是（　　）。

A. 甲县人民政府建立环境污染公共监测预警机制，组织制定预警方案

B. 乙县环境受到污染、可能影响公众健康和环境安全，乙县人民政府及时公布预警信息，启动应急措施

C. 丙企业在可能发生突发环境事件时，及时通知可能受到危害的单位和居民，并向环境保护主管部门和有关部门报告

D. 丁县人民政府在突发环境事件应急处置工作结束后，立即组织评估事件造成的环境影响和损失，但没有将评估结果向社会公布

名词解释

1. 环境事故报告制度

2. 环境影响评价报告书

3. 清洁生产

4. 防止环境污染转嫁制度

5. 现场检查制度

6. 环境资源许可

7. 生态环境质量标准

8. 污染物排放标准

9. 污染物总量控制制度

10. 政策环评

简答题

1. 简述我国环境影响评价制度。

2. 简述"三同时"制度的主要内容。

3. 简述生态保护补偿制度。

论述题

1. 论述环境资源法基本制度及其类型。

2. 论述环境纠纷。

3. 试述环境许可证制度。

案例分析题

某化工厂是一家生产化学添加剂的企业。该厂通过区生态环境局环境影响评估审批并在废水处理设施验收合格后，正式投入生产。后来，该厂为了扩大生产规模、增加企业利润，在未向区生态环境局申报的情况下扩建了加工精制3-硝基、4-氨基苯酚（NAP）设备，但是污染防治设施并没有相应改造，在投入生产使用前也未履行相应的审批手续。扩建的设备投入使用后，原废水处理设施无法处理大量的新增废水，造成处理池废水外溢，污染了附近的河道。区生态环境局接到举报后，对某化工厂进行了现场检查。但某化工厂以保守技术秘密为由，阻拦区生态环境局工作人员进入生产车间，并拒绝提供扩建设备的任何资料。区生态环境局经检测，认定污染物排放严重超过国家规定的排放标准。

问题：请说明某化工厂的行为违反了哪些环境保护法律制度。

第七章　环境司法专门化

基础知识图解

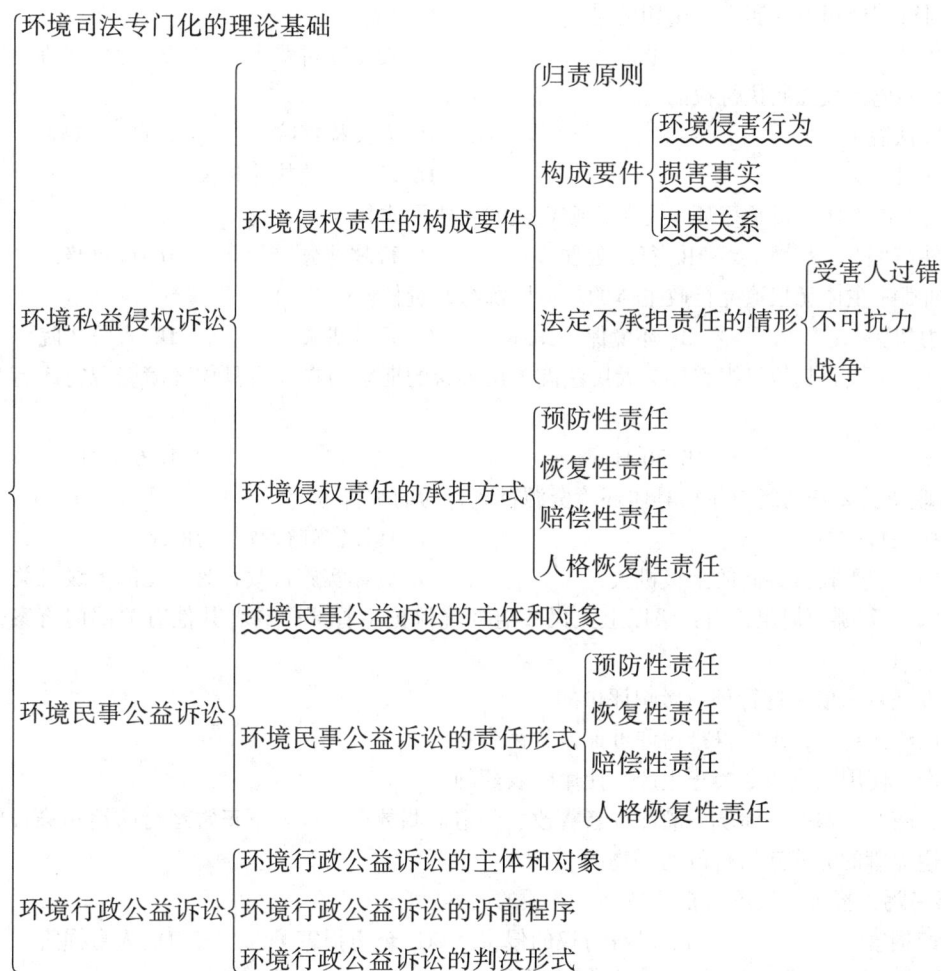

环境司法专门化的理论基础

环境私益侵权诉讼
- 环境侵权责任的构成要件
  - 归责原则
  - 构成要件
    - 环境侵害行为
    - 损害事实
    - 因果关系
  - 法定不承担责任的情形
    - 受害人过错
    - 不可抗力
    - 战争
- 环境侵权责任的承担方式
  - 预防性责任
  - 恢复性责任
  - 赔偿性责任
  - 人格恢复性责任

环境民事公益诉讼
- 环境民事公益诉讼的主体和对象
- 环境民事公益诉讼的责任形式
  - 预防性责任
  - 恢复性责任
  - 赔偿性责任
  - 人格恢复性责任

环境行政公益诉讼
- 环境行政公益诉讼的主体和对象
- 环境行政公益诉讼的诉前程序
- 环境行政公益诉讼的判决形式

配套测试

单项选择题

1. 根据责任的功能和目的不同，环境资源行政责任可以分为（　　）。

A. 行政主体的环境资源行政责任和行政相对人的环境资源行政责任

B. 环境资源内部行政责任和环境资源外部行政责任

C. 惩罚性的环境资源行政责任和补救性的环境资源行政责任

D. 财产性的环境资源行政责任和非财产性的环境资源行政责任

2. 下列哪项责任形式既适用于环境资源行政相对人又适用于环境资源行政主体？（　　）

A. 行政处分　　　　　　B. 通报批评　　　　C. 行政赔偿　　　　D. 行政处罚

3. 在我国，最主要的环境行政执法相对人是（　　）。

A. 国家机关　　　　　　B. 企事业单位　　　C. 社会团体　　　　D. 公民个人

4. 环境行政执法机关进行执法检查或采取制裁措施的依据是（　　）。

A. 环境行政处理决定　　　　　　　　　　　B. 环境行政处罚

C. 环境行政许可　　　　　　　　　　　　　D. 环境行政强制执行

5. 下列行政处罚方式属于自由罚的是（　　）。

A. 警告　　　　　　　　B. 罚款　　　　　　C. 责令支付费用　　D. 行政拘留

6. 享有环境行政强制执行权的是（　　）。

A. 人民法院　　　　　　　　　　　　　　　B. 人民检察院

C. 公安机关　　　　　　　　　　　　　　　D. 环境行政执法机关

7. 行政主体工作人员承担环境资源行政责任的主要形式是（　　）。

A. 引咎辞职　　　　　　B. 行政处罚　　　　C. 行政处分　　　　D. 行政赔偿

8. 下列哪一主体无权追究行政主体的环境资源行政责任？（　　）

A. 权力机关　　　　　　B. 环境保护团体　　C. 行政机关　　　　D. 人民法院

9. 公民、法人和其他组织直接向人民法院提出诉讼的期限为在知道具体环境资源行政行为之日起（　　）内。

A. 15 日　　　　　　　 B. 30 日　　　　　　C. 2 个月　　　　　 D. 6 个月

10. 行政机关委托的组织作出具体环境资源行政行为的被告是（　　）。

A. 委托的行政机关　　　　　　　　　　　　B. 具体实施行政行为的组织

C. 委托方和受托方共同的上级机关　　　　　D. 具体实施行政行为组织的上级机关

11. 违反下列哪项规定，由县级以上人民政府环境保护主管部门或者其他有关部门将案件移送公安机关？（　　）

A. 建设项目未依法进行环境影响评价的

B. 违反法律规定，未取得排污许可证排放污染物的

C. 生产、使用国家明令禁止生产、使用的农药的

D. 通过暗管、渗井、渗坑、灌注或者篡改、伪造监测数据，或者不正常运行防治污染设施等
　　逃避监管的方式违法排放污染物的

12. 环境污染损害一般不包括下列哪一选项的内容？（　　）

A. 财产损害　　　　　　B. 对身份权的侵害　C. 环境损害　　　　D. 人身损害

13. 下列选项中不属于共同环境侵权行为的是（　　）。

A. 每个行为人的单独行为都可以导致损害的发生

B. 单个行为人的行为不足以使损害发生，但其组合在一起则产生损害的复合污染行为

C. 能够判明侵害后果是由某一个侵权主体所为的污染危害行为所致

D. 侵害后果是由污染危害行为的多个主体中的一个或数个所致，但不能判明加害具体由谁
　　所致

14. 下列属于我国环境立法尚未规定的环境民事责任形式的是（　　）。

A. 损害赔偿　　　　　　B. 精神赔偿　　　　C. 消除危险　　　　D. 排除妨碍

15. 对污染环境、破坏生态、损害社会公共利益的行为，社会组织符合下列哪一条件，可以向人民法院提起诉讼？（　　）

A. 专门从事环境保护公益活动连续 5 年以上且无违法记录

B. 专门从事环境保护公益活动连续 2 年以上且无违法记录

C. 依法在本辖区人民政府民政部门登记

D. 依法在县级以上人民政府民政部门登记

16. 甲市某大型工厂长期向河流排放污水，甲市检察院对该工厂提起环境侵权公益诉讼，下列选项正确的是（　　）。

A. 检察院可以与该市蓝天环保组织共同提起公益诉讼

B. 公益诉讼案件审理过程中，若甲市检察院与该工厂达成和解协议，可以撤诉

C. 甲市检察院若对一审判决不服，可提请甲市检察院的上一级检察院提起上诉

D. 该工厂败诉后迟迟不履行，法院可以不经过检察院申请，直接移送执行

17. 光电公司违规排放工业废水，在 S 市造成严重环境污染，环保组织准备提起民事公益诉讼。对此，下列哪一主体可提起诉讼？（　　）

A. 连续 10 年从事环保工作的甲企业

B. 连续 10 年从事环保工作在乙省民政厅注册的环保联盟

C. 连续 10 年从事环保工作的国外丙环保协会

D. 在 S 市丁县民政局登记的某环保协会

18. 下列关于我国环境资源犯罪的犯罪主体的说法不正确的是（　　）。

A. 环境资源犯罪的犯罪主体是指实施了污染环境或破坏资源的行为，依法应负刑事责任的自然人或单位

B. 环境资源犯罪的犯罪主体可能是自然人也可能是单位

C. 单位实施环境资源犯罪的，对直接负责的主管人员和其他直接责任人员定罪处罚，并对单位判处罚金

D. 承担环境影响评价、环境监测等职责的中介组织的人员故意提供虚假证明文件，情节严重的，无须承担刑事责任

19. 环境资源犯罪的客观方面是环境资源犯罪活动外在表现的总称，它不包括下列哪一选项的内容？（　　）

A. 犯罪人所从事的危害环境资源的行为

B. 行为的危害后果

C. 行为与后果之间的因果关系

D. 环境资源犯罪的客体

☑️ 多项选择题

1. 环境资源行政责任是一种（　　）。

A. 积极责任　　　　　B. 消极责任　　　　　C. 法律责任　　　　　D. 政治责任

2. 下列哪些行政责任形式属于惩罚性的环境资源行政责任？（　　）

A. 消除危害　　　　　B. 通报批评　　　　　C. 行政赔偿　　　　　D. 行政处分

3. 下列哪些行政责任形式属于补救性的环境资源行政责任？（　　）

A. 赔礼道歉　　　　　B. 消除危害　　　　　C. 行政处罚　　　　　D. 停业治理

4. 下列哪些行政责任形式属于财产性的环境资源行政责任？（　　）

A. 责令停业　　　　　B. 罚款　　　　　　　C. 没收违法所得　　　D. 行政赔偿

5. 下列哪些主体有权从事环境行政执法？（　　）

A. 生态环境主管部门　　　　　　　　　　B. 市场监督管理部门

C. 林业草原行政主管部门　　　　　　　　D. 渔业行政主管部门

6. 下列关于环境行政执法行为基本要求的论述正确的是（　　　　）。

A. 环境行政执法行为是由环境行政执法机构实施的行为

B. 环境行政执法机构的执法行为不得超越其职权范围或授权范围

C. 环境行政执法行为是针对环境行政执法相对人实施的行为

D. 有关环境问题的文件收发、资料保管、记录、复印等事务性行为不属于环境行政执法行为

7. 下列执法方式属于环境行政执法方式的有（　　　　）。

A. 环境行政处理　　　　　　　　　　　　B. 环境行政处罚

C. 环境行政许可　　　　　　　　　　　　D. 环境行政强制执行

8. 按照环境行政处理决定性质的不同，环境行政处理决定可以分为（　　　　）。

A. 排污收费的决定　　　　　　　　　　　B. 限期治理的决定

C. 权利性的环境行政处理决定　　　　　　D. 义务性的环境行政处理决定

9. 根据环境行政许可内容的不同，环境行政许可可以分为（　　　　）。

A. 确认相对人具有从事某种活动的权利的许可

B. 确认相对人免除某种义务的许可

C. 颁发许可证的许可

D. 发放审批证明的许可

10. 下列关于环境行政许可的论述错误的是（　　　　）。

A. 环境行政许可机关可以依照职权实施行政许可

B. 环境资源法律的绝对禁止是实施环境行政许可的前提

C. 环境行政许可在绝大部分人没有资格或权利从事特定活动的情况下允许部分人从事这种特定活动

D. 环境行政主体在作出行政许可决定时不得附加一定的义务或责任

11. 环境行政机关强制执行或申请强制执行应当具备的条件是（　　　　）。

A. 环境行政相对人依照环境资源法律、法规应当承担某种义务

B. 环境行政相对人在法定期限内故意没有履行该义务

C. 环境行政机关采取的强制执行措施必须有法律的明确规定

D. 作出强制执行决定的环境行政机关，必须享有该项行政强制执行权

12. 环境强制执行的对象是（　　　　）。

A. 财产　　　　　　　　B. 人身　　　　　　　　C. 行为　　　　　　　　D. 自然物

13. 环境行政执法中两种常用的实地环境监督检查方式是（　　　　）。

A. 全面环境监督检查　　　　　　　　　　B. 现场检查

C. 特定监督检查　　　　　　　　　　　　D. 执法性的环境监测

14. 环境资源行政责任的构成要件是（　　　　）。

A. 主体要件　　　　　　　B. 客体要件　　　　　　C. 主观要件　　　　　　D. 客观要件

15. 环境资源行政责任主体必须具备的条件是（　　　　）。

A. 依法成立

B. 具有民事权利能力和民事行为能力

C. 具有法定的责任能力

D. 具有法定的环境资源行政职权和行政职责

16. 环境资源行政责任客观方面的构成要件包括（　　　　）。

A. 行政违法行为　　　　　　　　　　　　B. 危害后果

C. 违法行为与危害后果之间的因果关系　　　　D. 行为人主观上有过错

17. 下列行政行为属于违法行政行为的是（　　）。

A. 行政失职　　　　B. 事实依据错误　　　　C. 适用法律错误　　　　D. 行政侵权

18. 下列行政责任形式属于行政处分的是（　　）。

A. 承认错误　　　　B. 引咎辞职　　　　C. 警告　　　　D. 降级

19. 环境资源行政违法主体承担行政责任的方式有（　　）。

A. 责任的免除　　　　B. 主动履行　　　　C. 责任的转继　　　　D. 被动履行

20. 导致行政主体环境资源行政责任转继的法律事实有（　　）。

A. 法律的修订或新法的颁布　　　　　　　　　B. 行政主体被合并

C. 行政主体被撤销　　　　　　　　　　　　　D. 环境资源行政相对人要求转继

21. 行政主体环境资源行政责任的消灭主要基于下列哪些法律事实？（　　）

A. 责任者履行责任完毕

B. 权利人放弃了要求责任者承担责任的权利

C. 履行责任失去了意义

D. 追究责任的决定被依法撤销

22. 受委托实施水行政处罚的组织应当具备哪些条件？（　　）

A. 依法成立并具有管理公共事务职能

B. 具有熟悉有关法律、法规、规章和水利业务，并取得行政执法资格的工作人员

C. 需要进行技术检查或者技术鉴定的，应当有条件组织进行相应的技术检查或者技术鉴定

D. 受委托组织在委托权限内应当以委托水行政主管部门的名义实施水行政处罚

23. 下列关于委托实施水行政处罚的论述正确的是（　　）。

A. 受委托组织在委托权限内，以委托水行政主管部门的名义实施水行政处罚

B. 受委托组织可以再委托其他组织或者个人实施水行政处罚

C. 委托水行政主管部门对受委托组织在委托权限和期限内行为的后果不承担法律责任

D. 委托不免除委托水行政主管部门的水行政处罚权

24. 下列哪些事项可以申请环境资源行政复议？（　　）

A. 环境资源抽象行政行为

B. 对行政机关作出的警告、罚款、没收违法所得、没收非法财物、责令停产停业、暂扣或者
　吊销许可证、暂扣或者吊销执照、行政拘留等行政处罚决定不服的

C. 对行政机关作出的关于确认土地、矿藏、水流、森林、山岭、草原、荒地、滩涂、海域等
　自然资源的所有权或者使用权的决定不服的

D. 认为环境资源行政机关违法要求其履行环境资源义务的

25. 企业事业单位和其他生产经营者超过污染物排放标准或者超过重点污染物排放总量控制
指标排放污染物的，县级以上人民政府环境保护主管部门可以责令其（　　）。

A. 停止生产　　　　B. 限制生产　　　　C. 停产整治　　　　D. 限期治理

26. 同传统的民事侵权相比，环境侵权的特征是（　　）。

A. 当事人地位事实上不平等，受害主体不仅包括当代人，还可能包括后代人

B. 侵害对象的广泛性与复合性

C. 环境侵权行为在宏观上的价值双重性

D. 环境侵害具有持续性、潜在性、不明确性

27. 无过错责任为各国环境资源法所普遍采用的原因是（　　）。

A. 现代工业生产排污具有高度危险性，企业即使无过错，也可能造成环境污染及他人巨大的

财产和人身损害

B. 现代工业生产及其造成污染的复杂性，难以证实排污者的故意或过失

C. 无过错责任原则是民法公平原则的客观要求

D. 无过错责任原则可以弥补过错责任原则的不足

28. 我国法律对环境侵权适用过错责任原则和无过错责任原则分别作出了规定，下列说法正确的是（　　）。

A. 过错责任原则适用于对森林资源、土地资源、野生动植物资源的保护

B. 过错责任原则适用于对自然保护区、风景名胜区、城乡环境等人文环境的保护

C. 无过错责任原则适用于对大气污染防治、水污染防治、海洋污染防治、噪声污染防治等

D. 无过错责任原则主要适用于对自然资源的保护

29. 与普通民事责任、环境行政责任、环境刑事责任相比，环境民事责任所具有的特征是（　　）。

A. 环境民事责任是一种污染侵权责任

B. 环境民事责任的构成要件具有独特性

C. 环境民事责任主要是以补偿为目的的财产责任

D. 环境民事责任是体现"社会本位"价值观的责任

30. 下列选项中不属于环境民事责任无过错责任构成要件的是（　　）。

A. 环境损害的事实　　　B. 因果关系　　　C. 行政责任　　　D. 政治责任

31. 按照对环境的破坏形式，环境损害可以分为（　　）。

A. 环境破坏　　　　　B. 生活环境的损害　　C. 环境污染　　　　D. 生态环境的损害

32. 某节目演出组到某山区演出，该地属于自然保护区范围。演出组在某一天进入景点搭建了一座栈桥，并为运送演出设备在区内修建了一条简易公路。区内环境和植被因此遭受了一定程度的毁坏。演出计划得到了主管部门和当地政府的批准。演出组已付钱请当地人承担恢复原貌工作。下列哪些关于该事件的意见是错误的？（　　）

A. 演出组在该自然保护区内景点修建的是临时建筑物，其影响环境的行为不受《环境保护法》的约束

B. 演出组为了演出需要而搭设栈桥，不属于工业性项目，也没有排放污染，环境保护管理部门无须过问

C. 演出组的行为即使对当地环境有影响，也不构成跨区环境问题，不属于国务院环境保护行政主管部门的监管范围

D. 对于该演出组的上述行为，我国法律目前没有可适用的处罚规定

33. 某河流经 A、B 两个城市。位于上游 A 市的甲化工厂非法排放污水，污染了整条河。A、B 两市的两岸土地和百姓深受其害。A 市环保联合会已经对甲化工厂提起了环境民事公益诉讼。现 B 市的环保公益组织也欲提起环境民事公益诉讼，下列相关说法正确的是（　　）。

A. A、B 两市的法院可分别受理案件

B. 由 A 市的受理法院管辖本案

C. 法院对公益诉讼作出裁决后，受害个人不能针对此污染行为提起侵权诉讼

D. 提起公益诉讼的环保组织应在设区的市级以上民政部门登记

34. 下列选项中属于根据环境资源犯罪行为性质的不同而对环境资源刑事责任进行分类的是（　　）。

A. 污染环境的刑事责任　　　　　　　　　B. 破坏资源的刑事责任

C. 作为犯的环境资源刑事责任　　　　　　D. 不作为犯的环境资源刑事责任

35. 下列关于环境资源犯罪客体的说法正确的是 （　　　）。

A. 环境资源犯罪客体主要是为环境资源刑法所保护的环境资源法益

B. 环境资源犯罪客体即环境资源刑法所保护的生态环境和自然资源

C. 在具体的犯罪案件中，环境资源犯罪的直接客体，因犯罪行为侵害对象的不同而不同

D. 环境资源犯罪客体也可以理解为环境资源犯罪行为所侵害的生态社会关系或环境资源社会关系

36. 在环境保护领域，环境资源犯罪适用的刑罚处罚主要是 （　　　）。

A. 自由刑　　　　　　　B. 生命刑　　　　　　　C. 资格刑　　　　　　　D. 财产刑

37. M 县为招商引资，将沿海地区淘汰的高污染化工企业引入本县，排出的污水中重金属超标，造成土地污染。当地村民食用从该土地产出的茶叶和农产品后集体中毒，造成严重后果。在发生该重大环境污染事件后，M 县政府及生态环境主管部门应承担的责任是 （　　　）。

A. M 县政府应当及时向县人大常委会报告该事件

B. M 县政府应当及时向县政协报告该事件

C. 如果 M 县生态环境主管部门违法批准化工企业排污，应当追究直接责任人员的责任

D. M 县生态环境主管部门依法应当作出责令停业、关闭的决定而未作出的，M 县生态环境主管部门相关负责人应当引咎辞职

名词解释

1. 环境行政执法
2. 环境资源行政责任
3. 共同环境侵权行为
4. 环境民事诉讼
5. 举证责任倒置
6. 环境保护责任制度
7. 环境刑事责任
8. 污染环境罪
9. 破坏自然保护地罪

简答题

1. 论环境行政责任的构成要素。
2. 环境污染民事诉讼和一般民事侵权损害赔偿在诉讼中的举证责任有何不同？传统的民事责任和环境民事侵权责任因果关系的确定有何区别？
3. 简述《环境保护法》规定的解决环境污染损害赔偿纠纷的方式。
4. 试述环境污染无过失责任的法律特征和免责条件。
5. 简述环境污染民事诉讼的举证责任。
6. 《环境保护法》所规定的罚款与《刑法》中的罚金有什么区别？
7. 简述环境刑事责任的构成要件。

论述题

1. 论环境行政责任制度。
2. 论环境行政执法方式。

3. 试述环境侵权的特征。

4. 论我国环境损害赔偿制度的完善。

5. 论述环境公益诉讼制度。

6. 试述环境污染民事责任的概念和特点、归责原则及实行该归责原则的原因。

7. 结合《环境保护法》的规定，论述环境资源法损害者付费、受益者补偿原则。

案例分析题

1. 某地多户农民承包农田种植水稻。两年连续出现水稻受害症状，减产稻谷 23 万公斤。农民认为是某制药厂向作为农田灌溉水源的河流排污所致，并有专家调查组的调查报告为证。在请求当地生态环境主管部门调解处理未果的情况下，多户农民推选 3 位代表人向人民法院提起损害赔偿诉讼。当地法院受理本案后，并未将其作为共同诉讼案件受理，而是作为若干起案件分别立案和审理。在案件审理中，被告制药厂以原告不能举出被告排污与原告水稻受害之间有因果关系的证据为由，拒绝承担赔偿责任；同时还认为，向河中排污的有多家企业，原告只起诉被告一家并让其承担全部赔偿责任是不合理的。法院经审理认为，被告没有举出证据证明其排污与水稻受害之间无因果关系，也未提供其他企业向河道排污的证据，据此，判决被告赔偿原告的全部损失，并作出内容类似的若干份判决书。

问题：（1）本案中被告以原告不能证明被告排污与原告水稻受害之间有因果关系作为抗辩理由是否成立？为什么？

（2）法院将本案作为若干起案件分别立案和审理的做法是否合理？为什么？

2. 王某等渔民经当地政府批准，集资数百万元，在某县出海口沿海滩涂合伙经营了一家大型贝类养殖场。来自某市造纸、化工等企业的工业污水沿某河河道顺水流入大海，污染了王某等经营的贝类养殖场的海水水域，造成了大面积海洋生态破坏，致使即将成熟上市的滩涂贝类、鱼类成批死亡，直接经济损失惨重。

经渔政部门监测，贝类死亡的直接原因是养殖海域内存在的大量有机物和悬浮物。生态环境部门经排查发现，有 3 家排污企业排放的有机物和悬浮物数量相当、排污口地理位置相近。其中，A 造纸厂排放的有机物和悬浮物严重超标；B 造纸厂排放污水虽然达标，但主要污染物仍为有机物和悬浮物；C 化工厂也将大量未达标的工业污水直接排入某河，C 化工厂排放的污染物虽不含悬浮物，但所含有机物严重超标。

渔政部门对这次污染事件造成的经济损失进行了评估，得出结论：污水造成贝类养殖场的损失为 860 万元，污染事件对养殖区域及附近海域的海洋生态造成了约 3600 万元损失。为此，王某等渔民欲联合向法院提起损害赔偿诉讼。

问题：（1）本案中 A、B、C 三家企业是否都能成为被告？为什么？

（2）王某等渔民是否有权对污染事件引起的海洋生态破坏提出赔偿请求？

3. 某地农民甲承包农田种植水稻。两年连续出现水稻受害症状，减产稻谷 23 万公斤。农民认为是上游 4 家造纸厂向作为农田灌溉水源的河流排污所致，并有专家调查组的调查报告为证。在请求当地生态环境行政主管部门调解处理未果的情况下，甲向人民法院提出损害赔偿诉讼。在审理过程中，被告乙以自己排污达标为由，拒绝承担赔偿责任；其他 3 位被告以原告不能提交被告排污与原告水稻受害之间有因果关系的证据为由，也拒绝承担赔偿责任。

问题：（1）被告乙以排污达标作为抗辩事由是否成立？为什么？

（2）其他 3 位被告以原告不能证明被告排污与原告水稻受害之间有因果关系作为抗辩事由是否成立？为什么？

（3）原告可否要求赔偿能力最高的被告乙承担全部的赔偿责任？

4. A县某石化染料厂、硫酸厂长将含酸废水通过排污管道排入离厂区不远的河流，该河河水进入位于B县的镜花湖。当地长期干旱无雨，湖水水位下降，而工厂排放的含酸废水却没有减少，致使湖水呈酸性。B县周楼村村民周某承包湖面养鱼多年，一直未发生大量死鱼现象。但从2023年6月开始，水面漂浮的死鱼越来越多。生态环境部门对湖水的监测结果显示，湖水pH值为4.8。生态环境部门对死鱼进行化验分析，得出结论：鱼类死于酸水腐蚀。经B县渔业行政管理部门核定，死鱼造成的直接经济损失为25万元。周某沿河找到石化染料厂和硫酸厂两家排污单位，要求其赔偿死鱼损失，均遭到拒绝。于是周某向B县人民法院提起诉讼。在案件审理过程中，被告石化染料厂提交了由A县生态环境局出具的排放的废水pH值符合排放标准的监测报告，并认为不应由其承担死鱼的赔偿责任。硫酸厂认为，虽然自己排放的废水没有达到排放标准，但已经向生态环境部门缴纳超标排污费，也不应承担赔偿责任。但B县人民法院仍然判决石化染料厂向原告周某赔偿10万元，硫酸厂赔偿15万元。

问题：（1）周某在诉讼中是否还应当向人民法院提交其他相关证据？为什么？

（2）石化染料厂的辩解是否有道理？为什么？

（3）硫酸厂的辩解是否有道理？为什么？

5. 某市一化工公司将在生产除草醚替代品时封存的化工废料197桶，送到某市某区环保固体废弃物交换中心处置，并交付处置费用19900元。某区生态环境局决定处理这批废料，并决定由时任分管副局长的李某具体负责此事。经时任某区环保固体废弃物交换中心主任朱某推荐，刘某和杨某称可以处理这批废料，于是李某便提议先给197桶废料做化验以弄清废料的化学成分再行处理。不久李某便收到了一份没盖公章的"某市化学研究所检验报告单"，上面写着送检样品只含铁、锌等物质，无毒无害。这时李某已意识到此检验报告不符合规定要求但未明确指出，仅委婉提出化验单上需要加盖公章。

朱某告诉李某准备将此化工废弃物交给刘某和杨某处理，李某此时既未督促其提供加盖公章的化验单，也未予以制止，便同意将这批废料交给刘某和杨某处理。刘、杨二人遂将其中80余桶化学废料随意倾倒在半山腰。倾倒完毕后恰逢天降暴雨，废料顺势侵入下游的某村和龙阳湖，导致土壤、水中苯酚含量严重超标，村民鱼池、菜地、藕田和湖水遭受污染，直接经济损失达200万元。

问题：（1）本案中刘、杨二人的行为是否构成犯罪，为什么？

（2）本案中某区生态环境局分管副局长李某的行为是否构成犯罪，为什么？

6. 张某为了牟取暴利，窜入某自然保护区内猎捕国家重点保护的野生雪豹5只。后张某将捕杀的雪豹皮高价卖给了境外商杨某。杨某在出境时携带的雪豹皮被海关查获。在海关人员的盘问下，杨某交代雪豹皮是从张某处购买的。张某遂被公安机关依法拘留，并承认了捕杀雪豹、出售雪豹皮的事实。

问题：（1）张某、杨某的行为违反我国哪些法律？该违法行为与我国参加的哪个国际条约有关？

（2）张某的行为是否构成犯罪？如果是，请列出具体罪名。

（3）杨某的行为是否构成犯罪？如果是，请列出具体罪名。

第二编　污染防治法

第八章　污染防治法律制度

A+ 基础知识图解

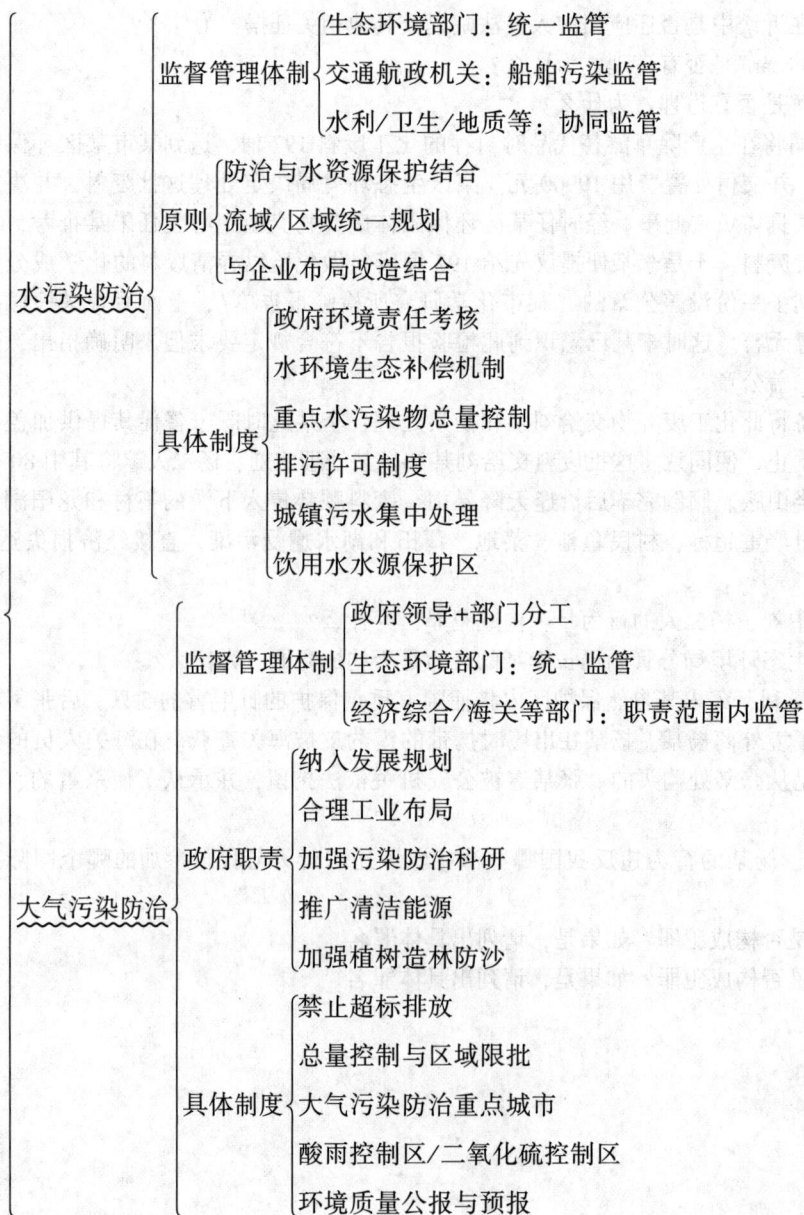

水污染防治
- 监督管理体制
  - 生态环境部门：统一监管
  - 交通航政机关：船舶污染监管
  - 水利/卫生/地质等：协同监管
- 原则
  - 防治与水资源保护结合
  - 流域/区域统一规划
  - 与企业布局改造结合
- 具体制度
  - 政府环境责任考核
  - 水环境生态补偿机制
  - 重点水污染物总量控制
  - 排污许可制度
  - 城镇污水集中处理
  - 饮用水水源保护区

大气污染防治
- 监督管理体制
  - 政府领导+部门分工
  - 生态环境部门：统一监管
  - 经济综合/海关等部门：职责范围内监管
- 政府职责
  - 纳入发展规划
  - 合理工业布局
  - 加强污染防治科研
  - 推广清洁能源
  - 加强植树造林防沙
- 具体制度
  - 禁止超标排放
  - 总量控制与区域限批
  - 大气污染防治重点城市
  - 酸雨控制区/二氧化硫控制区
  - 环境质量公报与预报

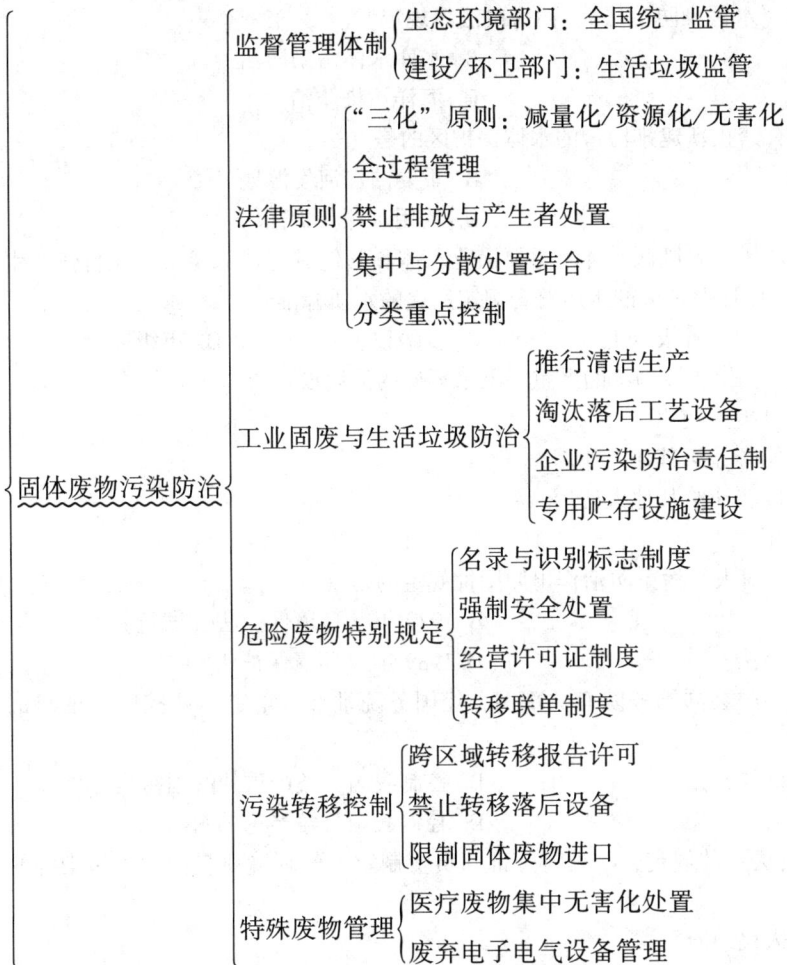

```
                              ┌生态环境部门：全国统一监管
                    监督管理体制┤
                              └建设/环卫部门：生活垃圾监管

                              ┌"三化"原则：减量化/资源化/无害化
                              │
                              │全过程管理
                              │
                    法律原则  ┤禁止排放与产生者处置
                              │
                              │集中与分散处置结合
                              │
                              └分类重点控制

                              ┌推行清洁生产
                              │
                    工业固废与 │淘汰落后工艺设备
                    生活垃圾防治┤
                              │企业污染防治责任制
                              │
固体废物污染防治┤                └专用贮存设施建设

                              ┌名录与识别标志制度
                              │
                              │强制安全处置
                    危险废物特别规定┤
                              │经营许可证制度
                              │
                              └转移联单制度

                              ┌跨区域转移报告许可
                              │
                    污染转移控制┤禁止转移落后设备
                              │
                              └限制固体废物进口

                              ┌医疗废物集中无害化处置
                    特殊废物管理┤
                              └废弃电子电气设备管理
```

配套测试

✓ 单项选择题

1. 环境污染和其他公害的直接防治方法是（   ）。

A. 法律方法   B. 经济学方法

C. 对污染源的行政管理   D. 环境规划

2. 环境污染防治行政管理的最终目的是（   ）。

A. 制定环境保护规划以及相关基本法律制度

B. 使污染物排放达到国家生态环境标准，从而实现保护和改善环境

C. 堵住污染源，控制污染物排放

D. 实行环境污染排污收费，实现环境监测

3. 下列关于现场检查制度的表述不正确的是（   ）。

A. 现场检查是法律赋予有关行政部门的权力

B. 各个部门应当依照有关法律的规定行使现场检查权

C. 检查部门无须为被检查部门保守秘密

D. 现场检查一般应由环境保护监督管理人员亲自、直接进入现场检查

4. 下列哪种污染不适用《水污染防治法》，而另由法律规定？（   ）

A. 湖泊水体污染防治　　　　　　　　　　B. 水库水体污染防治

C. 地下水体污染防治　　　　　　　　　　D. 海洋污染防治

5.《水污染防治法》没有禁止新建排污口的水体保护区的是（   ）。

A. 重要的渔业水体　　　　　　　　　　　B. 重要的江河发源地

C. 风景名胜区水体　　　　　　　　　　　D. 饮用水源保护区

6. 哪一级人民政府可以对风景名胜区水体、重要渔业水体和其他具有特殊经济文化价值的水体划定保护区，并采取措施，保证保护区的水质符合规定用途的水质标准？（   ）

A. 县级以上　　　　B. 省级以上　　　　C. 乡级以上　　　　D. 市级以上

7.《水污染防治法》规定，依法被淘汰的严重污染水环境的落后设备（   ）。

A. 未经许可不得转让给其他人使用

B. 必须办理特别许可才能转让给其他人使用

C. 办理一般许可后，可以转让给其他人使用

D. 不得转让给其他人使用

8. 我国首次以法律的形式对大气污染防治作出原则性规定的是（   ）。

A. 1982 年《宪法》　　　　　　　　　　B. 1979 年《环境保护法（试行）》

C. 1987 年《大气污染防治法》　　　　　D. 1989 年《环境保护法》

9. 国务院生态环境主管部门会同国务院有关部门，经国务院批准，划定"两控区"的目的是（   ）。

A. 控制我国日益严重的海洋污染　　　　　B. 控制我国日益严重的酸雨污染

C. 控制我国日益严重的大气污染　　　　　D. 控制我国日益严重的水污染

10. 根据《大气污染防治法》的规定，下列哪一部门负责制定大气环境质量和大气污染源的监测和评价规范？（   ）

A. 省、自治区、直辖市人民政府

B. 国务院生态环境主管部门

C. 县级以上地方人民政府生态环境主管部门

D. 省级以上地方人民政府生态环境主管部门

11. 下列有权制定大气环境质量标准的是（   ）。

A. 省级以上地方人民政府生态环境主管部门

B. 省、自治区、直辖市人民政府

C. 县级以上人民政府

D. 县级以上地方人民政府生态环境主管部门

12. 我国最早对固体废物进行管理的方式是（   ）。

A. 开展对固体废物的综合利用　　　　　　B. 提高资源的利用率

C. 对固体废物实行最终处置　　　　　　　D. 建立健全企业污染防治责任制

13. 转移固体废物出省、自治区、直辖市行政区域贮存、处置的，应当经下列哪一部门同意？（   ）

A. 固体废物接受地的省级人民政府

B. 固体废物移出地的省级人民政府

C. 固体废物移出地的省级人民政府生态环境主管部门

D. 固体废物接受地的省级人民政府生态环境主管部门

14. 根据《固体废物污染环境防治法》中关于危险废物的收集、贮存、处置等相关规定，下

列说法错误的是（　　　）。

    A. 从事收集、贮存、处置危险废物经营活动的单位，必须向省级以上人民政府生态环境主管部门申请领取经营许可证

    B. 禁止无经营许可证或者不按照经营许可证规定从事危险废物收集、贮存、处置的经营活动

    C. 禁止将危险废物提供或者委托给无经营许可证的单位从事收集、贮存、处置的经营活动

    D. 收集、贮存危险废物，必须按照危险废物特性分类进行

15. 下列选项不属于噪声特点的是（　　　）。

    A. 噪声是感觉性公害　　　　　　　　　　B. 噪声是局部性公害

    C. 噪声污染具有暂时性　　　　　　　　　　D. 噪声污染具有持久性

16. 适用于居住、商业和工业混杂区域的噪声标准限值是（　　　）。

    A. 夜间 40 分贝，昼间 50 分贝　　　　　　B. 夜间 50 分贝，昼间 60 分贝

    C. 夜间 60 分贝，昼间 70 分贝　　　　　　D. 夜间 55 分贝，昼间 65 分贝

17. 根据国家声环境质量标准的适用区域和国土空间规划以及用地现状，划定本行政区域各类声环境质量标准的适用区域的是（　　　）。

    A. 县级以上地方人民政府

    B. 县级以上地方人民政府生态环境主管部门

    C. 省级以上地方人民政府生态环境主管部门

    D. 县级以上地方人民政府生态环境主管部门

18. 为控制国家划定的重点海域的污染，《海洋环境保护法》确立了下列哪一制度？（　　　）

    A. 排污许可证制度　　　　　　　　　　　B. "三同时"制度

    C. 排污收费制度　　　　　　　　　　　　D. 重点海域排污总量控制制度

19. 下列关于国务院自然资源主管部门在海洋环境保护中的职责的说法错误的是（　　　）。

    A. 海洋保护的监督管理

    B. 全国海洋生态、海域海岸线和海岛的修复工作

    C. 负责全国防治陆源污染物、海岸工程和海洋工程建设项目

    D. 海洋开发利用的监督管理

20. 依法对所辖渔港水域内非军事船舶和渔港水域外渔业船舶污染海洋环境的行为进行监督管理的机关是（　　　）。

    A. 国家海事行政主管部门　　　　　　　　B. 国务院渔业主管部门

    C. 国务院自然资源主管部门　　　　　　　D. 沿海县级以上地方人民政府

21. 根据《海洋环境保护法》的相关规定，下列关于入海排污口设置的选项中，说法错误的是（　　　）。

    A. 生态环境主管部门应当在完成备案后 15 个工作日内将入海排污口设置情况通报自然资源、渔业等部门和海事管理机构、海警机构、军队生态环境保护部门

    B. 入海排污口位置的选择，应当根据海洋功能区划、海水动力条件和有关规定，经科学论证后，报省级以上人民政府生态环境行政主管部门审查批准

    C. 沿海县级以上地方人民政府应当对本行政区域内各类入海排污口进行排查整治和日常监督管理

    D. 国务院生态环境主管部门负责制定入海排污口设置和管理的具体办法，制定入海排污口技术规范

22. 经中华人民共和国管辖的其他海域转移危险废物的，应当事先取得下列哪一部门的书面同意？（　　　）

    A. 国家海事行政主管部门　　　　　　　　B. 国务院自然资源主管部门

    C. 国务院生态环境主管部门　　　　　　　D. 国务院渔业行政主管部门

23. 向海洋排放污染物的主体应当（　　　）。

    A. 依法公开排污信息　　　　　　　　　　B. 按规定取得排污许可证

    C. 按照规定开展监控和自动监测　　　　　D. 缴纳环境保护税

24. 载运具有污染危害性货物进出港口的船舶，其承运人、货物所有人或者代理人必须事先向下列哪一部门申报？（　　　）

    A. 海事管理机构　　　　　　　　　　　　B. 自然资源主管部门

    C. 生态环境行政主管部门　　　　　　　　D. 渔业行政主管部门

25. 下列情形经过及时采取合理措施，仍然不能避免对海洋环境造成污染损害，有关责任者不能免予承担责任的是（　　　）。

    A. 战争

    B. 不可抗拒的自然灾害

    C. 航行操作失误导致船舶触礁

    D. 负责灯塔或者其他助航设备的主管部门，在执行职责时的疏忽，或者其他过失行为

26. 下列哪一部门依法对全国放射性污染防治工作实施统一监督管理？（　　　）

    A. 国务院环境保护行政主管部门　　　　　B. 国务院自然资源行政主管部门

    C. 国务院　　　　　　　　　　　　　　　D. 国务院其他有关部门

27. 下列关于经营危险化学品的规定说法不正确的是（　　　）。

    A. 国家对危险化学品经营销售实行许可制度。未经许可，任何单位和个人都不得经营销售危险化学品

    B. 经营剧毒化学品和其他危险化学品的，应当分别向省、自治区、直辖市人民政府经济贸易管理部门或者县级人民政府负责危险化学品安全监督管理综合工作的部门提出申请

    C. 申请人凭危险化学品经营许可证向工商行政管理部门办理登记手续

    D. 生产企业不得向未取得危险化学品经营许可证的单位或者个人销售

28. 下列哪一部门负责全国的农药登记具体工作？（　　　）

    A. 国务院商务主管部门

    B. 国务院生态环境行政主管部门

    C. 国务院农业主管部门所属的农药检定机构

    D. 国务院农业主管部门

29. 某采石场扩建项目的环境影响报告书获批后，采用的爆破技术发生重大变动，其所生粉尘将导致周边居民的农作物受损。关于此事，下列哪一说法是正确的？（　　　）

    A. 建设单位应重新报批该采石场的环境影响报告书

    B. 建设单位应组织环境影响的后评价，并报原审批部门批准

    C. 该采石场的环境影响评价，应当与规划的环境影响评价完全相同

    D. 居民将来主张该采石场承担停止侵害的侵权责任，受 3 年诉讼时效的限制

30. 某单位准备建设一公共的垃圾填埋厂项目，欲申请划拨土地进行建设。下述步骤应以什么顺序推进？（　　　）

①报有关部门批准、备案、核准建设项目；②向规划部门提出建设用地规划许可申请；③规划部门核发选址意见书；④规划部门核发建设用地规划许可证；⑤土地主管部门划拨土地。

    A. ①③②④⑤　　　　B. ②④⑤①③　　　　C. ③①②④⑤　　　　D. ②④⑤③①

☑️ 多项选择题

1. 下列各项属于《环境保护法》所称"公害"的有（　　　）。

A. 恶臭气体　　　　　B. 放射性物质　　　　C. 电磁辐射　　　　D. 废水

2. 下列各项属于我国防治环境污染对象的是（　　　）。

A. 废气　　　　　　　B. 粉尘　　　　　　　C. 社会生活污染物　　D. 医疗废物

3. 下列属于环境污染防治法的是（　　　）。

A.《固体废物污染环境防治法》　　　　　B.《噪声污染防治法》

C.《水土保持法》　　　　　　　　　　　D.《海洋环境保护法》

4.《水污染防治法》中有关水污染物排放的限制性规定包括（　　　）。

A. 向水体排放含热废水，应当采取措施，保证水体的水温符合水环境质量标准，防止热污染危害

B. 排放含病原体的污水，必须经过消毒处理，符合国家有关标准后，方可排放

C. 利用工业废水和城镇污水进行灌溉，应当防止污染土壤、地下水和农产品

D. 向水体排放含低放射性物质的废水，必须符合国家有关放射防护的规定和标准

5. 下列关于大气污染特点的表述正确的是（　　　）。

A. 速度慢　　　　　　B. 速度快　　　　　　C. 范围大　　　　　D. 持续时间长

6. 对大气污染实施控制的非技术性措施主要是采取以下哪些手段，促使排污单位或个人重视大气污染防治工作？（　　　）

A. 环境规划与管理　　B. 经济刺激　　　　　C. 环境行政　　　　D. 宣传教育

7. 下列属于防治大气污染的监督管理制度的是（　　　）。

A. 排污申报登记制度　　　　　　　　　　B. "三同时"制度

C. 污染物排放总量控制制度　　　　　　　D. 划定大气污染防治重点城市制度

8. 下列不适用《固体废物污染环境防治法》的是（　　　）。

A. 液态废物

B. 固体废物

C. 排入水体的废水的污染防治

D. 固体废物污染海洋环境的防治和放射性固体废物污染环境的防治

9. 下列选项中属于固体废物的是（　　　）。

A. 工业固体废物　　　B. 城市生活垃圾　　　C. 危险废物　　　　D. 低浓度废气

10. 固体废物的"三化"原则包括（　　　）。

A. 减量化　　　　　　B. 无害化　　　　　　C. 回收化　　　　　D. 资源化

11. 我国固体废物污染的集中防治主要有以下哪几种形式？（　　　）

A. 鼓励企事业单位将其拥有的固体废物利用、贮存、处置设施，在保证利用、贮存、处置本单位产生的固体废物污染的条件下，将剩余的防治能力向他人开放

B. 区域性集中收集、处置方式

C. 推行"废物交换"

D. 对部分危害性质严重的固体废物实行重点控制

12. 因发生事故或者其他突发性事件，造成危险废物严重污染环境的单位，必须（　　　）。

A. 立即采取措施消除或者减轻对环境的污染危害

B. 及时通报可能受到污染危害的单位和居民

C. 向所在地生态环境主管部门和有关部门报告

D. 接受调查处理

13. 产生噪声的震源有很多，按产生机能划分，可分为（   ）。

A. 交通噪声　　　　　　　B. 机械性噪声　　　　C. 空气动力性噪声　　　D. 电磁性噪声

14. 我国噪声及其污染的防治立法所采取的主要措施是（   ）。

A. 改进机械或设备的结构以降低声源的噪声发射功率

B. 采取吸声、隔声、减振、隔振以及安装消声器等方法以控制噪声源的噪声辐射

C. 从声的传播途径上展开控制

D. 对噪声接受者进行保护

15. 根据《噪声污染防治法》的规定，下列各级部门在各自职责范围内，须对建筑施工、交通运输和社会生活噪声污染防治实施监督管理的是（   ）。

A. 公安部门　　　　　　　B. 交通运输部门　　　　C. 民用航空部门　　　　D. 海事部门

16. 国务院生态环境主管部门根据下列哪些标准制定国家噪声排放标准？（   ）

A. 不同地区声环境质量标准　　　　　　　　B. 不同地区的经济、技术条件

C. 国家声环境质量标准　　　　　　　　　　D. 国家经济、技术条件

17. 交通运输噪声，是指下列哪些交通运输工具在运行时所产生的干扰周围生活环境的声音？（   ）

A. 机动车　　　　　　　　B. 铁路机车车辆　　　　C. 机动船舶　　　　　　D. 航空器

18. 下列选项中属于我国所加入的防止海洋环境污染的国际公约的是（   ）。

A.《联合国海洋法公约》

B.《国际干预公海油污事件公约》

C.《防止因倾倒废物及其他物质而引起海洋污染的公约》

D.《海洋石油开发工业含油污水排放标准》

19. 下列选项中的情况适用《海洋环境保护法》的是（   ）。

A. 在中华人民共和国管辖海域内从事航行、勘探、开发、生产、旅游等活动

B. 在中华人民共和国管辖海域内从事科学研究及其他活动

C. 在中华人民共和国沿海陆域内从事影响海洋环境活动

D. 在中华人民共和国管辖海域以外，造成中华人民共和国管辖海域污染的活动

20. 跨区域的海洋环境保护工作，有下列哪几种解决方式？（   ）

A. 由有关沿海地方人民政府生态环境行政主管部门协商解决

B. 由上级人民政府生态环境行政主管部门协调解决

C. 由有关沿海地方人民政府协商解决

D. 由上级人民政府协调解决

21. 根据我国法律规定，可以制定海洋环境质量标准的机关有（   ）。

A. 沿海省、自治区、直辖市人民政府　　　　B. 国务院生态环境主管部门

C. 国家海洋局　　　　　　　　　　　　　　D. 沿海各省人民政府生态环境主管部门

22. 国务院和沿海地方各级人民政府应当采取有效措施，保护（   ）。

A. 具有典型性、代表性的海洋生态系统

B. 有重大科学文化价值的海洋自然景观

C. 具有重要经济价值的海洋生物生存区域

D. 有重大科学文化价值的海洋自然遗迹

23. 根据《海洋环境保护法》的规定，有关海洋自然保护区正确的是（   ）。

A. 国务院有权将相关区域纳入自然保护地

B. 重要的海洋生态系统、珍稀濒危海洋生物的天然集中分布区可被纳入国家公园、自然保护区或者自然公园等自然保护地

C. 沿海省、自治区、直辖市人民政府及其有关部门有权将相关区域纳入自然保护地

D. 海洋自然遗迹和自然景观集中分布区等区域可被纳入国家公园、自然保护区或者自然公园等自然保护地

24. 下列选项中属于《放射性污染防治法》规定的防治放射性污染的方针的是（　　）。

A. 预防为主　　　　　B. 防治结合　　　　　C. 严格管理　　　　　D. 安全第一

25. 下列选项属于农药范畴的是（　　）。

A. 预防、控制危害农业、林业的病、虫（包括昆虫、蜱、螨）、草、鼠、软体动物等有害生物的制剂

B. 预防、控制蚊、蝇、蜚蠊、鼠和其他有害生物的制剂

C. 用于农业、林业产品防腐或者保鲜的制剂

D. 预防、控制危害河流堤坝、铁路、机场、建筑物和其他场所的有害生物的制剂

名词解释

1. 酸雨
2. 污染物排放标准
3. 固体废物污染防治的"三化"原则
4. 光化学烟雾
5. 大气污染
6. 危险废物名录制度
7. 水质指标
8. 固体废物
9. 病原体水污染
10. 排污收费制度

简答题

1. 简述水污染防治的主要制度。
2. 简述《海洋环境保护法》的适用范围和适用对象。
3. 简述大气污染的概念和大气污染源的种类。
4. 固体废物收集的原则和一般要求是什么？
5. 简述环境污染事故报告制度的内容。
6. 简述有毒有害化学物质的概念与特征。
7. 土壤受污染的主要途径有哪些？
8. 说明水体中主要污染物的来源及危害。
9. 简述环境污染的概念与特征。
10. 简述防治社会生活噪声污染的法律规定。

论述题

1. 论环境污染对生物体（包括植物和动物）的危害。
2. 论大气污染问题。

3. 论述水污染防治的原则。

4. 论述环境污染损害的特点及我国为解决污染预防与治理关系所确定的预防原则。

5. 试述防治固体废物污染环境的法律原则。

案例分析题

1. 某冶炼厂在生产过程中排放一种含有高浓度砷（一种剧毒化学物质）的废渣。2018 年 1 月，8 位农民共同投资设立了合伙企业硫化厂。该硫化厂在未取得危险废物经营许可证的情况下，擅自与冶炼厂签订了购销砷废渣 100 吨的合同，并使用含砷废渣在山顶上冶炼马蹄锑。由于没有防治大气污染物的设施，排放的大气污染物严重超标，仅半年时间就使厂区周围 122 亩竹木林因大气污染而枯死，直接经济损失达 60 万元，周边居住人群出现中毒症状，属于重大环境污染事故。

问题：（1）本案中，硫化厂与冶炼厂存在哪些违法行为？

（2）对于上述违法行为，应当分别依据哪些法律予以惩处？

2. 某县一企业建在农村，其排放的噪声超过国家噪声排放标准，但前后左右都是荒地，没有其他单位和居民受到该厂噪声的干扰，只有本企业的职工受到不同程度的噪声危害。当地生态环境局以该企业超标排放噪声为由，责令其改正并进行罚款。该企业不服，向人民法院提起行政诉讼，要求撤销生态环境局的行政决定。该企业认为，按照《噪声污染防治法》第 2 条的规定，噪声污染是指超过噪声排放标准或者未依法采取防控措施产生噪声，并干扰他人正常生活、工作和学习的现象。我企业只满足噪声超标一个条件，不属于责令改正和罚款的对象。结果，法院采纳了原告企业的意见，判决撤销生态环境局的决定。

问题：法院的判决是否正确？为什么？

3. 化工厂（甲）东临海滩，厂外是环乡河，有水产养殖场（乙）的几千亩鱼塘，是渔业养殖密集区。甲厂建厂时按设计规划的要求，投资安装了废水处理装置，废水经处理后排入东海。设计中只允许有一个排污口往东海排污，生活污水也从此排污口排出。甲厂在施工时却设置了 3 个排污口：1 个排向东海，2 个排向环乡河。农民某丙承包了养殖场 200 亩鱼塘。养鱼用水除雨水外，全部从环乡河抽取。某丙投入鱼苗 1 万多公斤，几天内发现鱼苗相继死亡，损失共计 10 万元。某丙立即向生态环境部门报告，要求调查处理。生态环境部门在调查中发现，甲厂在环保设施没有验收的情况下进行试生产，致使硝基苯车间每小时排出的 100 吨冷却水中，带有毒性物质硝基苯。经测定，环乡河及某丙承包的鱼塘里，硝基苯含量超过渔业标准的 5~7 倍。调查过程中，甲厂又发生硝基苯物料溢漏流入地沟事故，最终也排入环乡河。事故发生后，甲厂即通知乙场停止抽水，某丙的鱼塘因得不到及时供水又造成大量鱼死亡，共计损失 5 万元。对此，生态环境部门作出决定，对甲厂罚款 5000 元，并要求甲厂赔偿某丙的全部损失 15 万元。

甲厂不服，理由是：（1）排入环乡河的是冷却水，仅含少量硝基苯，没有超过排放标准。某丙的鱼苗死亡是其经营不善造成的。（2）甲厂只对溢漏事故造成的 5 万元损失承担责任。因及时通知了渔场，应只承担部分赔偿责任。

问题：（1）甲厂的理由成立吗？为什么？某丙的 15 万元损失应由谁承担？为什么？

（2）本案中甲厂的行为有哪些是违反环境资源法的？应分别承担什么法律责任？

（3）从环境资源法预防为主的要求看，本案有哪些不合法之处？找出其责任主体，并简要说明。

4. 某化肥厂通过专用明渠向长江排放生产废水，渠道附近洼地有许多被当地农民承包的鱼塘。某年某月暴雨连天，加上汛期来临，上游洪水使江水猛涨，堤外水面逐渐接近堤内地面，致使排污渠内废水自然入江受阻，漫溢流入鱼塘。鱼塘承包人遂与化肥厂交涉，要求其采取措施，阻止废水漫溢致鱼死亡。化肥厂对此请求并未理睬。数日后鱼塘里出现死鱼。鱼塘承包人联合向化肥厂提出排除废水侵害和赔偿死鱼损失的请求，并报告当地生态环境部门，要求处理此污染纠纷。化肥厂在鱼塘承包人提出赔偿请求后，立即在排污渠入江闸门处安装了两台大功率水泵，将废水扬高排入江中。在生态环境部门处理纠纷期间，当地暴雨不断，长江洪峰多发，以致外洪内涝，排污渠与鱼塘水面连成了一片。鱼塘里的鱼部分被大水冲走，剩下的也被废水呛死。对此，鱼塘承包人要求化肥厂赔偿其全部财产损失。化肥厂则以洪水、暴雨系不可抗力为由拒绝赔偿。

问题：（1）鱼塘承包人要求赔偿的全部财产损失包括哪些？

（2）化肥厂能否以不可抗力为由拒绝赔偿？为什么？

5. 某垃圾处理站原本靠近市郊，但随着城市的发展，该站的位置逐渐发展为城市市中心的黄金地段，于是不断有人找该站商量，愿出高价租用该垃圾站改作他用。在巨大经济利益的诱惑下，该站想出两全其美的策略：一方面将垃圾站高价出租，另一方面将所辖区域内的生活垃圾全部拉到位于市郊的省级竹山自然保护区内进行填埋。

问题：（1）垃圾处理站的行为是否符合法律规定？

（2）如群众举报，应向哪些部门投诉？

6. 为落实生态环境保护，甲县政府发布《关于按批次关停水源地集中排污企业的批复》。文件中明确由甲县生态环境局负责组织实施对该水源保护区内多家企业排污口的关停工作，但未制定补偿计划。A 公司关停后向甲县政府投诉，申请相关的补偿与税费减免等。A 公司于 7 月 20 日向甲县政府提出《补偿申请书》，要求甲县政府履行职责，对 A 公司给予货币补偿，但甲县政府未予答复。12 月 20 日，A 公司向法院提起诉讼，要求判决甲县政府对其进行补偿。甲县政府辩称，原告的起诉已超过起诉期限，且关闭该企业受益地是乙县，与甲县没有关系，应找乙县请求补偿。

问题：（1）A 公司起诉关停行为的，被告如何确定？为什么？

（2）A 公司的起诉是否超过起诉期限？为什么？

（3）如何评价 A 公司的补偿请求？

（4）甲县政府主张自己不是行政补偿主体是否准确？为什么？

（5）法院应当如何判决？

第九章　污染防治单行立法

A+基础知识图解

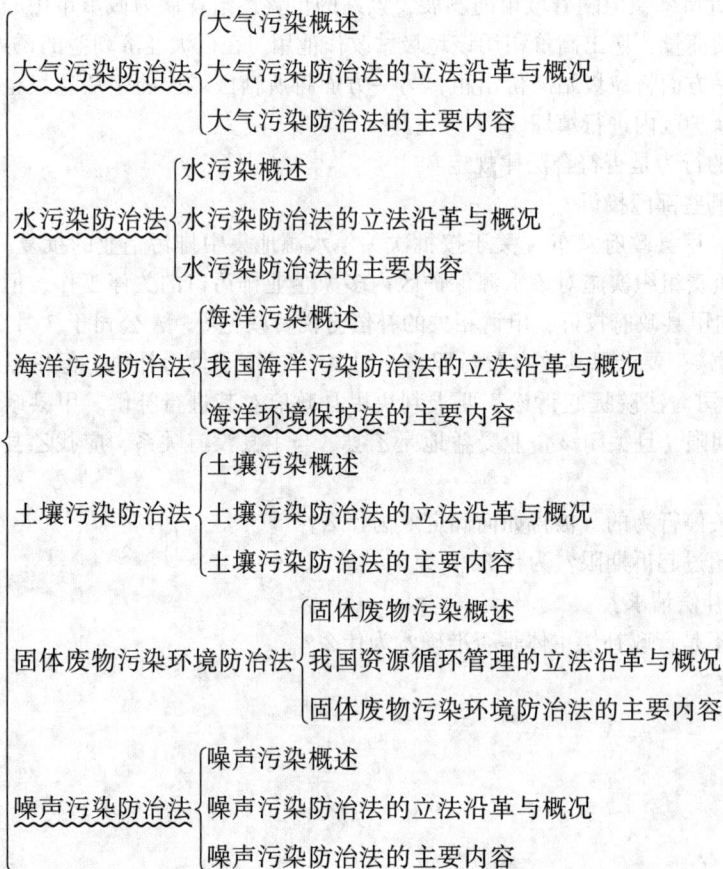

- 大气污染防治法
  - 大气污染概述
  - 大气污染防治法的立法沿革与概况
  - 大气污染防治法的主要内容
- 水污染防治法
  - 水污染概述
  - 水污染防治法的立法沿革与概况
  - 水污染防治法的主要内容
- 海洋污染防治法
  - 海洋污染概述
  - 我国海洋污染防治法的立法沿革与概况
  - 海洋环境保护法的主要内容
- 土壤污染防治法
  - 土壤污染概述
  - 土壤污染防治法的立法沿革与概况
  - 土壤污染防治法的主要内容
- 固体废物污染环境防治法
  - 固体废物污染概述
  - 我国资源循环管理的立法沿革与概况
  - 固体废物污染环境防治法的主要内容
- 噪声污染防治法
  - 噪声污染概述
  - 噪声污染防治法的立法沿革与概况
  - 噪声污染防治法的主要内容

配套测试

单项选择题

1. 下列不属于大气污染对人体造成危害而患的疾病的是（　　）。

A. 急性中毒　　　　　　B. 慢性中毒　　　　　C. 致癌　　　　　　　D. 重度中毒

2. 我国首次以法律形式对大气污染防治的原则、制度、措施作出基本规定的是（　　）。

A. 20 世纪 70 年代《工业"三废"排放试行标准》

B. 1979 年《环境保护法（试行）》

C. 1987 年《大气污染防治法》

D. 2013 年《大气污染防治行动计划》

3. 以商业金融、集市贸易为主要功能的区域，环境噪声限值标准是（　　）。

A. 昼间 50 分贝，夜间 40 分贝　　　　　　B. 昼间 55 分贝，夜间 42 分贝

C. 昼间 55 分贝，夜间 45 分贝　　　　　　D. 昼间 60 分贝，夜间 50 分贝

4. 大气是指包围地球的空气，其组成成分是（　　）。

A. 由多种气体混合组成的气体

B. 由多种气体混合组成的气体，以及悬浮其中的液态杂质

C. 由多种气体混合组成的气体，以及悬浮其中的液态杂质和固态杂质

D. 由多种气体混合组成的气体，以及悬浮其中的固液混合物、微生物等

5. 下列不属于大气污染对人体的危害类型的是（　　）。

A. 呼吸道疾病　　　　　　　　　　　　　B. 生理机能障碍

C. 眼鼻等黏膜组织刺激　　　　　　　　　D. 肠胃功能损耗

6. 根据《大气污染防治法》，防治大气污染的目标是什么？（　　）

A. 改善大气环境质量　　　　　　　　　　B. 减少空气中的污染物

C. 降低 PM2.5　　　　　　　　　　　　　D. 促进经济持续发展

7. 应加大对大气污染防治的财政投入的职能部门是（　　）。

A. 省级人民政府　　　　　　　　　　　　B. 设区的市人民政府

C. 地方各级人民政府　　　　　　　　　　D. 县级以上人民政府

8. 对本行政区域内地方大气环境质量改善目标、大气污染防治重点任务完成情况制定考核办法、实施考核的职能部门是（　　）。

A. 国务院生态环境主管部门

B. 国务院生态环境主管部门会同国务院有关部门

C. 省、自治区、直辖市人民政府

D. 地方各级人民政府

9. 对大气污染防治实施统一监督管理的职能部门是（　　）。

A. 县级以上人民政府

B. 县级以上人民政府其他有关部门

C. 地方各级人民政府

D. 县级以上人民政府生态环境主管部门

10. 在接受大气污染监督检查时弄虚作假的，处以（　　）。

A. 一万元以上五万元以下的罚款　　　　　B. 二万元以上二十万元以下的罚款

C. 一万元以上十万元以下的罚款　　　　　D. 二万元以上十五万元以下的罚款

11. 下列情形不会被责令改正或者限制生产、停产整治，并处十万元以上一百万元以下的罚款的是（　　）。

A. 未依法取得排污许可证排放大气污染物的

B. 超过大气污染物排放标准或者超过重点大气污染物排放总量控制指标排放大气污染物的

C. 无证无照经营大量排放大气污染物的

D. 通过逃避监管的方式排放大气污染物的

12. 未按照规定对所排放的工业废气和有毒有害大气污染物进行监测并保存原始监测记录的，处以（　　）。

A. 一万元以上十万元以下的罚款　　　　　B. 二万元以上二十万元以下的罚款

C. 一万元以上五万元以下的罚款　　　　　D. 二万元以上十万元以下的罚款

13. 根据《大气污染防治法》的规定，重点排污单位不公开或者不如实公开自动监测数据的，

处以（　　　）。

A. 一万元以上十万元以下的罚款 　　　　　B. 二万元以上十万元以下的罚款

C. 一万元以上五万元以下的罚款 　　　　　D. 二万元以上二十万元以下的罚款

14. 生产、进口、销售或者使用国家综合性产业政策目录中禁止的设备和产品，将会处以（　　　）。

A. 货值金额一倍以上两倍以下的罚款 　　　B. 货值金额等值的罚款

C. 货值金额一倍以上三倍以下的罚款 　　　D. 货值金额一倍以上五倍以下的罚款

15. 禁止从事网箱养殖、旅游、游泳、垂钓或者其他可能污染饮用水水体的活动的区域是（　　　）。

A. 饮用水水源准保护区 　　　　　　　　　B. 饮用水水源一级保护区

C. 国家级自然保护区内的所有水体区域 　　D. 饮用水水源二级保护区

16. 禁止新建、改建、扩建与供水设施和保护水源无关的建设项目的区域是（　　　）。

A. 饮用水水源一级保护区 　　　　　　　　B. 饮用水水源二级保护区

C. 饮用水水源三级保护区 　　　　　　　　D. 国家级自然保护区内的所有水体区域

17. 禁止新建、改建、扩建排放污染物的建设项目的区域是（　　　）。

A. 饮用水水源准保护区 　　　　　　　　　B. 饮用水水源一级保护区

C. 饮用水水源二级保护区 　　　　　　　　D. 饮用水水源三级保护区

18. 禁止新建、扩建对水体污染严重的建设项目的区域是（　　　）。

A. 饮用水水源准保护区 　　　　　　　　　B. 饮用水水源一级保护区

C. 饮用水水源二级保护区 　　　　　　　　D. 饮用水水源三级保护区

19. 哪种类型城市的人民政府应当建设应急水源或者备用水源？（　　　）

A. 内陆远水城市 　　　　　　　　　　　　B. 沙漠腹地边缘城市

C. 单一水源供水城市 　　　　　　　　　　D. 常年性干旱城市

20. 县级以上地方人民政府有关部门应当向社会公开饮用水安全状况信息的最低频率是（　　　）。

A. 每月一次 　　　　B. 每季度一次 　　　　C. 每半年一次 　　　　D. 每年一次

21. 以拖延、围堵、滞留执法人员等方式拒绝、阻挠水污染防治的监督检查，将会处以（　　　）。

A. 二万元以上三十万元以下的罚款 　　　　B. 二万元以上二十万元以下的罚款

C. 一万元以上二十万元以下的罚款 　　　　D. 一万元以上三十万元以下的罚款

22. 未公开有毒有害水污染物信息的，将会处以（　　　）。

A. 二万元以上三十万元以下的罚款 　　　　B. 二万元以上二十万元以下的罚款

C. 一万元以上二十万元以下的罚款 　　　　D. 一万元以上三十万元以下的罚款

23. 利用渗井、渗坑、裂隙、溶洞，私设暗管，篡改、伪造监测数据，将会处以（　　　）。

A. 二万元以上二十万元以下的罚款 　　　　B. 二万元以上三十万元以下的罚款

C. 十万元以上一百万元以下的罚款 　　　　D. 十万元以上五十万元以下的罚款

24. 将含有汞、镉、砷、铬、铅、氰化物、黄磷等的可溶性剧毒废渣向水体排放、倾倒或者直接埋入地下的，将会处以（　　　）。

A. 二万元以上二十万元以下的罚款 　　　　B. 二万元以上三十万元以下的罚款

C. 十万元以上一百万元以下的罚款 　　　　D. 十万元以上五十万元以下的罚款

25. 海洋环境保护应当遵循的原则之一是（　　　）。

A. 预防为先 　　　　B. 源头第一 　　　　C. 保护优先 　　　　D. 陆海协同

26. 负责全国防治陆源污染物、海岸工程和海洋工程建设项目的职能部门是（　　）。

A. 国务院自然资源主管部门　　　　　　B. 国务院生态环境主管部门

C. 国务院渔业主管部门　　　　　　　　D. 国务院水行政部门

27. 负责全国海洋生态、海域海岸线和海岛的修复工作的职能部门是（　　）。

A. 国务院自然资源主管部门　　　　　　B. 国务院生态环境主管部门

C. 国务院渔业主管部门　　　　　　　　D. 国务院水行政部门

28. 负责所辖港区水域内非军事船舶和港区水域外非渔业、非军事船舶污染海洋环境的监督管理的职能部门是（　　）。

A. 国务院自然资源主管部门　　　　　　B. 国务院生态环境主管部门

C. 国务院水行政部门　　　　　　　　　D. 国务院交通运输主管部门

29. 应当根据所管理海域的生态环境和资源利用状况，将所管理海域纳入生态环境分区管控方案和生态环境准入清单，报国务院生态环境主管部门备案后实施的职能部门是（　　）。

A. 沿海省、自治区、直辖市人民政府

B. 省、自治区、直辖市人民政府

C. 地方各级人民政府

D. 地方各级人民政府生态环境主管部门

30. 直接向海洋排放应税污染物的企业事业单位和其他生产经营者，应当依照法律规定缴纳（　　）。

A. 海洋环境保护税　　B. 环境保护税　　C. 水污染倾倒税　　D. 倾倒税

31. 国务院生态环境主管部门，组织实施海洋生态环境质量监测，统一发布（　　）。

A. 国家海洋生态环境监测公报　　　　　B. 国家海洋生态环境监测数据公报

C. 国家海洋生态环境监测状况公报　　　D. 国家海洋生态环境状况公报

32. 入海排污口位置的选择，应当符合国土空间用途管制要求，根据海水动力条件和有关规定，经科学论证后，报什么部门备案？（　　）

A. 县级以上人民政府生态环境主管部门

B. 县级以上人民政府

C. 设区的市级以上人民政府生态环境主管部门

D. 设区的市级以上人民政府

33. 生态环境主管部门完成备案后，将入海排污口设置情况通报自然资源、渔业等部门和海事管理机构、海警机构、军队生态环境保护部门的时限是（　　）。

A. 十五个工作日　　B. 十四个工作日　　C. 七个工作日　　D. 十八个工作日

34. 土壤污染防治应当坚持的原则之一是（　　）。

A. 分类管理　　　　B. 风险管理　　　　C. 保护为主　　　　D. 预防为先

35. 对国家土壤污染风险管控标准中未作规定的项目，可以制定地方土壤污染风险管控标准的职能部门是（　　）。

A. 省级人民政府　　　　　　　　　　　B. 省级人民政府生态环境主管部门

C. 设区的市人民政府　　　　　　　　　D. 县级以上人民政府

36. 开展全国土壤污染状况普查的最低频次是（　　）。

A. 每年一次　　　　B. 每三年一次　　　C. 每十年一次　　　D. 每五年一次

37. 实施风险管控效果评估、修复效果评估活动，应当编制（　　）。

A. 效果评估公报　　B. 效果评估报告　　C. 效果评价报告　　D. 效果评级报告

38. 国家针对建设用地的土壤污染防治实行的制度是（　　）。

A. 土壤污染风险管控和修复名录制度   B. 土壤污染防治准入清单制度

C. 土壤污染监督管理制度   D. 土壤污染风控监管制度

39. 将重金属或者其他有毒有害物质含量超标的工业固体废物、生活垃圾或者污染土壤用于土地复垦的，将处以（   ）。

A. 十万元以上一百万元以下的罚款   B. 十万元以上五十万元以下的罚款

C. 二万元以上二十万元以下的罚款   D. 二万元以上十五万元以下的罚款

40. 受委托从事土壤污染状况调查和土壤污染风险评估、风险管控效果评估、修复效果评估活动的单位，出具虚假调查报告、风险评估报告、风险管控效果评估报告、修复效果评估报告的，将处以（   ）。

A. 十万元以上一百万元以下的罚款   B. 二万元以上二十万元以下的罚款

C. 十万元以上五十万元以下的罚款   D. 二万元以上十五万元以下的罚款

41. 下列属于《固体废物污染环境防治法》的适用对象是（   ）。

A. 固体废物污染海洋环境的防治   B. 固体废物污染环境的防治

C. 放射性固体废物污染环境的防治   D. 核燃料污染环境的防治

42. 固体废物污染环境防治坚持的原则是（   ）。

A. 保护优先   B. 预防为主   C. 污染担责   D. 公众参与

43. 转移固体废物出省、自治区、直辖市行政区域贮存、处置的，应当向什么部门提出申请？（   ）

A. 固体废物移出地的省、自治区、直辖市人民政府

B. 固体废物移出地的省、自治区、直辖市人民政府生态环境主管部门

C. 固体废物移入地的省、自治区、直辖市人民政府

D. 固体废物移入地的省、自治区、直辖市人民政府生态环境主管部门

44. 对 2005 年 4 月 1 日前已经终止的单位未处置的工业固体废物及其贮存、处置的设施、场所进行安全处置的费用，该由谁承担？（   ）

A. 土地使用权受让人   B. 土地使用权出让人   C. 当地人民政府   D. 有关人民政府

45. 擅自倾倒、堆放、丢弃、遗撒工业固体废物，或者未采取相应防范措施，造成工业固体废物扬散、流失、渗漏或者其他环境污染的，将处以（   ）。

A. 所需处置费用一倍以上三倍以下的罚款

B. 所需处置费用一倍以上三倍以下的罚款，所需处置费用不足十万元的，按十万元计算

C. 所需处置费用一倍以上三倍以下的罚款，所需处置费用不足八万元的，按八万元计算

D. 所需处置费用一倍以上五倍以下的罚款，所需处置费用不足二十万元的，按二十万元计算

46. 从事畜禽规模养殖未及时收集、贮存、利用或者处置养殖过程中产生的畜禽粪污等固体废物的，将处以（   ）。

A. 十万元以下的罚款   B. 二万元以上十万元以下的罚款

C. 二万元以上十五万元以下的罚款   D. 二万元以上二十万元以下的罚款

47. 按照事故造成的直接经济损失的一倍以上三倍以下计算罚款的情形是（   ）。

A. 造成一般固体废物污染环境事故的

B. 造成重大固体废物污染环境事故的

C. 造成一般或者较大固体废物污染环境事故的

D. 造成重大或者特大固体废物污染环境事故的

48. 在生态保护红线区域、永久基本农田集中区域和其他需要特别保护的区域内，建设工业固体废物、危险废物集中贮存、利用、处置的设施、场所和生活垃圾填埋场的，法定代表人、主

要负责人、直接负责的主管人员和其他责任人员将被处以（　　）。

A. 五日以上十日以下的拘留　　　　　　B. 十日以上十五日以下的拘留

C. 二万元以上十万元以下的罚款　　　　D. 二万元以上五万元以下的罚款

49. 下列属于可以适用《噪声污染防治法》的是（　　）。

A. 噪声声源多发地的治理

B. 噪声污染的防治

C. 因从事本职生产经营工作受到噪声危害的防治

D. 在劳动过程中被噪声污染侵害

50. 噪声污染防治应当坚持的原则之一是（　　）。

A. 污染担责　　　　B. 公众参与　　　　C. 损害担责　　　　D. 预防为主

51. 对本行政区域噪声污染防治实施统一监督管理的职能部门是（　　）。

A. 基层群众性自治组织

B. 各级住房和城乡建设、公安、交通运输等部门

C. 地方人民政府

D. 地方人民政府生态环境主管部门

52. 未达到国家声环境质量标准的区域所在的设区的市、县级人民政府，应当及时编制（　　）。

A. 声环境质量改善规划及其实施方案

B. 声环境影响评估报告

C. 声环境影响评价报告

D. 噪声环境影响评价报告

53. 生态环境主管部门和其他负有噪声污染防治监督管理职责的部门，有权对排放噪声的单位或者场所进行现场检查。进行现场检查的检查人员最少人数是（　　）。

A. 两人　　　　B. 三人　　　　C. 四人　　　　D. 多人

54. 在举行中等学校招生考试、高等学校招生统一考试等特殊活动期间，地方人民政府或者其指定的部门可以对可能产生噪声影响的活动，作出时间和区域的限制性规定，须（　　）。

A. 提前七天向社会公告　　　　　　B. 提前向社会公告

C. 提前三天向社会公告　　　　　　D. 提前一天向社会公告

55. 负责制定本行政区域噪声重点排污单位名录，向社会公开并适时更新的职能部门是（　　）。

A. 设区的市级以上地方人民政府　　　　B. 县级以上人民政府

C. 地方各级人民政府　　　　　　　　　D. 省、自治区、直辖市人民政府

56. 建设单位建设噪声敏感建筑物不符合民用建筑隔声设计相关标准要求的，将处以（　　）。

A. 二万元以上二十万元以下的罚款

B. 十万元以上五十万元以下的罚款

C. 建设工程合同价款百分之二以上百分之四以下的罚款

D. 建设工程合同价款百分之二以上百分之十以下的罚款

57. 《噪声污染防治法》规定的"夜间"时段是（　　）。

A. 晚上七点至次日早晨六点　　　　　B. 晚上八点至次日早晨六点

C. 晚上九点至次日早晨六点　　　　　D. 晚上十点至次日早晨六点

☑️ 多项选择题

1. 下列属于大气污染物的是（　　）。

A. 粉尘　　　　　　　　　B. 飘尘　　　　　　　C. 二氧化硫　　　　　D. 三氧化氮

2. 下列属于水污染防治的基本措施的是（　　）。

A. 优先保护饮用水水源　　　　　　　　　　B. 优先保护城市或人口密集区饮用水水源

C. 严格控制工业污染　　　　　　　　　　　D. 严格控制城镇生活污染

3. 下列属于《水污染防治法》政府职责的基本规定的是（　　）。

A. 县级以上人民政府应当将水环境保护工作纳入国民经济和社会发展规划

B. 地方各级人民政府对本行政区域的水环境质量负责

C. 地方各级人民政府应当及时采取措施防治水污染

D. 村（居）委会应当配合县级以上人民政府开展水环境保护工作

4. 下列属于海洋污染的特点的是（　　）。

A. 污染源种类繁多　　　B. 污染扩散范围大　　　C. 污染持续时间长　　　D. 污染治理难度大

5. 国务院有关部门和沿海省级人民政府应当根据保护海洋生态的需要，选划、建立海洋自然保护区的类型包括（　　）。

A. 典型的海洋自然地理区域

B. 遭受破坏但经保护能恢复的海洋自然生态区域

C. 海洋生物物种高度丰富的区域

D. 具有重大科学文化价值的海洋自然遗迹所在区域

6. 下列属于垃圾分类制度原则的有（　　）。

A. 政府推动　　　　　　　B. 政府主导　　　　　　C. 城乡统筹　　　　　D. 系统筹划

7. 噪声污染属于典型的能量扩散型环境污染，其特点是（　　）。

A. 感觉性公害

B. 能量流污染

C. 噪声源广泛而分散

D. 噪声源一旦停止发声，噪声污染不再持续，噪声伤害一定消除

8. 下列属于噪声污染防治的治理原则的是（　　）。

A. 统筹规划原则　　　　B. 社会共治原则　　　C. 过错推定原则　　　D. 损害担责原则

9. 下列属于大气的作用的是（　　）。

A. 调解生态平衡　　　　B. 保持温度　　　　　C. 阻挡伤害　　　　D. 吸收有害射线

10. 大气污染的影响范围可划分为（　　）。

A. 局部性大气污染　　　B. 地区性污染　　　C. 广域性污染　　　D. 全球性大气污染

11. 《大气污染防治法》的立法目的是（　　）。

A. 保护和改善环境　　　　　　　　　　B. 保障公众健康

C. 推进生态文明建设　　　　　　　　　D. 促进经济社会可持续发展

12. 大气污染的综合防治应涵盖（　　）。

A. 燃煤　　　　　　　　　B. 机动车船　　　　　　C. 扬尘　　　　　　D. 农业

13. 下列须进行重点监测的农用地地块有（　　）。

A. 产出的农产品污染物含量超标的

B. 用于或者曾用于规模化养殖，固体废物堆放、填埋的

C. 曾作为工矿用地或者发生过重大、特大污染事故的

D. 有毒有害物质生产、贮存、利用、处置设施周边的

14. 下列须进行重点监测建设用地地块有（　　）。

A. 曾用于生产、使用、贮存、回收、处置有毒有害物质的

B. 曾用于固体废物堆放、填埋的

C. 曾发生过重大、特大污染事故的

D. 作为或者曾作为垃圾堆放区的

15. 土壤污染重点监管单位应当履行的义务包括（　　）。

A. 严格控制有毒有害物质排放，并按年度向生态环境主管部门报告排放情况

B. 实时监测重点土壤污染物的排放，并每周向社会公布监测数据公报

C. 建立土壤污染隐患排查制度，保证持续有效防止有毒有害物质渗漏、流失、扬散

D. 制定、实施自行监测方案，并将监测数据报生态环境主管部门

16. 土壤污染风险评估报告应当包括的内容有（　　）。

A. 主要污染物状况

B. 土壤及地下水污染范围

C. 农产品质量安全风险、公众健康风险或者生态风险

D. 风险管控、修复的目标和基本要求

17. 安全利用方案应当包括的内容有（　　）。

A. 农业技艺教学培训

B. 农艺调控、替代种植

C. 定期开展土壤和农产品协同监测与评价

D. 对农民、农民专业合作社及其他农业生产经营主体进行技术指导和培训

18. 国家推行生活垃圾分类制度，生活垃圾分类坚持的原则有（　　）。

A. 政府推动　　　　　　B. 全民参与　　　　　　C. 城乡统筹　　　　　　D. 因地制宜

19. 禁止建设工业固体废物、危险废物集中贮存、利用、处置的设施、场所和生活垃圾填埋场的区域有（　　）。

A. 粮食生产保护区　　　　　　　　　　B. 生态保护红线区域

C. 永久基本农田集中区域　　　　　　　D. 其他需要特别保护的区域

20. 负有固体废物污染环境防治监督管理职责的部门可以对违法收集、贮存、运输、利用、处置的固体废物及设施、设备、场所、工具、物品予以查封、扣押的情形是（　　）。

A. 中华人民共和国境外的固体废物进境倾倒、堆放、处置的

B. 向江河、湖泊、运河、渠道、水库及其最高水位线以下的滩地和岸坡倾倒、堆放、贮存固体废物的

C. 可能造成证据灭失、被隐匿或者非法转移的

D. 造成或者可能造成严重环境污染的

21. 生活垃圾管理系统的功能有（　　）。

A. 分类投放　　　　　　B. 分类收集　　　　　　C. 分类运输　　　　　　D. 分类处理

22. 下列属于交通运输噪声的是（　　）。

A. 机动车、铁路机车车辆等交通运输工具在运行时产生的干扰周围生活环境的声音

B. 公路、铁路、民用机场及其起降航线产生的影响周围环境的声音

C. 建设单位新建、改建、扩建经过噪声敏感建筑物集中区域的高速公路产生的声音

D. 机动车音响器材产生的影响周围环境的声音

名词解释

1. 环境影响评价制度
2. 特殊水体保护
3. 土壤污染
4. 噪声
5. 重大海上污染事故应急计划

简答题

1. 简述《大气污染防治法》的立法目的。
2. 简述《水污染防治法》的立法目的。
3. 简述《海洋环境保护法》的适用范围。
4. 简述土壤环境信息共享机制。
5. 简述《固体废物污染环境防治法》规定的治理原则。

论述题

1. 重污染天气的应对。
2. 请从多角度论述《土壤污染防治法》的亮点。
3. 请从多角度论述《噪声污染防治法》的亮点。
4. 结合《中共中央办公厅 国务院办公厅关于全面推进江河保护治理的意见》，谈谈如何持续改善江河水环境。

第三编　自然资源法

第十章　自然资源法概述

A+ 基础知识图解

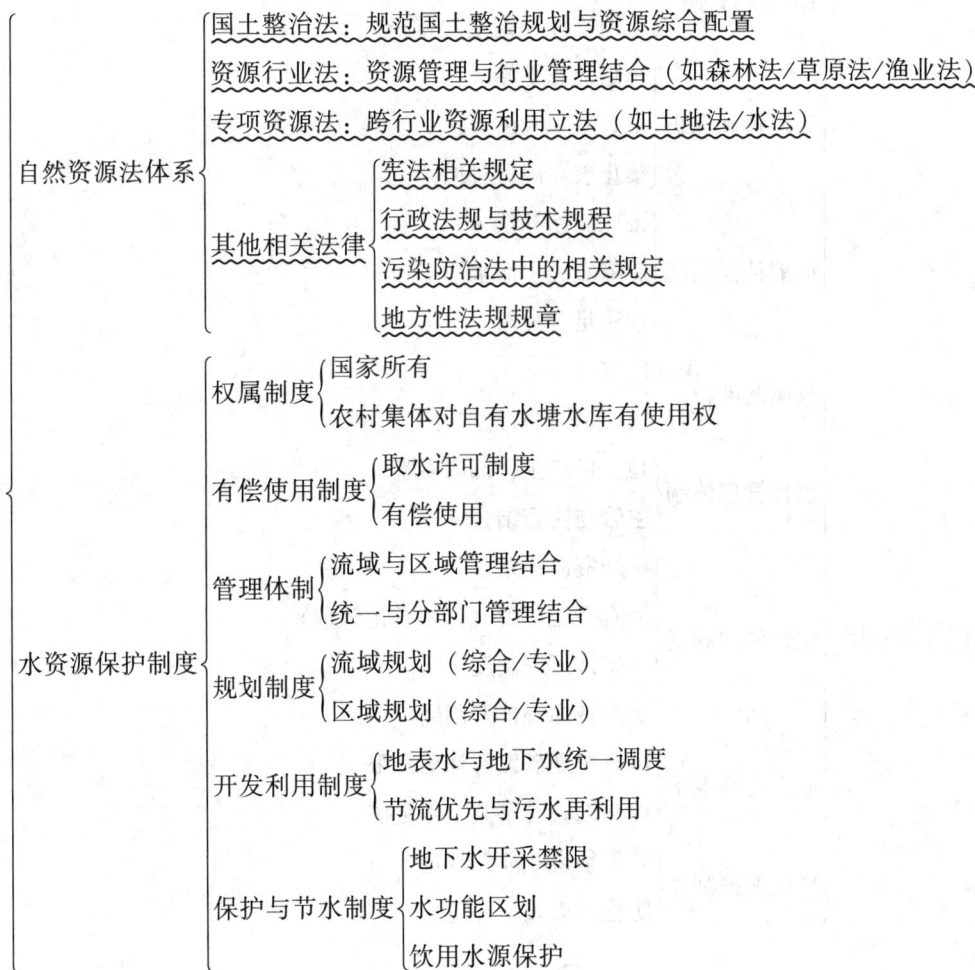

自然资源法体系

- **自然资源法体系**
  - 国土整治法：规范国土整治规划与资源综合配置
  - 资源行业法：资源管理与行业管理结合（如森林法/草原法/渔业法）
  - 专项资源法：跨行业资源利用立法（如土地法/水法）
  - 其他相关法律
    - 宪法相关规定
    - 行政法规与技术规程
    - 污染防治法中的相关规定
    - 地方性法规规章

- **水资源保护制度**
  - 权属制度
    - 国家所有
    - 农村集体对自有水塘水库有使用权
  - 有偿使用制度
    - 取水许可制度
    - 有偿使用
  - 管理体制
    - 流域与区域管理结合
    - 统一与分部门管理结合
  - 规划制度
    - 流域规划（综合/专业）
    - 区域规划（综合/专业）
  - 开发利用制度
    - 地表水与地下水统一调度
    - 节流优先与污水再利用
  - 保护与节水制度
    - 地下水开采禁限
    - 水功能区划
    - 饮用水源保护

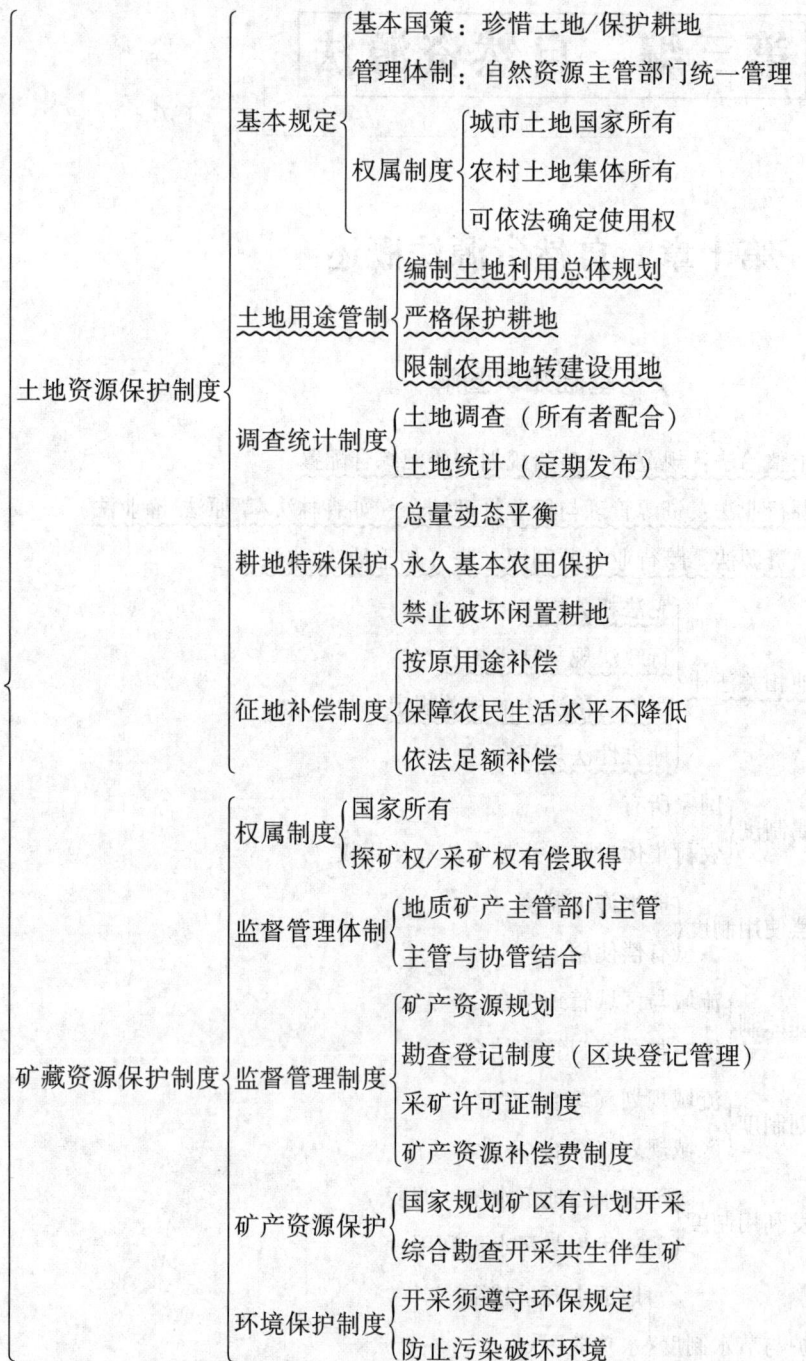

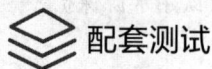

土地资源保护制度
- 基本规定
  - 基本国策：珍惜土地/保护耕地
  - 管理体制：自然资源主管部门统一管理
  - 权属制度
    - 城市土地国家所有
    - 农村土地集体所有
    - 可依法确定使用权
- 土地用途管制
  - 编制土地利用总体规划
  - 严格保护耕地
  - 限制农用地转建设用地
- 调查统计制度
  - 土地调查（所有者配合）
  - 土地统计（定期发布）
- 耕地特殊保护
  - 总量动态平衡
  - 永久基本农田保护
  - 禁止破坏闲置耕地
- 征地补偿制度
  - 按原用途补偿
  - 保障农民生活水平不降低
  - 依法足额补偿

矿藏资源保护制度
- 权属制度
  - 国家所有
  - 探矿权/采矿权有偿取得
- 监督管理体制
  - 地质矿产主管部门主管
  - 主管与协管结合
- 监督管理制度
  - 矿产资源规划
  - 勘查登记制度（区块登记管理）
  - 采矿许可证制度
  - 矿产资源补偿费制度
- 矿产资源保护
  - 国家规划矿区有计划开采
  - 综合勘查开采共生伴生矿
- 环境保护制度
  - 开采须遵守环保规定
  - 防止污染破坏环境

配套测试

单项选择题

1. 按照能够被人类利用时间的长短，自然资源可以分为（　　）。

A. 土地资源和矿产资源
B. 地下资源和地表资源
C. 有限资源和无限资源
D. 可更新资源和不可更新资源

2. 自然资源的基本特性是 ( )。

A. 自然性 　　　　B. 有用性 　　　　C. 有限性 　　　　D. 相对性

3. 目前，全世界各国对可更新资源通常采取何种保护方式？ ( )

A. 综合利用 　　　　　　　　　　B. 回收利用

C. 开发替代资源 　　　　　　　　D. 营造养殖、适度开发

4. 古老的箴言"一个流域一部法律"揭示了水资源管理的 ( )。

A. 区域管理 　　　　B. 流域管理 　　　　C. 分部门管理 　　　　D. 具体管理

5. 我国现行《水法》规定，开发、利用水资源，应当首先满足 ( )。

A. 工业用水需要

B. 城乡居民生活用水，并兼顾农业、工业、生态环境用水以及航运等需要

C. 农业用水需要

D. 生态环境用水需要

6. 农村集体经济组织修建水库应当经哪一级部门批准？ ( )

A. 村民委员会 　　　　　　　　　B. 乡镇人民政府

C. 县级人民政府 　　　　　　　　D. 县级以上地方人民政府水行政主管部门

7. 应当划定饮用水水源保护区的是 ( )。

A. 省、自治区、直辖市人民政府 　　B. 省级人民政府水行政主管部门

C. 县级人民政府 　　　　　　　　D. 县级人民政府水行政主管部门

8. 主管全国水土保持工作的是 ( )。

A. 国务院 　　　　　　　　　　　B. 国务院生态环境行政主管部门

C. 国务院水行政主管部门 　　　　D. 国务院土地行政主管部门

9. 土地资源与土地的基本区别点是 ( )。

A. 固定性 　　　　B. 有限性 　　　　C. 生产性 　　　　D. 不可替代性

10. 宅基地、自留地、自留山属于 ( )。

A. 国家所有 　　　　　　　　　　B. 农民集体所有

C. 国家和农民集体共有 　　　　　D. 农民个人所有

11. 经省、自治区、直辖市人民政府批准的能源、交通、水利等基础设施建设用地，需要改变土地利用总体规划的，( )。

A. 属于省级人民政府土地利用总体规划批准权限内的，根据省级人民政府的批准文件修改土地利用总体规划

B. 必须由国务院自然资源主管部门作出批准

C. 必须由国务院自然资源主管部门会同其他有关部门商定批准

D. 必须由省级人民政府上报国务院批准

12. 我国的矿产资源在所有制上实行 ( )。

A. 政府所有制 　　　B. 国家所有制 　　　C. 开发单位所有制 　　　D. 集体所有制

13. 探矿权人享有的权利不包括 ( )。

A. 按照勘查许可证规定的区域、期限、工作对象进行勘查

B. 根据工程需要临时使用土地

C. 优先取得勘查作业区内新发现矿种的探矿权

D. 自行销售勘查中按照批准的工程设计施工回收的所有矿产品

14. 石油、天然气勘查许可证有效期最长为 ( )。

A. 3 年 　　　　　　B. 5 年 　　　　　　C. 7 年 　　　　　　D. 9 年

15. 探矿权人被吊销勘查许可证的，自勘查许可证被吊销之日起多长时间内，不得再申请探矿权？（　　）

　　A. 6 个月 　　　　　　　B. 1 年 　　　　　　　C. 2 年 　　　　　　　D. 3 年

16. 我国矿产资源补偿费的缴纳主体是（　　）。

　　A. 所有权人 　　　　　B. 探矿权人 　　　　　C. 采矿权人 　　　　　D. 使用权人

17. 矿产资源补偿费主要用于（　　）。

　　A. 矿产资源勘查 　　　B. 矿产资源的开采 　　C. 矿产资源的管理 　　D. 矿产资源的保护

18. 我国对乡镇煤矿采取的方针是（　　）。

　　A. 统一规划、合理布局、综合利用 　　　　　　B. 扶持、改造、整顿、联合、提高

　　C. 不提倡、不扶持、积极限制、安全管理 　　　D. 安全第一、预防为主

19. 对全国矿山安全工作实施统一监督的部门是（　　）。

　　A. 国务院地质主管部门 　　　　　　　　　　　B. 国务院劳动行政主管部门

　　C. 国务院安全部门 　　　　　　　　　　　　　D. 国务院生态环境主管部门

20. 发生一般矿山事故，负责调查和处理的是（　　）。

　　A. 矿山企业 　　　　　　　　　　　　　　　　B. 矿山企业工会

　　C. 县级劳动行政主管部门 　　　　　　　　　　D. 县级地质主管部门

21. 主管全国的节能监督管理工作的部门是（　　）。

　　A. 国务院生态环境主管部门 　　　　　　　　　B. 国务院地质主管部门

　　C. 国务院管理节能工作的部门 　　　　　　　　D. 国家发改委

22. 根据《森林法实施条例》的规定，临时占用林地的期限不得超过（　　）。

　　A. 6 个月 　　　　　　　B. 1 年 　　　　　　　C. 2 年 　　　　　　　D. 5 年

23. 负责退耕还林工作的综合协调的是（　　）。

　　A. 国务院农业行政主管部门 　　　　　　　　　B. 国务院土地行政主管部门

　　C. 国务院林业行政主管部门 　　　　　　　　　D. 国务院西部开发工作机构

24. 退耕土地还林后的承包经营权期限可以延长到（　　）。

　　A. 30 年 　　　　　　　B. 50 年 　　　　　　　C. 70 年 　　　　　　　D. 100 年

25. 主管全国草原监督管理工作的部门是（　　）。

　　A. 国务院自然资源主管部门 　　　　　　　　　B. 国务院林地行政主管部门

　　C. 国务院生态环境主管部门 　　　　　　　　　D. 国务院草原行政主管部门

26.《土地管理法》规定，国家实行占用耕地补偿制度。下列关于这一制度的哪一表述是错误的？（　　）

　　A. 非农业建设经批准占用耕地的，由占用耕地的单位负责开垦与所占用耕地的数量和质量相当的耕地

　　B. 国家批准的重点建设项目占用耕地的，占用单位不承担占用补偿义务

　　C. 没有条件开垦的占用单位，应当按照规定缴纳耕地开垦费

　　D. 占用单位开垦耕地，应按照省、自治区、直辖市人民政府制定的开垦计划进行

27. 某县发生特大洪水，县防汛指挥部在甲村临时征用村东和村西的两块土地，其间实施的下列哪种行为不符合法律规定？（　　）

　　A. 灾情发生后，在未办理建设用地审批手续的情况下，向村委会宣布临时征用土地的决定

　　B. 抗洪期间，在未办理建设用地审批手续的情况下，在两块土地上各搭建一座存放抗洪物资的仓库

　　C. 灾情结束后，在未办理建设用地审批手续的情况下，拆除村东的仓库，将土地恢复原状后

交还给甲村

D. 灾情结束后，在未办理建设用地审批手续的情况下，以未来抗洪需要为由，保留村西的仓库超过 6 个月

28. 下列哪一建设用地项目不能取得划拨土地使用权？（　　）

A. 乡政府办公楼建设用地　　　　　　B. 镇人民医院建设用地

C. 别墅区通往城镇的道路建设用地　　D. 公办大学校区扩建用地

29. 下列关于矿产资源的说法中，哪一项是正确的？（　　）

A. 任何矿产资源一律属于国家所有

B. 关系国计民生的矿产资源归国家所有，一般矿产资源可由集体所有

C. 除依法由集体所有的外，矿产资源一律属于国家所有

D. 个人不能成为开采国有矿产资源的主体

30. 甲公司经营困难，以其所有的经济林地使用权和林木入股乙公司，同时将已取得的《林木采伐许可证》转让给乙公司。后乙公司得知甲公司以其经济林地使用权向某商业银行抵押贷款尚未归还，乙公司与甲公司发生争议，要求甲公司尽快解除抵押，以下说法正确的是（　　）。

A. 在争议期间，乙公司可以砍伐经济林地上的林木

B. 乙公司与甲公司的争议可请县政府解决

C. 乙公司可以直接向法院起诉

D. 乙公司可以将经济林地改变为建设用地

31. 关于林木、林地所有权和使用权争议，下列选项错误的是（　　）。

A. 单位之间发生的林木、林地所有权和使用权争议，由县级以上人民政府依法处理

B. 个人与单位之间发生的林木所有权和林地使用权争议，可以由乡镇人民政府依法处理

C. 当事人可以自接到处理决定通知之日起 30 日内，向人民法院起诉

D. 在林木、林地权属争议解决前，即使因森林防火需要，当事人任何一方也不得砍伐有争议的林木或者改变林地现状

多项选择题

1. 下列各项属于无限资源的有（　　）。

A. 水资源　　　　　B. 煤炭　　　　　C. 太阳能　　　　　D. 潮汐能

2. 下列关于自然资源稀缺性的论述正确的是（　　）。

A. 太阳能等无限资源在特定的区域、时间或受科学技术水平的制约，可能会产生稀缺性

B. 大气、流水等公共资源因其可被占有性，在其受人力干预的情况下也会呈现稀缺性

C. 可更新资源永远不会出现稀缺性

D. 不可更新资源在其短缺或耗竭时呈现稀缺性

3. 自然资源法调整的社会关系主要是（　　）。

A. 资源权属关系　　　　　　　　　　B. 资源流转关系

C. 资源管理关系　　　　　　　　　　D. 涉及自然资源的其他经济关系

4. 当代自然资源法的发展趋势是（　　）。

A. 将自然资源的开发、利用与保护、改善结合起来

B. 强调可持续利用自然资源

C. 实行自然资源有偿使用制度

D. 维护国家利益的同时，尊重个人和法人单位的财产权，并给予同样保护

5. 《水法》所称的水资源包括（　　）。

A. 海水　　　　　　　　B. 地表水　　　　　　C. 废水　　　　　　　D. 地下水

6. 下列关于水资源特征的论述正确的是（　　　）。

A. 水资源是具有自然属性、社会属性和经济属性等多种属性的自然资源

B. 水资源不同于土地资源和其他公共物品的根本特性在于水资源具有季节性

C. 水资源具有专有性和消费不排他性

D. 水资源的有用性具有绝对性

7. 关于水资源规划的论述正确的是（　　　）。

A. 流域范围内的区域规划应当服从流域规划，专业规划应当服从综合规划

B. 流域综合规划和区域综合规划以及与土地利用关系密切的专业规划，应当与国民经济和社
会发展规划以及土地利用总体规划、城市总体规划和环境保护规划相协调，兼顾各地区、
各行业的需要

C. 水资源规划无须兼顾各地区、各行业的需要

D. 水资源专业规划，是指防洪、治涝、灌溉、航运、供水、水力发电、竹木流放、渔业、水
资源保护、水土保持、防沙治沙、节约用水等规划

8. 开发利用水资源，应当坚持（　　　）。

A. 兴利与除害相结合

B. 兼顾上下游、左右岸和有关地区之间的利益

C. 充分发挥水资源的综合效益

D. 服从防洪的总体安排

9. 负责全国水资源的宏观调配的是（　　　）。

A. 国务院　　　　　　　　　　　　　B. 国务院发展计划主管部门

C. 国务院生态环境行政主管部门　　　D. 国务院水行政主管部门

10. 单位之间、个人之间、单位与个人之间发生的水事纠纷的解决方式有（　　　）。

A. 协商解决　　　　　　　　　　　　B. 申请县级以上地方人民政府调解

C. 向法院起诉　　　　　　　　　　　D. 申请上一级人民政府裁决

11. 《水土保持法》规定的水土保持工作的指导方针是（　　　）。

A. 预防为主、保护优先　　　　　　　B. 全面规划、综合治理

C. 因地制宜、突出重点　　　　　　　D. 科学管理、注重效益

12. 《土地管理法》将土地分为（　　　）。

A. 农用地　　　　　　B. 建设用地　　　　　C. 旅游用地　　　　　D. 未利用地

13. 下列属于我国土地利用总体规划编制原则的是（　　　）。

A. 严格保护永久基本农田，严格控制非农业建设占用农用地

B. 保护和改善生态环境，保障土地的可持续利用

C. 占用耕地与开发复垦耕地数量平衡、质量相当

D. 提高土地节约集约利用水平

14. 我国土地利用总体规划编制依据的是（　　　）。

A. 国民经济和社会发展规划　　　　　B. 国土整治和资源环境保护的要求

C. 土地供给能力　　　　　　　　　　D. 各项建设对土地的需求

15. 关于永久基本农田保护制度的论述正确的是（　　　）。

A. 基本农田，是指按照一定时期人口和社会经济发展对农产品的需求，依据土地利用总体规
划确定的不得占用的耕地

B. 蔬菜生产基地和农业科研、教学试验田等应当根据土地利用总体规划划为永久基本农田

C. 各省、自治区、直辖市划定的永久基本农田应当占本行政区域内耕地的百分之六十以上

D. 永久基本农田保护区以乡（镇）为单位进行划区定界，由省级人民政府自然资源主管部门会同同级农业行政主管部门组织实施

16. 按照规定，下列征收土地的行为必须报国务院批准的有（　　）。

A. 征收永久基本农田

B. 征收永久基本农田超过三十五公顷

C. 征收永久基本农田以外的耕地超过三十五公顷的

D. 征收其他土地超过七十公顷的

17. 征收土地的补偿费用包括（　　）。

A. 土地补偿费　　　　　　　　　　　　B. 安置补助费

C. 青苗补偿费　　　　　　　　　　　　D. 地上附着物补偿费

18. 下列建设用地，经县级以上人民政府依法批准，可以以划拨方式取得的是（　　）。

A. 建设单位使用国有土地

B. 国家机关用地和军事用地

C. 城市基础设施用地和公益事业用地

D. 国家重点扶持的能源、交通、水利等基础设施用地

19. 有下列情形之一的，农村集体经济组织报经原批准用地的人民政府批准，可以收回土地使用权的是（　　）。

A. 因撤销的原因而停止使用土地的

B. 不按照批准的用途使用土地的

C. 因迁移的原因而停止使用土地的

D. 为乡（镇）村公共设施和公益事业建设，需要使用土地的

20. 关于农村村民宅基地的论述正确的是（　　）。

A. 农村村民一户只能拥有一处宅基地

B. 农村村民建住宅，应当符合乡（镇）土地利用总体规划、村庄规划，不得占用永久基本农田，并尽量使用原有的宅基地和村内空闲地

C. 农村村民住宅用地涉及占用农用地的，经乡（镇）人民政府审核，由县级人民政府批准

D. 农村村民出卖、出租住房后，可以再申请宅基地

21. 下列属于城市房地产交易方式的有（　　）。

A. 房地产赠送　　　　B. 房地产抵押　　　　C. 房屋租赁　　　　D. 房地产转让

22. 根据《城市房地产管理法》的规定，不得转让的房地产包括（　　）。

A. 司法机关和行政机关依法裁定、决定查封或者以其他形式限制房地产权利的

B. 以出让方式取得土地使用权的，按照出让合同约定进行投资开发，属于房屋建设工程的，完成开发投资总额的百分之二十五以上的

C. 共有房地产，未经其他共有人书面同意的

D. 未依法登记领取权属证书的

23. 下列各项属于商品房预售条件的是（　　）。

A. 已交付全部土地使用权出让金，取得土地使用权证书

B. 持有建设工程规划许可证

C. 按提供预售的商品房计算，投入开发建设的资金达到工程建设总投资的百分之十五以上，并已经确定施工进度和竣工交付日期

D. 向县级以上人民政府房产管理部门办理预售登记，取得商品房预售许可证明

24. 集体所有制矿山企业可以开采的矿产资源有（　　）。

A. 适于国家建设中型矿山的矿床及矿点

B. 经国有矿山企业同意，并经其上级主管部门批准，在其矿区范围内划出的边缘零星矿产

C. 矿山闭坑后，经原矿山企业主管部门确认可以安全开采并不会引起严重环境后果的残留矿体

D. 国家规划可以由集体所有制矿山企业开采的其他矿产资源

25. 下列关于探矿权、采矿权转让的论述正确的是（　　）。

A. 探矿权人在完成规定的最低勘查投入后，经依法批准，可以将探矿权转让他人

B. 国务院地质矿产主管部门和省、自治区、直辖市人民政府地质矿产主管部门是探矿权、采矿权转让的审批管理机关

C. 探矿权、采矿权转让的评估工作，由具有矿业权评估资质的评估机构进行

D. 探矿权、采矿权转让后，勘查许可证、采矿许可证的有效期限，为原勘查许可证、采矿许可证的有效期减去已经进行勘查、采矿的年限的剩余期限

26. 我国矿产资源补偿费的征收部门包括（　　）。

A. 地质矿产主管部门　　　B. 税收部门　　　C. 生态环境部门　　　D. 财政部门

27. 下列关于矿山安全管理的论述正确的是（　　）。

A. 矿长对本企业的安全生产工作负责

B. 根据工作的需要，矿山企业可以安排女职工从事矿山井下劳动

C. 矿山企业不得录用未成年人从事矿山井下劳动

D. 矿长应当定期向职工代表大会或者职工大会报告安全生产工作，发挥职工代表大会的监督作用

28. 下列关于矿山事故处理的论述正确的是（　　）。

A. 矿山发生重伤、死亡事故后，矿山企业应当在 48 小时内如实向劳动行政主管部门和管理矿山企业的主管部门报告

B. 劳动行政主管部门和管理矿山企业的主管部门接到死亡事故或者一次重伤 3 人以上的事故报告后，应当立即报告本级人民政府，并报各自的上一级主管部门

C. 矿山事故调查处理工作应当自事故发生之日起 120 日内结束；遇有特殊情况，可以适当延长，但是不得超过 180 日

D. 矿山事故处理结案后，应当公布处理结果

29. 《森林法》将森林划分为（　　）。

A. 防护林　　　　　　B. 用材林　　　　　C. 经济林和能源林　　D. 特种用途林

30. 下列关于依法使用的国家所有的森林、林木和林地的登记申请论述正确的是（　　）。

A. 重点林区的森林、林木和林地的单位，应当向国务院林业主管部门提出登记申请

B. 使用国家所有的跨行政区域的森林、林木和林地的单位和个人，应当向共同的上一级人民政府林业主管部门提出登记申请

C. 使用国家所有的跨行政区域的森林、林木和林地的单位和个人，应当向共同的上一级人民政府提出登记申请

D. 使用国家所有的其他森林、林木和林地的单位和个人，应当向县级以上地方人民政府林业主管部门提出登记申请

31. 下列各项属于我国法律规定的退耕还林对象的是（　　）。

A. 生产条件较好、实际粮食产量超过国家退耕还林补助粮食标准并且不会造成水土流失的耕地

B. 沙化、盐碱化、沙漠化严重的耕地

C. 生态地位重要、粮食产量低而不稳的耕地

D. 所有生态地位重要区域的耕地

32. 实施退耕还林的，应当按照退耕还林的实际面积，向土地承包经营权人提供（　　）。

A. 粮草补助　　　　　　　　　　　　　B. 粮食、种苗造林补助费

C. 耕地和林地差价补助费　　　　　　　D. 生活补助

33.《草原法》中所称的草原是指（　　）。

A. 城镇草地　　　　　　　B. 荒漠草原　　　　　　C. 天然草原　　　　　　D. 人工草地

34. 下列草原应当划为基本草原的是（　　）。

A. 割草地

B. 用于畜牧业生产的人工草地、退耕还草地以及改良草地、草种基地

C. 对调节气候、涵养水源、保持水土、防风固沙具有特殊作用的草原

D. 草原科研、教学试验基地

35. 我国的海洋资源主要包括（　　）。

A. 海洋空间资源　　　　　　　　　　　B. 海岛资源

C. 海洋生物资源　　　　　　　　　　　D. 海底矿藏资源

36. 农户甲外出打工，将自己的房屋及宅基地使用权一并转让给同村农户乙，5 年后甲返回该村。关于甲返村后的住宅问题，下列哪些说法是错误的？（　　）

A. 甲 5 年前外出打工，如在城市安居落户，可自愿有偿退出农村宅基地

B. 根据"一户一宅"的原则，甲作为本村村民应拥有自己的住房。政府应再批给甲一处宅基地建房

C. 由于农村土地具有保障功能，宅基地不得买卖，甲、乙之间的转让合同无效。乙应返还房屋及宅基地使用权

D. 由于甲与乙的转让合同未经有关政府批准，转让合同无效。乙应返还房屋及宅基地使用权

📖 名词解释

1. 水土流失

2. 水土保持

3. 探矿权

4. 矿产资源

✏️ 简答题

1. 简述建设用地管理制度。

2. 简述森林资源和林地的含义。

3. 简述《土地管理法》规定的编制土地利用总体规划的原则。

4. 简述水资源开发利用的有关规定。

5. 简述林木采伐许可证制度的主要内容。

6. 简述矿产资源保护的经济刺激制度。

7. 简述自然资源的特征。

💬 论述题

1. 论我国土地资源的法律保护。

2. 论矿产资源开发中的环境保护法律问题。

3. 试分析我国自然资源法的体系。

4. 如何理解自然资源法的部门法属性？

案例分析题

1. 村民甲不满意乡政府和村委会统一划定分配的宅基地，与邻居乙商量，将乙承包的耕地以5000元价钱"买下"。乙几乎常年在外打工，已连续两年半弃耕抛荒。甲在此耕地上建房，后被乡政府发现。乡政府责令甲拆除已建房屋、恢复原状并处以罚款。

问题：（1）甲违反了哪些法律规定？

（2）乙的行为是否违法？应如何处理？

2. 张某系某村村民，经县人民政府批准建起了一砖瓦厂，并核发了30.7亩的《土地使用证》。在该土地能够用于做砖瓦的土壤被取用完以后，张某为了继续经营砖瓦厂，便与村干部协商，将村里的16.1亩耕地划归砖瓦厂使用，并与该村村民小组签订了土地使用协议书。张某向村里缴纳种植补偿费共4800元。张某还与村民唐某、沈某、贾某等私下达成用地协议，占用耕地5亩，用于取土烧砖。经村民举报，县土地管理局对张某占用耕地的行为进行查处，并作出处理决定：对张某处以每平方米5元的罚款，限期恢复土地原状，责令加倍赔偿唐某、沈某、贾某土地两年不能耕种的损失。

问题：（1）张某与村民小组签订的土地使用协议书是否合法？请说明理由。

（2）指出县土地管理局的处理决定存在的问题。

3. 2021年5月20日，A煤矿总调度室值班人员通过瓦斯终端监控设备发现13抽风泵站瓦斯超限，向通风科调度员贾某汇报。贾某将情况告诉调度室调度员景某，景某没有作任何处理。4分钟后，总调度室值班人员再次发现井下先后有10余个地方瓦斯超限，又向贾某汇报。贾某向通风科值班员孙某电话汇报后，到通风科科长办公室找彭某汇报。彭某擅离职守，让职工于某代其值班，贾某便向于某做了汇报。12分钟后，瓦斯浓度达到6%，此时瓦斯终端显示，井下瓦斯超限，景某这才到矿长值班室向正在打牌的矿长助理付某汇报。付某指示让井下停电撤人，但未打通电话。9分钟后，井下发生瓦斯爆炸，造成矿工遇难。

问题：本案中哪些人应当为此次矿难承担法律责任？承担何种性质的法律责任？

4. 某村委会A将其拥有所有权的15亩用材林、防护林及林地的使用权转让给某私营企业B，双方约定转让价格为3万元/亩，转让后B可对林地及林木实施经营管理与自由处置。B受让林木及林地使用权后，擅自将防护林采伐殆尽，以土地使用权作价55万元转让给某房地产开发。

问题：（1）A将15亩林木及林地使用权转让给B，是否违法？

（2）B受让林木及林地使用权后，实施了哪些违法行为？

第十一章　自然资源法的基本制度构成

基础知识图解

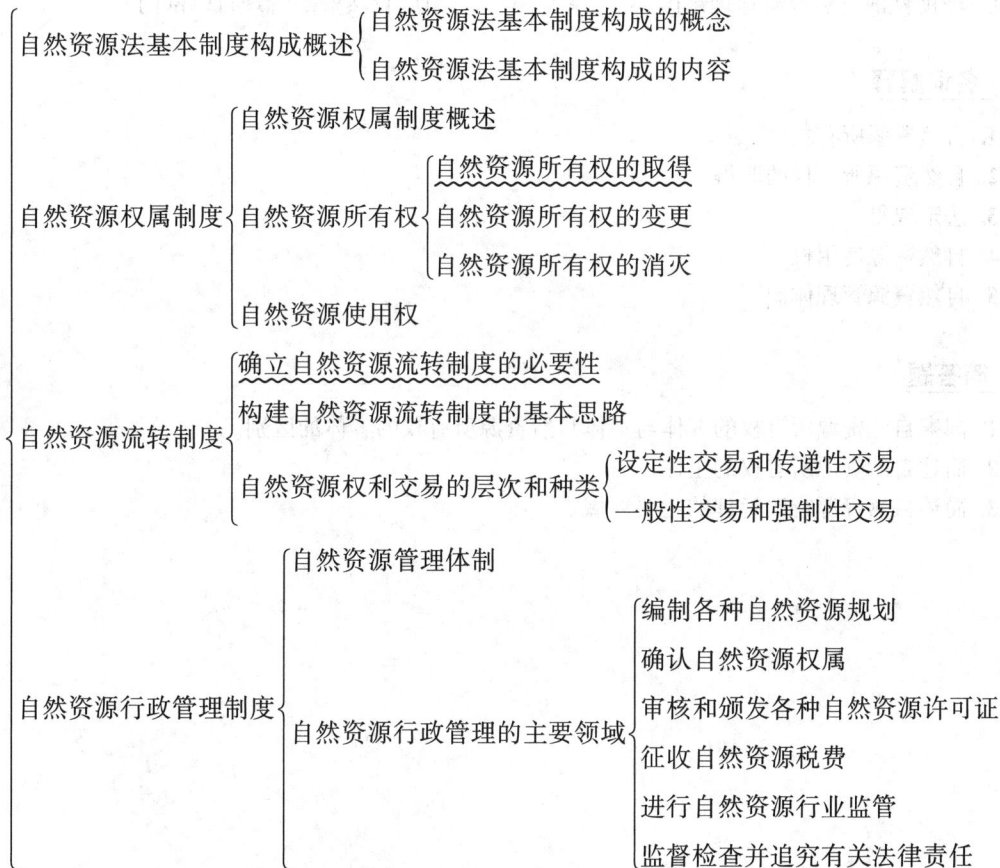

自然资源法基本制度构成概述 { 自然资源法基本制度构成的概念
自然资源法基本制度构成的内容 }

自然资源权属制度 {
　自然资源权属制度概述
　自然资源所有权 {
　　自然资源所有权的取得
　　自然资源所有权的变更
　　自然资源所有权的消灭
　}
　自然资源使用权
}

自然资源流转制度 {
　确立自然资源流转制度的必要性
　构建自然资源流转制度的基本思路
　自然资源权利交易的层次和种类 {
　　设定性交易和传递性交易
　　一般性交易和强制性交易
　}
}

自然资源行政管理制度 {
　自然资源管理体制
　自然资源行政管理的主要领域 {
　　编制各种自然资源规划
　　确认自然资源权属
　　审核和颁发各种自然资源许可证
　　征收自然资源税费
　　进行自然资源行业监管
　　监督检查并追究有关法律责任
　}
}

配套测试

多项选择题

1. 下列属于自然资源权属制度的权利形态的有（　　　）。

A. 自然资源取得权　　　　　　　　　　B. 自然资源占有权

C. 自然资源所有权　　　　　　　　　　D. 自然资源使用权

2. 下列属于自然资源国家所有权的取得方式的是（　　　）。

A. 法定取得　　　　　　　　　　　　　B. 强制取得

C. 先占取得　　　　　　　　　　　　　D. 天然孳息和自然添附

3. 下列属于自然资源集体所有权的取得方式的是（　　）。

A. 天然孳息和自然添附　　　　　　　　B. 法定取得

C. 天然孳息　　　　　　　　　　　　　D. 劳动生产取得

4. 下列属于自然资源使用权的取得方式的是（　　）。

A. 法律授权取得　　　　　　　　　　　B. 许可或承包经营取得

C. 转让取得　　　　　　　　　　　　　D. 开发利用取得

5. 下列属于我国的自然资源管理机构的是（　　）。

A. 综合性的自然资源主管部门　　　　　B. 自然资源管理的相关部门

C. 辅助性的自然资源管理部门　　　　　D. 自然资源管理行政部门

名词解释

1. 自然资源所有权

2. 自然资源所有权的取得

3. 法定取得

4. 自然资源使用权

5. 自然资源管理体制

简答题

1. 国家自然资源所有权的客体与集体自然资源所有权的客体的区别。

2. 简述自然资源所有权的主体。

3. 简述自然资源行政管理的主要领域。

第十二章 自然资源单行立法

A+ 基础知识图解

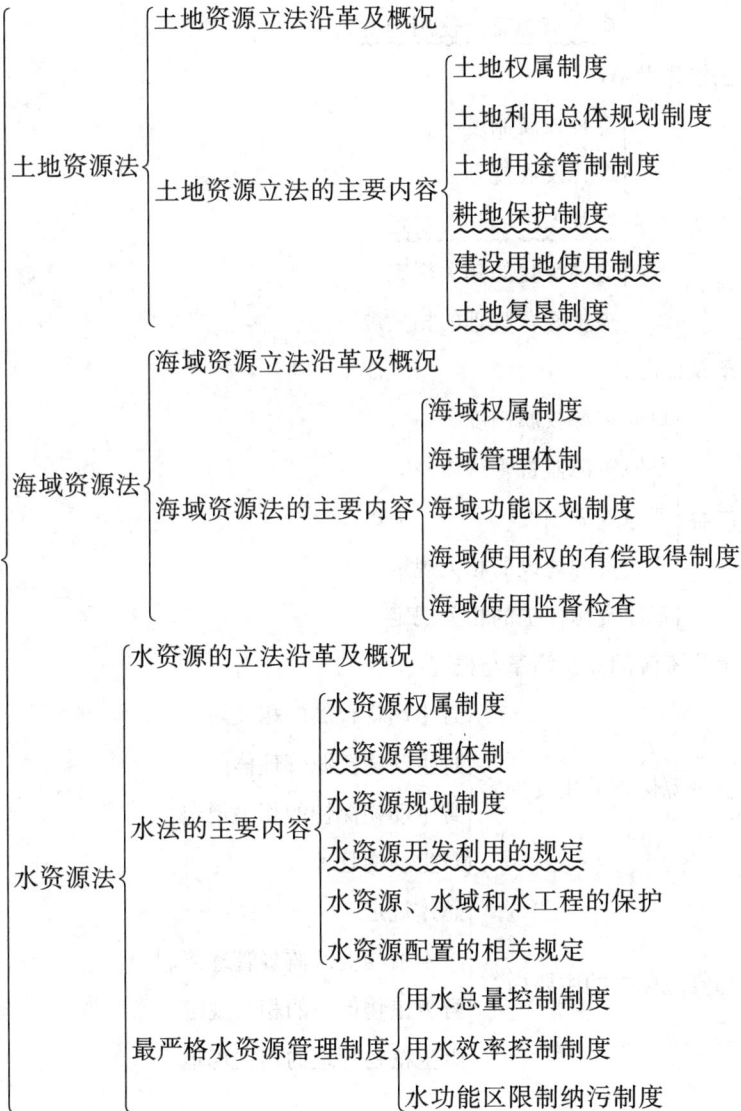

- 土地资源法
  - 土地资源立法沿革及概况
  - 土地资源立法的主要内容
    - 土地权属制度
    - 土地利用总体规划制度
    - 土地用途管制制度
    - 耕地保护制度
    - 建设用地使用制度
    - 土地复垦制度
- 海域资源法
  - 海域资源立法沿革及概况
  - 海域资源法的主要内容
    - 海域权属制度
    - 海域管理体制
    - 海域功能区划制度
    - 海域使用权的有偿取得制度
    - 海域使用监督检查
- 水资源法
  - 水资源的立法沿革及概况
  - 水法的主要内容
    - 水资源权属制度
    - 水资源管理体制
    - 水资源规划制度
    - 水资源开发利用的规定
    - 水资源、水域和水工程的保护
    - 水资源配置的相关规定
  - 最严格水资源管理制度
    - 用水总量控制制度
    - 用水效率控制制度
    - 水功能区限制纳污制度

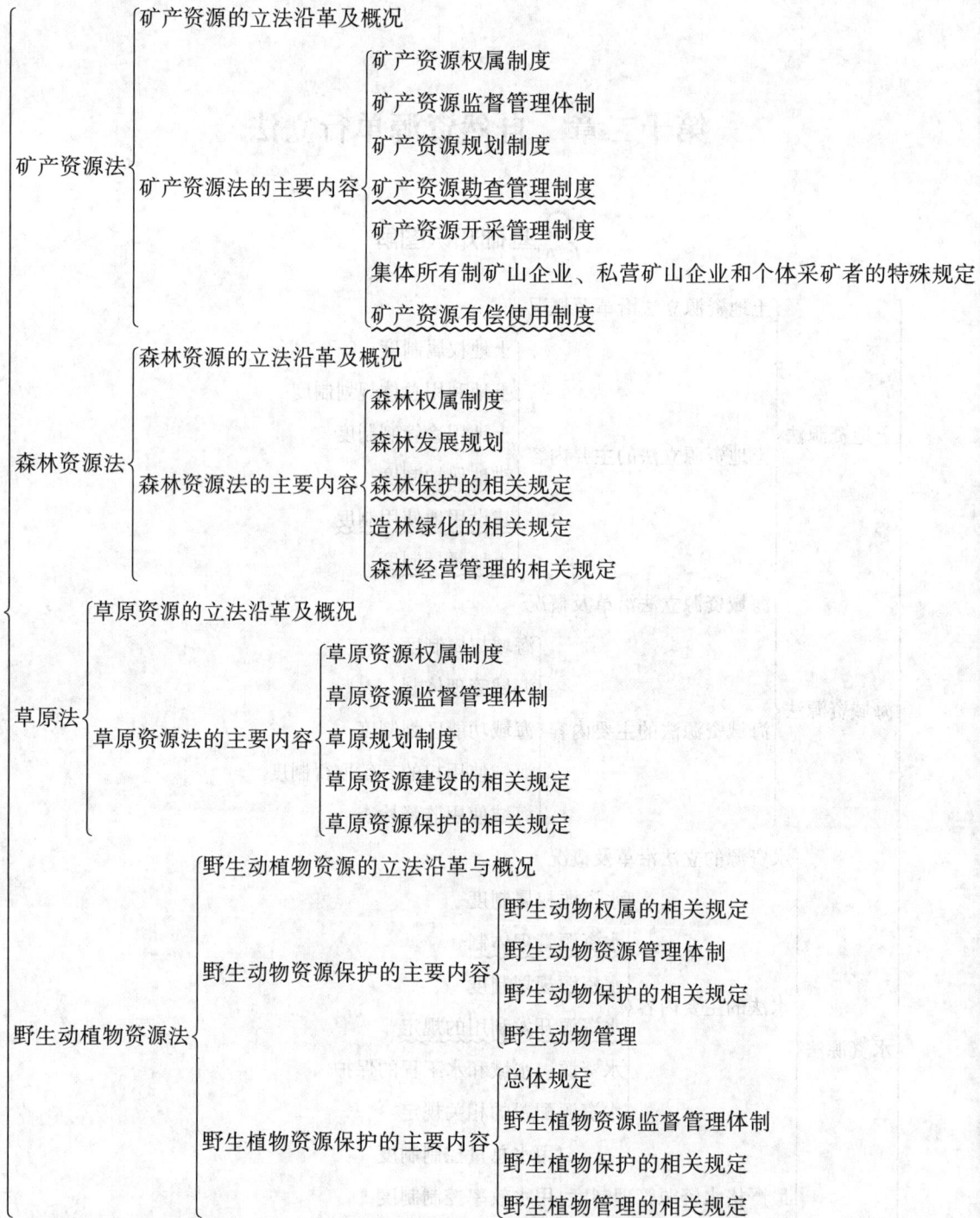

矿产资源法
- 矿产资源的立法沿革及概况
- 矿产资源法的主要内容
  - 矿产资源权属制度
  - 矿产资源监督管理体制
  - 矿产资源规划制度
  - 矿产资源勘查管理制度
  - 矿产资源开采管理制度
  - 集体所有制矿山企业、私营矿山企业和个体采矿者的特殊规定
  - 矿产资源有偿使用制度

森林资源法
- 森林资源的立法沿革及概况
- 森林资源法的主要内容
  - 森林权属制度
  - 森林发展规划
  - 森林保护的相关规定
  - 造林绿化的相关规定
  - 森林经营管理的相关规定

草原法
- 草原资源的立法沿革及概况
- 草原资源法的主要内容
  - 草原资源权属制度
  - 草原资源监督管理体制
  - 草原规划制度
  - 草原资源建设的相关规定
  - 草原资源保护的相关规定

野生动植物资源法
- 野生动植物资源的立法沿革与概况
- 野生动物资源保护的主要内容
  - 野生动物权属的相关规定
  - 野生动物资源管理体制
  - 野生动物保护的相关规定
  - 野生动物管理
- 野生植物资源保护的主要内容
  - 总体规定
  - 野生植物资源监督管理体制
  - 野生植物保护的相关规定
  - 野生植物管理的相关规定

配套测试

☑ 单项选择题

1. 比较全面地对土地资源的开发利用和保护工作作出了科学的规定，结束了我国长期以来主

要依靠行政手段和多部门分散管理土地的局面的是 （　　　）。

 A.《农村集体经济组织法》   B.《农村土地承包法》

 C.《土地管理法》   D.《土地管理法实施条例》

2. 明确提出"完善海域海岛有偿使用制度。完善海域有偿使用制度。坚持生态优先，严格落实海洋国土空间的生态保护红线，提高用海生态门槛"的是 （　　　）。

 A.《国务院关于海域有偿使用制度改革的指导意见》

 B.《国务院关于全民所有自然资源资产有偿使用制度改革的指导意见》

 C.《国务院关于统筹推进自然资源资产产权制度改革的指导意见》

 D.《国务院关于审理海洋自然资源与生态环境损害赔偿纠纷案件若干问题的规定》

3. 我国水资源所有权是 （　　　）。

 A. 国家所有   B. 国家所有和集体所有

 C. 集体所有   D. 城市和农村双轨制

4. 国家对水资源依法实行取水许可制度和 （　　　）。

 A. 保障城市优先供应制度   B. 节约集约制度

 C. 有偿使用制度   D. 绿色循环制度

5. 取得取水权的前提条件是 （　　　）。

 A. 取得取水许可证

 B. 缴纳水资源费后，取得取水许可证

 C. 取得取水工程资质，并取得取水许可证

 D. 取得取水许可证，并缴纳水资源费

6. 我国第一部自然资源方面的立法是 （　　　）。

 A. 第六届全国人大常委会第六次会议通过《森林法》

 B. 第六届全国人大常委会第七次会议通过《森林法》

 C. 1985 年《草原法》

 D. 1985 年《水法》

7. 我国第一部关于草原保护的专门法是 （　　　）。

 A.《森林法》   B.《水法》   C.《海洋法》   D.《草原法》

8. 环境资源法发展到高级阶段的标志是 （　　　）。

 A. 国际环境保护法   B. 污染防治法

 C. 自然资源法   D. 生态保护建设法

9. 从发展趋势上看，我国的环境资源法应该从污染控制法为主的阶段过渡到 （　　　）。

 A. 自然资源保护法为重点的阶段

 B. 生态保护建设法为重点的阶段

 C. 污染控制法和生态保护建设法并举的阶段

 D. 国际环境保护相协调为重点的阶段

10. 生态保护建设法的目的在于 （　　　）。

 A. 改善环境质量，提升环境品质，促进生态系统的良性循环维护

 B. 防止环境质量的恶化

 C. 保护自然资源的可持续利用

 D. 保护环境和人类的生命财产安全

11. 国家没有在以下哪个区域划定生态保护红线，实行严格保护？（　　　）

 A. 自然保护区   B. 重点生态功能区

C. 生态环境敏感区   D. 生态环境脆弱区

12. 野生动物资源属于（ ）。

A. 国家所有

B. 集体所有

C. 国家与集体共有

D. 开发野生动物资源的单位或个人所有

13. 主管全国陆生野生动物保护工作的部门是（ ）。

A. 国务院生态环境主管部门   B. 国务院林业草原主管部门

C. 国务院渔业行政主管部门   D. 国务院市场监督管理部门

14. 因保护国家重点保护的和地方重点保护的水生野生动物受到损失的，可以向哪一部门提出损失补偿要求？（ ）

A. 国务院生态环境主管部门   B. 国务院渔业行政主管部门

C. 当地政府生态环境主管部门   D. 当地人民政府渔业行政主管部门

15. 需要跨省、自治区、直辖市猎捕国家二级保护野生动物的，必须向哪一部门申请特许猎捕证？（ ）

A. 国务院林业行政主管部门

B. 申请人所在地的省级林业行政主管部门

C. 猎捕地的省、自治区、直辖市人民政府林业行政主管部门

D. 申请人所在地的县级林业行政主管部门

16. 负责城市园林、风景名胜区内野生植物的监督管理工作的是（ ）。

A. 国务院林业行政主管部门   B. 国务院建设行政部门

C. 国务院农业行政主管部门   D. 国务院生态环境主管部门

17. 对在本行政区域内采集国家重点保护野生植物的活动进行监督检查的是（ ）。

A. 县级人民政府野生植物行政主管部门

B. 地、市级人民政府野生植物行政主管部门

C. 省级人民政府野生植物行政主管部门

D. 国务院野生植物行政主管部门

18. 国家一级保护野生植物的出售和收购（ ）。

A. 必须经国务院野生植物行政主管部门或授权的机构批准

B. 必须经国务院生态环境主管部门或授权的机构批准

C. 必须经省级野生植物行政主管部门或授权的机构批准

D. 属于禁止的事项

19. 对植物新品种授予植物新品种权的部门是（ ）。

A. 国务院专利行政部门   B. 国务院林业行政部门

C. 国务院农业行政部门   D. 国务院农业农村、林业草原主管部门

20. 主管全国进出境动植物检疫工作的部门是（ ）。

A. 国务院林业行政主管部门   B. 国务院农业行政主管部门

C. 国务院生态环境主管部门   D. 国务院质量监督检验检疫管理部门

21. 我国建立的第一个自然保护区是（ ）。

A. 吉林长白山保护区   B. 四川卧龙保护区

C. 鼎湖山国家级自然保护区   D. 福建武夷山保护区

22. 周某一直收藏一件祖传文物，根据《文物保护法》的规定，这件祖传文物属于（ ）。

A. 国家所有   B. 周某所在单位所有

C. 集体所有   D. 周某个人所有

23. 主管全国文物保护工作的部门是（   ）。

A. 国家生态环境主管部门   B. 国家自然资源主管部门

C. 国务院文物行政部门   D. 国家住房和城乡建设主管部门

24. 历史文化街区的核定公布机关是（   ）。

A. 国务院   B. 省、自治区、直辖市人民政府

C. 县级人民政府   D. 区人民政府

25. 依法设立的拍卖企业经营文物，文物拍卖许可证的颁发机关是（   ）。

A. 国务院文物行政部门   B. 国务院市场监督管理部门

C. 省、自治区、直辖市人民政府文物行政部门   D. 省级市场监督管理部门

26. 负责全国风景名胜区的监督管理工作的部门是（   ）。

A. 国务院文物行政部门   B. 国务院市场监督管理部门

C. 国务院建设主管部门   D. 国务院林业行政部门

27. 国家级风景名胜区的申请者是（   ）。

A. 国务院文物行政部门   B. 省、自治区、直辖市人民政府

C. 县级人民政府   D. 国务院林业行政部门

28. 缴纳风景名胜区资源有偿使用费的是（   ）。

A. 风景名胜区管理机构   B. 经营者

C. 游客   D. 风景名胜区内的单位和个人

29. 主管全国国家级自然公园的是（   ）。

A. 国家公园管理局   B. 自然资源部

C. 国家林业和草原局   D. 生态环境部

30. 国家级自然公园应当加强（   ）监测能力建设。

A. "人工巡护"   B. "卫星遥感"

C. "生物多样性"   D. "天空地一体化"

31. 负责组织、协调、指导全国防沙治沙工作的是（   ）。

A. 国务院生态环境主管部门   B. 国务院林业草原行政主管部门

C. 国务院农业行政主管部门   D. 国务院水利行政主管部门

32. 使用已经沙化的国有土地从事治沙活动的，经县级以上人民政府依法批准，可以享有的土地使用权的期限最高为（   ）。

A. 30 年   B. 50 年   C. 70 年   D. 100 年

33. 根据《防洪法》的规定，防洪费用按照（   ）的原则筹集。

A. 政府财政全额拨款   B. 受益者全部分摊

C. 社会捐赠   D. 政府投入同受益者合理承担相结合

34. 在国务院领导下，负责全国防洪的组织、协调、监督、指导等日常工作的是（   ）。

A. 国务院农业行政主管部门   B. 国务院水行政主管部门

C. 国务院生态环境主管部门   D. 国务院住房和城乡建设主管部门

35. 负责领导、组织全国的防汛抗洪工作的是（   ）。

A. 国务院水行政部门   B. 国家防汛指挥机构

C. 国务院住房和城乡建设主管部门   D. 中央军委

36. 国家地震应急预案的批准部门是（   ）。

A. 国务院   B. 国务院地震行政主管部门

C. 国务院住房和城乡建设主管部门   D. 国务院民政部门

37. 临震应急期一般为（   ）。

A. 5 日   B. 7 日   C. 10 日   D. 20 日

38. 震后应急期最长为（   ）。

A. 7 日   B. 10 日   C. 20 日   D. 30 日

39. 省、自治区、直辖市行政区域内的地震长期预报、地震中期预报、地震短期预报和临震预报的发布者是（   ）。

A. 省、自治区、直辖市人民政府   B. 省级地震工作主管部门

C. 省级宣传工作主管部门   D. 新闻媒体

40. 外国的组织或者个人在中华人民共和国领域和中华人民共和国管辖的其他海域从事地震监测活动，必须与中华人民共和国有关部门或者单位合作进行，并经（   ）批准。

A. 国务院   B. 国务院地震工作主管部门

C. 国务院海洋行政主管部门   D. 国务院外交部门

41. 城市总体规划的期限一般为（   ）。

A. 5 年   B. 10 年   C. 15 年   D. 20 年

42. 主管全国的村庄、集镇规划建设管理工作的是（   ）。

A. 国务院农业行政主管部门   B. 国务院建设行政主管部门

C. 国务院发展和改革委员会   D. 国务院经济综合部门

43. 关于我国生态保护制度，下列哪一表述是正确的？（   ）

A. 国家只在重点生态功能区划定生态保护红线

B. 国家应积极引进外来物种以丰富我国生物的多样性

C. 国家加大对生态保护地区的财政转移支付力度

D. 国家应指令受益地区对生态保护地区给予生态保护补偿

☑️ 多项选择题

1. 我国的自然生态环境非常脆弱，生态环境恶化的趋势还在继续，主要表现在（   ）。

A. 水土流失严重，荒漠化土地面积不断扩大

B. 大面积的森林被砍伐，天然植被遭到破坏

C. 草原退化、沙化和碱化面积逐年增加

D. 生物多样性受到严重破坏

2. 《野生动物保护法》所保护的野生动物包括（   ）。

A. 珍贵的陆生、水生野生动物

B. 濒危的陆生、水生野生动物

C. 珍贵、濒危的水生野生动物以外的其他水生野生动物

D. 有重要生态、科学、社会价值的陆生野生动物

3. 国家重点保护的野生动物分为（   ）。

A. 特级保护野生动物   B. 一级保护野生动物

C. 二级保护野生动物   D. 三级保护野生动物

4. 下列哪些猎捕国家重点保护野生动物的活动必须申请特许猎捕证？（   ）

A. 为进行野生动物科学考察、资源调查，必须猎捕的

B. 为承担省级以上科学研究项目或者国家医药生产任务，必须从野外获取国家重点保护野生

动物的

C. 因国事活动的需要，必须从野外获取国家重点保护野生动物的

D. 为调控国家重点保护野生动物种群数量和结构，经科学论证必须猎捕的

5. 纳入《野生植物保护条例》保护范围的野生植物包括（　　）。

A. 药用野生植物

B. 原生地天然生长的珍贵植物

C. 原生地天然生长并具有重要经济、科学研究、文化价值的濒危、稀有植物

D. 城市园林、自然保护区、风景名胜区内的野生植物

6. 下列各项属于植物新品种特性的是（　　）。

A. 新颖性　　　　　　　　B. 特异性　　　　　　　C. 一致性　　　　　　　D. 稳定性

7. 下列关于植物品种权的论述正确的是（　　）。

A. 品种权所有人对其授权品种，享有排他的独占权

B. 执行本单位的任务或者主要是利用本单位的物质条件所完成的职务育种，植物新品种的品种权属于完成育种的个人

C. 委托育种或者合作育种，当事人可以在合同中约定品种权的申请权归属；没有合同约定的，品种权的申请权属于受委托完成者或者共同完成育种的单位或者个人

D. 两个以上的申请人分别就同一个植物新品种同时申请品种权的，品种权可授予所有的申请人

8.《进出境动植物检疫法》的实施对象包括（　　）。

A. 进出境的动植物

B. 进出境的动植物产品和其他检疫物

C. 装载动植物、动植物产品和其他检疫物的装载容器、包装物

D. 来自动植物疫区的运输工具

9. 下列各项属于动植物产品的是（　　）。

A. 血清　　　　　　　　B. 动物水产品　　　　　　C. 生药材　　　　　　　D. 植物种子

10. 根据《自然保护区条例》的规定，自然保护区的保护对象是（　　）。

A. 有代表性的自然生态系统

B. 珍稀濒危野生动植物物种的天然集中分布区

C. 有特殊意义的自然遗迹

D. 有特殊意义的人文遗迹

11. 应当建立自然保护区的有（　　）。

A. 典型的自然地理区域、有代表性的自然生态系统区域以及已经遭受破坏但经保护能够恢复的同类自然生态系统区域

B. 具有特殊保护价值的海域、海岸、岛屿、湿地、内陆水域、森林、草原和荒漠

C. 珍稀、濒危野生动植物物种的天然集中分布区域

D. 具有重大科学文化价值的地质构造、著名溶洞、化石分布区、冰川、火山、温泉等自然遗迹

12. 我国的自然保护区分为（　　）。

A. 世界遗产级自然保护区　　　　　　　　B. 国家级自然保护区

C. 省级自然保护区　　　　　　　　　　　D. 地方级自然保护区

13. 我国的自然保护区实行分区保护，具体分为（　　）。

A. 核心区　　　　　　　B. 缓冲区　　　　　　　C. 实验区　　　　　　　D. 外围保护地带

14. 下列关于自然保护区管理机构的论述正确的是（　　）。

A. 国家级自然保护区，由其所在地的省、自治区、直辖市人民政府有关自然保护区行政主管部门或者国务院有关自然保护区行政主管部门管理

B. 地方级自然保护区，由其所在地的县级以上地方人民政府有关自然保护区行政主管部门管理

C. 有关自然保护区行政主管部门应当在自然保护区内设立专门的管理机构

D. 自然保护区所在地的公安机关，可以根据需要在自然保护区设置公安派出机构

15. 根据《文物保护法》的规定，在我国境内，下列哪些文物受国家保护？（　　）

A. 具有历史、艺术、科学价值的古文化遗址、古墓葬、古建筑、石窟寺和石刻、壁画

B. 与重大历史事件、革命运动或者著名人物有关的以及具有重要纪念意义、教育意义或者史料价值的近代现代重要史迹、实物、代表性建筑

C. 历史上各时代珍贵的艺术品、工艺美术品

D. 反映历史上各时代、各民族社会制度、社会生产、社会生活的代表性实物

16. 文物收藏单位可以通过下列哪些方式取得文物？（　　）

A. 购买　　　　　　B. 依法交换　　　　　　C. 接受捐赠　　　　　　D. 先占

17. 文物收藏单位以外的公民、组织可以收藏通过下列哪些方式取得的文物？（　　）

A. 从文物销售单位购买　　B. 依法继承　　　　C. 接受赠与　　　　D. 先占

18. 下列风景名胜区属于人工风景名胜区的是（　　）。

A. 承德避暑山庄　　　　B. 九寨沟　　　　　　C. 黄鹤楼　　　　　　D. 泰山

19. 下列关于风景名胜区与自然保护区的关系论述正确的是（　　）。

A. 新设立的风景名胜区与自然保护区不得重合或者交叉

B. 已设立的风景名胜区与自然保护区重合或者交叉的，风景名胜区规划与自然保护区规划应当相协调

C. 已经设立自然保护区的可以在特定情形下再行设立风景名胜区

D. 风景名胜区与自然保护区关系的依据是《风景名胜区条例》

20. 风景名胜区的门票收入和风景名胜资源有偿使用费应当专门用于（　　）。

A. 风景名胜资源的保护和管理

B. 风景名胜区内的交通、服务等项目经营者的损失补偿

C. 风景名胜区内财产的所有权人、使用权人损失的补偿

D. 风景名胜区内工作人员的工资收入

21. 下列项目属于不得在风景名胜区的核心景区内建设的是（　　）。

A. 宾馆　　　　　　B. 疗养院　　　　　　C. 培训中心　　　　　　D. 招待所

22. 设立国家级自然公园应当具备的条件包括（　　）。

A. 地方级自然公园设立两年以上，规划实施情况良好

B. 具有一定的规模和面积且资源分布相对集中，与其他自然保护地不存在交叉重叠

C. 范围边界清晰，土地及海域、海岛权属无争议，相关权利人无异议

D. 有明确的管理单位

23. 国家级自然公园范围内允许的人为活动包括（　　）。

A. 国家重大项目

B. 符合自然公园保护管理要求的文化、体育活动和必要的配套设施建设

C. 符合生态保护红线管控要求的其他活动和设施建设

D. 采矿、房地产、开发区、高尔夫球场等开发活动

24. 下列关于保护防沙植被制度的论述正确的是（　　）。

A. 除抚育更新性质的采伐外，不得批准对防风固沙林网、林带进行采伐

B. 沙化土地所在地区的市级人民政府，应当制定植被管护制度，严格保护植被

C. 草原实行以产草量确定载畜量的制度

D. 禁止在沙化土地封禁保护区范围内安置移民

25. 防洪规划须划定（　　）。

A. 安全区　　　　　　　B. 防洪保护区　　　　　C. 蓄滞洪区　　　　　D. 洪泛区

26. 下列哪些江河、湖泊的管理是由流域管理机构和江河、湖泊所在地的省级人民政府水行政主管部门依法进行？（　　）

A. 国家确定的重要江河、湖泊的主要河段

B. 跨省、自治区、直辖市的重要河段、湖泊

C. 省、自治区、直辖市之间的省界河道、湖泊以及国（边）界河道、湖泊

D. 其他河道、湖泊

27. 下列各项应当列为防洪重点的是（　　）。

A. 大中城市　　　　　　　　　　　　　B. 重要的公路干线

C. 大型骨干企业　　　　　　　　　　　D. 某市经济开发区

28. 有关县级以上人民政府防汛指挥机构可以宣布进入紧急防汛期的情形有（　　）。

A. 江河、湖泊的水情接近保证水位或者安全流量

B. 水库水位接近设计洪水位

C. 防洪工程设施发生重大险情

D. 江河、水库、湖泊等发生决堤导致洪水泛滥

29. 下列关于防洪抗汛资金保障的论述正确的是（　　）。

A. 江河、湖泊的治理和防洪工程设施的建设和维护所需投资，按照事权和财权相统一的原则，分级负责，由中央和地方财政承担

B. 受洪水威胁地区的油田、管道、铁路、公路、矿山、电力、电信等企业、事业单位应当自筹资金，兴建必要的防洪自保工程

C. 国家设立防洪建设基金，用于防洪工程和水利工程的维护和建设

D. 受洪水威胁的省、自治区、直辖市可以规定在防洪保护区范围内征收河道工程修建维护管理费

30. 全国地震监测台网包括（　　）。

A. 国家级地震监测台网　　　　　　　　B. 省级地震监测台网

C. 市、县级地震监测台网　　　　　　　D. 社会地震监测台站（点）

31. 地震灾害发生后，抗震救灾指挥机构可以采取下列哪些紧急应急措施？（　　）

A. 迅速组织抢救被压埋人员，并组织有关单位和人员开展自救互救

B. 迅速组织实施紧急医疗救护，协调伤员转移和接收与救治

C. 迅速组织抢修毁损的交通、铁路、水利、电力、通信等基础设施

D. 启用应急避难场所或者设置临时避难场所，设置救济物资供应点，提供救济物品、简易住所和临时住所，及时转移和安置受灾群众，确保饮用水消毒和水质安全，积极开展卫生防疫，妥善安排受灾群众生活

32. 我国的地震预报包括（　　）。

A. 地震长期预报　　　　B. 地震中期预报　　　　C. 地震短期预报　　　　D. 临震预报

33. 按照形成原因，地震可分为（　　）。

A. 海洋地震   B. 火山地震   C. 天然地震   D. 人工地震

34. 某镇政府正在编制本镇规划。根据《城乡规划法》，下列哪些建设项目应当在规划时予以优先安排？（　　）

A. 镇政府办公楼、招待所

B. 供水、供电、道路、通信等基础设施

C. 商业街、工业园、公园

D. 学校、幼儿园、卫生院、文化站等公共服务设施

35. 《矿产资源法实施细则》将矿产资源分为（　　）

A. 能源矿产   B. 金属矿产   C. 非金属矿产   D. 水气矿产

名词解释

1. 野生植物
2. 土地沙化
3. 洪水影响评价制度
4. 城市规划
5. 风景名胜区和自然保护区

简答题

1. 简述自然保护区的建立条件。
2. 简述生态系统的物质循环。
3. 简述我国保护野生动物的主要法律措施。
4. 简述生态保护补偿制度的主要内容。

论述题

1. 试述自然保护区与风景名胜区、文化遗迹地、森林公园之间的关系。
2. 试论自然保护区的保护管理措施。
3. 试述防洪工作应当遵循的基本原则和主要管理制度。
4. 何谓生物多样性立法？

案例分析题

1. A 水产养殖公司将自然保护区第三核心区部分土地租赁给个人 B 从事水产品开发经营活动。B 在核心区境内开挖水产养殖水塘三处，拉接了高压线路，并兴建大棚、生产生活用房等开发设施，占地约 150 亩。

问题：该案中有哪些违反法律规定的地方？

2. 张某到长城旅游，临走时用小刀在长城上乱刻乱划，并撬取长城的城砖，被管理人员制止，并处以罚款。但张某不服，认为自己不过是想带一块城砖留作纪念，算不上违法行为。

问题：张某的行为是否违法？若是，应当如何处理？

第四编 区域与流域保护法

第十三章 区域与流域保护法概述

A+ 基础知识图解

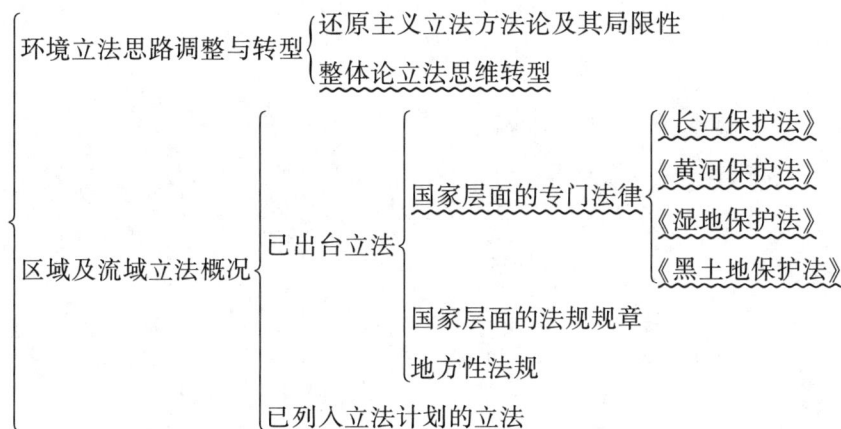

环境立法思路调整与转型
- 还原主义立法方法论及其局限性
- 整体论立法思维转型

区域及流域立法概况
- 已出台立法
  - 国家层面的专门法律
    - 《长江保护法》
    - 《黄河保护法》
    - 《湿地保护法》
    - 《黑土地保护法》
  - 国家层面的法规规章
  - 地方性法规
- 已列入立法计划的立法

配套测试

单项选择题

1. 下列哪个省区的相关区域范围属于《黑土地保护法》所称的黑土地（具有黑色或者暗黑色腐殖质表土层，性状好、肥力高的耕地）？（ ）

A. 河北省　　　　　　B. 山东省　　　　　C. 陕西省　　　　　D. 内蒙古自治区

2. 下列属于长江等流域保护立法的生态区域保护立法的代表是（ ）。

A.《水法》　　　　　　B.《黄河保护法》　　C.《长江保护法》　　D.《湿地保护法》

3. 作为针对湿地生态系统进行整体性保护的专门立法的是（ ）。

A.《长江保护法》　　　B.《黄河保护法》　　C.《国家公园法》　　D.《湿地保护法》

4. 继《长江保护法》之后又一部立足于整体主义，推动流域生态保护和高质量发展的专门立法的是（ ）。

A.《国家公园法》　　　　　　　　　　　B.《海洋环境保护法》

C.《黄河保护法》　　　　　　　　　　　D.《湿地保护法》

5. 既是对各种类型自然保护区进行统一规范的行政法规，又是现阶段自然保护区建设和管理的主要法律依据的是（ ）。

A.《自然保护区条例》　　　　　　　　　B.《风景名胜区条例》

C.《国家级森林公园管理办法》　　　　　D.《水利风景区管理办法》

6. 为更好地保护和合理利用风景名胜资源，（　　　）对风景名胜区的设立、规划、保护、利用和管理进行了明确规定。

A.《自然保护区条例》　　　　　　　　　B.《风景名胜区条例》

C.《国家级森林公园管理办法》　　　　　D.《水利风景区管理办法》

☑ 多项选择题

1. 针对长江、黄河流域以及湿地等一般生态区域保护措施的专项法律是（　　　）。

A.《长江保护法》　　　　B.《黄河保护法》　　　　C.《湿地保护法》　　　　D.《渔业法》

2. 下列属于对采取黑土地保护和治理修复措施的农业生产经营者的激励政策的是（　　　）。

A. 现金补贴　　　　　　　B. 用养结合　　　　　　C. 保护效果导向　　　　D. 经济价值导向

第十四章 区域与流域保护单行立法

基础知识图解

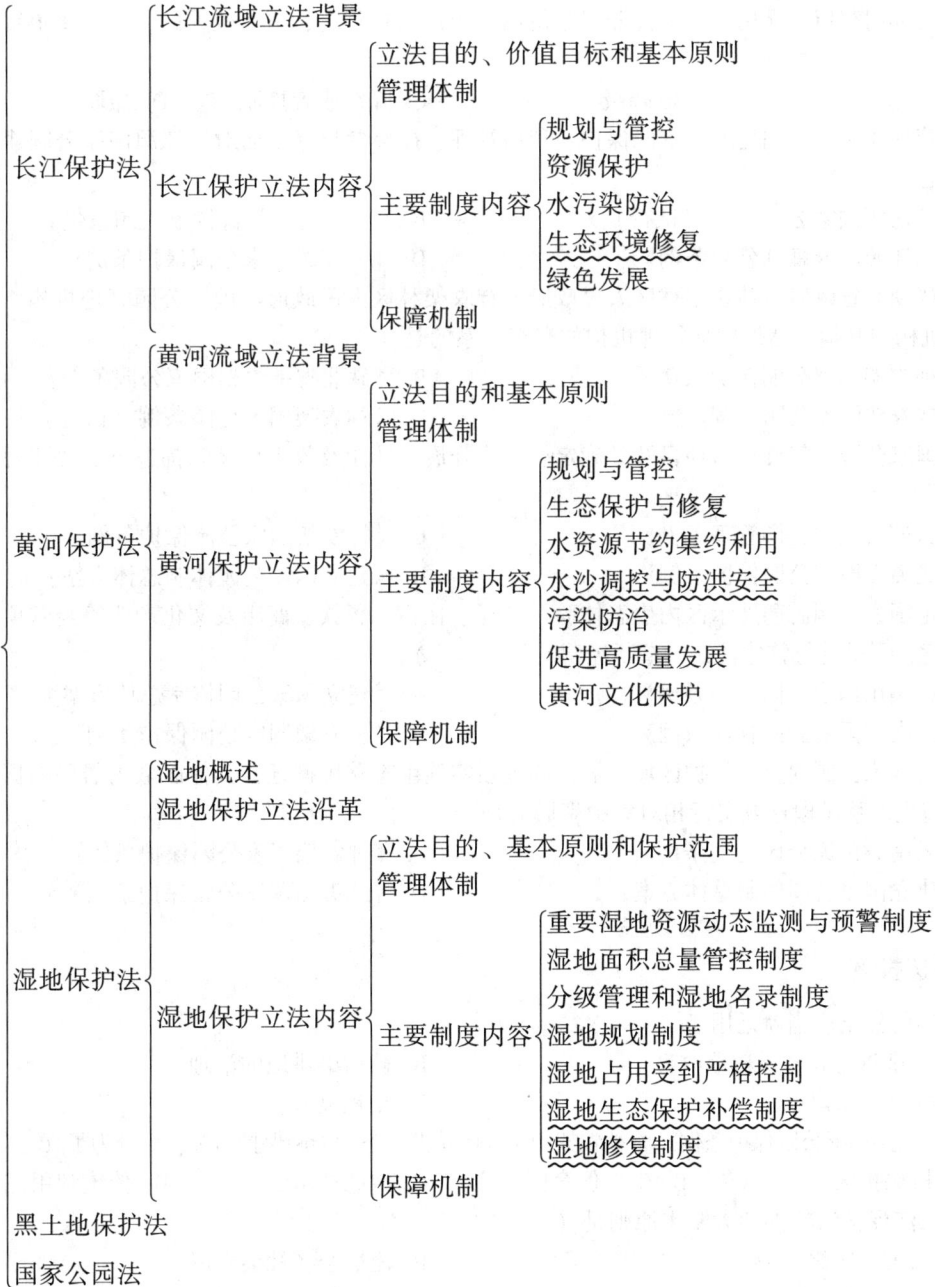

- 长江保护法
  - 长江流域立法背景
  - 长江保护立法内容
    - 立法目的、价值目标和基本原则
    - 管理体制
    - 主要制度内容
      - 规划与管控
      - 资源保护
      - 水污染防治
      - 生态环境修复
      - 绿色发展
    - 保障机制
- 黄河保护法
  - 黄河流域立法背景
  - 黄河保护立法内容
    - 立法目的和基本原则
    - 管理体制
    - 主要制度内容
      - 规划与管控
      - 生态保护与修复
      - 水资源节约集约利用
      - 水沙调控与防洪安全
      - 污染防治
      - 促进高质量发展
      - 黄河文化保护
    - 保障机制
- 湿地保护法
  - 湿地概述
  - 湿地保护立法沿革
  - 湿地保护立法内容
    - 立法目的、基本原则和保护范围
    - 管理体制
    - 主要制度内容
      - 重要湿地资源动态监测与预警制度
      - 湿地面积总量管控制度
      - 分级管理和湿地名录制度
      - 湿地规划制度
      - 湿地占用受到严格控制
      - 湿地生态保护补偿制度
      - 湿地修复制度
    - 保障机制
- 黑土地保护法
- 国家公园法

配套测试

✅ 单项选择题

1. 非法占用或者损毁黑土地农田基础设施的，将会处以（   ）。

A. 恢复费用一倍以上三倍以下罚款　　　　B. 恢复费用一倍以上二倍以下罚款

C. 恢复费用一倍以上五倍以下罚款　　　　D. 恢复费用同等价值的罚款

2. 有关部门截留、挪用或者未按照规定使用黑土地保护资金，情节较重的，对直接负责的主管人员给予（   ）处分。

A. 记大过　　　　　　B. 降级　　　　　　C. 降级或者撤职　　　　　　D. 撤职

3. 从管理体制、规划建设、资源保护、利用管理、社会参与等方面对三江源国家公园建设进行规制的是（   ）。

A.《三江源国家公园条例（试行）》　　　　B.《青海省三江源国家公园条例》

C.《三江源国家森林公园条例》　　　　D.《三江源国家公园保护条例》

4. 厘清湖北省政府与神农架林区人民政府、神农架林区人民政府与国家公园管理机构、国家公园管理机构与其他自然保护地管理机构的三组关系的是（   ）。

A.《神农架国家公园保护条例》　　　　B.《湖北省神农架国家公园条例》

C.《神农架国家公园条例》　　　　D.《神农架国家公园条例（试行）》

5. 对国家公园内特许经营项目及其确定、形式开展、转让及收入用途等都进行了法律规制的是（   ）。

A.《云南省国家公园管理条例》　　　　B.《神农架国家公园保护条例》

C.《武夷山国家公园保护条例》　　　　D.《建立国家公园体制总体方案》

6. 规定国家公园游憩展示区内生态体验、交通、住宿、餐饮、商店及文化产业等经营项目试行特许经营，不得进行整体转让、垄断经营的是（   ）。

A.《武夷山国家公园保护条例》　　　　B.《建立国家公园体制总体方案》

C.《云南省国家公园管理条例》　　　　D.《神农架国家公园保护条例》

7. 规定国家公园内重点保护区域内居民要逐步实施生态移民搬迁，其他区域内居民根据实际情况，实施生态移民搬迁或实行相对集中聚居的是（   ）。

A.《云南省国家公园管理条例》　　　　B.《神农架国家公园保护条例》

C.《建立国家公园体制总体方案》　　　　D.《武夷山国家公园保护条例》

✅ 多项选择题

1. 剥离的黑土应当就近用于（   ）。

A. 新开垦耕地和劣质耕地改良　　　　B. 被污染耕地的治理

C. 高标准农田建设　　　　D. 土地复垦

2.《神农架国家公园保护条例》将神农架国家公园按照生态功能和保护目标，划分为了（   ）。

A. 严格保护区　　　　B. 生态保育区　　　　C. 游憩展示区　　　　D. 传统利用区

3.《长江保护法》的两大基本原则是（   ）。

A. 长三角一体化保护　　　　B. 流域经济社会发展

C. 长江生态系统保护　　　　D. 长江保护

4. 下列属于《长江保护法》流域统筹协调机制的是（   ）。

A. 长江流域协调机制　　　　　　　　　B. 长江流域地方协作机制

C. 流域联防联控机制　　　　　　　　　D. 流域单元机制

简答题

1. 简述国家公园的价值功能。
2. 《长江保护法》的首要价值。
3. 《黄河保护法》的立法目的。
4. 《黄河保护法》的基本原则。
5. 《湿地保护法》的立法目的。
6. 《长江保护法》关于损害赔偿责任的规定。

论述题

1. 《长江保护法》针对长江水污染特点所作的规定。
2. 《长江保护法》关于生态环境修复的规定。

综合测试题一

☑ 单项选择题 （共6题，每题2分，共12分）

1. 一般将人为原因引起的环境问题称为（　　）。

A. 人口问题　　　　　　　　　　　　　B. 原生环境问题

C. 次生环境问题　　　　　　　　　　　D. 第一类环境问题

2. 在各种环境权中，最基础的环境权是（　　）。

A. 公民环境权　　　B. 单位环境权　　　C. 国家环境权　　　D. 人类环境权

3. 环境影响评价属于环境质量评价中的（　　）。

A. 回顾评价　　　　B. 现状评价　　　　C. 预断评价　　　　D. 综合评价

4. 我国最早对固体废物进行管理的方式是（　　）。

A. 开展对固体废物的综合利用　　　　　B. 提高资源的利用率

C. 对固体废物实行最终处置　　　　　　D. 建立健全企业污染防治责任制

5. 根据《海洋环境保护法》对于需要向海域倾倒废弃物的单位的相关规定，下列选项说法正确的是（　　）。

A. 禁止中华人民共和国境外的废弃物在中华人民共和国管辖海域倾倒

B. 必须向国家海洋行政主管部门提出书面申请

C. 经国家自然资源主管部门审查批准，发给许可证后，方可倾倒

D. 经国务院生态环境主管部门海域派出机构审查批准，方可倾倒

6. 根据《固体废物污染环境防治法》中关于危险废物的收集、贮存、处置等的相关规定，下列说法错误的是（　　）。

A. 从事收集、贮存、处置危险废物经营活动的单位，必须向省级以上人民政府生态环境主管部门申请领取经营许可证

B. 禁止无许可证或者未按照许可证规定从事危险废物收集、贮存、利用、处置的经营活动

C. 禁止将危险废物提供或者委托给无许可证的单位从事收集、贮存、利用、处置活动

D. 收集、贮存危险废物，必须按照危险废物特性分类进行

☑ 多项选择题 （共8题，每题3分，共24分）

1. 关于建设项目环境影响评价程序的论述正确的是（　　）。

A. 建设项目有行业主管部门的，其环境影响报告书或者环境影响报告表应当由行业主管部门审批

B. 审批部门应当自收到环境影响报告书之日起30日内，作出审批决定并书面通知建设单位

C. 审核、审批建设项目环境影响评价文件，不得收取任何费用

D. 建设项目的环境影响评价文件自批准之日起超过5年，方决定该项目开工建设的，其环境影响评价文件应当报原审批部门重新审核

2. 《野生动物保护法》所保护的野生动物包括（　　）。

A. 珍贵的陆生、水生野生动物

B. 濒危的陆生、水生野生动物

C. 珍贵、濒危的水生野生动物以外的其他水生野生动物

D. 有重要生态、科学、社会价值的陆生野生动物

3. 国家突发环境事件应急保障包括（　　）。

A. 物资与资金保障　　　　　　　　　B. 技术保障

C. 通信、交通与运输保障　　　　　　D. 队伍保障

4. 固体废物的"三化"包括（　　）。

A. 减量化　　　　　　　　　　　　　B. 无害化

C. 回收化　　　　　　　　　　　　　D. 资源化

5. 下列有关海洋自然保护区的规定正确的是（　　）。

A. 国务院有权将相关区域纳入自然保护地

B. 重要的海洋生态系统、珍稀濒危海洋生物的天然集中分布区可被纳入国家公园、自然保护区或者自然公园等自然保护地

C. 沿海省、自治区、直辖市人民政府及其有关部门有权将相关区域纳入自然保护地

D. 海洋自然遗迹和自然景观集中分布区等区域可被纳入国家公园、自然保护区或者自然公园等自然保护地

6. 根据《噪声污染防治法》的规定，下列有关在噪声敏感建筑物集中区域内，进行产生噪声的建筑施工作业的论述正确的是（　　）。

A. 原则上禁止夜间进行产生噪声污染的建筑施工作业

B. 因特殊需要必须连续作业的，必须有省级以上人民政府或者其有关主管部门的证明

C. 抢修、抢险施工作业和因生产工艺要求或者其他特殊需要必须连续作业的除外

D. 因特殊需要必须连续作业并持有相关证明的，仍必须公告附近居民

7. 下列各项关于环境污染特点的表述正确的是（　　）。

A. 环境污染是人类正常活动的有害副作用

B. 环境污染以环境为媒介对特定人体造成危害

C. 环境污染具有综合性和积累性

D. 环境污染往往不会同时对多种权益造成侵害

8. 因发生事故或者其他突发性事件，造成危险废物严重污染环境的单位，必须（　　）。

A. 立即采取有效措施消除或者减轻对环境的污染危害

B. 及时通报可能受到污染危害的单位和居民

C. 向所在地生态环境主管部门和有关部门报告

D. 接受调查处理

名词解释 （共 5 题，每题 6 分，共 30 分）

1. 可持续发展能力

2. 战略环境影响评价制度

3. "三同时"制度

4. 水体污染

5. 碳税

简答题 （共 2 题，每题 10 分，共 20 分）

1. 简述噪声污染的特点。

2. 如何理解固体废物的二重性？固体废物污染与大气污染、水污染、噪声污染的区别是什么？

论述题 （共 1 题，共 14 分）

试分析我国环境影响评价制度存在的问题和完善。

综合测试题二

☑ **单项选择题** （共 7 题，每题 2 分，共 14 分）

1. 永久基本农田转为建设用地的，由（　　）批准。

A. 国务院　　　　　　　　　　　　B. 省、自治区、直辖市人民政府

C. 国务院土地管理部门　　　　　　D. 省、自治区、直辖市土地管理部门

2. 探矿权人享有的权利不包括（　　）。

A. 按照勘查许可证规定的区域、期限、工作对象进行勘查

B. 根据工程需要临时使用土地

C. 优先取得勘查作业区内新发现矿种的探矿权

D. 自行销售勘查中按照批准的工程设计施工回收的所有矿产品

3. 《土地管理法》规定，国家实行占用耕地补偿制度。下列关于这一制度的哪一表述是错误的？（　　）

A. 因非农业建设占用耕地的，占用单位应承担补偿义务，负责开垦与所占用耕地的数量和质量相当的耕地

B. 国家批准的重点建设项目占用耕地的，占用单位不承担占用补偿义务

C. 没有条件开垦的占用单位，应当按照规定缴纳耕地开垦费

D. 占用单位开垦耕地，应按照省级人民政府制定的开垦计划进行

4. 国家没有在以下哪个区域划定生态保护红线？（　　）

A. 自然保护区　　　　　　　　　　B. 重点生态功能区

C. 生态环境敏感区　　　　　　　　D. 生态环境脆弱区

5. 关于风景名胜区总体规划的说法错误的是（　　）。

A. 风景名胜区总体规划的编制，应当体现人与自然和谐相处、区域协调发展和经济社会全面进步的要求

B. 风景名胜区总体规划的编制，应坚持保护优先、开发服从保护的原则，突出风景名胜资源的自然特性、文化内涵和地方特色

C. 风景名胜区应当自设立之日起 2 年内编制完成总体规划

D. 总体规划的规划期一般为 30 年

6. 负责领导、组织全国的防汛抗洪工作的是（　　）。

A. 国务院水行政部门　　　　　　　B. 国家防汛指挥机构

C. 国务院建设行政主管部门　　　　D. 中央军委

7. 享有环境行政强制执法权的是（　　）。

A. 人民法院　　　　　　　　　　　B. 人民检察院

C. 公安机关　　　　　　　　　　　D. 环境行政机关

☑ **多项选择题** （共 8 题，每题 4 分，共 32 分）

1. 《土地管理法》将土地分为（　　）。

A. 农用地　　　　　B. 建设用地　　　　　C. 旅游用地　　　　　D. 未利用地

2. 按照规定，下列征收土地的行为必须报国务院批准的有（　　）。

A. 征收永久基本农田

B. 征收永久基本农田超过三十五公顷的

C. 征收永久基本农田以外的耕地超过三十五公顷的

D. 征收其他土地超过七十公顷的

3. 下列建设用地，经县级以上人民政府依法批准，可以以划拨方式取得的是（　　）。

A. 建设单位使用国有土地

B. 国家机关用地和军事用地

C. 城市基础设施用地和公益事业用地

D. 国家重点扶持的能源、交通、水利等基础设施用地

4. 下列关于植物品种权的论述正确的是（　　）。

A. 品种所有权人对其授权品种，享有排他的独占权

B. 执行本单位的任务或者主要是利用本单位的物质条件所完成的职务育种，植物新品种的品种权属于完成育种的个人

C. 委托育种或者合作育种，品种权的申请权归属由当事人在合同中约定；没有合同约定的，品种权的申请权属于受委托完成或者共同完成育种的单位或者个人

D. 两个以上的申请人分别就同一个植物新品种同时申请品种权的，品种权可授予所有的申请人

5. 根据《文物保护法》的规定，在我国境内，下列哪些文物受国家保护？（　　）

A. 古文化遗址、古墓葬、古建筑、石窟寺和古石刻、古壁画

B. 与重大历史事件、革命运动或者著名人物有关的以及具有重要纪念意义、教育意义或者史料价值的近代现代重要史迹、实物、代表性建筑

C. 历史上各时代珍贵的艺术品、工艺美术品

D. 反映历史上各时代、各民族社会制度、社会生产、社会生活的代表性实物

6.《风景名胜区条例》规定，风景名胜区划分为（　　）。

A. 国家重点风景名胜区　　　　　　　　　B. 国家级风景名胜区

C. 省级风景名胜区　　　　　　　　　　　D. 市、县级风景名胜区

7. 以下属于《生态保护补偿条例》所规定的生态保护补偿机制的是（　　）。

A. 财政纵向补偿　　　　　　　　　　　　B. 地区间横向补偿

C. 生态环境修复　　　　　　　　　　　　D. 市场机制补偿

8. 环境资源行政责任主体必须具备的条件是（　　）。

A. 依法成立　　　　　　　　　　　　　　B. 具有民事权利能力和民事行为能力

C. 具有法定的责任能力　　　　　　　　　D. 具有法定的环境资源行政职权和行政职责

名词解释（共 5 题，每题 4 分，共 20 分）

1. 自然保护区

2. 开发者养护、污染者治理原则

3. 生态保护红线

4. 环境资源行政复议

5. 环境民事责任

简答题 （共 3 题，每题 6 分，共 18 分）

1. 简述公众参与原则。
2. 简述自然资源保护与环境保护的关系。
3. 简述生态环境体系。

论述题 （共 1 题，共 16 分）

试论环境影响评价制度。

综合测试题三

☑ **单项选择题**（共 10 题，每题 2 分，共 20 分）

1. 某化工厂长期向河流排放超标废水，导致下游养殖户的鱼苗大量死亡。养殖户起诉要求赔偿，化工厂辩称其已缴纳排污费且符合国家的有关排放标准。法院应如何认定化工厂的责任？（　　）

A. 因化工厂已缴纳排污费，免除其赔偿责任

B. 若排放符合国家标准，化工厂无须承担责任

C. 只要存在污染行为且造成损害，化工厂就必须承担赔偿责任

D. 养殖户须证明化工厂存在主观过错，否则化工厂不担责

2. 下列属于次生环境问题的是（　　）。

A. 地震引发灾区疫情　　　　　　　　　B. 火山喷发造成森林烧毁

C. 洪水造成的植被破坏　　　　　　　　D. 企业排污导致的水质下降

3. 下列关于环境、自然资源与生态系统三者关系的表述正确的是（　　）。

A. 生态系统是自然资源的集合

B. 自然资源等同于生态系统

C. 自然资源是环境要素中可被人类利用的部分

D. 环境是以生物为中心的自然整体

4. 根据《土壤污染防治法》，关于土壤污染责任人义务的说法，错误的是（　　）。

A. 土壤污染责任人负有实施土壤污染风险管控和修复的义务

B. 国家鼓励和支持有关当事人自愿实施土壤污染风险管控和修复

C. 土壤污染责任人无法认定的，土地使用权人应当实施土壤污染风险管控和修复

D. 地方人民政府及其有关部门可以根据实际情况组织实施土壤污染风险管控和修复，并承担相应费用

5. 根据《国家级自然公园管理办法（试行）》的相关规定，国家级自然公园应当采取以下哪种保护措施？（　　）

A. 纳入生态保护红线　　　　　　　　　B. 编制省级生态保护总体规划

C. 定期向公众开放核心保护区　　　　　D. 禁止旅游设施建设

6. 根据《自然资源确权登记操作指南（试行）》，下列哪一项是自然资源登记单元预划的正确顺序？（　　）

A. 海域和无居民海岛登记单元→水流登记单元→国家公园登记单元→探明储量的矿产资源登记单元

B. 国家公园登记单元→水流登记单元→海域和无居民海岛登记单元→湿地登记单元

C. 海域和无居民海岛登记单元→国家公园登记单元→水流登记单元→探明储量的矿产资源登记单元

D. 湿地登记单元→海域和无居民海岛登记单元→水流登记单元→国务院确定的重点国有林区登记单元

7. 陈某的个体养蛙场因未依法备案环境影响登记表，且私自设置排污口排放养殖尾水，被行

政机关查处。经查，陈某在检查后主动拆除大部分养殖设施并停止排污，但仍有部分未整改完毕。根据我国环境资源行政责任的相关法律规定，行政机关最可能采取的处罚措施是下列哪一选项？（　　）

    A. 对负责人处以行政拘留

    B. 吊销养蛙场的营业执照

    C. 处以罚款并责令限期改正违法行为

    D. 要求养殖场赔偿全部环境损失

8. 佟某、李某承包鸭子河河道内鱼塘养殖鱼蟹。因某公司停产检修期间污水溢流导致鱼蟹全部死亡。佟某起诉索赔，某公司辩称：佟某设置拦河渔具的养殖行为违反《河道管理条例》关于在河道管理范围内禁止设置拦河渔具之规定，属非法养殖。关于本案，下列哪一选项正确？（　　）

    A. 佟某非法养殖违反法律规定，因此无权主张赔偿

    B. 佟某无法证明排污行为直接导致鱼蟹死亡，承担证明不力的后果

    C. 某公司未证明排污与损害无关，应承担赔偿责任

    D. 承包合同因违法无效，佟某损失自行承担

9. 甲化工厂位于普通工业区，长期向附近河流排放未经处理的含氰化物废水，严重污染环境。数月后，下游村民饮用河水，多人急性中毒死亡。经查，甲化工厂的废水中氰化物严重超标，是致死的直接原因。对此，下列选项正确的是（　　）。

    A. 甲化工厂的行为构成污染环境罪（基本犯）

    B. 甲化工厂的行为构成污染环境罪（结果加重犯）

    C. 甲化工厂的行为构成投放危险物质罪

    D. 甲化工厂的行为不构成犯罪

10. 国际环境法的基本原则不包括（　　）。

    A. 资源开发主权与不损害国家管辖范围外的环境原则

    B. 国际环境合作原则

    C. 预防原则

    D. 优先发展原则

☑ 多项选择题（共 12 题，每题 2 分，共 24 分）

1. 贯彻受益者负担原则，如下哪种途径可行？（　　）

    A. 实行排污收费或者征收污染税制度

    B. 实行废弃物品再生利用和回收制度

    C. 实行开发利用自然资源补偿费或税制度

    D. 建立环境保护费用的共同负担制度

2. 下列环境权中属于个人环境权的有（　　）。

    A. 劳动环境权

    B. 日照权

    C. 利用本国资源的主权权利

    D. 宁静权

3. 关于环境资源法的特征，下列说法正确的有（　　）。

    A. 环境资源法体现了科技性

    B. 环境资源法只关注人与自然的关系

    C. 环境资源法具有公益性

    D. 环境资源法的实施运用多种手段，包括政策调控、技术标准和教育引导等

4. 下列选项中属于人类活动主导的全球性环境问题的有（　　）。

    A. 酸雨

    B. 臭氧层破坏

    C. 淡水资源枯竭与污染

    D. 地震频发

5. 以下哪些情形不能根据《噪声污染防治法》进行救济？（　　）

A. 偏远无人地区超过噪声排放标准产生的噪声危害

B. 超过噪声排放标准对动物造成的噪声危害

C. 工厂工人在从事流水线工作时受到的噪声危害

D. 广场舞引起的未超过噪声排放标准的扰民噪声危害

6. 原告 X 人民政府因与被告 A 某、B 某、C 公司、D 公司、E 公司发生水污染责任纠纷，向法院提起诉讼。人民法院查明：被告 C 公司与被告 D 公司、E 公司存有盐酸买卖关系，同时 D 公司、E 公司明知 C 公司没有经营资质仍委托 C 公司处理生产后产生的废酸，C 公司委托没有取得危险废物经营许可证的被告 A 某从上述被告公司运输和处理废酸，A 某从上述被告公司获得给予每车每吨一定金额的费用。A 某多次指派其雇佣的驾驶员被告 B 某将从 C 公司收集的 1 车废酸、从 D 公司收集的 4 车废酸、从 E 公司收集的 1 车废酸，倾倒至 X 人民政府所在地雨水井中，导致废酸经雨水井流入河流造成严重污染。下列说法正确的是（   ）。

A. A 某受 C 公司委托处理废酸，法律后果直接由 C 公司承担

B. A 某须对 B 某倾倒废酸的行为承担雇主责任，B 某本身无须承担损害赔偿责任

C. D 公司、E 公司因没有尽到审查义务存在重大过错，应对污染承担赔偿责任

D. C 公司、D 公司和 E 公司作为危险废物的产生者应与 A 某对污染承担连带赔偿责任

7. H 国家级自然保护区于 2003 年建立。2017 年，甲市 4.6 万亩人工种草建设项目在该区域内实施，2020 年部分地块停止种草而改为万亩马铃薯种植。甲省林草部门于 2015 年批复同意在甲市实施人工种草项目，该地块在 H 国家级自然保护区范围内。2021 年甲市林草部门曾就部分地块改种万亩马铃薯种植项目问题向某省林草部门请示，但未得到答复。就该案例，下列选项正确的是（   ）。

A. 甲市开展的两个项目都可以继续，因为未受上级林草部门的反对

B. 仅甲市开展的人工种草项目可以继续，因为得到上级林草部门批复同意

C. 甲市开展的两个项目都不能继续，上级林草部门在履行国家级自然保护区监管职责中存在错误审批行为

D. 甲市开展的两个项目都不能继续，上级林草部门对国家级自然保护区被破坏时存在不作为

8. 根据《生态保护补偿条例》，下列选项中正确的有（   ）。

A. 生态保护补偿的适用范围包括中华人民共和国领域及管辖的其他海域

B. 生态保护补偿工作坚持政府主导、社会参与、市场调节相结合的原则

C. 县级以上人民政府应当将生态保护补偿工作纳入国民经济和社会发展规划

D. 对在生态保护补偿中作出显著成绩的单位和个人，可给予表彰和奖励

9. 企业未取得排污许可证产生工业固体废物，有关机关可采取哪些措施？（   ）

A. 责令改正   B. 处 10 万元以上 100 万元以下罚款

C. 责令停业或者关闭   D. 行政拘留负责人

10. 根据《民法典》，违反国家规定造成生态环境损害的，国家规定的机关或者法律规定的组织有权请求侵权人赔偿哪些损失和费用？（   ）

A. 生态环境受到损害至修复完成期间服务功能丧失导致的损失

B. 生态环境功能永久性损害造成的损失

C. 生态环境损害调查、鉴定评估等费用

D. 清除污染、修复生态环境费用

11. 下列关于 2020 年《刑法修正案（十一）》中环境犯罪说法正确的是（   ）。

A. 《刑法修正案（十一）》从生态环境保护实际需要出发，加大对污染环境罪的惩处力度，增设了四种特别严重的犯罪情形

B. 外来入侵物种带来严重的生态环境影响，应予高度警惕并严格管控，《刑法修正案（十一）》对此作出了针对性规定，新增设了非法引进、释放、丢弃外来入侵物种罪

C. 对破坏自然保护地的行为进行刑事规制是保护生态环境的必然要求，是推动可持续发展的必然选择，《刑法修正案（十一）》对此作出了针对性规定，新增设了破坏自然保护地罪

D. 《刑法修正案（十一）》首次将环评机构、监测机构"弄虚作假"纳入刑法定罪量刑

12. 国际环境法的主要渊源有哪些？（　　　）

A. 国际环境条约　　　　B. 习惯　　　　　　C. 软法　　　　　　D. 国内法

名词解释（共 4 题，每题 3 分，共 12 分）

1. 环境信息公开制度

2. 国家公园

3. 生态保护补偿

4. 按日连续处罚

简答题（共 2 题，每题 10 分，共 20 分）

1. 简述环境法律关系的含义及特点。

2. 简述生态环境标准制度。

论述题（共 1 题，共 24 分）

环境资源法的基本原则如何在具体的制度、规范中予以体现？请对此问题展开论述。

附录一：环境资源法学习所涉及的主要法律文件

1. 《中华人民共和国放射性污染防治法》（2003 年 6 月 28 日）①
2. 《中华人民共和国进出境动植物检疫法》（2009 年 8 月 27 日）
3. 《中华人民共和国水土保持法》（2010 年 12 月 25 日）
4. 《中华人民共和国清洁生产促进法》（2012 年 2 月 29 日）
5. 《中华人民共和国国家赔偿法》（2012 年 10 月 26 日）
6. 《中华人民共和国农业法》（2012 年 12 月 28 日）
7. 《中华人民共和国环境保护法》（2014 年 4 月 24 日）
8. 《中华人民共和国水法》（2016 年 7 月 2 日）
9. 《中华人民共和国水污染防治法》（2017 年 6 月 27 日）
10. 《中华人民共和国大气污染防治法》（2018 年 10 月 26 日）
11. 《中华人民共和国循环经济促进法》（2018 年 10 月 26 日）
12. 《中华人民共和国防沙治沙法》（2018 年 10 月 26 日）
13. 《中华人民共和国环境影响评价法》（2018 年 12 月 29 日）
14. 《中华人民共和国行政许可法》（2019 年 4 月 23 日）
15. 《中华人民共和国城乡规划法》（2019 年 4 月 23 日）
16. 《中华人民共和国土地管理法》（2019 年 8 月 26 日）
17. 《中华人民共和国森林法》（2019 年 12 月 28 日）
18. 《中华人民共和国固体废物污染环境防治法》（2020 年 4 月 29 日）
19. 《中华人民共和国民法典》（2020 年 5 月 28 日）
20. 《中华人民共和国行政处罚法》（2021 年 1 月 22 日）
21. 《中华人民共和国草原法》（2021 年 4 月 29 日）
22. 《中华人民共和国噪声污染防治法》（2021 年 12 月 24 日）
23. 《中华人民共和国野生动物保护法》（2022 年 12 月 30 日）
24. 《中华人民共和国行政复议法》（2023 年 9 月 1 日）
25. 《中华人民共和国海洋环境保护法》（2023 年 10 月 24 日）
26. 《中华人民共和国刑法》（2023 年 12 月 29 日）
27. 《中华人民共和国监察法》（2024 年 12 月 25 日）
28. 《村庄和集镇规划建设管理条例》（1993 年 6 月 29 日）
29. 《中华人民共和国进出境动植物检疫法实施条例》（1996 年 12 月 2 日）
30. 《规划环境影响评价条例》（2009 年 8 月 17 日）
31. 《危险废物经营许可证管理办法》（2016 年 2 月 6 日）
32. 《风景名胜区条例》（2016 年 2 月 6 日）
33. 《退耕还林条例》（2016 年 2 月 6 日）
34. 《中华人民共和国海洋倾废管理条例》（2017 年 3 月 1 日）

---

① 本附录法律文件的日期为公布时间或最后一次修订、修正日期。

35. 《城市市容和环境卫生管理条例》（2017 年 3 月 1 日）

36. 《城市绿化条例》（2017 年 3 月 1 日）

37. 《中华人民共和国野生植物保护条例》（2017 年 10 月 7 日）

38. 《中华人民共和国自然保护区条例》（2017 年 10 月 7 日）

39. 《防治船舶污染海洋环境管理条例》（2018 年 3 月 19 日）

40. 《中华人民共和国森林法实施条例》（2018 年 3 月 19 日）

41. 《废弃电器电子产品回收处理管理条例》（2019 年 3 月 2 日）

42. 《中华人民共和国濒危野生动植物进出口管理条例》（2019 年 3 月 2 日）

43. 《自然灾害救助条例》（2019 年 3 月 2 日）

44. 《中华人民共和国土地管理法实施条例》（2021 年 7 月 2 日）

45. 《消耗臭氧层物质管理条例》（2023 年 12 月 29 日）

46. 《环境监测管理办法》（2007 年 7 月 25 日）

47. 《突发环境事件应急管理办法》（2015 年 4 月 16 日）

48. 《环境影响评价公众参与办法》（2018 年 7 月 16 日）

49. 《生态环境标准管理办法》（2020 年 12 月 15 日）

50. 《生态环境行政处罚办法》（2023 年 5 月 8 日）

51. 《生态环境部行政复议办法》（2024 年 4 月 11 日）

52. 《生态环境违法案件挂牌督办管理办法》（2025 年 5 月 25 日）

附录二：参考文献及推荐书目

1. 张璐主编：《环境与资源保护法学》（第四版），北京大学出版社 2023 年版。

2. 国家法官学院、最高人民法院司法案例研究院编：《中国法院 2025 年度案例·土地纠纷（含环境资源纠纷）》，中国法治出版社 2025 年版。

3. 最高人民法院环境资源审判庭编著：《最高人民法院生态环境侵权民事证据规定理解与适用》，中国法制出版社 2023 年版。

4. 最高人民法院环境资源审判庭编著：《最高人民法院生态环境侵权责任司法解释理解与适用》，中国法制出版社 2023 年版。

5. 最高人民法院环境资源司法研究中心编著：《中国法院环境资源裁判规则与案例精析》，中国法制出版社 2019 年版。

6. 李玉华主编：《生态环境保护典型案例评析》，中国法制出版社 2023 年版。

7. 蔡守秋主编：《环境资源法教程》（第三版），高等教育出版社 2017 年版。

8. 蔡守秋：《中国环境资源生态法学的基本理论》，中国人民大学出版社 2019 年版。

9. 蔡守秋主编：《环境法案例教程》（第三版），复旦大学出版社 2009 年版。

10. 王曦主编：《环境与资源保护法案例百选》，高等教育出版社 2023 年版。

11. 汪劲：《环境法学》（第四版），北京大学出版社 2018 年版。

12. 汪劲主编：《环境法学知识体系和教学进阶》，北京大学出版社 2024 年版。

13. 金瑞林、汪劲主编：《环境与资源保护法学》（第四版），高等教育出版社 2023 年版。

14. 吕忠梅主编：《环境法导论》（第三版），北京大学出版社 2015 年版。

15. 吕忠梅主编：《环境法案例辨析》，高等教育出版社 2006 年版。

16. 吕忠梅主编：《建构中国自主的环境法知识体系》，中国人民大学出版社 2025 年版。

17. 张梓太主编：《环境与资源保护法学》，北京大学出版社 2007 年版。

18. 梁晓敏：《环境行政法律责任规范的体系化研究》，中国法制出版社 2024 年版。

19. 刘士国主编：《重金属环境污染损害赔偿法律机制研究》，中国法制出版社 2020 年版。

20. 曹明德主编：《环境与资源保护法》（第五版），中国人民大学出版社 2023 年版。

21. 胡静：《流域跨界污染纠纷调处机制研究》，中国法制出版社 2017 年版。

22. 袁杰主编：《中华人民共和国环境保护法解读》，中国法制出版社 2014 年版。

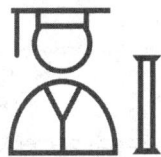

高校法学专业核心课程配套测试(第12版)

★口碑积淀　历经多版修订重印，法学师生信赖之选

★课程适配　十六分册系统规划，涵盖重点必修课程

★专业领航　名校名师领衔编审，核心知识精研优化

★体例科学　思维导图梳理框架，多种题型分阶提升

★内容常新　紧扣新近立法动态，深融学科前沿成果

★设计贴心　试题解析双册分编，助力刷题高效查阅

中国法治出版社
官方微信

扫描二维码下载
课程配套思维导图

第12版

高校法学专业
核心课程配套测试

环境资源法
配套测试

解析

教学辅导中心 / 组编　编委会主任 / 曹　炜

编审人员

曹　炜　喻海倚　沈　舒　张　舒
黄　凡　潘怡宁　顾楷淳　刘馨然

中国法治出版社
CHINA LEGAL PUBLISHING HOUSE

目　录

第一编 总 论

第一章 导 论

☑ 单项选择题

1. 答案：A。一般而言，环境总是相对于某个中心而言的，中心不同，环境的内容也有所不同。生物中心主义的环境是以生物（包括人和动植物、微生物）为中心的，生态中心主义的环境以生态或者生态系统（包括生物与其赖以生存发展的非生命物质）为中心、除人类外的非人类世界。

2. 答案：C。生活环境与生态环境是按照环境的功能进行划分的；按照组成人类环境的各种自然要素的不同，环境可以分为大气环境、水环境、土壤环境等；按照组成环境的物质与人类活动的关系，环境可分为天然环境与人为环境，前者又称自然环境，后者又称人工环境；室内环境、村镇环境、城市环境等的划分标准是环境范围的大小。

3. 答案：B。按照自然资源的分布量和被人类利用时间的长短，自然资源可以分为有限资源和无限资源。有限资源又可以分为可更新资源与不可更新资源。前者如土壤、淡水、动物、植物等，后者如煤、石油、各种金属和非金属矿藏等。

4. 答案：D。无限资源是指取之不尽、用之不竭的资源，如太阳能、风能、潮汐能、海水等。

5. 答案：C。环境问题，又称为环境资源问题。它包括由火山、地震、洪水等自然灾害所引起的第一类环境问题或原生环境问题，以及由人类活动作用于自然界并反过来对人类自身造成有害影响和危害的第二类环境问题，后者又称为人为环境问题或次生环境问题。

6. 答案：B。按照"灰色系统"理论，各种各样的环境行为可以分为三种类型：一是环境友好行为，又称为绿色行为或白色行为；二

是环境有害行为，又称为黑色行为；三是中性的、不好不坏的或者有好有坏的行为，即灰色行为。环境保护鼓励、刺激、促进白色行为，预防、减少和消灭黑色行为，正确处理、协调灰色行为。

7. 答案：C。可持续发展是 20 世纪 80 年代提出的一个新概念。1987 年世界环境与发展委员会在《我们共同的未来》报告中第一次阐述了"可持续发展"的概念。它在国际社会成为广泛共识。

8. 答案：A。1972 年联合国在瑞典斯德哥尔摩召开了有 113 个国家参加的联合国人类环境会议。会议通过了《人类环境宣言》。会议建议联合国大会将这次会议开幕的 6 月 5 日定为"世界环境保护日"。同年 10 月，联合国大会第 27 届会议接受并通过了这一建议。每年的 6 月 5 日，世界各国都会开展群众性的环境保护宣传活动，以唤起全世界人民都来注意保护人类赖以生存的环境，自觉采取行动参与环境保护，同时要求各国政府和联合国系统为推进环境保护进程作出贡献。

9. 答案：D。环境科学最早由美国科学家于 1954 年提出，当时仅限于研究宇宙飞船中的人工环境问题。现在的环境科学的研究范围已经扩大，不仅研究人工环境问题，还研究天然环境问题。

10. 答案：C。1989 年 3 月 22 日，在联合国环境规划署于瑞士巴塞尔召开的世界环境保护会议上，通过了《控制危险废料越境转移及其处置巴塞尔公约》（又称《巴塞尔公约》），1992 年 5 月正式生效。《巴塞尔公约》旨在遏制越境转移危险废料，特别是向发展中国家出口和转移危险废料。公约要求各国把危险废料数量减到最低限度，用最

有利于环境保护的方式尽可能就地储存和处理，选项C正确。

11. 答案：B。环境与资源保护法的体系构建必须以环境问题为基础，环境问题的基本类型决定环境与资源保护法的体系构成。

多项选择题

1. 答案：AD。人为环境是与天然环境相对应的概念，人为环境是人类在自然环境的基础上进行加工、创造，体现人类文明的物质环境，通常由人文遗迹、城市、公园、乡村、风景名胜区等环境要素组成。天然环境是指早于人类出现之前就已经存在或者非人工培育的环境，通常由森林、草原、山岭、荒野、江河、大气、海洋等环境要素组成。

2. 答案：BCD。人为环境问题分为环境污染和环境破坏两种，环境破坏是指由于人类不适当地从环境中取出或开发出某种物质、能源所造成的对环境和人类的不利影响和危害，如滥捕野生动植物、滥伐森林、滥垦土地、滥采矿产资源、滥抽地下水等。环境污染如工业"三废"污染、农药化肥污染、有毒化学品污染等。

3. 答案：ABC。工业"三废"污染中的"三废"包括废气、废水、废物。

4. 答案：ABCD。《环境保护法》第2条规定，本法所称的环境，是指影响人类生存和发展的各种天然的和经过人工改造的自然因素的总体，包括大气、水、海洋、土地、矿藏、森林、草原、湿地、野生生物、自然遗迹、人文遗迹、自然保护区、风景名胜区、城市和乡村等。

5. 答案：ABD。人类与环境是相互联系、相互作用和相互影响的。首先，人类是环境的产物，人类必须依赖自然环境才能够生存和发展；其次，人类是环境的改造者，人类能够通过劳动和社会性的生产活动来利用和改造环境，使其更适应于人类的生存和发展。但是，人类在改造环境的过程中必须遵循客观的自然规律，必须受到环境的限制和制约。

6. 答案：ABCD。历史上的八大环境公害事件

是：马斯河谷烟雾事件、洛杉矶光化学烟雾事件、多诺拉镇烟雾事件、伦敦烟雾事件、四日市气喘病事件、水俣病事件、富山骨痛病事件、米糠油事件。

7. 答案：ABCD。《巴塞尔公约》旨在遏制越境转移危险废料，特别是向发展中国家出口和转移危险废料。公约要求各国减少危险废物的产生，把危险废料数量减到最低限度，用最有利于环境保护的方式尽可能就地储存和处理，促进有利于环境的废物管理。公约明确规定：如出于环保考虑确有必要越境转移废料，出口危险废料的国家必须事先向进口国和有关国家通报废料的数量及性质；越境转移危险废料时，出口国必须持有进口国政府的书面批准书，防止危险废物的非法转移。公约还呼吁发达国家与发展中国家通过技术转让、交流情报和培训技术人员等多种途径在处理危险废料领域中加强国际合作。选项A、B、C、D正确。

名词解释

1. 答案：环境问题是指因自然变化或人类活动而引起或可能引起的环境破坏和环境恶化，以及由此给人类的生存和发展带来的不利影响。

2. 答案：环境要素是指构成环境整体的各个独立的、性质各异而又服从总体演化规律的基本物质组成部分，也叫环境基质。环境要素分为自然环境要素和社会环境要素。目前，研究较多的是自然环境要素，故环境要素通常是指自然环境要素，包括水、大气、生物、土壤、岩石、阳光等。

3. 答案：生态平衡是指在一个正常的生态系统中，它的结构和功能包括生物种类的组成和各种种群的比例以及不断进行着的物质循环和能量流动都处于相对稳定的状态。

4. 答案：自然环境又称为天然环境，是指环绕在人们周围的、人类生存和发展所依赖的各种自然条件的总和，它是与人为环境相对应的概念，是早于人类出现之前就已经存在的非人工培育的环境。

5. 答案：可持续发展是指既满足当代人的需求

又不损害后代人满足其需要的能力。换言之，就是指经济、社会、资源和环境保护协调发展，它们是一个密不可分的系统，既要达到发展经济的目的，又要保护好人类赖以生存的大气、淡水、海洋、土地和森林等自然资源和环境，使子孙后代能够永续发展和安居乐业。

6. **答案**：自然资源是指自然界形成的可供人类利用作为生产资料和生活资料来源的一切物质和能量的总称，一般包括土地资源、水资源、生物资源、气候资源、旅游资源等。

7. **答案**：循环经济是对在生产、流通和消费等过程中进行的减量化、再利用、资源化活动的总称。

✍ 简答题

1. **答案**：环境问题，又称为环境资源问题，是指由于自然环境、自然资源的运动变化而给人类造成的一切有害影响和危害。

关于环境问题或环境资源问题究竟属于什么性质的问题，不同的人从不同的角度有不同的理解。概括起来，主要有以下观点：

（1）认为环境问题主要是一个政治问题。环境问题成为政治问题的主要表现是：

①在解决环境问题的过程中，纷纷将环境问题与政治制度、国家体制、政党体制联系起来，认为环境的恶化是执政党和国家政府的政治失误；

②环境问题的状况、处理环境问题的能力和成效，逐渐成为衡量一届政府、一个政党名誉和前途的一种依据和标准；

③各政府部门越来越多地关心、参与和卷入解决环境问题的种种活动。

（2）认为环境问题主要是一个经济问题。从经济分析的角度来看，环境问题主要是一个经济问题，环境退化主要是各种不适当的经济活动和经济机制的产物。

（3）认为环境问题主要是一个社会问题、技术问题等。

从总体上看，当代环境问题既是一个政治问题、经济问题、生态问题、技术问题、国际问题，也是一个道德问题，它与许多领域、部门、行业、学科和许多社会组织、团体、个人都有关联，更与自然环境的地理条件和生态机制有关，故而当代环境问题表现出综合性、复杂性、广泛性、累积性、流动性、地域性、多样性和公害性。各种环境问题的实质，都是人与自然关系的失调、失衡和恶化。

2. **答案**：环境保护是指防止环境污染和环境破坏。环境保护对人的身心健康、促进我国经济和社会的可持续发展具有重要作用。

（1）目前，我国的环境质量已涉及国际关系、政治、经济、贸易和文化等多个领域，环境质量已成为衡量国家富强、社会文明、人民幸福的一个重要标志，创建一个良好适宜的生活环境和生态环境是社会主义现代化建设的重要目标。

（2）保护环境、促进人与自然的和谐共生是先进生产力发展的迫切需求，以环境保护为核心的生态文明观代表着先进文化的前进方向，使人们在优美的生态环境中工作和生活符合最广大人民的根本利益。

（3）环境保护已经成为我国现代化建设中一项光荣而艰巨的重要任务，已经成为实施可持续发展战略的关键和保障经济社会可持续发展的前提。

3. **答案**：循环经济是指在生产、流通和消费等过程中进行的减量化、再利用、资源化活动的总称。循环经济是把清洁生产和废弃物的综合利用融为一体的经济，本质上是一种生态经济，它要求运用生态学规律来指导人类社会的经济活动。

绿色消费主要是指在社会消费中，不仅要满足我们一代人的消费需求和安全、健康，还要满足子孙万代的消费需求和安全、健康。绿色消费主要有三层含义：一是倡导消费者在消费时选择未被污染或有助于公众健康的绿色产品。二是在消费过程中注重对垃圾的处置，避免环境污染。三是引导消费者转变消费观念，崇尚自然、追求健康，在追求生活舒适的同时，节约资源和能源，实现可持续消费

循环经济在社会消费环节的表现，是要

求全社会大力提倡绿色消费：

（1）绿色消费是循环经济发展的内在动力。在人类面临由于环境污染和资源耗损造成的生存危机的关键时刻，在中国经济处于高速发展的重要阶段，中国消费者能够接受"绿色消费"的理念，并能扎实地付诸行动，将会决定整个人类的命运。

（2）以绿色消费推动循环经济发展。绿色消费是循环经济发展的内在动力。通过广泛的宣传教育活动，提高公众的环境意识和绿色消费意识；各级政府要积极引导绿色消费，优先采购经过生态设计或通过环境标志认证的产品，以及经过清洁生产审计或通过ISO14000环境管理体系认证的企业的产品，鼓励节约使用和重复利用办公用品；要逐步制定鼓励绿色消费的经济政策。

4. **答案**：环境科学是运用多学科的理论、技术和方法来系统研究环境问题的综合性学科。它的基本任务包括：

（1）探索全球环境的演化规律，包括环境的基本特性、结构、演化机制和规律，目的在于使人类改造环境的活动符合自然界的客观规律，朝有利于人类的方向发展，避免向不利的方向发展。

（2）研究人类活动同自然生态之间的关系，主要研究人类生产生活活动同环境的物质循环如何保持动态平衡，使人类与环境能够协调发展。

（3）研究环境变化对人类生存和发展的影响，包括环境退化的原因、污染物对环境质量和人体健康的影响。这些研究可以为保护环境质量、制定各种生态环境质量标准和污染物排放标准提供科学依据。

（4）研究区域环境污染和破坏的综合防治措施，包括技术的、经济的、管理的。这些研究可以为国家制定环境规划、环境政策以及环境立法提供依据。

5. **答案**：环境问题，又称为环境资源问题，是指由于自然环境、自然资源的运动变化而给人类造成的一切有害影响和危害。环境问题可分为第一类环境问题和第二类环境问题，最初，环境资源法中的环境问题主要是指第二类环境问题即人为环境问题，后来逐步扩大到第一类环境问题即原生环境问题，但占主导地位的还是第二类环境问题。

当今世界，人们面临的环境问题主要表现为酸雨、臭氧层的破坏、全球性气候变化、生物多样性锐减、有毒化学品的污染及越境转移、土壤退化加速、淡水资源的枯竭与污染、污染导致海洋生态危机、森林面积减少、突发性环境污染事故及大规模生态破坏等。其中，最严重的环境问题有：酸雨、臭氧层的破坏及全球气候变化。

6. **答案**：环境问题，又称为环境资源问题，是指由于自然环境、自然资源的运动变化而给人类造成的一切有害影响和危害。环境问题可分为第一类环境问题和第二类环境问题。

第一类环境问题又称为原生环境问题，是由火山、地震、洪水等自然灾害所引起的环境问题；第二类环境问题又称为人为环境问题或次生环境问题，是由人类活动作用于自然界并反过来对人类自身造成有害影响和危害的环境问题。这两类环境问题有时交叉发生、协同作用，如大型水库往往诱发地震、滥伐森林往往引发和加剧水旱虫灾等。

第二类环境问题又可以分为两类：

（1）投入性损害或污染性损害，简称环境污染，即由于人类不适当地向环境排入、投入污染物或其他物质、能量（统称排污活动）所造成的对环境和人类的不利影响和危害，如工业"三废"污染、农药化肥污染、有毒化学品污染等；

（2）取出性损害或开发性损害，简称生态破坏或环境破坏，又称非污染性的损害，即由于人类不适当地从环境中取出或开发出某种物质、能量（统称非排污活动）所造成的对环境和人类的不利影响和危害，如滥捕野生动植物、滥伐森林、滥垦土地、滥采矿产资源、滥抽地下水等。

这两类环境的损害有时同时发生在人类的同一项活动中，如开采矿产资源可能同时造成生态破坏和环境污染。

7. **答案**：生态环境标准是指由国务院生态环境

主管部门和省级人民政府依法制定的生态环境保护工作中需要统一的各项技术要求。它是国家为维护环境质量、控制污染、促进环境资源的永续利用，保护人体健康、社会财富和生态平衡，按照法定程序制定的各种技术规范的总称。它是具有法律性质的技术规范，是调整人们行为的规则和尺度，它通过一些具体的数据、指标、技术规范来表示行为准则的界限。

生态环境标准从不同的角度看有不同的分类。

（1）按照适用范围分为国家生态环境标准和地方生态环境标准。

国家生态环境标准包括国家生态环境质量标准、国家生态环境风险管控标准、国家污染物排放标准、国家生态环境监测标准、国家生态环境基础标准和国家生态环境管理技术规范。国家生态环境标准在全国范围或者标准指定区域范围执行。

地方生态环境标准包括地方生态环境质量标准、地方生态环境风险管控标准、地方污染物排放标准和地方其他生态环境标准。地方生态环境标准在发布该标准的省、自治区、直辖市行政区域范围或者标准指定区域范围执行。

有地方生态环境质量标准、地方生态环境风险管控标准和地方污染物排放标准的地区，应当依法优先执行地方标准。

（2）根据效力分为强制性标准和推荐性标准。

国家和地方生态环境质量标准、生态环境风险管控标准、污染物排放标准和法律法规规定强制执行的其他生态环境标准，以强制性标准的形式发布。强制性生态环境标准必须执行。

法律法规未规定强制执行的国家和地方生态环境标准，以推荐性标准的形式发布。推荐性生态环境标准被强制性生态环境标准或者规章、行政规范性文件引用并被赋予强制执行效力的，被引用的内容必须执行，推荐性生态环境标准本身的法律效力不变。

8. 答案："双重标准说"的基本观点是根据调

整对象和调整方法两个标准划分部门法。

9. 答案：环境与资源保护法所解决的次生环境问题可分为两个基本类型，即环境污染与环境破坏。

10. 答案：环境与资源保护法的体系构建至少应包含两个方面的内容：针对环境污染的污染防治法与针对环境破坏的自然资源法。但是，污染防治法和自然资源法同作为环境与资源保护法的重要分支，二者的发展是非常不均衡的，各自在环境与资源保护法体系中所表现出来的重要性也不可相提并论。污染防治法在事实上几乎占据了环境与资源保护法全部的空间，而自然资源法则难以找到立足之地。

💬 **论述题**

1. 答案：就环境问题而言，它不是孤立存在的，要找到环境问题产生的根源和解决的对策，必须考察这些因素之间的相互关系，其中联系和制约最为密切的就是环境、资源、人口和发展这四种因素。

第一，环境与资源。自然资源是人类生存和发展的物质基础和必要条件。为了保证人类的生活和发展的正常需要，就必须对自然资源进行合理开发和养护。但是，人口的激增、经济的迅速发展，大大地刺激了对资源的需求量，加上不合理的开发和利用，造成资源的严重浪费和破坏。

第二，环境与人口。环境总是与人口有着密切的互为因果的联系。在一定社会发展阶段，一定地理环境和生产力水平的条件下，人口的增殖应有一个适当的比例。人口增长过快，会刺激需求和生产，从而破坏人类环境系统的平衡。特别是对于发展中国家，人口膨胀是最大挑战之一，它引起了粮食紧张、资源破坏、能源危机、环境污染加剧等一系列的问题。

第三，环境与发展。发展包括社会发展、经济发展两个方面，其中经济发展是物质发展的基础。经济发展尤其是物质资料的生产是人类活动的物质基础。在发展中国家，一方面，摆脱贫困的唯一出路是发展经济，包括环境问题的解决也必须依靠经济的发展为其提供资金和技术。另一方面，经济的发展和生产的增长意味着取自环境的资源和排向环境的废弃物增多，因而受到资源可供量和环境容量的限制。盲目发展生产会造成资源、环境与发展之间的比例失调，导致资源枯竭、环境污染和破坏加剧。发达国家的工业化进程普遍走了一条重发展、轻环保，甚至牺牲环境发展经济的道路，曾经为之付出了巨大的社会和经济代价。

在人口、资源、环境与发展之间存在相互制约的关系。从生态学的角度来看，实际上，人类—环境系统所进行的物质循环与能量流动的关系，又是三种再生产，即人类自身的再生产（人口增长）、自然的再生产（资源增殖）和经济的再生产（经济的发展）相互结合和制约的关系。世界各国应当全面研究并从总体上把握人口、资源、发展和环境之间的制约关系，才能制定可持续发展的战略和找到解决环境问题的正确策略。

2. 答案：生态系统是生态学研究的中心课题。所谓生态系统，是指自然界里由生物群体和一定的空间环境共同组成的具有一定结构和功能的综合体系。生态系统由生产者、消费者、分解者、无生命物质四部分组成。

（1）生产者。生产者主要是指绿色植物及单细胞藻类。它能够通过光合作用把太阳能转化为化学能，把无机物转化为有机物，不仅供给自身的发育生长，也为其他生物提供物质和能量。生产者决定着生态系统的生产能力的大小，构成生态系统的基础，因而在生态系统中居于最终的地位。

（2）消费者。消费者是指所有的动物。从低级动物直到人类，都是依赖生产者制造的有机物维持生存的。消费者又分为一级消费者、二级消费者。以植物为食的草食动物为一级消费者，以草食动物为食的食肉动物为二级消费者，以二级消费者为食的食肉动物为三级消费者。有的动物包括人类是杂食者，既食植物又食动物，称为混合消费者。消费者虽不是有机物的直接生产者，但在生态系统的物质和能量转化过程中处于中间环节，因而也是生态系统的重要组成部分。

（3）分解者。分解者主要是指有分解能力的各种微生物，也包括一些腐生性动物。分解者能把生态系统里的动物和植物尸体分解成简单的化合物，再提供给植物利用。分解者的作用是保证生态系统的循环，也是生态系统的有机组成部分。

（4）无生命物质。无生命物质包括自然界中的各种有机物、无机物和自然因素，如阳光、水、土壤、空气等。这些无生命物质为生物提供必需的生存条件。

生产者、消费者、分解者和无生命物质组成生态系统的有机的统一体，并且沿着一定的途径不断地进行着物质循环与能量的流动。

3. 答案：环境保护是指采取行政的、法律的、经济的、科学技术的多方面措施，合理地利用自然资源，防止环境污染和破坏，以求保持和发展生态平衡，扩大有用自然资源的再生产，保障人类社会的发展。可持续发展是指既满足当代人的需求又不损害后代人满足其需求的能力。换言之，就是指经济、社会、资源和环境保护协调发展，它们是一个密不可分的系统，既要达到发展经济的目的，又要保护好人类赖以生存的自然资源和环境。

可持续发展与环境保护既有联系，又不等同：

（1）环境保护是可持续发展的重要方面。可持续发展的核心是发展，但要求在严格控制人口、提高人口素质和保护环境、资源永续利用的前提下进行经济和社会的发展。可持续发展认为发展与环境保护相互联系，构成一个有机整体。可持续发展非常重视环境保护，把环境保护作为它积极追求实现的最基本目的之一，环境保护是区分可持续发展与传统发展的分水岭和试金石。

（2）环境保护与可持续发展紧密相连。①可持续发展把环境建设作为实现发展的重要内容，因为环境建设不仅可以为发展创造出许多直接或间接的经济效益，还可以向发展提供适宜的环境与资源。②可持续发展把环境保护作为衡量发展质量、发展水平和发展程度的客观标准之一，越高速发展，环境与资源越显得重要。③环境保护可以保证可持续发展最终目的实现，因为现代的发展早已不是仅满足于物质和精神消费，而是把建设舒适、清洁、优美的环境作为实现的重要目标进行不懈努力。④环境保护和经济发展都与人类的生存和发展息息相关。环境是人类生存和发展的基础；经济活动是人们为获得生存所必需的物质资料和条件进行的生产、交换及相关的一系列活动，其本质和核心是满足人类生存所必需的物质资料和条件。

因此，基于环境保护和可持续发展的上述关系，可持续发展观认为：

首先，在环境保护方面，每个人都享有正当的环境权利。

其次，可持续发展要求人们放弃传统的生产方式和消费方式。就是要及时、坚决地改变传统发展的模式——首先减少进而消除不能使发展持续的生产方式和消费方式。

再次，可持续发展要求加快环境保护新技术的研制和普及，解决环境危机，改变传统的生产方式以及消费方式。

最后，可持续发展还要求普遍提高人们的环境意识。实施可持续发展的前提，是人们必须改变对自然的传统态度，树立起一种全新的现代文明观念，即用生态的观点重新调整人与自然的关系，把人类仅当作自然界中一个普通的成员，从而真正建立起人与自然和谐相处的崭新观念。

4. 答案：环境保护是指采取行政的、法律的、经济的、科学技术的多方面措施，合理地利用自然资源，防止环境污染和破坏，以求保持和发展生态平衡，扩大有用自然资源的再生产，保障人类社会的发展。改革开放后我国的经济迅速发展，我国国民经济每年保持高速增长，但这是以资源浪费和环境破坏为代价的，而造成我国环境污染的则是生产活动的主体——企业，它们消耗了大部分资源，许多企业毫无限制并不经任何处理地排放污染物。造成这一局面的原因多种多样，首先是企业缺乏环境保护的意识，其次是企业自身在经营机制、经营技术等方面不符合环境保护的要求。因此，为了有效地保护环境，

必须深化企业改革。

首先，企业要做好环境规划，做到合理布局。在我国，企业由于没有统一的规划，布局比较混乱，造成污染源头多、面广，给污染防治工作带来了困难。因而政府和企业都需要做好环境规划，企业的建设应当远离居民区和风景名胜区。

其次，企业应当树立环境保护意识，抢占环保"制高点"。企业要大力推进工业布局和产业、产品结构的调整、升级换代，加快技术改造步伐，淘汰污染重、能耗高的技术、工艺和设备，让环保工作积极抢占"制高点"，促进企业的可持续发展。企业应当积极主动地接受生态环境主管部门的监督管理，按照国家法律规定必须实行环保第一审批权制度，严格履行环境影响评价和"三同时"制度，严格实行排污总量控制，防止国有环境资源的损失。

最后，把环境保护和产业结构调整及科学技术结合起来，提高经济运行质量。产业结构尤其是工业结构的不合理是造成我国环境污染的重要原因。

总之，企业要积极调整产业结构，转变经济增长方式，在发展中注重解决资源、生态环境等重大问题。大力发展新技术、新工艺，提高资源利用率，提高污染防治能力，提高管理水平，以最少的投入获得最大的产出，同时积极发展生态工业，生产绿色产品。

5. 答案：《环境保护法》规定，环境是指影响人类生存和发展的各种天然的和经过人工改造的自然因素的总体。环境资源法规定的"环境"与环境科学中的"环境"在范围上主要有以下异同：

（1）环境资源法是把环境作为法律的保护对象来看待的，其概念和范围必须明确具体，不能用环境科学中水圈、生物圈之类抽象、概括的概念，而必须把环境所包括的主要因素作为法律的保护对象，尽可能具体、明确地作出列举规定。《环境保护法》规定了环境的定义后，又具体列举了"大气、水、海洋、土地、矿藏、森林、草原、湿地、野生生物、自然遗迹、人文遗迹、自然保护

区、风景名胜区、城市和乡村等"。

（2）从环境科学的角度来看，一切与人类生存和发展有直接或间接关系的环境要素、成分、状态都是人类环境系统的组成部分，都是环境科学的研究对象。但是，整个自然界和无限的宇宙空间不可能成为法律保护的客体。作为法律保护的客体，除了必须对人类的生存和发展产生影响以外，还必须是人类的行动和活动（包括利用经济和科学技术手段）所能影响、调节和支配的那些环境要素，否则法律的保护便没有实际意义。

（3）人类环境的结构具有相关性。各种环境要素相互联系和制约形成的一个有机结合的完整体系，这就是地球表面的人类生命维持系统。把人类环境作为法律保护的客体，其最根本的目的是从整体上保护生命维持系统功能，保护生态平衡，保护和改善人类环境。换言之，就是保护环境的质的状态。而对于某种作为环境要素的自然物，人类是以其在维持生态平衡和维护环境功能中的作用而决定取舍的，并不一定在任何情况下都无条件地、绝对地加以保护。

6. 答案：环境资源法将自然界的客观规律，尤其是生态基本规律和环境要素的总体演化规律作为自己的立法基础之一，生态规律在环境资源法中运用广泛。与环境资源法相关的生态规律如下：

（1）物物相关律，是指生态系统的各个组成部分之间是相互关联、相互制约、相互依存的关系，改变其中一个因素或增加一个因素，都必然对其他部分产生直接或间接的影响。据此规律，在制订国民经济和社会发展计划时，应将环境保护纳入规划之中。在开发利用环境时，充分考虑环境的整体性和各要素自身的地位和功能，不能顾此失彼。环境规划制度和环境影响评价制度就是依据这一规律，规范人们的行为，在进行经济社会发展的同时，又能使环境优化，从而取得经济社会和环境保护双赢。

（2）相生相克律，是指在生态系统中，每一种生物都有一定的位置，具有自己的功能。它们相互依赖、相互制约、协同进化，

使整个生态系统形成一个稳定协调的统一整体。如果任意减少一个物种或增加一个物种，都可能破坏该生态系统的长链，造成生态灾难。据此规律，国家应立法保护生物多样性，保护野生动物、野生植物，并通过《进出境动植物检疫法》等严格实施重点保护野生动植物检疫和进出口制度、防止检疫对象传入制度，同时鼓励人们运用动植物"相生"规律促进生物协同进化获得丰收。

（3）能流物复律，是指生态系统中，不断地进行着物质循环和能量流动，在流动过程中，有一部分散溢出去，进入环境中的物质或能量则会在环境中不断地循环。据此可见，排放到环境中的废弃物，特别是有毒有害物质，如重金属不能被环境所吸收、降解的物质，一旦进入环境参与循环，便会通过食物链关系形成生物浓缩、生物放大和生物积累，从而在高一级的生物链条上（如人类）发生总爆发，产生极大的危害。保护环境、维护生态平衡、保护生物多样性，就要求人们遵循能流物复律，充分利用现有的物质和能量，防止危害生态系统的物质如臭氧物质、持久性有机物进入生态系统和人类环境。为此，国家确定了预防为主、防治结合、综合利用的原则，制定了《清洁生产促进法》和强制淘汰落后的设备、技术、工艺制度，以及对危险废物、危险化学品的特别管理制度。

（4）负载定额律，是指生态系统的供养能力和承载负担是有一定限度的。在其限度内生产生活，生态系统就能维持或实现良性循环。超过了限度向生态系统索取或排放有害物质，就会造成生态系统的破坏或环境污染。生态系统的生物可供量和环境所能容纳污染物的容纳量就是这种定额的极限。据此，人类活动必须限制在环境负载定额的范围内，以维护生态系统的自我恢复能力和环境的自净能力。环境资源法中规定休海、休渔、休湖，禁猎期、禁猎区，就是为了恢复自然生态系统的生物生产能力。环境资源法控制污染物排放量以恢复环境的自净能力，保护人类环境不被污染和破坏。

（5）协调稳定律，是指生态系统的生物

物种、数量、结构和功能通常处于相对稳定的状态，称为生态平衡。生态系统中生物多样性越复杂，能量流动、物质循环的途径越复杂，其自我调节的能力就越强，生态系统也越稳定，生态安全才越有保证。因此，为了维护生态安全，保护生物多样性，要求尽量保护自然生态系统，对脆弱的沙漠生态系统则应增加生物多样性，种草种树，打破旧的平衡、建立新的平衡。鼓励人们创造复杂多样的人工生态系统，改善环境。

（6）时空有宜律，是指每一个地区因地形、地貌、水文、地质、气候等自然原因和社会经济条件等社会因素构成独特的区域生态系统，即环境的地域性或时空性。在开发利用环境时应充分考虑和遵循其独特性。据此规律，环境资源法要求，省级人民政府可以颁布严于国家标准的生态环境质量标准。

7. **答案：**（1）以调整对象为标准对环境与资源保护法进行部门法划分的不适应性。排污者与环境保护行政主管部门之间的关系日趋复杂，除了传统的管理与服从之外，二者之间的协商与合意也还渐成为污染控制的重要路径选择，在自然资源的开发利用与保护领域也存在类似情况，比如，矿业权就是一种典型的受到行政权力控制的民事权利。环境保护的社会关系已经在一定程度上涵盖了传统的社会关系类型，并导致传统的部门法规范在环境与资源保护法领域中有大量的应用。

（2）以调整方法为标准对环境与资源保护法进行部门法划分的不适应性。对法律调整手段作出民事、行政和刑事的划分，从某种意义上说，其划分标准主要是根据强制程度的不同，然后把不同强制程度的法律调整手段适用于不同类型的社会关系。那么，在这样一种研究范式中，隐含的一个基本前提是，对于一类社会关系只适用一种强制程度的法律调整手段，要么是民事的，要么是行政的，要么是刑事的。环境问题的特点和内在规律决定了环境与资源保护法调整方法的综合性和某些法律制度的综合性。

8. **答案：**（1）环境与资源保护法体系构建的两个方面：污染防治法和自然资源法。

环境与资源保护法所应包含的两个主要组成部分——污染防治法和自然资源法——在调整对象上表现出明显的不一致，污染防治法主要调整不平等主体之间的管理关系，而自然资源法所调整的社会关系则以平等主体之间的权属关系为基础。在部门法研究范式的影响下，对环境与资源保护法部门法属性的论证首先需要解决的问题是，作为环境与资源保护法调整对象的社会关系，必须在国家权力因素介入方面或者在双方当事人地位对比方面表现出单一的特征，而这一项对社会关系的基础性要求正是对环境与资源保护法体系完整性产生影响的重要原因所在。

（2）环境与资源保护法调整对象的社会关系。①污染防治法所调整的社会关系存在不平等地位和命令和服从关系。②自然资源法所调整的社会关系——平等主体之间的权属关系为基础。

第二章　环境与资源保护法概述

✓ 单项选择题

1. 答案：C。 1972 年，在斯德哥尔摩举行的联合国人类环境会议通过了《人类环境宣言》；1987 年，世界环境与发展委员会发布了《我们共同的未来》，即《布伦特兰报告》；1992 年 6 月，在巴西里约热内卢召开了联合国环境与发展会议即里约会议，会议通过签署了《里约环境与发展宣言》《21 世纪议程》《气候变化框架公约》《生物多样性公约》《关于森林问题的原则声明》五个体现可持续发展新思想、贯彻可持续发展战略的文件。

2. 答案：D。 1992 年 6 月，在巴西里约热内卢召开了联合国环境与发展会议即里约会议，这次大会标志着全球中心议题从"斯德哥尔摩时期"的环境保护向"可持续发展时期"的环境保护的转变。会后，许多国家和国际组织纷纷掀起了一场可持续发展的运动。

3. 答案：D。 环境资源法规体系包括综合性的环境资源法律或具有较强综合性的法律、单行性专门环境资源法规、各种依法制定并具有法律效力的环境资源标准及其有关法律规定、各种依法制订并有法律效力的有关环境资源方面的计划和有关计划的法律规定、我国缔结或参加的国际环境条约以及民法、刑法、行政法、经济法等其他法律部门的法律法规中有关环境资源开发、利用、保护和改善及其管理的法律规定。综合性环境资源法律又称为环境基本法，如《环境保护法》。《水污染防治法》和《海洋环境保护法》属于单行性专门环境资源法规。

4. 答案：D。 环境资源法是阶级性和公益性的统一，所谓阶级性，是指环境资源法由执政阶级或领导阶层制定和认可，反映执政阶级或领导阶层的利益和要求；环境资源法的公益性，是指环境资源法维护的环境资源保护事业基本上是一种公益事业。环境资源法的

这种性质是由社会物质生活条件所决定的，是由人与自然或社会与自然相互关系决定的，是自然生态规律、社会经济规律和人与自然相互关系的规律同时起作用的结果。

5. 答案：B。 一个法律部门能否独立，主要取决于它是否具有独特的调整对象，环境资源法调整对象的特殊性，是其作为一个独立的法律部门、区别于其他法律部门的基本标志，也是环境资源法具有综合性、科学技术性和公益性的基础。

6. 答案：B。 在环境资源立法的目的上，存在两种观点，即目的一元论和目的二元论。目的一元论认为环境资源法的唯一目的在于保护人群健康；目的二元论认为环境资源法的最终目的的，首先是保护人群健康，其次是促进经济社会的可持续发展，它是建立在正确认识环境和发展的关系的基础之上的。我国的环境资源立法实行的是目的二元论，因为任何把发展和环境对立起来的，片面强调某一方面的观点在实践中都是有害的。

7. 答案：D。 关于环境资源法的溯及力，世界各国有从旧原则、从新原则、从轻原则、从旧兼从轻原则、从新兼从轻原则等不同形式。我国环境资源法在溯及力上主要采用的是从旧兼从轻原则，即新法原则上不溯及既往，只有新法规定处罚更轻时例外，但也有些环境资源法规溯及既往。

8. 答案：A。 环境资源法的效力体系是根据环境资源法各种形式意义上的子法律部门制定机关、具体内容的不同，按照不同的效力等级或层次而划分的环境资源法内部结构。《宪法》中关于环境资源保护的条款，在环境资源法效力体系中具有最高的法律效力，是其他环境资源法的宪法依据。《环境保护法》是我国的环境保护基本法，效力层次上低于《宪法》；《生态环境标准管理办法》是关于生态环境标准的行政规章，效力层次上

比环境基本法低。关于环境保护的国际条约，与我国国内法同具法律效力。

9. **答案：A。**环境资源法是在一定价值观的引导下产生和发展的，在世界范围内，人类的环境资源法价值观正在发展变化的过程中。目前，现实的环境资源法治体系基本上处在人类中心主义的价值观下，但不可否认的是，一些较为先进的价值观如动物权利论、生态中心主义价值观在当代环境资源法的理论和实践中也有不同程度的体现。

10. **答案：B。**J. 法因伯格是泛人道主义的代表人物，诺顿是"弱的人类中心主义"的代表人物，默迪是"现代人类中心主义"的代表人物，P. 辛格和 T. 里根是动物权利论的代表人物，阿伦·奈斯、德韦尔、塞申斯、福克斯等是生态中心主义的代表人物。

11. **答案：D。**环境资源法的价值是指环境资源法能促进主体的何种价值需要。现代环境资源法是以可持续发展为基本价值取向，环境正义、环境秩序、环境公平、环境安全、环境效益和环境效率等只是环境资源法的根本目的，其中环境安全或生态安全是环境资源法的起码目的。

12. **答案：D。**维护和追求环境正义是环境资源法学的基本理念，同时，环境正义能够衍生出环境秩序、环境安全、环境公平、环境效益等理念。

13. **答案：B。**国际法律关系的主体是指享有国际法上的权利和承担国际法律义务的国际法律关系的参加者。国际法律关系的主体通常包括国家、国际组织及其他组织。国际环境法律关系属于国际法律关系之一种，因此国际环境法律关系的主体不包括国家机关、个人以及企业。

14. **答案：A。**对珍稀动植物的保护是所有环境资源法律关系主体包括国家、国家机关、一切单位和个人的义务，而不限于某些主体。

15. **答案：B。**环境资源法律关系的主要客体是物和对环境资源有影响的行为。物主要是指各种具有自然因素的环境要素和资源，包括大气、水、海洋、土地、矿藏、森林、草原、湿地、野生生物、自然遗迹、人文遗迹、自然保护区、风景名胜区、城市和乡村等。马戏团里的驯兽不具有自然因素，我国并不承认克隆人的法律地位，自然人通常是环境资源法律关系的主体。

16. **答案：D。**《环境保护法》第6条规定："一切单位和个人都有保护环境的义务。地方各级人民政府应当对本行政区域的环境质量负责。企业事业单位和其他生产经营者应当防止、减少环境污染和生态破坏，对所造成的损害依法承担责任。公民应当增强环境保护意识，采取低碳、节俭的生活方式，自觉履行环境保护义务。"所以 A、B、C 正确，本题选 D。

☑ 多项选择题

1. **答案：ABCD。**《逸周书·大聚解》记载："禹之禁，春三月山林不登斧，以成草木之长；夏三月川泽不入网罟，以成鱼鳖之长。"这是关于合理开发、利用、保护自然资源的法规。西周颁布的《伐崇令》规定："毋坏屋，毋填井，毋伐树木，毋动六畜。有不如令者，死无赦。"这是中国古代关于保护森林、水源、幼小动物、水产资源的法律规定。《秦律·田律》规定："春二月，毋敢伐材木山林及雍堤水。不夏月，毋敢夜为灰，取生荔……毒鱼鳖，置阱罔，到七月而纵之。"意思是说，在春天不准到山林里砍伐林木，不准堵塞水道，不到夏季不准烧草做肥料，不准采集刚发芽的植物，不准捕捉幼兽、鸟卵和幼鸟，不准毒杀鱼鳖，设置陷阱。到七月才解除禁令。《唐律疏议·杂律下》规定："穿垣出秽者，杖六十；诸在市及人众者，故相惊动，令扰乱者，杖八十。"这是防止废物和噪声污染的法律规定。

2. **答案：ABC。**我国古代的环境资源法规定零散，在民刑不分、以刑为主的古代社会，并没有出现过专门的环境保护法，而是散见于各朝各代的刑事法律当中。

3. **答案：BCD。**"斯德哥尔摩时期"的环境资源法特点主要表现在以下几个方面：第一，环境资源法发展的不平衡性和差别性明显；第二，同部门、同行业的环境资源法律逐渐系统化，环境资源法的子体系初步形成；第三，环境立法初现综合化的趋势；第四，环境资源法学开始酝酿、形成突破传统法学理论的一些新理论；第五，环境资源法律开始重视设立统一的环境监督管理政府机构，逐步形成统一的环境监督管理体制；第六，生态环境标准和环境规划逐步成为环境资源法体系的一个重要组成部分。

4. **答案**：ABCD。环境资源法具有如下区别于其他法律的特征：调整对象的特殊性、综合性、科学技术性和公益性。

5. **答案**：BCD。环境资源法的综合调整机制包括市场机制、行政机制和社会机制三大机制，它涉及经济的、行政的、技术性的、宣传教育的各种手段。强有力的行政执法机构、市场调整手段和广泛的公众参与相结合则是这种综合性的突出表现。

6. **答案**：BC。"目的二元论"反对以环境优先为最高原则，要求人们必须在经济发展与环境保护之间找到平衡点，把发展带来的环境问题限制在一定限度内，在不降低环境质量要求的前提下实现经济的可持续发展，我国环境资源法关于目的、任务的规定，总体上体现了"目的二元论"的要求。而日本、匈牙利等是实行"目的一元论"的国家，认为环境资源法的唯一目的是保护人群健康。

7. **答案**：CD。一个法律部门能否独立，主要取决于它有无独特的调整对象，环境资源法的调整对象包括人与自然的关系以及与环境资源有关的人与人之间的关系。

8. **答案**：ABCD。环境资源法的适用范围，是指环境资源法在什么范围内有效，根据环境资源法律对其适用范围的规定，可以将环境资源法的适用范围概括为适地范围、适人范围、适事范围、适时范围。

9. **答案**：BCD。根据《环境保护法》和《海洋环境保护法》的有关规定，我国环境资源法的空间适用范围即适地范围是：中华人民共和国领域；中华人民共和国内水、领海、毗连区、专属经济区、大陆架以及中华人民共和国管辖的其他海域。中华人民共和国领域包括领陆、领水、领空、底土以及延伸意义

上的领域。领空只及于空气空间，不包括外层空间；延伸意义上的领域包括中国领海、领空之外的中国船舶、飞行器和中国驻外使馆。

10. **答案**：ABC。环境资源法的适人范围，是指环境资源法对什么人有效。在我国环境资源法中，人一般包括单位和个人，这里的单位包括法人单位、非法人单位和国家机关。享有外交特权和豁免权的外国人，因严重污染、破坏我国环境，而必须对其依法追究刑事责任时，应通过外交途径解决。

11. **答案**：AB。生态中心主义的两项最高准则是自我实现和生态中心平等主义。自我实现是生态中心主义的出发点和最高境界，生态中心平等主义是指生态系统中所有的存在物，包括大地、河流、冰川都是平等的。

12. **答案**：ABCD。可持续发展的特性包括四个方面：公平性、可持续性、共同性和需求性。公平性包括本代人的公平和代际间的公平。可持续性是指生态系统受到某种干扰时能保持其生产力的能力。共同性是指可持续发展作为全球发展的总目标，所体现的公平性和可持续性是共同的，并且实现这一目标需要全球的联合行动。需求性是指可持续发展要满足所有人的基本需求，向所有人提供实现美好生活愿望的机会。

13. **答案**：BCD。环境资源法律规范按照不同的标准可以进行多种分类，按规范的内容不同可以分为授权性环境规范、义务性环境规范和权义合成环境规范，授权性环境规范是赋予主体权利的规范，义务性环境规范是规定主体应当承担义务的规范，权义合成环境规范是兼具授予权利和设定义务两种性质的法律规范。

14. **答案**：ABC。环境与资源保护立法的规划是指环境立法机关根据国家中长期任务、方针、政策，社会实际情况以及对法律的需求，所提出的环境立法设想和部署。在立法规划的编制方面应当由具有立法权的国家机关来进行。国务院行政法规、法律实施细则的立法规划应当由司法部编制。其中涉及环境污染与生态保护的，可以考虑主要由生态

环境部负责制定；涉及自然资源管理的，可以考虑主要由自然资源管理部门负责制定。而国务院所属各部、委的有关环境与资源保护行政规章的立法规划应当由各部、委自行编制。

15. **答案**：ABCD。根据我国法律的有关规定，环境资源立法必须遵循以可持续发展为导向的原则、尊重和体现生态规律的原则、向循环经济增长模式转变的原则、突出运用环境经济学方法的原则。

16. **答案**：ABCD。从环境资源法规的内容看，环境资源法可以分为环境资源基本法、环境资源单行法、生态环境标准、环境计划或规划、国际环境条约、相关环境资源法规等。而基本法和单行法构成了环境资源法的主体，题中的四项都是关于两者关系的论述，是正确的。

17. **答案**：ABC。环境资源法学的主要研究对象，从法律法规方面讲是环境资源法这一新兴的法律部门，从法律关系的角度讲是人与自然的关系以及与环境有关的人与人之间的关系。环境科学与环境资源法学都是相互独立的一门学科，环境科学是指研究环境的运动变化规律及其与人类社会活动之间的关系，研究人类社会与环境之间协同演化、持续发展的规律和具体途径。

18. **答案**：BCD。法律关系包括三个不可或缺的构成要素：主体、客体和内容，即法律关系的"三要素学说"。环境资源法律关系也不例外。

19. **答案**：AB。环境资源法律关系的主体是指在环境资源法律关系中享有权利和承担义务的当事人或参加者，又称权利义务主体、权利主体和义务主体。在中国，环境资源法律关系的主体包括国家、国家机关、一切单位和个人。与其他法律关系相比，环境资源法律关系中个人的权利能力和行为能力受年龄等条件限制较小，如我国环境保护法规定，一切个人不论年龄大小都有保护环境的义务，即都可以成为环境资源法律关系的主体。另外，有的法律还将全人类、人类后代甚至动物、非人生命体也规定为享有权利的

主体，但我国的环境资源法并没有这样的规定。

20. **答案**：BD。环境资源法律关系的客体是主体的权利和义务所指向的对象，法律关系的客体一般包括物、行为、精神财富和其他权益。环境资源法律关系的客体也不例外，但能反映环境资源法律关系特点的主要客体是物和对环境资源有影响的行为。物主要是指各种具有自然因素的环境要素和资源，行为包括各种开发、利用、保护、改善和管理环境资源的行为。

21. **答案**：ACD。首先，环境资源法律关系的内容是指环境资源当事人的权利义务的总和，包括环境资源法权利和环境资源法义务。环境资源法权利和义务既可以统一在同一主体身上，又可以由不同的主体分别享有或承担。其次，环境资源法的权利和义务具有不对等性和不均衡性，有些环境资源法侧重规定管理主体的权利与义务，很少为受制主体设定义务；有些环境资源法更侧重于规定受制主体的义务，或更侧重于规定受制主体的权利。最后，环境资源法对同一主体权利义务的规定存在一定的倾斜性，总体来说，环境资源法赋予管理主体的权利要多于加之其上的义务，而赋予受制主体的权利则少于义务。

22. **答案**：ACD。《环境保护法》第53条第1款规定："公民、法人和其他组织依法享有获取环境信息、参与和监督环境保护的权利。"所以本题答案为A、C、D。

📚 名词解释

1. **答案**：环境保护法，又称为环境法、环境资源法，是以保护和改善环境、预防和治理人为环境损害为目的，调整人类环境利用关系的所有法律规范的总称。

2. **答案**：环境基本法，是指从全局出发，对整体环境以及合理开发、利用和保护、改善环境资源等重大问题作出规定的法律，在整个环境资源法律体系中处于牵头地位。

3. **答案**：环境资源法体系，是指相互联系、相互补充、相互制约，旨在调整因环境资源的

开发、利用、保护、改善及其管理的法律规范和其他法律渊源所组成的系统。

4. **答案**：环境资源法学，又称为环境法学或环境保护法学，是指研究环境资源法这一新兴法律部门及其相关问题的学科。

5. **答案**：环境资源法学的调整论，简称为调整论，是有关环境资源法既调整人与自然的关系，又调整与环境资源有关的人与人之间的关系的各种观点。

6. **答案**：环境资源法律关系，是由环境资源法的规定和实施所确认、形成、变更和消灭的人与人的关系和人与自然的关系，或者说是由环境资源法律规定、控制（合称为规制）的行为（环境资源法律行为）所形成的人与人的关系和人与自然的关系。

简答题

1. **答案**："可持续发展时期"环境资源法的主要特点是：

第一，环境资源法涉及更加广泛的环境、资源问题和经济、社会可持续发展等跨领域问题，环境立法的综合化、一体化进一步加强。

第二，环境道德和生态伦理成为环境资源法学认识论的重要组成部分和环境资源法治的重要条件。环境正义、环境秩序、环境公平、环境效益等环境资源法学基本理念日趋成熟。这种趋势使得环境资源法规范有了环境道德规范的支持，环境资源法学的认识论有了环境伦理学的基础，从而使得环境资源法学的理论更加成熟和更加富有说服力。

第三，环境资源法越来越多地采用经济手段、市场机制，环境资源税费、绿色贸易壁垒和环境资源市场逐渐成熟。

第四，环境资源法采用越来越多的科学技术手段和科学技术规范，生态环境标准制度、环境标志制度、环境监测制度、环境影响报告制度、清洁生产制度等有关环境科学技术的法律制度逐步推广并且越来越成熟。

第五，环境资源法的实施能力和执法效率大幅度提高。

第六，各国环境资源法治建设以及国内环境资源法与国际环境法之间的协调性日益增强。

第七，发展中国家的环境资源法正在崛起。

2. **答案**：对环境资源法规范可以从不同的角度进行分类：

（1）依其表现形式，可分为综合性规范和具体性规范。综合性规范是环境资源法中对某一方面或某一种类的环境社会关系进行综合调整的规定。具体性规范是环境资源法中涉及某一具体事项的规定。它涉及具体的行为规则、权利、义务、范围、界限等。

（2）依其功能，可分为依据和目的性规范、指导性规范、规则性规范、界定性规范。依据和目的性规范是阐明一项立法的依据和所要达到的目的的规定。指导性环境资源法规范是环境资源法中关于对某一类环境社会关系进行宏观调整的规定。规则性环境资源法规范是包含具体环境权利和义务及法律后果的规定。它具有较严密的逻辑结构和很强的可适用性。这类规范从内容来看，可分为授权性规范、义务性规范和权义复合规范。界定性环境资源法规范是环境资源法中对某一问题的内容、范围、界限等加以限定的规定。

（3）依其内容，可分为实质性规范和辅助性规范。实质性规范，是指环境资源法中关于环境保护管理制度、措施、方法、途径和具体的权利义务等核心内容的规定。在环境资源法中，这类规范主要包括监理性规范、辅助性规范等。监理性规范是环境资源法中关于环境保护监督管理的规定。辅助性规范是在环境资源法中围绕实质性规范的实施而作出的各种规定。这些规范虽然不直接规定环境保护的监督管理制度、措施、方法、途径和具体的权利义务，但直接涉及实质性规范的执行和遵守。

3. **答案**：环境资源法产生和发展的主要规律有：

（1）环境资源法的产生和发展与环境问题日益严重紧密相关。环境资源法的产生和发展是与环境资源问题的严重性和普遍性、人们对环境资源问题认识的深化和环境保护活动的强化的历史过程相联系的。环境资源法就是随着人类开发、利用、保护和改善环境资源活动的发展而逐步兴起的。人类社会的不同发展阶段产生了不同的环境问题，环境资源法的产生和发展同每一个社会发展阶段环境问题的性质、程度，环境保护在社会生活中的地位以及国家对环境问题采取的基本对策有着密切的联系。

（2）可持续发展是指既满足当代人的需求又不损害后代人满足其需求的能力。可持续发展的核心是发展，但要求在严格控制人口、提高人口素质和保护环境、资源永续利用前提下进行经济和社会的发展。

（3）根据市场经济规律和生态规律加强环境资源法治建设，环境资源法越来越多地采用经济手段和市场机制。随着环境问题日益严重，人们逐渐认识到对环境的治理不能忽视客观的经济规律和生态规律，人们的生产和生活活动以及环境保护必须遵循这些客观规律。环境逐渐向综合性方向发展，表现为环境资源法既调整人与自然的关系也调整与环境有关的人与人的关系，环境资源法的调整机制也更加灵活，开始越来越多地采用市场机制、行政机制和社会机制。

（4）环境资源法采用越来越多的科学技术手段和科学技术规范。随着环境资源法的逐步发展，人们认识到环境保护是一项科学技术性很强的活动，旨在解决环境问题，为环境工作服务的环境资源法必须建立在科学理论和科学技术的基础上。现代环境资源法的许多重要制度如环境影响评价制度、"三同时"制度、环境资源许可制度、环境资源税费制度、清洁生产制度等都体现了环境资源法的技术性要求。

（5）环境立法的综合化进一步加强。特别是联合国环境与发展会议之后，各国认识到实现可持续发展，特别需要加强环境、社会、经济可持续发展行为的综合性环境资源法规体系的建设；环境资源法涉及的环境、资源问题及与之相关的跨领域问题越来越多，调整的社会关系和保护对象越来越广泛，调整这些问题的方式方法越来越协调，有关环境资源的各种法规的联系和结合日益紧密；各国环境资源法正在将环境与资源、环境保护与经济社会发展结合起来，正在发展成为以保护环境资源为主，综合调整环境、经济、社会发展问题的可持续环境资源法体系。

4. **答案**：可持续发展把环境资源法的理念提高到了极致状态，是人类在同大自然融合的过程中得出的宝贵经验，是推动环境正义、环境资源法科学化和规范化的理论升华。它对环境资源法的影响主要表现在：

（1）对环境资源法目的及价值取向的影响。代际公平理论是可持续发展观的核心内容，其宗旨是保证生态环境和文化遗产的可持续利用，并能与不同的政治经济制度相适应。由于这种公平理论是以保护人类利益为基础的，其思想和理念日益为广大立法者和社会成员所接受。

（2）对环境权主体的影响。环境权主体是包括当代人与未来人在内的全人类，把人类看成一个整体。从纵向来看，他们是一种环境权的继承与被继续的关系；从横向来看，体现为当代人的环境权关系。可持续发展观的代际公平原则对环境权的主体产生了根本的影响，它进一步认为，当代人与后代人是一种伙伴关系，当代人作为受托人为未来世代保管地球，现时也作为受益人享有使用它的权利，并且每一代人都作为群体拥有这些权利，当代人的权利在前代人的义务中得到体现。因此，赋予后代人作为环境权的主体本身是社会发展的必然，理应在环境立法中有所体现。

（3）对环境权内容的影响。可持续发展观的公平理论认为，后代人的权利来源于代际之间在使用自然环境和文化资源时形成的暂时关系，这就是代际权。环境立法的实践表明，代际公平权利的中心含义是各国公民享有同世代内和代际之间的公平，任何世代的某些人进行危及人类和生态系统的持续性的破坏环境、滥用资源的行为，都是对同时代的其他人及所有后代人的侵害。代际公平理论提供了一个很好的参照系，并且为后代创造一个与前代同样适宜生存发展的环境提供了条件，这些对环境权理论来说是具有十分明显的进步意义的。

5. **答案：**《宪法》中关于环境保护的规定是环境资源法体系的基础，是各种环境资源法律、法规、制度的立法依据。许多国家在宪法中将环境保护作为一项国家职责和基本国策加以明确，把公民享有在良好生活环境中生活的权利和保护环境的义务作为公民的一项基本权利和义务加以规定，从而为环境保护奠定宪法基础并赋予了最高的法律效力。我国《宪法》中关于环境保护的规定主要包括：

（1）国家的环境保护职责。规定保护环境和维持生态平衡是国家的一项基本职责。《宪法》第26条规定："国家保护和改善生活环境和生态环境，防治污染和其他公害。国家组织和鼓励植树造林，保护林木。"这一规定为国家环境保护活动和环境立法奠定了宪法基础。

（2）公民的环境权利和义务。许多国家的宪法中均规定公民有在良好的生活环境中生活的权利和保护环境的义务。《宪法》虽没有直接规定公民的环境权利和义务，但《宪法》第51条规定："中华人民共和国公民在行使自由和权利的时候，不得损害国家的、社会的、集体的利益和其他公民的合法的自由和权利。"这一规定既是公民主张环境权的基础，也是防止滥用个人权利造成环境污染和破坏的基本环境义务规范。

（3）环境保护的基本政策和原则。《宪法》第9条第2款规定："国家保障自然资源的合理利用，保护珍贵的动物和植物。禁止任何组织或者个人用任何手段侵占或者破坏自然资源。"第10条第5款规定："一切使用土地的组织和个人必须合理地利用土地。"此外，《宪法》还对保护名胜古迹、珍贵文物和其他重要的历史文化遗产等作出了规定。

6. **答案：**环境资源法的适用范围，是指环境资源法在什么范围内有效。根据环境资源法律对其适用范围的有关规定，可以将环境资源法的适用范围概括为适地范围、适时范围、适事范围、适人范围。

（1）适地范围。适地范围是指环境资源法在地域或空间的什么范围内有效，也称空间适用范围。根据《环境保护法》和《海洋环境保护法》的有关规定，我国环境资源法的空间适用范围即适地范围是：中华人民共和国领域；中华人民共和国内水、领海、毗连区、专属经济区、大陆架以及中华人民共和国管辖的其他海域。在中华人民共和国管辖海域以外，造成中华人民共和国管辖海域环境污染和生态破坏的，也适用《海洋环境保护法》。中华人民共和国领域包括领路、领水、领空、底土以及延伸意义上的领域。领空只及于空气空间，不包括外层空间；延伸意义上的领域包括中国领海、领空之外的中国船舶、飞行器和中国驻外使馆。

（2）适时范围。适时范围是指环境资源法规在什么时候有效，包括何时生效、何时终止效力，以及对开始生效以前的活动和事件有无效力（又称环境资源法的溯及力）等与时间有关的问题。关于环境资源法的生效日期，主要有两种方式：一是法规不对生效日期作明确规定，习惯上从颁布之日起开始生效；二是法规规定具体的生效日期，或规定自颁布之日起生效，或规定在法规颁布后的某个日期生效。关于环境资源法的失效日期，主要有三种形式：一是随着新法的颁布施行，相应的旧法自行失效；二是在新法颁布时宣布凡与新法相抵触的旧法失效；三是经修订的法规在颁布时宣布相应的旧法规失效。关于环境资源法的溯及力，主要采用从旧兼从轻的原则，但也有的环境资源法规溯及既往。

（3）适事范围。适事范围是指环境资源法对什么活动或事实有效。从总体而言，环境资源法适用于所有的对环境有影响的活动，包括开发、利用、保护、改善、治理、管理环境资源的各种活动或事项；就某一具体的环境资源法规而言，则有不同的适事范围。

（4）适人范围。适人范围是指环境资源法对什么人有效。在我国环境资源法中，人一般是指单位和个人，单位既包括法人单位，也包括非法人单位和国家机关。个人包括中国人、外国人和无国籍人。对于享有外交特权和豁免权的外国人，因严重污染、破坏我国环境，而必须对其依法追究刑事责任的，应通过外交途径解决。

7. **答案**：根据《环境保护法》第 2 条的规定，环境保护法中所称的环境，是指影响人类生存和发展的各种天然的和经过人工改造的自然因素的总体，包括大气、水、海洋、土地、矿藏、森林、草原、湿地、野生生物、自然遗迹、人文遗迹、自然保护区、风景名胜区、城市和乡村等。

8. **答案**：现代环境问题既是经济问题和社会问题，又是生态问题，现代环境保护是一项科学技术性很强的活动，旨在解决环境问题，为环境工作服务的环境资源法必须建立在科学理论和科学技术的基础之上。环境资源法的目的和任务，是保障合理开发、利用、保护和改善环境，而自然界是按照自己所固有的客观规律发展的，不以人的意志为转移，环境资源法必须遵循自然生态规律，依靠科学技术才能达到其目的。因此，环境资源法具有科学性的特征。

环境资源法具有极强的科学性也是其不同于其他法律部门的一个重要特点。环境资源法的科学性表现在：

首先，环境资源法的制定和实施都必须遵循自然规律，尤其是生态平衡规律。环境资源法的制定必须有环境科学技术所提供的科学技术情报和理论数据，必须有科学技术专家参加。

其次，环境资源法中有大量的科学技术规范和技术性政策，这些科学技术规范通过法律规定具有法律规范的性质，如生态环境标准、环境监测规程、合理开发利用环境资源的操作规程、防治环境污染和破坏的生产工艺技术要求。环境资源法中的许多规定措施都来自环境科学研究成果，没有环境科学技术，就没有切实可行的环境资源法规。

最后，环境资源法的实施在许多方面也必须依靠科学手段，如监测仪器、设备和科技人员；环境执法和环境司法也需要科学技术的保证。

9. **答案**：环境经济政策是指按照价值规律的要求，运用价格、税收、信贷、收费、保险等经济手段，调节或影响市场主体的行为，以实现经济建设与环境保护的协调发展。在市场经济体制下，环境经济政策是实施可持续发展战略的关键措施。

环境经济政策的作用主要表现在以下三个方面：

（1）刺激作用。环境经济政策的刺激作用是指：通过实施环境经济政策，给市场主体一定的经济刺激，当人们的行为符合环境保护、可持续发展的要求时，行为人将获得相应的经济利益；反之，行为人将受到相应的经济处罚。通过环境经济政策，给市场经济主体施加一定的经济刺激，从而促使人们主动地保护环境。例如，建立适应环境保护及可持续发展要求的税收政策，当人们的行为符合环境保护、可持续发展的要求时，就会享受到相应的减税、免税的优惠；反之则会增加税收。

（2）筹集资金。通过实施环境经济政策，可以筹集一定的资金，用于环境保护及可持续发展建设。

（3）协调作用。环境经济政策可以有效地将环境保护行为与行为人的经济效益结合起来，从而使经济发展与环境保护的关系协调，以实现可持续发展。

此外，实施环境经济政策，可以兼顾公平与效率。

10. **答案**：外部性就是实际经济活动中，生产者或消费者的活动对其他消费者和生产者产生的超越活动主体范围的非市场性利益影响。这种影响可能是有益的，也可能是有害的。有益的影响称为外部经济性，或正外部性；有害的影响称为外部不经济性，或负外部性。环境问题的外部不经济性，是指市场主体行为对环境资源的不利影响由该行为主体以外的第三方——他人或后代人承担。例如，工矿企业的排放废水、废气、废渣等行为，居民在使用助力车或汽车的过程中排出的尾气，对他人和周围的环境均有负面影响。在海洋鱼类、公共牧场以及空气、水等共有资源、公共物品方面，"外部不经济性"表现得非常明显。要转变这种不公平的现象，就必须采取措施使这种治理环境的费用（外部费用）由生产者或消费者来承担，也即将外部费用内部化。

从目前环境政策领域已实施或拟议的手段来看，环境外部不经济性内部化方法，大体上可分为直接管制手段和经济刺激手段两大类。所谓管制就是指有关行政当局根据相关的法律、规章条例和标准等，直接规定活动者产生外部不经济性的允许数量及其方式，就环境污染活动控制而言，管制可分为直接管制和间接管制两种：前者是直接对污染物排放进行规定，而后者一般是通过对生产投入或消费的前端过程中，可能产生的污染物数量进行规定，最终达到控制污染排放的目的。

11. 答案：环境资源法学的特征如下：（1）环境资源法学的研究对象具有独特性。环境资源法学的主要研究对象，从法律法规方面讲是环境资源法这一新兴的法律部门，从法律关系的角度讲是人与自然的关系以及与环境有关的人与人的关系。环境资源法学主要研究人与自然的关系以及和环境资源有关的人与人的关系这一独特性质，是区分环境资源法学与刑法学、民法学、行政法学、诉讼法学、经济法学等学科的重要特征。

（2）环境资源法学是一门新兴学科。环境资源法学是伴随着环境问题的日益严重、环境保护活动的日益加强以及环境资源法的产生和发展而出现的一门新兴学科。尤其是进入20世纪50年代以来，由于环境问题的严重和环境管理的强化，环境立法的要求也日益迫切。在新兴环境科学的带动下，法学家开始了环境权问题的讨论，环境资源法研究机构、环境资源法杂志、环境资源法课程纷纷出现，加速了环境资源法学的形成。

（3）环境资源法学是一门交叉学科。环境资源法学是生态学、环境学与法学相互渗透、结合而形成的一门交叉学科，是综合各种污染防治法、自然保护法、资源法、能源法、区域发展法、土地法的产物。它既是环境学、生态学的一个分支，也是法学的一个分支，具有明显的自然科学和生态科学交叉渗透的特点。

12. 答案：环境资源法学是一门独立学科的理由如下：

（1）环境资源法学具有独特的环境资源法学基本理念。环境法学的基本理念，是指符合自然生态规律、社会经济规律和环境规律（人与环境相互作用规律）的基本观念。环境资源法学的基本理念是维护和追求环境正义。首先，环境正义可以衍生出环境秩序、环境安全、环境公平、环境效益等理念，其中，维护和追求人与自然的和谐共处、人与自然和谐共处的环境秩序，是最能体现环境正义的特色观念和核心观念。环境正义标示着环境资源法应该维护和实现环境公平，包括代内公平、代际公平、区际公平和种际公平。其次，环境正义标示着环境资源法应该追求经济效益、社会效益和环境效益的统一，追求最高的环境效率。最后，环境正义标示着环境资源法应该维护和追求社会、经济和环境的可持续发展。

（2）环境资源法学具有独特的研究对象、基本理论、法律关系理论、研究范式、研究方向和社会需要。环境资源法学特定的研究对象，是反映在法律上的人与自然的关系，是已经成为一个独立的法律部门的环境资源法。环境资源法学特定的基本理论，是有关环境资源法既调整人与自然的关系，又调整和环境资源有关的人与人的关系的理论。环境资源法律关系的主体、客体和内容三要素也有不同于其他法律部门法律关系的独特性。环境资源法学的研究方法，除了一般的法学研究方法之外，还包括以生态学为主的综合分析法以及自然科学技术研究方法。

13. 答案：人与自然的关系是指人与自然之间相互联系、影响和作用，它是环境科学和环境资源法学研究的基本问题，深刻理解和掌握人与自然关系的性质和特点是调整论的基础。人与自然关系的特点有：

（1）人与自然的关系是伴随着人和人类始终的一种客观存在的关系；

（2）人与人的关系和人与自然的关系是互为前提、相互影响的关系；

（3）人与自然的关系既具有不同于人与人的社会关系的特点，又具有不同于物与物的自然关系的特点；

（4）人与自然的关系的特点和状况除了取决于人之外还与自然有关，不能将人与自然的关系理解为物与物的关系或者物与大自然的关系；

（5）人与自然的关系在许多情况下是一种可以由人类通过各种方式、方法调整或协调的关系。

14. 答案： 环境资源法律关系是由环境资源法的规定和实施所确认、形成、变更和消灭的人与人的关系和人与自然的关系，或者说是由环境资源法律规定、控制（合称为规制）的行为（环境资源法律行为）所形成的人与人的关系和人与自然的关系。环境资源法律关系包括人与自然的关系和与环境有关的人与人的关系。而且，只有环境资源法实施时，才能形成环境资源法律关系。

环境资源法律关系作为法律关系的一种，既具有法律关系的共性，又具有区别于其他法律关系的特征：

（1）环境资源法律关系包括人与人的关系和人与自然的关系。环境资源法律关系主体的一个重要特点是将人与自然的关系纳入法律关系的范畴，重视主体和客体之间的关系。即环境资源法律关系既包括主体之间、客体之间、主体与客体之间的人与人的关系或者人与人之间的权利义务关系，又包括主体与主体之间、客体与客体之间、主体与客体之间的人与自然的关系。

（2）环境资源法律关系中人与人的关系始终以环境为媒介，因而同时反映人与环境的关系；人与自然的关系中的人，是社会化的人，因而人与自然的关系又离不开人与人的关系。

（3）人与环境资源在不同的具体的法律关系中，具有不同的法律地位，可以成为

主体也可以成为客体。

（4）环境资源法律关系是一种综合性的法律关系。环境资源法律关系包括由合法环境行为、违法环境行为和环境犯罪行为引起的法律关系，在某些特定情况下，甚至包括动物行为或大自然行为所引起的法律关系。根据不同的环境资源法律事实，环境资源法律关系可能涉及民事性的法律关系、行政性的法律关系、刑事性的法律关系和其他性质的法律关系。

15. 答案： 环境资源法学是重视传统法学研究方法的创新、新研究方法的探索、自然科学方法与社会科学方法及人文社会科学内部各学科研究方法之间的结合与互补的一门学科。

总的来说，环境资源法学最基本的研究方法是理论联系实际，即从环境问题、环境保护事业和环境资源法治建设的实际出发，以马克思主义关于人与环境的思想、关于法的理论和现代环境科学理论为指导，从理论与实践结合的角度研究、分析环境资源法规和环境资源法律现象，促进环境保护事业和环境资源法治建设的发展。

具体来说，环境资源法学的研究方法有：

（1）传统法学的研究方法在法律调整人与自然关系领域的运用。环境资源法学经常采用的传统法学研究方法主要有唯物辩证法、阶级分析法、经济分析法、历史分析法、价值分析法、实证分析法等。

（2）以生态学方法为主的综合分析方法。生态学方法，又称为生态学思维，是用生态学观点思考问题、研究现实事务。以生态学为主的综合分析法，是指环境法学所采取的各种与生态学方法有关的研究方法。以生态学为主的综合分析法的基本要求是：结合环境资源法的特点，借鉴和运用现有各种研究方法；在借鉴运用现有研究方法时，注意发挥和挖掘各种研究方法的新意，即对各种研究方法实行生态化。

（3）人文社会科学研究方法。环境资源法学经常采用的人文社会科学研究方法主

要有唯物辩证法、阶级分析法、经济分析法、价值分析法、实证分析法、历史分析法等。唯物辩证法就是马克思主义的哲学方法；阶级分析法就是用阶级和阶级斗争的观点去观察和分析阶级社会中各种社会现象的方法；价值分析法主要包括运用价值准则进行价值判断等内容；法学上的实证分析法，是指通过对与法律有关的、人们可以直接观察或通过仪器设备可以间接察知的事实、现象、经验的分析和研究，去建立和检验各种法学理论观点；历史分析法，主要指在法学研究中，注意对研究对象（包括研究事项和问题）进行历史考察和分析，探求问题的历史根源、历史原因和历史发展，批判地继承历史上的有关成果，为现实的法学研究和法制建设实践服务。

（4）自然科学技术的研究方法。环境资源法学与许多自然技术有着紧密的联系，应该采用有关自然科学技术的研究方法。运用自然科学技术的研究方法来研究法学问题，提高法学研究水平，实现法学研究的现代化，是环境资源法学研究方法的一个特点。

论述题

1. 答案：环境资源法体系是指由相互联系、相互补充、相互制约，旨在调整因环境资源开发、利用、保护、改善及其管理的法律规范和其他法律渊源所组成的系统。

从不同的角度，可以将环境资源法体系分为法律规范体系、法规体系、现行体系、目标体系、学术体系等类型。

环境资源法律现行体系和目标体系，是从时间角度对环境资源法体系的定义，前者是就目前环境资源法的状况而言的，是指由现有环境资源法律规范或法规组成的系统；后者是就将来环境资源法的状况而言的，是指按照国家的立法计划或规划在一定时期内建成的体系。

学术体系是专家学者从学术理论的角度提出的环境资源法体系，不同学者主张的环境资源法体系范围有所不同。

环境资源法律规范体系包括制裁性法律规范、奖励性法律规范和其他法律规范，实体性环境资源法律规范和程序性法律规范等。我国常见的环境资源法律规范包括宪法规范、行政法规范、民法规范、刑法规范、诉讼法规范、技术性法律规范以及其他法律规范。

环境资源法规体系又称为立法体系，它是从制定法的角度对环境资源法体系的定义。我国的环境资源法规体系，可以从立法体制和法规的内容这两个方面来认识其组成和结构：（1）从现行立法体制或法律法规的效力级别来看，我国的环境资源法体系主要由七个层次所构成——宪法、环境资源法律、环境行政法规、地方环境资源法规、环境部门规章、地方政府环境规章、其他环境规范性文件。（2）从法律法规的内容和功能的角度来看，我国的环境资源法体系包括综合性环境资源法律或者具有较强综合性的环境资源法律，单行性专门环境资源法规，各种依法制定并具有法律效力的环境资源标准及其有关规定，各种依法制定并具有法律效力的有关环境资源方面的规划和有关这类规划的法律规定，我国缔结或者参加的国家环境条约，民法、刑法、行政法、经济法等其他法律部门的法律法规中有关环境资源开发、利用、保护、改善及其管理的法律规定。

此外，从环境资源法的内容来讲，环境资源法体系分为如下几大块或子体系：（1）以防治环境污染为主要内容的环境保护法子体系，简称污染防治法；（2）以自然资源开发、利用及其管理为主要内容的自然资源法子体系，又称为自然资源利用和管理法；（3）以城市、乡村和西部区域开发整治为主要内容的国土开发整治法子体系；（4）以防治自然灾害为主要内容的灾害防治法子体系；（5）以保护野生动植物及其栖息环境为主要内容的自然保护法子体系；（6）以防治生态破坏和建设生态环境为主要内容的生态环境建设法子体系；（7）以能源开发、利用、节约及其管理为主要内容的能源法子体系。

2. 答案：环境资源法作为一个新兴的独立的法律部门，除具有法律的共性外，还具有如下区别于其他法律部门的特征：调整对象的特殊性、综合性、科学技术性和公益性。

（1）调整对象的特殊性。环境保护的调整对象就是人与自然的关系以及与环境资源有关的人与人之间的关系。环境资源法的调整对象具有不同于其他法律部门的特殊性，它既调整人与自然的关系，也调整与环境资源有关的人与人之间的关系。从总体上看，调整人与自然的关系，是环境资源法这一独立的法律部门产生的基本原因，也是其发展的决定因素和长期存在的根本目的，是环境资源法的主导方面、本质方面；调整人与人之间的关系，是调整人与自然之间关系的需要，是实现人与自然的和谐共处的途径和手段。

（2）综合性。环境资源法具有很强的综合性，它是在以往环境保护法、自然资源法、土地法、能源法、灾害防治法和区域开发整治法的基础上的更高层次的综合。环境问题的综合性、环境保护对象的广泛性和保护方法的多样性，决定了环境资源法是一个高度综合化的法律部门。环境资源法的综合性表现在调整对象的综合性，环境资源法律关系主体、客体和内容的综合性，环境资源法调整机制的综合性，法律规范的综合性即有关法律规范、道德规范和技术规范的综合。

（3）科学技术性。环境资源法的科学技术性表现在：首先，环境资源法的制定和实施都必须遵循自然规律，尤其是生态平衡规律。环境资源法的制定必须有环境科学技术所提供的科学技术情报和理论数据。其次，环境资源法中有大量的科学技术规范和技术性政策，这些科学技术规范通过法律规定具有法律规范的性质，如生态环境标准、环境监测规程、合理开发利用环境资源的操作规程、防治环境污染和破坏的生产工艺技术要求。环境资源法中的许多规定措施都来自环境科学研究成果，没有环境科学技术，就没有切实可行的环境资源法规。最后，环境资源法的实施在许多方面也必须依靠科学手段，如监测仪器、设备和科技人员；环境执法和环境司法也需要科学技术的保证。

（4）公益性。环境资源法的公益性，是指环境资源法维护的环境资源保护事业基本上是一种公益事业，环境资源法的防治对象即污染、破坏和浪费环境资源的行为主要是一种公害，合理开发、利用和保护环境资源对全社会都有好处。搞好环境保护工作，既对先富起来的人和当代人有利，也对后富起来的人和子孙后代有利。

3. **答案**：环境资源法和民法之间既有联系也有冲突。它们之间的联系主要表现在：

（1）民法中的许多原理和制度与环境资源法有着重要的联系，民法是环境资源法形成、发展的重要制度渊源和理论渊源，最初用于解决环境问题的法律规则，实际上直接来源于民法、刑法。民法对环境资源法、环境资源法学发挥的重要作用仍非其他部门法可取代，因而，环境资源法需要借助民法的调整手段解决环境问题。

（2）发展经济、促进社会进步以及保障人权是环境资源法和民法的共同任务。

环境资源法和民法的冲突也很明显，可以概括为四个方面：

（1）问题意识的冲突。民法的问题意识在于保障个人根据自己的意识通过其法律行为构筑起私法关系的可能性。环境资源法的问题意识很明显针对的是环境问题，当然，环境问题包括环境污染的问题、自然资源受到破坏的问题、人健康的问题，也包括金钱的问题。但是这两类问题意识的区别在于，民法要解决的是给人自由、权利，使人获得更多的财富，不能达到这个目的，法律上就要作出一些设计，这是民法的问题意识。而环境资源法的问题意识是看到污染、自然资源破坏带来的一系列社会问题，基于这些问题考虑怎样设计制度，这是最大的不同。

（2）环境资源法与民法的价值取向不同。民法的价值取向是以个人为本位，以权利为本位；而环境资源法解决的是人与自然资源和谐利用。

（3）国家利益与多数人意志。民法包括建立在民法基础之上的一般法律都以多数人的意志作为法律能不能制定、能不能实施的最基本标准，没有多数人的意志法律就通过不了，也实施不了。而环境保护往往不能够单纯地考虑多数人的意志，不能够仅是一般的法律多数人说了算，它的这种知识体系以及范式上必须有国家意志。

（4）调整对象不同。环境资源法既调整人与自然的关系，也调整与环境有关的人与人之间的关系；民法的调整对象是平等主体之间的人身关系和财产关系。

4. **答案**：环境资源法的宗旨，是环境资源法的主旨和主要意图，是人们希望通过环境资源法所要达到的目标或希望实现的结果。这个目标能否实现，只能由实践即环境资源法的贯彻实施来检验。环境资源法的宗旨决定环境资源法的指导思想和调整对象，属于环境资源法的基本问题范畴。

现代环境资源法的产生，主要是人与自然的矛盾激化、人与环境的关系不相协调的结果。因此，环境资源法的宗旨，是保护人类赖以生存发展的环境、协调人与自然环境的关系。如果环境资源法不能协调人与自然环境的关系，那么它就没有存在和发展的必要，也就丧失了它的基本功能和意义，永远达不到它的目的，即实现人与环境的和谐共处，促进社会经济的可持续发展。

《环境保护法》第1条规定："为保护和改善环境，防治污染和其他公害，保障公众健康，推进生态文明建设，促进经济社会可持续发展，制定本法。"由此可见，我国环境资源法的宗旨包括五个方面的内容。（1）保护和改善环境。环境资源法不仅保护环境、不使其质量退化，还要改善和治理环境、不断提高环境质量；不仅要保护和改善人们的聚居地生活环境，还要保护和改善人们聚居区以外的生态环境。（2）防治污染和公害。这是从防治客体出发对环境资源法宗旨内容的规定，即要保护和改善环境必须防治环境污染，而防治污染则是保护和改善环境的主要方式。（3）合理开发、利用和可持续利用环境资源。合理开发和利用主要是指遵循社会经济规律、自然生态规律以及人与自然相互作用的规律，采用先进可行的技术

手段，以对环境无污染无破坏或少污染少破坏的方式对环境资源进行开发和利用。只有在生产和经济活动中合理开发、利用资源，才能实现资源的可持续利用。（4）保障公众健康。保障公众健康，是防治环境污染立法的基本出发点、根本任务。（5）促进经济和社会的可持续发展。只有经济、社会实现可持续发展，才能为环境保护提供必要的经济、技术条件，才能保障、提高人的健康水平和生活舒适性。

5. **答案**：环境资源法治是法治在环境领域的具体体现，将环境（保护）活动（工作）纳入法治的轨道就是实行环境资源法治。实行环境资源法治应该包括如下几个要素：一是要有一套体现环境正义，符合环境道德和生态伦理的，正确调整人与自然关系的，能够实现经济、社会和环境的协调、可持续发展的，旨在促进人与自然和谐共处的环境资源法律，即建立一套科学的环境资源法体系；二是强调环境资源法律的权威及在环境资源法律面前的平等和自由，公正、普遍地实施环境资源法律；三是形成环境资源法治意识和环境道德风气，将环境资源法的实施与提倡环境道德和生态伦理等精神文明建设结合起来。

完善环境资源法治建设是一项系统工程，具体而言，我国环境资源法治的完善途径主要有：（1）加强立法，建立一套科学的环境资源法体系。环境立法应符合自然规律、生态规律和经济规律的要求，环境立法必须强化环境管理，突出重点，以环境保护工作的中心为环境保护立法的重点。在环境立法的过程中，应当积极学习环境立法经验，完善和健全可持续发展的环境资源法体系。（2）司法与执法的改进。我国环境保护一直强调以行政为主导，行政主导具有严格的隶属关系，容易出现部门分割，而且会降低环境司法的地位和功能，使司法的作用收效甚微。因此，要实现环境资源法治，必须改进执法与司法。（3）进一步加大法律监督力度。由于我国实行环境保护行政主导，行政部门自由裁量权大，因此法律监督尤为重要。环境资源法律监督包括权力机关的监督、行

政机关的监督、各政党和社会团体的监督以及新闻媒体的监督等。（4）环境意识与守法观念的加强。加强环境资源法治建设，需要提高全民的环境意识与守法的自觉性。将环境资源法律规范道德化，使环境资源法律转变为更高的道德习惯和道德义务，使环境资源法律得以被主体普遍遵守、自觉遵守，有利于守法精神的养成和环境资源法治社会的形成。

6. **答案**：我国的环境资源法，作为一个新兴的法律部门和法学学科，经过较长时间的发展已经形成规模和体系。但是，理论上一直存在一个悬而未决的问题，即如何看待环境资源法与自然资源法的关系。从对环境资源法与自然资源法的具体分析来看，二者的关系是独立统一的，同时又是向着融合的方向发展的。

（1）环境资源法与自然资源法的相对独立性。这种相对独立性主要体现在：

第一，环境与资源的区别。自然资源一般来说是一个经济概念，侧重点是它的经济效用、经济价值、经济效益，对自然资源的保护也着眼于"量"的状态的维持。而环境则是静与动的统一体。从静的角度来看，环境是指一定区域内自然界形成的一切能为人类所利用的物质和能量的总体。从动的角度来看，环境是指由一定数量、结构、层次并能相似相容的物质和能量所构成的物质循环与能量流动的统一体。它的根本目标是维持人类生态系统的平衡，是保护自然界"质"的状态，关注的是社会效益、生态效益。

第二，人环关系与人资关系的区别。人资关系强调的是物质实体或能量的天然性和对人的有用性，有用性强调的则是它们对人的财产价值，即经济价值和使用价值；人环关系强调的是一定区域内的一定类型生态系统所表现出来的对人的整体生态功能价值，这种生态功能不是通过实物形态为人类服务，而是以脱离其实物载体的一种相对独立的功能形式存在。

第三，环境资源法与自然资源法的基本内容与中心问题的不同。自然资源权和环境权的运行和保障分别是自然资源法和环境资源法的中心问题。自然资源权的实质是强调自然资源物质实体的财产权保护，是一种有体权；环境权的实质是一种基本生态功能权，包括生态功能权及与生态功能权相关的其他权利，是一种相对独立的无体权。

第四，环境资源法与自然资源法体系的相对独立性。

（2）环境资源法与自然资源法体系的协调统一性。这种统一性主要表现在三个方面。第一，环境资源法与自然资源法保护客体的统一性：环境资源法与自然资源法的保护客体都是环境和自然资源。这种统一性使得环境资源法逐渐被自然资源化，自然资源逐渐被环境化。环境和自然资源这种共同作用的自然属性，以及环境和自然资源趋同发展的潮流，必然指引着环境资源法与自然资源法在立法目的、法律原则、法律制度等方面进一步融合。第二，环境资源法与自然资源法调整对象的融合性：环境资源法与自然资源法事实上共同调整这类特殊的社会关系——生态经济社会关系，而这正构成了环境资源法与自然资源法融合发展的社会属性基础。第三，环境资源法与自然资源法体系融合的理论与现实基础：因为环境是由环境因素组成，而环境因素是具有生态功能联系的自然资源，所以环境的保护与自然资源的保护息息相关。因此，环境资源法与自然资源法的合并是环境与自然资源得到可持续开发、利用、保护、治理与改善的客观要求。

环境资源法与自然资源法体系是相对独立统一的，但其最终是向融合的方向发展的。倡导环境资源法与自然资源法融合对于发展和完善我国环境资源法与自然资源法的部门法理论、部门法立法实践等方面有着积极的意义。

7. **答案**：环境资源法是不是一个独立的法律部门，法学界还存在一些争议，这是环境资源法和环境资源法学发展过程中的一个正常现象。但大部分学者已经承认环境资源法是一个独立的法律部门，其理由主要有：

（1）环境资源法有特定的调整对象。划

定法律部门的主要标志之一是法的调整对象，即法所调整的社会关系。环境资源法正是有其特定的调整对象，才发展成为一个独立的法律部门。环境资源法的调整对象是因环境资源的开发、利用、保护、改善和管理所形成的社会关系，简称为环境社会关系。这种社会关系的产生和发展始终离不开人类环境和环境问题，它包括人与自然的关系以及与环境资源有关的人与人之间的关系。这是环境资源法区别于其他法律部门的一个根本特点。

（2）环境资源法有其产生、发展和存在的特定原因。环境资源法的产生、发展和存在，除一般性的原因外，根本原因是人类赖以生存、发展的环境受到了污染、破坏等人为因素的干预，是人与自然关系的失当、失衡和变化。这些原因是环境资源法产生、发展的物质基础。

（3）环境资源法有特定的目的、任务和功能。环境资源法的目的和任务是保护和改善环境，防治污染，合理开发、利用环境资源，保障公众健康，实现人与自然的和谐共处，促进经济社会的可持续发展。环境资源法的特定功能是调整环境社会关系，包括人与自然的关系以及与环境资源有关的人与人之间的关系。这些目的、任务和功能是其他法律部门所无法完成的。

（4）环境资源法已具备作为一个独立的法律部门的体系、规模和地位，这是一个无法否认的客观事实。目前，我国环境资源法已发展成为一个内容丰富、功能齐备、结构合理和数量繁多的环境资源法体系。

（5）其他理由。环境资源法作为一个独立的法律部门，除上述原因外，还具有其他法律部门无法包容的特点，如环境资源法具有综合性、科学技术性和公益性，民法、刑法和行政法的内容很难完全适应环境资源法，环境资源法有其特定的调整机制、行政执法机构、独特的理论基础等。

8. **答案**：可持续发展战略作为解决人与人、人与自然双重对立关系的新战略，是对人类自身和人与自然关系的重新审视，也是新的理论观、价值观和自然观对人类中心主义的深刻反思，它主张在人与自然的相互作用中，在将人类共同的、长远的和整体的利益置于首要地位的同时，还应当考虑将人类利益作为人类处理同外部生态环境关系的根本的价值尺度。它认为，人类保护环境的最终目的只有一个：实现自身的利益和发展。

当前，我国环境资源法经过上述几个持续、有序的发展阶段，正在形成一个比较完整、科学、合理的法律体系，已经成为中国环境保护和可持续发展的最为重要的基础和支柱，已经成为中国特色社会主义法律体系中新兴的、发展迅速的重要组成部分。然而，我国的环境资源法与可持续发展战略的结合不太紧密。为了更好地体现可持续发展战略，我国的环境资源法应从以下几个方面发展。

第一，环境资源法涉及更加广泛的环境、资源问题和经济、社会可持续发展等跨领域问题，环境立法的综合化、一体化应进一步加强。

第二，环境资源法的道德化。环境道德和生态伦理成为环境资源法学认识论的重要组成部分和环境资源法治的重要条件。我国的环境资源法应树立环境正义、环境秩序、环境公平、环境效益等基本理念。

第三，环境资源法的科技化。我国的环境资源法需要采用越来越多的科学技术手段和科学技术规范，生态环境标准制度、环境标识制度、环境监测制度、环境影响报告制度、清洁生产制度等有关环境科学技术的法律制度应逐步推广。

9. **答案**：关于环境资源法调整对象的争论，首先集中在环境资源法是否有自己独特的调整对象。在这个问题上有两种相反的观点：环境资源法有自己独特的调整对象和环境资源法没有自己独特的调整对象。持有第二种观点的学者认为，环境资源法所调整的社会关系完全可以由民法、行政法、刑法、经济法等法律部门来调整，这种观点在环境资源法的发展初期比较盛行，现在基本上已经衰落，绝大部分学者认为环境资源法有自己独特的调整对象，因为环境资源法也是一个独立的法律部门。

虽然在环境资源法有自己独特的调整对象上学者们达成了一致意见，但是在环境资源法的调整对象究竟是什么这一点上又存在分歧，焦点主要在于环境资源法是否能够调整人与自然的关系。关于这一点，学术界主要有三种不同的观点：

第一种观点认为，环境资源法的调整对象仍然是人与人之间的关系，人与自然的关系不能也没有必要成为环境资源法的调整对象，自然物至多只是一个中介，不能成为环境资源法律关系的主体。这种观点被一些传统的法理学者赞同，被学术界称为"人类中心论"，是一支较为强大的学术方向队伍。

第二种观点认为，环境资源法应当调整人与自然的关系，这是当代环境资源法得以兴旺发达的重要原因。近年来我国法学界越来越认识到环境资源法对于调整人与自然关系的重要意义。当今所有的环境资源法律或法规，都毫无例外地包含着、反映着、调整着人与自然的关系。这种观点是一种较为新兴的理论——"生态中心论"，逐渐被一些学者所认同。

第三种观点认为，所谓环境资源法的调整论，应当秉着客观、科学的态度进行审视、评判。这种观点认为，环境资源法既调整人与自然的关系，又调整与环境有关的人与人的关系。

应当说，认为环境资源法调整人与人的关系的观点具有一定的合理性，因为法是调整人与人所形成的社会关系的，环境资源法调整人与人的关系反映了包括环境资源法在内的法的共性，但人类中心论没有提出环境资源法具有不同于其他法律部门的调整对象。生态中心论认为环境资源法调整人与自然的关系反映了环境资源法的特性，具有合理性，但忽视了环境资源法对人与自然关系的调整在很大程度上需要通过人与人之间的关系来实现。因此，在环境资源法的调整对象上，较为科学的观点是第三种观点。从总体上看，调整人与自然的关系，是环境资源法这一独立的法律部门产生的根本原因，也是其发展

的决定因素和长期存在的根本目的，是环境资源法的主导方面、本质方面；调整人与人的关系，是调整人与自然的关系的需要，是实现人与自然关系的和谐共处的途径和手段。

10. 答案：环境资源法学，又称为环境保护法学，是指研究环境资源法这一新兴法律部门及其相关问题的学科。它是在法学与环境科学相互渗透的基础上形成的，它既是法学的一个分支，又是环境科学的一个分支。环境科学的产生早于环境资源法学，环境科学作为一门综合性学科，是指运用多学科的理论、技术和方法来系统研究环境问题的学科。环境资源法学与环境科学既相互联系又相互区别。

（1）环境资源法学与环境科学相互联系。环境资源法学是在环境科学产生并系统化之后应运而生的综合性、边缘性学科，因此环境资源法学的发展离不开环境科学。只有环境科学技术得到发展，人们对环境问题的认识才能深化，才能更加有效地利用和改造自然，减少或者避免对环境的污染或破坏，环境资源法学才能建立在科学的基础上。如果没有现代环境科学提供准确的数据信息和有效的监测手段，就无法制定有关的环境资源法规。与此同时，环境资源法学的发展也会为环境科学的进步提供强有力的法律保障，从而促使其朝着健康的方向发展。

（2）环境资源法学与环境科学相互区别。首先，虽然环境资源法学与环境科学存在密切的渊源，但两者毕竟是不同的学科，环境科学属于自然科学领域，环境资源法学属于社会科学，具体而言是法学领域。其次，环境资源法学与环境科学的研究对象不同，环境资源法学的研究对象是环境资源法这一新兴的法律部门以及人与自然的关系和与环境资源有关的人与人的关系。环境科学的研究对象是环境的运动变化规律及其与人类社会活动之间的关系等。再次，环境资源法学与环境科学的主要任务不同，环境资源法学的主要任务是对环境资源法以及人与自然的关系和与环境有关的人与人的关系进行研究，以合理利用资源和保护环境，促进经

济社会的可持续发展。而环境科学的主要任务是研究人类活动与自然生态的关系，为国家制定相关的环境规划、政策及立法提供依据。最后，环境资源法学与环境科学在理念、研究方法、研究范式、理论体系等方面都存在很大的不同。

第三章 环境与资源保护法的历史演进

单项选择题

1. **答案**：B。根据《逸周书·大聚解》记载，夏朝规定："禹之禁，春三月山林不登斧，以成草木之长；夏三月川泽不入网罟，以成鱼鳖之长。"公元前1050年前后西周颁布《伐崇令》，规定："毋坏屋，毋填井，毋伐树木，毋动六畜。有不如令者，死无赦。"

    先秦时期反对乱砍滥伐，仅仅允许在特定时期进行林木砍伐活动。例如，《逸周书·文传解》中写道："山林非时不升斤斧，以成草木之长。"

    西汉时期的《淮南子》在对先秦各家学说进行融合并收的同时，重点继承老庄的道家思想，在《齐俗训》中专门阐释了"水处者渔，山处者木，谷处者牧，陆处者农"的环境与资源保护思想，强调保护野生动物资源合理利用、培植植物资源，使自然资源的开发、利用和保护理念不断发展。

2. **答案**：D。中华民国时期，当时的政府制定了《渔业法》（1929年）、《土地法》（1930年）、《狩猎法》（1931年）、《森林法》（1932年）和《水利法》（1942年）等。

    中国共产党领导的革命根据地也制定了不少环境与资源保护方面的法律法规，比如1930年《闽西苏区山林法令》，1931年《中华苏维埃共和国土地法》，1932年《人民委员会——对于植树运动的决议案》，1938年《晋察冀边区垦荒单行条例》，1939年《晋察冀边区保护公私林木办法》，1941年《陕甘宁边区森林保护条例》，1943年《晋察冀边区兴修农田水利条例》，1949年《东北解放区森林保护暂行条例》等。

3. **答案**：C。1972年6月，联合国在斯德哥尔摩召开联合国人类环境会议，来自二百多个国家的一千多名代表参加了会议，这次会议通过了《人类环境宣言》及保护全球环境的"行动计划"。

4. **答案**：A。1973年，国务院召开了第一次全国环境保护会议，通过了《关于保护和改善环境的若干规定（试行草案）》。

多项选择题

1. **答案**：ABCD。早在工业革命之前，关于保护环境与资源的规范和思想就已经存在。如公元前两千多年制定的《乌尔纳姆法典》中关于使用土地的规定，伊新王国的《李必特·伊丝达法典》中关于保护荒地和林木的规定，公元前18世纪古巴比伦王国的《汉谟拉比法典》中关于土地、林木、牧场的耕种、垦荒和保护以及防治污染水源和空气的规定，公元前3世纪古印度的《座奴法典》中关于荒地、矿山、湖泊和山川的规定等。

2. **答案**：BCD。1873年、1880年、1891年，英国伦敦发生了三次因燃煤引起的严重的毒雾事件，造成逾千人死亡。

3. **答案**：AC。为应对严重的环境污染和资源破坏演变成社会问题，英国国会于1857年颁布《防烟法》，1860年制定《公共改良法》，1863年制定颁布《制碱业管理法》，1876年制定《河流污染防治法》，1934年制定颁布《特别区（改良）法》。

4. **答案**：ABC。中国共产党领导的革命根据地也制定了不少环境与资源保护方面的法律法规，比如1930年《闽西苏区山林法令》，1931年《中华苏维埃共和国土地法》，1932年《人民委员会——对于植树运动的决议案》，1938年《晋察冀边区垦荒单行条例》，1939年《晋察冀边区保护公私林木办法》，1941年《陕甘宁边区森林保护条例》，1943年《晋察冀边区兴修农田水利条例》，1949年《东北解放区森林保护暂行条例》等。

✏️ 简答题

1. 答案：（1）相关立法内容零散，相互之间缺乏有机联系，并未形成系统、完整的环境与资源保护法律体系。（2）关于环境与资源保护的规定并不是为了保护环境的生态利益，而是关注保护环境资源所有权人的经济利益，内容主要集中在城市地区。（3）环境与资源保护法的内容以污染防治规定为主。正因如此，这一阶段的环境与资源保护法只能属于环境与资源保护法的萌芽，并不属于现代意义上的环境与资源保护法。

2. 答案：（1）环境与资源保护立法缺乏系统性。受当时人们对环境问题认识的局限性，并没有形成体系化的环境与资源保护立法。（2）环境与资源保护立法基本采用单行立法模式。（3）环境与资源保护立法具有较强的技术性特征。（4）环境与资源保护立法并没有形成专门的救济手段。（5）环境与资源保护立法中环境管理权比较分散。

💬 论述题

答案：（1）现代意义上环境与资源保护法的产生背景。①传统民法无法有效解决环境问题。民法作为社会的基本法律，调节着市场经济下的社会关系，有效地处理人们在商品社会交往中的各种冲突和问题，然而，作为一般法律的民法却不能够完全有效地解决经济社会发展所产生的环境问题。②传统行政法无法有效解决环境问题。受行政法性质的影响，行政法也被称为管理法，主要目的在于规制行政行为，控制行政权力的行使。行政法在解决环境问题的过程中也曾发挥了重要的作用，但是行政法无法完全解决环境问题。③传统刑法无法有效解决环境问题。刑法是关于犯罪与刑罚的法律，是所有法律的保障法，被认为是法律权威性的体现，也是其他法律的后盾。运用刑法手段解决环境问题势在必行，不仅是应对环境问题的需要，也是刑法发展转型的需要。但是，传统的刑法在解决环境问题时也存在很多的问题。

（2）现代意义上环境与资源保护法的演进历程。①20世纪50年代至70年代，科学技术成为人类社会发展的重要引擎，人们对环境的索取能力越来越强，对环境排放污染物的程度也不断提升。经济发展与环境保护之间的矛盾日益凸显。②20世纪80年代至今，现代意义上的环境保护法迎来了蓬勃发展的时期。如《我们共同的未来》《里约环境与发展宣言》《21世纪议程》《气候变化框架公约》等。③进入21世纪以来，世界各国对于环境问题越来越重视。许多国家在宪法中规定了环境保护的内容。

（3）现代意义上环境与资源保护法的典型表现。现代意义上环境与资源保护法的发展在世界各国普遍发生，各国从环境立法目的、立法理念、立法原则、立法制度、立法责任以及立法规律等各个方面推进本国的环境与资源保护立法。并且，一国的先进制度能够很快地被他国予以借鉴学习。

第四章　环境管理体制

名词解释

1. 答案：环境管理的概念有广义和狭义之分。广义的环境管理是指运用行政、经济、法律、政策、科学技术、宣传教育等手段，对各种影响环境与资源的行为进行规划、调控和监督，以协调环境保护与经济社会发展的关系以及人与自然、人与人之间的关系，从而达到保护和改善环境与资源，保障人体健康，促进经济社会与环境资源的可持续发展之目的。狭义的环境管理一般指环境行政管理，即中央和地方各级人民政府及其生态环境主管部门为了不超出环境容量可容纳的最大范围，促进经济发展满足人类生存与发展的基本需求，依照有关政策、法规对所有辖区范围内的环境保护工作实现统一监督管理的行政活动。

2. 答案：（1）综合性原则。（2）区域性原则。（3）预防性原则。（4）协调性原则。

3. 答案：环境管理体制是指国家环境与资源保护行政管理机构的设置及其职权划分，具体包含各种环境行政管理机构的设置及其相互关系，各种环境行政管理机构的职责、权限划分及其运行机制，协调环境行政管理事务中有关环境权力和环境责任以及相互关系等内容。

简答题

1. 答案：（1）分散型环境管理体制模式。分散型环境管理体制是指并不设立专门的环境行政管理机构，环境管理的职权分散在各个相关的部门，分别由不同的环境行政机构行使相应的环境管理权力。

（2）单一型环境管理体制模式。国家在中央设立了专门的环境管理机构，将环境保护职权集中于一个机关，并不断强化其职权。

（3）综合型环境管理体制模式。综合型环境管理体制是一种系统性、全面性地对环境与资源保护工作进行管理的模式。

2. 答案：（1）生态环境主管部门——生态环境部。职责：制定并组织实施生态环境政策、规划和标准，统一负责生态环境监测和执法工作，监督管理污染防治、核与辐射安全以及组织开展中央生态环境保护督察等。

（2）生态环境保护相关部门。①自然资源主管部门——自然资源部。职责：对自然资源开发利用和保护进行监管，建立空间规划体系并监督实施，履行全民所有各类自然资源资产所有者职责，统一调查和确权登记，建立自然资源有偿使用制度以及负责测绘和地质勘查行业的管理等。

②林业和草原主管部门——国家林业和草原局。职责：整合了原来国家林业局的职责以及农业部的草原监督管理职责，原国土资源部、住房和城乡建设部、水利部、农业部、原国家海洋局等部门的自然保护区、风景名胜区、自然遗产以及地质公园等管理职责。

③环境保护有关部门还包括交通部门、水利部门、公安部门、应急管理部门以及军队环境保护部门等，这些部门在行使职权过程中都有可能出现关涉环境保护的事项。正因如此，作为有关环境保护的部门，这些部门也应当在自己的职责范围内履行相应的环境管理职能。

3. 答案：（1）组织体系。（2）权限划分。（3）运行机制。

论述题

答案：（1）我国生态环境管理体制的历史沿革。①生态环境管理体制的起步阶段。②生态环境管理体制的初创阶段。③生态环境管理体制的徘徊阶段。④生态环境管理体制的发展阶段。⑤生态环境管理体制的完善阶段。

（2）我国生态环境管理体制的设置现状。①我国生态环境管理体制模式。②我国生态环境管理机构及其职权。

第五章　环境与资源保护法的基本原则

☑️ 单项选择题

1. 答案：D。环境保护与经济发展是相互制约、相互促进的对立统一关系。社会、经济与环境协调发展说明了经济发展与环境保护应当协调进行，而不是同步进行。

2. 答案：D。环境资源的开发、利用与保护、改善相结合原则的贯彻实施需要从多方面入手，包括实行资源的综合开发和区域综合开发整治，大力推行可持续性的生产和消费方式，建立健全环境政策体系、环境资源法规体系和环境资源管理制度，制订并实施国土空间规划。但中心环节是制订并实施国土空间规划。

3. 答案：B。要贯彻预防原则，需要健全以政府组织为主的行政调整机制、以营利性企业为主的市场调整机制和非政府、非营利性组织为主的社会调整机制，并将这三种机制有机地结合起来。

4. 答案：C。为了解决造成环境污染者的责任问题，由 24 个国家组成的经济合作与发展组织环境委员会于 1972 年首次提出了"污染者付费原则"，又称"污染者负担原则"。

5. 答案：A。谁主管谁承担责任即谁主管谁负责，是我国环境管理制度的核心，它确立了省长、市长、县长、镇长等行政区域首长对所辖区域环境质量负责和环境保护目标责任制度，确立了厂长、经理、承包者对其主管、承包的生产经营活动所产生的环境后果负责的制度。

6. 答案：D。1972 年 6 月，在斯德哥尔摩召开了联合国人类环境会议，会上通过的《人类环境宣言》提出，"人类环境的两个方面，即天然和人为的两个方面，对于人类的幸福和对于享受基本人权，甚至生存权利本身，都是不可缺的"，"人类有权在一种能够过着尊严和幸福生活的环境中，享受自由、平等和适当生活条件和基本权利，并且负有保护和改善这一代和将来的世世代代的环境的庄严责任"。

7. 答案：A。公民环境权，有的学者称为个人环境权，应当说，个人虽然主要是指公民，但范围要大于公民。在各种环境权中，公民环境权是最基础的环境权，它不仅是单位环境权、国家环境权和人类环境权的基础，也是实现个人财产权、劳动权、休息权、生存权、生命健康权等其他基本权利的必需条件。

8. 答案：C。国家环境权的主体是国家，由于国家是一个抽象的概念，在实际生活中，国家环境权在法律上往往表现为作为国家代表的政府机关的权力。因此，国家环境权的行使主体实际上是国家机关，主要表现为国家行政机关即国家环境行政主管部门，如生态环境部等。

☑️ 多项选择题

1. 答案：ABCD。环境资源的开发、利用与保护、改善相结合的原则实际上指出了人与自然的开发、利用、保护和改善这四种主要关系。将这四种关系相互结合和协调，要同步规划、同步实施、同步发展。

2. 答案：BCD。1992 年我国召开的第二次全国环境保护会议制定了"经济建设、城乡建设和环境建设要同步规划、同步实施、同步发展，实现经济效益、环境效益和社会效益的统一"的战略方针，这就是我国的"三项建设""三同步""三统一"。

3. 答案：ABCD。预防原则主要体现在环境影响评价、源削减、清洁生产和综合管理思想上，它主张环境重视事前控制、源头控制和多种环境介质管理、全过程管理，它使管理从废物、末端管理扩大到产品、源头管理，是建立更加节约的环境管理法律制度的指导原则。

4. 答案：ACD。搞好全面规划、合理布局、宏观调控是贯彻预防为主、防治结合、综合治理原则的关键；建立健全各种环境保护管理法律制度，是贯彻该原则的基本途径；综合运用各种环境保护管理的方法和手段，加强环境资源法治、管理、宣传、教育、科学、技术等各项工作，提高人们的环境保护意识、道德观念、科学技术水平、环境资源法治观念等，是贯彻该原则的具体手段。

5. 答案：AD。工业发达国家在经济发展过程中，大体都走过了一条"先污染后治理"的道路，这给整个世界造成了严重的环境危机和经济危机，我国认识到不能走发达国家的老路，必须采取预防为主、防治结合、综合治理原则；另外，环境问题在时间上和空间上的可变性很大，而且环境污染和破坏一旦发生，往往难以消除和恢复，为防患于未然，也要采取预防为主、防治结合、综合治理原则。

6. 答案：ABD。"谁污染谁承担责任"原则是指造成环境污染的单位和个人对造成的污染承担责任，责任的内容包括污染者直接防治、承担治理费用、依法购买排污权或排污指标；"谁破坏谁承担责任"的责任内容有采取预防措施、整顿环境、治理破坏和恢复原状。

7. 答案：AB。国际上一般认为"污染者负担原则"中污染者应当承担的费用有消除污染费用、损害赔偿费用、治理污染源费用、恢复被污染环境的费用，而不包括污染预防费用、分担国内综合治理费用和防治公害费用。

8. 答案：BD。环境权经过多年的发展，目前已形成个人（自然人）环境权（主要是公民环境权）、单位（法人）环境权、国家环境权、人类环境权、自然体的权利。按环境要素、环境功能或环境资源将个人环境权分为清洁空气权、清洁水权、风景权（景观权）、环境美学权、宁静权（静稳权）、眺望权、通风权、日照权、公园利用权、享有自然权等。单位环境权包括开发利用权、排污权、劳动环境权等。国家环境权包括开发利用本国环境、资源的主权权利，对国家管辖范围以外的人类共有资源和环境，各国有依照国际法享受开发、利用人类共有环境资源的权利。

9. 答案：ABCD。从内容上看，环境权包括环境开发利用权、知情权（信息权）、参与权和请求权。

10. 答案：ACD。由于所有的人都生活在自然环境中，都离不开大地、阳光和空气，因而环境权是一种自然法和道德权利，法律上的环境权必然是自然权利和道德权利的法定化；环境权不仅指权利，而且是基本环境权利和基本环境义务的统一体，即环境权中的基本权利和基本义务具有不可分割性，这是环境权的重要特征；环境权还具有预防性、公益性、指导性和有限性等特征，这是由环境问题的特点和权利的性质所决定的；由于环境权主体广泛、客体多样、内容丰富，环境权与生存权、自然资源权、生命健康权、发展权、财产权、休息权、劳动权等许多基本人权或经济社会权利既有联系又有区别，是一种价值取向具有多重性的新型权利，属于第三代人权。

名词解释

1. 答案：预防原则，全称是预防为主、防治结合、综合治理的原则，是指国家在环境保护工作中采取各种预防措施，以防止环境问题的产生和恶化，或者把环境污染和破坏控制在能够维持生态平衡、保护人体健康和社会物质财富及保障经济、社会可持续发展的限度之内，而对已造成的环境污染和破坏积极治理的原则。

2. 答案：损害环境者付费原则又称污染者付费原则或污染者负担原则，是指开发利用环境和资源或排放污染物，对环境造成不利影响和危害者，应当支付由其活动所形成的环境损害费用，或因治理其造成的环境污染与破坏所形成的费用。

3. 答案：公民环境权，是指每个公民都享有有益于生活和健康的适宜环境的权利，并对任何污染和破坏环境资源的行为都有权进行监督和干预。

4. 答案：环境资源法的基本原则，是指通过环境资源法规明确规定或者体现的，反映环境资源法基本理念、价值、特点和目的的，对环境资源工作或活动具有普遍指导作用的准则。

✒ 简答题

1. 答案：风险预防原则是指在环境资源保护工作中，采取可能的各种预防措施，防止环境问题的产生；在遇到严重或者不可逆转损害的威胁时，不能以缺乏充分确定的科学证据为由，延迟采取预防措施防止环境恶化。风险预防原则强调在科学上存在不确定性的前提下，也必须采取预防措施，这是对预防为主原则的进一步深化。这一原则符合环境问题所具有的高度科技不确定性的特征。为此，必须在环境资源法中贯彻风险预防原则，以较小的经济代价取得较大的环境效益。

风险预防原则并不意味着削弱或者忽视对已经形成的环境问题的治理，而是要求在切实做到"防"的前提下，控制新的污染和破坏的发生，以集中力量治理老的污染。从环境资源法的功能来看，它也必须立足于"防"，在"防"的基础上，根据环境问题的特点和自然规律，综合整治，改变过去那种单纯治理、单项治理的办法，强化环境资源管理手段和措施，真正解决环境问题，实现协调发展。

贯彻风险预防原则，可以采取以下措施：

（1）合理规划、有计划地开发利用环境和自然资源。政府行政主管部门和相关企事业单位对工业发展与环境保护事前作出合理的计划和安排，对自然资源的开发利用应当与生态保护相结合并有计划地实施。

（2）运用生态环境标准控制和减少生产经营活动向环境排放污染物。即以生态环境质量标准为依据确定某地域（水域）保持良好环境质量的基础数值，在此基础上以该地域（水域）的环境容量或者污染物排放标准的最大限度为限，将排放进入环境的污染物的种类、数量和浓度控制在一定的水平之内。

（3）对开发利用环境和资源的活动实行环境影响评价。该制度要求一切可能造成环境影响的决策、规划和建设项目等，均应当在公众的参与下对其实施后可能造成的环境影响进行分析、预测和评估，然后才能由政府行政主管部门作出批准或者不批准的决定。

（4）增强风险防范意识，谨慎地对待具有科学不确定性的开发利用活动。在重大开发决策过程中，开发政策和政治利益应当让位于公众利益，此方面的决策更应当体现民主化、科学化和规范化。

2. 答案：作为一种新的社会主张和一种新的法律理论，目前法学界对环境权有不同的理解。根据各国法律的有关规定和环境权理论，可以将环境权界定为环境资源法律关系主体就其赖以生存、发展的环境所享有的基本权利和承担的基本义务，即环境资源法律关系主体有享用适宜环境的权利，也有保护环境的义务。

作为一种环境资源法律权利和法律理念，环境权具有以下特征：

（1）环境权是环境社会关系的反映和法定化，是自然权利和道德权利的法定化。环境权是环境社会关系的反映，实际上环境权是人与人的关系和人与环境关系的反映。作为环境社会关系集中反映的环境权，具有自然性、不可缺乏性、不可取代性、不可转让性和稳定性。

（2）环境权的基本权利和基本义务具有不可分割性。环境权是基本环境权利和基本环境义务的统一，基本环境权利和基本环境义务具有相互依赖的关系，任何主体都必须享有基本环境权利和承担基本环境义务。

（3）环境权具有预防性、公益性、指导性和有限性等特征。所谓预防性，是指环境权重在预防，对人类环境重在防患于未然；所谓公益性，是指环境权建立在人们共享环境条件这个基础上，强调公益，具有公权之性质；所谓指导性，又称为母体性，即环境权对确定、推导其他具体环境权利和义务具有指导作用；所谓有限性，又称为相对性，是指环境权中的基本权利和基本义务，都有一个法律规定的、合理的限度。

（4）环境权是一种与多种基本人权或社会经济性法律权利有关联的新型法律权利。

由于环境权主体广泛、客体多样、内容丰富、涉及人与自然两个方面，环境权与生存权、自然资源权、生命健康权、公益权、私权、发展权、财产权、休息权、劳动权、行政管理权等许多基本人权或经济社会权利既有联系又有区别，是一种价值取向具有多重性的新型权利。

（5）环境权的实施和救济。环境权的实施包括公法实施（即主要通过行政法和国家行政管理机关去实施）、私法实施（即主要通过民商法和私权主体去实施）和公众参与、公益诉讼等诸多方式和途径。

从主体上看，环境权包括个人（自然人）环境权（主要是公民环境权）、单位（法人）环境权、国家环境权、人类环境权、自然体的权利。从内容上看，环境权包括环境开发利用权、知情权（信息权）、参与权和请求权。环境权中最重要最主要的两类权利是公民环境权和国家环境权。公民环境权是指公民有享用适宜环境的权利，它包括环境使用权、环境保护相邻权、环境人格权等。国家环境权的主体是国家，由于国家是一个抽象的概念，在实际生活中，国家环境权在法律上往往表现为作为国家代表的政府机关的权力。因此，国家环境权的行使主体实际上是国家机关，主要表现为国家行政机关即国家环境行政主管部门，如生态环境部等。

3. **答案**：受益者负担原则或污染者付费、受益者补偿原则，是指在生产和其他活动中造成环境资源污染和生态破坏的单位和个人，应承担治理污染、恢复生态环境的责任。

单位和个人在其生产经营活动中利用环境资源取得了一定的经济利益，这些经济利益的一部分是以污染和破坏环境资源为代价的。这些单位和个人是污染和破坏环境资源的受益者。因此，必须明确受益者即污染和破坏环境资源者的环境责任，让他们承担治理污染、恢复生态环境的义务。受益者负担原则有利于单位和个人积极防治环境资源的污染和生态破坏；有利于环境资源的节约和合理利用，实现资源的永续利用，促进和保证经济与社会的可持续发展。

受益者负担原则的核心内容是"谁污染谁治理、谁开发谁养护"，具体表现为：

（1）结合技术改造防治工业污染，对工业污染进行治理；

（2）实行征收排污费制度和资源有偿使用制度；

（3）明确开发利用环境者的义务和责任等。实行谁污染谁治理、谁开发谁养护，目的在于强化人们的环境保护责任感并解决环境保护的资金渠道问题，它并不排斥污染和破坏环境者及其上级主管部门或者有关部门在保护和改善环境、防治污染和其他公害方面的责任，也不与各级人民政府承担的对全面环境质量负责的职责相悖。

贯彻受益者负担原则，主要通过以下途径：

（1）实行排污收费或者征收污染税制度。向环境排放污染物的单位或个人按照其排放污染物的种类、数量或者浓度向国家交纳一定的费用，以用于治理和恢复因污染对环境造成的损害。若因污染环境造成他人妨害或者损害的，排污者还应当承担相应的民事责任。

（2）实行废弃物品再生利用和回收制度。目前世界各国开始在产品的废弃与回收再利用领域实行延伸生产者责任的制度，具体做法是将处于消费末端的产品及其废弃物与企业的产品生产环节相连接形成一个循环链，处于该循环链上各个环节的生产者和消费者均应当对进入环境的产品及其废弃物的回收利用承担一定的成本费用，保障各类散在的产品及其容器包装物等在使用消费完毕后不再作为废弃物进入环境。

（3）实行开发利用自然资源补偿费或税制度。这里所支付的费用并非为一般自然资源立法规定的向自然资源所有权人（国家）支付的自然资源使用费或税，而是专门补偿因开发利用自然资源和自然环境导致自然环境利益损失所需付出的代价，其目的在于保持环境质量经常处于高质量的水平。

（4）建立环境保护费用的共同负担制度。对于环境污染防治和自然环境保护的费用，除了由上述原因者负担外，国家和地方政府也有义务承担一定比例的环境保护费用。这在环境资源法理论上称为"共同负担制度"。

4. **答案：**"谁主管谁负责"是环境责任原则的一个重要方面。所谓环境责任原则是指导致环境问题的主体承担责任并建立相应的环境责任制度的一项环境资源法基本原则。谁主管谁负责原则是谁主管谁负责、谁承包谁负责、谁管辖谁负责的统称。谁主管谁负责是指：行政区的首长对该行政区的环境质量负责，如省长、市长、县长、镇长、乡长对本省、市、县、镇、乡的环境质量负责；企业、事业单位的法定代表人（如厂长、经理等）对本单位的环境保护负责；承包人对所承包的生产、建设和经营活动的环境保护负责。

谁主管谁负责原则是我国环境管理制度的核心，它确立了省长、市长、县长、镇长等行政区域首长对所辖区域环境质量负责和环境保护目标责任制度，确立了厂长、经理、承包者对其主管、承包的生产经营活动所产生的环境后果负责的制度。

贯彻谁主管谁负责原则的基本途径，是制定并实施体现该原则的法律措施和法律制度，即通过有关环境立法、守法和执法活动来贯彻。首先，应该建立健全环境保护目标责任制。地方各级人民政府必须加强环境保护工作的统一领导，制定措施，有计划地解决环境问题，切实对本辖区的环境质量负起责任。环境保护目标的完成情况应作为评定政府工作成绩的依据之一，并向同级人民政府人民代表大会和上一级政府工作报告。市长、县长在任期内要向上级政府签订责任书。其次，应该建立健全单位环境保护责任制和考核制。单位负责人，如厂长、经理等，作为企业的法定代表人或单位领导，负有"认真搞好环境保护"的责任，厂长任期内实行的目标责任制应包括防治环境污染和破坏的内容。再次，要加强对承包经营活动的环境管理。承包经营土地、企业和其他承包经营活动，应同时承包有关的环境保护任务。最后，建立健全其他环境责任制度和各种环境

保护监督管理的法律制度。如排污许可制度、环境保护税制度、生态保护补偿制度等。

5. **答案：**《环境保护法》第 5 条规定，环境保护坚持保护优先、预防为主、综合治理、公众参与、损害担责的原则。

预防原则是指对污染的整体的、系统的、全过程的、多种环境介质的防治。实行预防原则的原因在于：一方面，我国吸取了发达国家"先污染后治理"的经验教训，必须采取预防原则；另一方面，环境问题在时间上和空间上的可变性很大，而且环境污染和破坏一旦发生，往往很难消除和恢复，为防患于未然，必然也要采取预防原则。

实行预防原则主要包括以下内容：

（1）该原则明确了防与治的辩证关系，是先进的环境保护战略和科学的环境管理思想的体现。防与治都是保护环境的方法和措施，两者相互联系并在一定条件下可以转化，从总体上看，应以预防为主。

（2）该原则针对环境问题的特点，明确了防治环境问题的基本方法和措施。

（3）该原则集中了当代环境保护和环境管理思想的精华，使环境保护战略、环境管理思想更加全面、完整和科学。该原则主要体现在环境影响评价、清洁生产和综合管理思想上，它主张环境资源法重视事前控制，源头控制和多种环境介质管理、全过程管理，它使环境管理从废物、末端管理扩大到产品、源头管理，走集约化、内涵扩大再生产的道路。

（4）该原则是建立健全环境管理法律制度体系的指导原则。该原则要求将有关预防、治理、管理污染的各种措施和制度结合起来，将末端控制和源头控制、废物控制和产品控制的措施和制度结合起来，建立健全环境影响评价、综合决策、清洁生产、综合利用、环境保护税、排污许可、排污权交易等各项制度。

（5）该原则明确了科学不确定性与环境保护实际行动的关系，是当代科学技术的产物。

贯彻预防为主、防治结合、综合治理原则的途径主要有：①搞好全面规划、合理布

局、宏观调控是贯彻预防为主、防治结合、综合治理原则的关键。②建立健全各种环境保护管理法律制度，是贯彻该原则的基本途径。③综合运用各种环境保护管理的方法和手段，加强环境资源法治、管理、宣传、教育、科学、技术等各项工作，提高人们的环境资源保护意识、道德观念、科学技术水平、环境资源法治观念等是贯彻该原则的具体手段。

6. 答案： 环境公平，是指每一个公民都有权平等地利用和享有公共环境资源，每一个公民都有义务维护公共环境资源的质量，每一个公民都应当对自己危害公共环境质量的行为承担责任。环境公平包括环境权利公平、环境机会公平、环境分配公平和环境人道主义公平等内容。环境权利公平，是指每个人都具有平等的生存权、发展权、环境权和其他环境权益，主要是指公民环境权平等。环境机会公平，是指满足人对环境资源的不同层次的需要和不同的人对环境资源的不同层次的需要以利于发挥每个人的潜能。环境分配公平，是指法律在配置环境资源时或政府在分配环境资源时，必须公平。环境人道主义公平，是指对于弱势群体、弱者，要实行照顾弱者、扶持弱者的政策，为其生存发展提供基本的环境资源条件。

环境公平不同于传统公平之处是扩大了公平的范围，环境公平包括代内公平、代际公平、区际公平和种际公平（或物种公平），其中种际公平最能体现环境公平特色的内容。区际公平包括：第一，在国际上，发达国家、地区和发展中国家、地区之间要实现公平。第二，在国内，东部沿海地区和中、西部地区之间要实现公平；城市和乡村之间要实现公平。代内公平是指处于同一代的人们和其他生命形式对来自资源开发以及享受清洁和健康的环境这两个方面的利益都有同样的权利。代内公平既体现在一个国家，也体现在国际社会。代际公平被定义为人类所有各代有权利继承与人类第一代所享受的同样的或改善的"地球的健康"和繁荣。种际公平是指人要尊重自然，热爱大地，保护环境；动物和其他非人生命体应该享有生存权利；人与非人类生命体物种之间要实现公平。

可持续发展条件下的环境公平的实现途径有：

（1）实施生态保护补偿机制。生态保护补偿机制是指动用国家的宏观调控、法律、市场调配等手段解决享有环境权利的不公。建立生态保护补偿机制就是要根据不同地区不同的资源、人口、经济、环境总量来制定不同的发展目标与考核标准，让生态脆弱的地区更多地承担保护生态而非经济发展的责任。

（2）建立国家产业补偿制度。这是要解决末端产业对于源头产业的利益补偿；解决第二、三产业对于第一产业的利益补偿；解决成品产业对于资源产业的利益补偿。补偿手段应依照资源价格和机会价格，对整个产业体系实施合理的利益分配。

（3）大力发展循环经济。循环经济是一种新的经济发展模式，是人们模仿自然生态系统的物质循环和能量流动规律所建构的经济系统，并使得经济系统和谐地纳入自然生态系统的物质循环过程中。

（4）积极发展可再生能源。

（5）加强环境维权制度。

（6）保障公众参与制度。环境公平的核心是要求社会强势群体承担更大的环境责任，要求政府给社会强势群体施加压力，以此保护社会弱势群体的环境权益。环境公平应当成为环境立法的一项基本原则，环境侵权损害的赔偿、补偿应当成为今后环境立法的重点。

💬 论述题

1. 答案： 民法上的相邻关系，是指两个或两个以上相毗邻的不动产所有人或使用人因对各自所有或占有的不动产行使权利而发生的权利义务关系。相邻关系从权利角度而言，即为相邻权，是相邻不动产所有人之间因一方所有人的自由支配力与他方所有人的自由排他力相互冲突时，为谋求共同利益，调和冲突而依法直接确认的权利的总称。相邻权的实质是所有权的限制或扩大。环境保护相邻权是指基于环境保护的客观要求而发生的一定范围内的相邻关系，是环境资源法律关系主体具有享受的权利和承担的相应义务。环境保护相邻权是一种邻地损害防免权。

相对于相邻权，环境保护相邻权有如下特点：

（1）相邻范围扩大。传统的相邻权是以不动产的相互毗邻为前提而存在的，环境保护相邻权则不一定是严格的土地的连接，而主要是环境资源法律关系主体基于环境的生物性、地理上的整体性、生态的连锁性和环境影响的广泛性而发生的更大范围的相邻。

（2）内容的广泛性。较之于传统的相邻权，环境保护相邻权的内容更加广泛。传统民法上的相邻防污关系、防险关系，指的是直接污染或直接危险；环境保护相邻的防污关系、防险关系还包括间接污染及间接危险。

（3）客体的生态性。环境保护相邻关系的客体为相邻主体为充分利用其不动产所享有的利益，只不过这种利益具有生态属性，是各种环境要素对于主体的一种特定利益。

（4）利益的多元性。传统相邻关系是一种利益衡平关系，主要调节相邻不动产所有权人或使用人之间的经济利益；环境保护相邻权主要考虑的不是怎样利用环境要素更具有经济利益，而是怎样才能满足人类生存的基本需要。

（5）权利的复合性。环境保护相邻权的复合性表现在：物权调整规范与行为禁止规范的复合；私法权利形态与公法权利形态的复合；财产性权利形态与人格性权利形态的复合；法定性权利与约定性权利的复合。

从义务的角度而言，环境保护相邻关系对主体的限制主要体现在两个方面：

一是应有的注意义务。所谓应有的注意义务，是指环境保护相邻关系的主体有义务采取一切应有的措施，以防止域外环境污染而侵害其他相邻权的主体，以及在发生污染时采取必要的规避措施，清除、治理污染，以减少损害。

二是权利滥用的禁止。所谓权利滥用是指处于环境保护相邻关系中的一方主体行使自己的权利，超出应有的注意义务所要求的范围，从而侵害另一主体的环境权益的行为，权利滥用作为一种侵权行为，是法律所禁止的。

从权利的角度而言，环境保护相邻权的设定，是对相邻关系主体权利的扩大，这种扩大的权利以法律规定为范围，一般来说，环境保护相邻权在法律上体现为请求环境污染损害赔偿权、停止请求权和环境保护自卫权。

2. **答案**：环境权的主体是环境权研究中争论较大的问题。对环境权内涵的界定不同，形成了不同的对环境权主体的认识。当前我国形成的环境权主体理论主要有两种：单一主体论和多元主体论。

单一主体论，又称公民环境权论，这是我国当前关于环境权主体理论的主流观点。单一主体论又可以分为两类：（1）狭义的"公民环境权"论有如下特点：一是环境权主体限于公民；二是环境权是现代法治国家公民的人权；三是环境权应私权化，并作了详细的实体法和程序法上的制度构建：这些新的法律制度便是环境保护相邻权、环境人格权和环境侵权行为及其救济制度的确立。（2）广义的"公民环境权"论。该论有如下特征：一是权利主体为全体人民，它不仅包括公民、法人及其他组织、国家乃至全人类，还包括尚未出生的后代人；二是环境权是一项新型人权。"公民环境权"论的共同之处在于承认环境权是公民的一项基本人权。区别主要有两点：一是在主体上，有的学者主张严格限于公民；有的学者则认为主体除公民（个体）外，还包括人的各种结合形式。二是在环境权实现上，有的学者主张环境权私化，有的学者则认为可以放到各个部门法中去具体化，它既可以通过国际法、国家宪法以宣言形式的规范对其作出概括性规定，也可以通过行政法、民法、经济法、刑法等部门法将其具体化，而作为列举性规定，从而使其得到更加周密和完整的保护。

多元主体论，又称综合环境权论。该主

张有如下特点：一是有法律上的权利义务；二是主体广泛，公民、组织、国家、自然体人类都享有环境权；三是权利不分性质，只要法律规定与环境有关都是环境权，如国家环境行政管理权、公民环境权。

单一主体论和多元主体论的共同点在于都认为公民是环境权的主体；区别在于多元主体论除了公民之外，还包括单位、国家、人类。

权利的主体首先应当是法律关系主体，只有参加到法律关系中来，才有可能享有法定权利，才有可能成为权利主体。环境权的主体，应当属于权利主体的范畴，应当具有权利主体的一般特征。但环境权又有别于权利范畴下的其他权利（如政治权利、经济权利和民事权利），环境权的主体也有其特征。环境权主体应具有如下特征：第一，环境权的主体是能够参与到环境资源法律关系中来的主体。只有参与到环境资源法律关系中来，才有可能享有权利、承担义务，才有可能成为环境资源法律关系主体，才有可能成为环境权主体。第二，环境权的主体应当是在环境资源法律关系中享有权利和承担义务的主体，并以权利为本位，即其所附义务为其权利实现服务。第三，环境权的主体是基于对环境的保护和资源的开发利用来谋求自身发展而享有权利的主体。第四，环境权的主体所享有的权利内容应是广泛的，形式应是多样的，即涉及对环境要素的各项权利，不仅为实体性权利还包括程序性权利。因此，可以给环境权的主体这样一个界定：参加到环境资源法律关系中的基于对环境的保护和资源的开发利用来谋求自身发展而享有内容广泛、形式多样的权利的主体。因此，在环境权主体的选择上，应当选择多元主体论。具体来说，环境权的主体包括公民、单位、国家和人类，目前的情况下应当排除自然体作为环境权的主体。即环境权包括公民环境权、单位环境权、国家环境权、人类环境权。

在整个环境权体系中，公民环境权是基础，确认公民环境权将有利于公民更好地参与环境保护与管理；处于公民与国家环境权之间的法人及其他组织环境权是公民环境权的自然延伸，它的建立将有助于法人及其他组织环境保护责任制度的健全，促进社会发展和环境保护的协调；国家环境权则既为公民、法人及其他组织环境权的发展起指导作用，又为国家参与国际环境保护提供法律依据；而人类环境权是一种代际权或多代人的权利，反映了当代人和子孙后代的共同利益和愿望，它是环境公平或环境正义原则的产物。在国际环境合作与保护中发挥着极其重要的作用。可见，公民、法人及其他组织、国家、全人类环境权四者基于人、人的特定结合体或人的整个类的特性位于同一历史延长线上，它们是一脉相承、缺一不可的。

3. 答案：公民环境权是最基本的环境权，是整体性与个体性、长远利益和眼前利益、权利与义务的统一，因此公民的环境权有两重属性：既有私益性，又有公益性。作为新型的法律权利，把公民环境权的权利定位在实体性权利和程序性权利上，必须在法律上明确环境权，将环境利益变成环境权利，使相应的利益主体变成权利主体。

（1）加强对公民环境权的立法完善。

其一，确立公民环境权的宪法地位，使其从应有权利转化为法定权利。公民环境权是环境的立法之本，是环境资源法的核心问题，它的宪法化使环境保护作为国家的任务和职责有了出发点，使环境资源法保护获得明确、直接的宪法依据，我国应在《宪法》和环境保护基本法的基础上确立环境权概念，以保证环境权的实现。

其二，拓宽公民对环境行政的参与渠道，保障公民的环境知情与环境参与和监督权。首先，要做到环境信息公开化。其次，要实行环境政务公开，即环境行政主管部门向公众公开执法依据、环境政策、办事程序、生态环境标准、收费项目和标准等公务内容。再次，应当通过听证会、讨论会、问卷调查等形式使公众参与环境管理部门对环境纠纷的处理，参与污染性企业、设施的设厂审批等决策过程。最后，应当通过立法的形式将公众参与的形式、途径等加以确定，使公民参与环境保护与管理的权利受到法律的保护。

其三，注重补充在环境权的救济方面的相关内容，建立环境纠纷的处理制度。一是公民参与诉讼的程序要尽量简化，并使用公力救助的方式，帮助公民获得支持或证据，倡导环境团体诉讼的方式；二是完善环境监督诉讼制度；三是完善现行环保行政诉讼制度。

（2）加强各级政府和行政主管部门的宏观调控能力。我国环境保护法律、法规赋予了各级地方人民政府及环境行政主管部门管理环境的权利。随着我国市场经济的进一步深入发展，政府的职能更应定位在对社会的宏观调控上，各级人民政府及生态环境主管部门应在自己的职能范围内真正起到领导者和管理者的作用，进一步强化政府管理环境的能力，完善各种责任机制，并把环境保护目标责任的实施情况作为考核政府政绩的重要指标；环境行政审批实行听证制度，以增加透明度；在条件成熟时引入国家赔偿制度，即在政府环境决策出现重大失误，造成环境严重污染或破坏，对公众环境权造成严重威胁时，公民和组织有权提起国家赔偿诉讼等。

（3）行政主体必须树立真正的法治观。行政主体应该形成服从法律、尊崇法律的思想，保证现行环境资源法治的切实顺利实施。要积极解决行政主体权限争议和不作为，对行政机关之间的权限应进一步细化，确立政府统一指导，环境部门协调水利、林业、卫生、质检等行政部门关系的环境行政体制，同时，协调各政府间的环保工作，坚决杜绝地方保护主义。

（4）公众应该树立良好的环境意识。公众环境意识是公众参与环境管理的前提条件，要使公民树立环境意识，就要利用各种新闻媒体、教育手段，开展环保宣传教育，从而使环境道德深入人心。

4. **答案**：物权法是与环境资源的经济价值与生态价值和其他非经济价值直接相关的规范体系。但是，传统物权法并未将环境资源的生态价值和其他非经济价值融入其概念以及制度之中，这样就导致了环境问题的产生。

所谓物权法生态化是指整合物的经济价值与生态价值和其他非经济价值，并将环境保护义务纳入物的概念之中的过程。它包括物的概念拓展、新的物权制度的建立以及已有物权制度的更新等内容。

将物权法生态化定义为"整合物的经济价值与生态价值和其他非经济价值，并将环境保护义务纳入物的概念之中的过程"的时候，已经隐含了一个前提，即只有能够纳入物的概念中的环境利益才是物权法上的利益。（1）物权立体化：一种新的定义方法。物具有生态功能和经济功能，这两种功能是可以同时并存于一种价值之中的。物的所有者在行使物的经济功能的时候必须将物的生态功能纳入考虑的范畴。（2）环境资源的特定化。环境资源具有形式和内容上的双重含义，对生态功能而言，生态功能是内容，物质形态是载体。而对经济功能而言，物质形态既是形式又是内容。环境资源由于具有可感知性和可控制性，可以成为可特定化的物。

生态性物权实际上是通过功能定义法将物的生态功能与经济功能进行整合的新型物权，它的实质是在传统物权对物的经济功能加以界定的基础上增加了对物的生态功能的肯定，为了与一般物权相区别，将其称为环境物权。它具有如下特征：（1）环境物权是一种无体物权或无形物权，即从物理学意义上讲，它是不具备固体、液体或气体形态的。环境资源的生态功能表现为环境容量，它无实体形态。（2）作为无体物权，环境物权的标的和表现形态不同于一般物权。它的标的不是实物形态，而是环境容量和自然景观等无体功能和价值。（3）环境物权具有从属性。环境物权的客体特征表明，它在一定程度上依托于环境资源的实物形态；或者说，离开了环境资源的实物形态，环境物权无法独立存在。

从环境物权的特征得知，构建生态性物权制度必须通过两种方式进行：法律解释的方式和建立新的物权制度。其中，建立新的物权制度又包括规定新的环境使用权、生态性准物权或对传统的所有权施与生态限制。

由此，可以得出对中国物权法生态化的几点建议：一是在总则中增加权利人负有环境保护的义务的原则规定，为法律解释留下空间。二是增加有关法律解释的标准条款。三是借鉴德国民法中的准物权或附属物权制度。在物权法中直接规定环境用益权以及对所有权予以生态性限制，并为物权法和环境资源法的协调留下空间。

5. **答案**：环境资源是指国家与个人以及个人与个人之间就环境资源使用权的确定和转移达成的协议。环境合同是一种形式化的合同，是确定包括国家在内的各方当事人在环境资源使用中的权利义务的一种方式。

（1）环境合同的外观。环境资源法在协调环境资源的公共性所要求的国家管理意志与私人性所要求的个人意志时，可以借助合同这一外在形式，建立统一的环境合同制度，以实现环境资源法的目标价值。在环境资源法实践中，已经出现了环境使用权交易、旅游资源利用、水权转让等利用合同制度的做法。

由于合同可以作为一种融合国家意志和个人意志的形式，那么环境资源的公共性和私人性矛盾在一定范围内应该可以借助合同制度加以解决，从而使环境资源法引入合同制度成为可能和必要。

（2）环境合同的本质在于国家意志和个人意志的平衡。一方面，国家意志在环境合同中处于基础性地位，对个人意志的限制需要通过确定国家意志的优先地位来实现，国家意志作用范围决定着个人意思自治领域的大小。另一方面，国家意志又不能完全排斥个人意志在环境合同中发挥作用。国家意志在环境合同中主要体现为国家管理权的行使。国家或政府在环境合同中取得具体权力（利）的基础是国家环境管理权，其范围和界限也决定着国家意志在环境合同中的实现程度。国家环境管理权首先是对环境资源这一客体的管理权，其次是对相关个人的管理权。国家环境管理权从对环境资源进行管理的角度考察，包括环境所有权、环境规划权、环境监督权。环境合同中个人的意思自治是

有限的意思自治，其范围的外在表现就是公民环境权的界限。从理论上讲，公民环境权至少应当包括环境使用权、知情权、参与权和请求权。

（3）环境合同的主要类型。政府与私人之间就环境资源使用权的转移达成的协议称为环境分配合同，是环境合同的第一类型。环境分配合同仅是对环境资源的使用权从政府转移到私人这一过程中双方的权利义务进行明确的一种形式，具体的权利义务内容由双方根据具体情况商定。私人与私人之间就环境资源使用权的转移达成的协议称为环境消费合同，是环境合同的第二类型。此处的消费是指广义的消费，包括生产消费和生活消费。

（4）环境合同的基本构架。第一，环境合同的主体。环境合同的一方主体是国家，通常是各级政府的专门环境保护机关或履行环保职责的其他机关，有时可能是中央或地方政府本身。另一方主体是私人。私人在环境合同中的地位，其一是直接与政府签订合同，其二是与其他私人签订合同，但要受到国家的监督和管理。第二，环境合同的客体。环境合同的客体可以界定为环境资源。就国家环境管理目的而言，涉及整体的环境资源；而就单个的环境合同而言，则是特定化的生态性物、环境容量或生态旅游资源。第三，环境合同的订立与生效。与一般合同相比，书面形式应当是环境合同的成立要件。第四，环境合同的履行。在环境合同的履行中，国家具有优势地位。

6. **答案**：环境责任原则是对"谁污染谁承担责任""谁开发谁保护""谁破坏谁恢复""谁利用谁补偿""谁主管谁负责""谁承包谁负责"等原则的概括，是使导致环境问题的主体承担责任并建立相应的环境责任制度的一项环境资源法基本原则。其主要内容和意义有：

（1）谁污染谁承担责任。谁污染谁承担责任与欧盟的污染者付费原则相似，是指污染环境资源者必须承担恢复、整顿、治理环境资源的责任。这里的"谁"是指造成环境

污染的单位和个人包括企事业单位、外资企业、个体企业和个人；责任的内容，包括采取防治措施、对污染源的治理和对被污染了的环境的治理；承担责任的方式，包括污染者直接防治、承担治理费用、依法购买排污权或排污指标。谁污染谁承担责任是中国污染防治政策的核心，它确立了污染者承担治理污染责任、缴纳排污费和污染物处理设施费等制度。

（2）谁破坏谁承担责任，是谁开发谁保护、谁破坏谁恢复、谁利用谁补偿的简称。这里的"谁"是指开发利用环境资源并造成环境破坏的单位和个人；责任的内容，包括采取防治措施、整顿环境、治理破坏和恢复原状；承担责任的方式，包括开发利用者或破坏者直接采取保护措施、整顿环境、承担整治费用或支付补偿费用。谁开发谁保护、谁破坏谁恢复是我国资源保护、自然保护政策的核心，它确立了开发利用自然资源者承担自然保护责任、对环境破坏进行整治的制度。

（3）谁主管谁承担责任，该原则是谁主管谁负责、谁承包谁负责、谁管辖谁负责的统称。这里的"谁"，对一个单位来讲是指单位负责人或单位的法定代表人，对一个行政区来讲是行政区人民政府首长，对承包活动来讲是承包者。这里的责任，分别是指保护环境的责任和对本行政区的环境质量负责。谁主管谁负责是指行政区的首长对该行政区的环境质量负责，如省长、市长、县长、镇长、乡长对本省、市、县、镇、乡的环境治理负责；企业、事业单位的法定代表人（如厂长、经理等）对本单位的环境保护负责；承包人对所承包的生产、建设、经营活动的环境保护负责。谁主管谁承担即谁主管谁负责，是我国环境管理制度的核心，它确立了省长、市长、县长、镇长等行政区域首长对所辖区域环境质量负责和环境保护目标责任制度，确立了厂长、经理、承包者对其主管、承包的生产经营活动所产生的环境后果负责的制度。

第六章　环境与资源保护法律制度

✅ 单项选择题

1. **答案：A**。《水污染防治法》首次在单行法中明确规定了"三同时"制度、总量控制与核定制度。

2. **答案：A**。城市规划是一定时期内城市发展计划和各项建设的综合部署。我国的城市规划分两个阶段进行：一是总体规划，二是详细规划。总体规划是对城市发展具有方向性和指导性的纲领规划；详细规划是总体规划和近期规划的具体化，是对区域内近期建设和新建改建的各项建设作出具体部署和安排。

3. **答案：D**。村镇规划分为总体规划和建设规划。村镇总体规划是在全乡（镇）范围内确定村镇布点规划和各项建设的全面部署规划。村镇建设规划是根据总体规划，安排各项建设用地及建设方案，其中包括住宅、乡（镇）村企业、公共设施、公益事业等。

4. **答案：C**。环境影响评价是环境质量评价中的一种。环境质量评价一般包括三类：第一类是回顾评价，即根据历史资料，了解一个地区过去的环境质量及其演变；第二类是现状评价，即根据检测、调查的材料，对环境质量的现状作出评价；第三类是预断评价，根据发展规划对未来环境状况作出评价。环境影响评价属于预断评价，因而环境影响评价又被称为环境质量预断评价。

5. **答案：C**。环境影响评价制度是对可能影响环境的过程建设、开发活动和各种规划，预先进行调查、预测和评价，提出环境影响和防治方案，经主管当局批准才能进行建设的制度。通过评价可以预先知道项目的选址是否合适，对环境有无重大影响，这体现了预防原则。

6. **答案：B**。建设项目环境影响评价文件审批程序分为报批、预审、审核和审批。建设单位应当在建设项目可行性研究阶段报批建设项目环境影响评价文件，但是，铁路、交通等建设项目，经有审批权的生态环境主管部门同意，可以在初步设计完成前报批环境影响报告书或环境影响报告表。

7. **答案：B**。《环境影响评价公众参与办法》第10条第2款规定，建设单位征求公众意见的期限不得少于10个工作日。

8. **答案：B**。《环境影响评价公众参与办法》第15条规定，建设单位决定组织召开公众座谈会、专家论证会的，应当在会议召开的10个工作日前，将会议的时间、地点、主题和可以报名的公众范围、报名办法，通过网络平台和在建设项目所在地公众易于知悉的场所张贴公告等方式向社会公告。建设单位应当综合考虑地域、职业、受教育水平、受建设项目环境影响程度等因素，从报名的公众中选择参加会议或者列席会议的公众代表，并在会议召开的5个工作日前通知拟邀请的相关专家，并书面通知被选定的代表。

9. **答案：D**。"三同时"制度是我国首创的。它是总结我国环境管理的实践经验，为我国法律所确认的一项重要的控制新污染的法律制度。

10. **答案：C**。排污许可证是各国广泛使用的许可证件，较早使用排污许可证的国家有澳大利亚等。

11. **答案：C**。《行政许可法》第42条第1款规定，除可以当场作出行政许可决定的外，行政机关应当自受理行政许可申请之日起20日内作出行政许可决定。20日内不能作出决定的，经本行政机关负责人批准，可以延长10日，并应当将延长期限的理由告知申请人。

12. **答案：D**。从结合排污收费制度的立法精神来看，通过经济刺激措施保护环境、促进资源的合理开发和综合利用是此项制度的根本之所在，为环境保护筹集资金、对污染损失的补偿以及国家税收等都是排污收费制度的外观形式或外在目的。

13. **答案**：B。税收方式包括免税、减税、加税，可以起到鼓励和抑制正反两方面作用。不少国家通过税收政策鼓励污染治理，抑制对环境不利的经济活动。

14. **答案**：C。在市场经济和价值规律起作用的场合，费用和效益即利润的动机，支配着经济活动。就企业用于环境的投资来说，企业内部的经济性和社会效益是不一致的。也就是说，企业治理污染，对社会有益，企业则要支付费用。如果没有经济杠杆的作用，企业对环境保护就会缺乏热情。因此，为了使环境污染的外部不经济性内部化，在环境管理中应当广泛采用各种经济刺激手段。

15. **答案**：A。《国家突发环境事件应急预案》第4.1条规定，根据突发环境事件的严重程度和发展态势，将应急响应设定为Ⅰ级、Ⅱ级、Ⅲ级和Ⅳ级四个等级。初判发生特别重大、重大突发环境事件，分别启动Ⅰ级、Ⅱ级应急响应，由事发地省级人民政府负责应对工作；初判发生较大突发环境事件，启动Ⅲ级应急响应，由事发地设区的市级人民政府负责应对工作；初判发生一般突发环境事件，启动Ⅳ级应急响应，由事发地县级人民政府负责应对工作。突发环境事件发生在易造成重大影响的地区或重要时段时，可适当提高响应级别。应急响应启动后，可视事件损失情况及其发展趋势调整响应级别，避免响应不足或响应过度。

16. **答案**：D。《国家突发环境事件应急预案》第3.2.1条第1款规定，对可以预警的突发环境事件，按照事件发生的可能性大小、紧急程度和可能造成的危害程度，将预警分为四级，由低到高依次用蓝色、黄色、橙色和红色表示。

17. **答案**：B。《国家突发环境事件应急预案》第1.4条规定，突发环境事件应对工作坚持统一领导、分级负责，属地为主、协调联动，快速反应、科学处置，资源共享、保障有力的原则。突发环境事件发生后，地方人民政府和有关部门立即自动按照职责分工和

相关预案开展应急处置工作。

18. **答案**：D。欧共体"无废工艺和无废生产国际研讨会"提出了应当着眼于从根源上避免污染而不是仅注重消除污染所引起的后果这一思想。欧共体理事会宣布推行清洁生产政策。

19. **答案**：C。《清洁生产促进法》第5条第1款规定，国务院清洁生产综合协调部门负责组织、协调全国的清洁生产促进工作。国务院环境保护、工业、科学技术、财政部门和其他有关部门，按照各自的职责，负责有关的清洁生产促进工作。

20. **答案**：B。《环境保护法》第19条规定："编制有关开发利用规划，建设对环境有影响的项目，应当依法进行环境影响评价。未依法进行环境影响评价的开发利用规划，不得组织实施；未依法进行环境影响评价的建设项目，不得开工建设。"

21. **答案**：C。ISO 是 International Organization for Standardization 的简写，ISO14000是国际标准化组织制定的环境管理标准，该系列标准体现了国际环境保护领域由"末端控制"到"污染预防"的发展趋势，体现了可持续发展战略思想，该系列标准应用领域广泛，涵盖了企业的各个管理层次。

22. **答案**：A。《环境保护法》第15条规定："国务院环境保护主管部门制定国家环境质量标准。省、自治区、直辖市人民政府对国家环境质量标准中未作规定的项目，可以制定地方环境质量标准；对国家环境质量标准中已作规定的项目，可以制定严于国家环境质量标准的地方环境质量标准。地方环境质量标准应当报国务院环境保护主管部门备案。国家鼓励开展环境基准研究。"

23. **答案**：D。环境监测方法标准是环境资源监测数据合法有效的根据，特别是确定环境资源纠纷中各方出示的证据和环境监测数据是否合法有效的根据。

24. **答案**：B。省、自治区、直辖市人民政府对国家生态环境质量标准中未作规定的项目，可以制定地方生态环境质量标准，并报国务院生态环境保护主管部门备案。

25. **答案**：C。《环境保护法》第15条规定，国务院环境保护主管部门制定国家环境质量标准。省、自治区、直辖市人民政府对国家环境质量标准中未作规定的项目，可以制定地方环境质量标准；对国家环境质量标准中已作规定的项目，可以制定严于国家环境质量标准的地方环境质量标准。地方环境质量标准应当报国务院环境保护主管部门备案。国家鼓励开展环境基准研究。第16条规定，国务院环境保护主管部门根据国家环境质量标准和国家经济、技术条件，制定国家污染物排放标准。省、自治区、直辖市人民政府对国家污染物排放标准中未作规定的项目，可以制定地方污染物排放标准；对国家污染物排放标准中已作规定的项目，可以制定严于国家污染物排放标准的地方污染物排放标准。地方污染物排放标准应当报国务院环境保护主管部门备案。

26. **答案**：D。依据《环境保护法》第15条的规定，国务院环境保护主管部门制定国家环境质量标准。省、自治区、直辖市人民政府对国家环境质量标准中未作规定的项目，可以制定地方环境质量标准；对国家环境质量标准中已作规定的项目，可以制定严于国家环境质量标准的地方环境质量标准。地方环境质量标准应当报国务院环境保护主管部门备案。国家鼓励开展环境基准研究。第16条规定，国务院环境保护主管部门根据国家环境质量标准和国家经济、技术条件，制定国家污染物排放标准。省、自治区、直辖市人民政府对国家污染物排放标准中未作规定的项目，可以制定地方污染物排放标准；对国家污染物排放标准中已作规定的项目，可以制定严于国家污染物排放标准的地方污染物排放标准。地方污染物排放标准应当报国务院环境保护主管部门备案。第13条第3款规定，县级以上人民政府环境保护主管部门，应当会同有关部门对管辖范围内的环境状况进行调查和评价，拟订环境保护规划，经计划部门综合平衡后，报同级人民政府批准实施。因此，正确答案为D。

27. **答案**：B。《城乡规划法》第44条规定：

"在城市、镇规划区内进行临时建设的，应当经城市、县人民政府城乡规划主管部门批准。临时建设影响近期建设规划或者控制性详细规划的实施以及交通、市容、安全等的，不得批准。临时建设应当在批准的使用期限内自行拆除。临时建设和临时用地规划管理的具体办法，由省、自治区、直辖市人民政府制定。"临时使用土地的使用者应当按照临时使用土地合同约定的用途使用土地，并不得修建永久性建筑物。临时使用土地期限一般不超过2年。故A错误，B正确。《城乡规划法》第66条规定："建设单位或者个人有下列行为之一的，由所在地城市、县人民政府城乡规划主管部门责令限期拆除，可以并处临时建设工程造价一倍以下的罚款：（一）未经批准进行临时建设的；（二）未按照批准内容进行临时建设的；（三）临时建筑物、构筑物超过批准期限不拆除的。"故C错误。根据《城乡规划法》第68条的规定："城乡规划主管部门作出责令停止建设或者限期拆除的决定后，当事人不停止建设或者逾期不拆除的，建设工程所在地县级以上地方人民政府可以责成有关部门采取查封施工现场、强制拆除等措施。"故D错误。

多项选择题

1. **答案**：CD。从制度的调控与保护对象上看，环境资源基本法律制度可以分为综合性的环境资源制度（如规划制度、环境影响评价制度、许可制度、税费制度、清洁生产制度）、污染防治制度（如"三同时"制度、排污申报登记制度、污染集中控制制度）、自然资源利用保护制度（如资源综合利用制度、自然资源恢复制度）、自然保护与自然灾害防治制度（如自然保护区管理制度、自然文化遗产管理制度）等。

2. **答案**：AB。国土规划，即国土开发整治规划、国土利用规划，它是法定机关按照法定程序制订的国土开发整治方案，是国民经济和社会发展计划体系的重要组成部分，是自然资源开发、建设总体布局和环境综合整治以及编制经济社会中长期发展计划的重要依据。国土规划的基本任务是根据规划地区的优势和特点，从总体上协调国土资源开发利用与治理保护的关系，协调人口、资源、环境的关系，促进地域经济的综合发展。我国应用范围较广和法律规定比较具体的规划主要有区域规划、城市规划、村镇规划等，通常区域规划是指地理区域规划，一般要突破行政区划的范围，而以地理特点和环境资源、经济社会发展联系的密切情况作为区域确定及其规划的依据。

3. **答案**：ACD。在国外，对现有污染严重的大城市，一般采取的补救措施有：（1）采取"工业分散"的政策，使工业布局郊区化，最有效的办法是建设卫星城市；（2）外迁"有害工厂"；（3）发展"工业小区"。

4. **答案**：ABC。我国环境影响评价适用范围包括规划环境影响评价和建设项目环境影响评价两个方面。D项为规划环境影响评价的适用范围。

5. **答案**：ABC。根据《环境保护法》第16条的规定，国务院环境保护主管部门根据国家环境质量标准和国家经济、技术条件，制定国家污染物排放标准。省、自治区、直辖市人民政府对国家污染物排放标准中未作规定的项目，可以制定地方污染物排放标准；对国家污染物排放标准中已作规定的项目，可以制定严于国家污染物排放标准的地方污染物排放标准。地方污染物排放标准应当报国务院环境保护主管部门备案。故A、B、C项说法正确，D项说法错误。

6. **答案**：ABD。根据《环境影响评价法》第23条第1款和第3款的规定，国务院生态环境主管部门负责审批下列建设项目的环境影响评价文件：（1）核设施、绝密工程等特殊性质的建设项目；（2）跨省、自治区、直辖市行政区域的建设项目；（3）由国务院审批的或者由国务院授权有关部门审批的建设项目。建设项目可能造成跨行政区域的不良环境影响，有关生态环境主管部门对该项目的环境影响评价结论有争议的，其环境影响评价文件由共同的上一级生态环境主管部门审批。

7. **答案**：CD。《环境影响评价法》第22条第1款、第3款和第5款规定，建设项目的环境影响报告书、报告表，由建设单位按照国务院的规定报有审批权的生态环境主管部门审批。审批部门应当自收到环境影响报告书之日起60日内，收到环境影响报告表之日起30日内，收到环境影响登记表之日起15日内，分别作出审批决定并书面通知建设单位。审核、审批建设项目环境影响报告书、报告表以及备案环境影响登记表，不得收取任何费用。第24条规定，建设项目的环境影响评价文件自批准之日起超过5年，方决定该项目开工建设的，其环境影响评价文件应当报原审批部门重新审核；原审批部门应当自收到建设项目环境影响评价文件之日起10日内，将审核意见书面通知建设单位。

8. **答案**：AD。《环境影响评价公众参与办法》第3条规定，国家鼓励公众参与环境影响评价。环境影响评价公众参与遵循依法、有序、公开、便利的原则。

9. **答案**：ABCD。环境影响评价的主体，是指环境影响评价法律关系的参加者，包括委托评价单位、环评服务机构、审批机关和参与环评的公众。环评服务机构是指接受委托为规划项目和建设项目环境影响评价提供技术服务的机构。

10. **答案**：BD。《环境影响评价法》第2条规定，本法所称环境影响评价，是指对规划和建设项目实施后可能造成的环境影响进行分析、预测和评估，提出预防或者减轻不良环境影响的对策和措施，进行跟踪监测的方法与制度。因此，可以看出，我国环境影响评价的适用对象或者适用范围包括规划和建设项目。

11. **答案**：BCD。"三同时"制度，是指对环境资源有影响的建设项目，其环境资源保护设施必须与主体工程同时设计、同时施工、同时投产使用的法律制度。

12. **答案**：ABD。"三同时"制度适用于对环境有影响的建设项目，从项目的类型看，主要包括基本建设项目、技术改造项目、区域开发建设项目、引进的建设项目、确有经济效益的综合利用项目、环保集中处理设施建设项目等。

13. **答案：BC。** 在"三同时"制度中，生态环境主管部门的主要职责如下：对建设项目初步设计中的环境保护篇章进行审查；对建设施工中的环境保护情况进行检查；对环境保护设施的竣工进行验收；对环境保护设施的运转和使用情况进行监督检查；依法对"三同时"制度的违反者追究行政责任。水行政主管部门参加建设项目中的水土保持设施。建设项目主管部门的主要职责如下：初步设计中环境保护篇章和环保设施竣工验收的预审；监督建设项目的设计与施工中的环境保护措施的落实；监督建设项目竣工验收后环境保护设施的正常运转。

14. **答案：ABCD。** 为保证"三同时"制度的顺利执行，目前在执行环节主要采取的措施有：将清洁生产思想引入建设项目的设计阶段，在设计中尽量采用节能、降耗、减污以及无废和少废的工艺技术；实行"三同时"合同书制度和建设项目环境保护责任书制度；采取"三同时"执行保证金制度。

15. **答案：CD。** "三同时"执行保证金制度是指按照建设项目污染治理工程的需要，从总投资的一定比例的资金中划出一部分作为严格执行"三同时"的保证金并与建设单位签订协议，以确保保证金不被挪作他用。对完成"三同时"的，经生态环境部门验收合格后，保证金连带利息全部退还给建设单位，当建设单位未执行"三同时"或未达到要求的，其保证金的全部或一部分抵为罚款或转为专项治理基金。

16. **答案：ABCD。** 根据《行政许可法》第12条的规定，环境资源方面可以设定行政许可的事项主要有：直接涉及生态环境保护等特定活动，需要按照法定条件予以批准的事项；有限自然资源的开发利用、公共资源配置以及直接关系公共利益的特定行业的市场准入等，需要赋予特定权利的事项。

17. **答案：BD。** 环境资源许可证按其作用可以分为三类：一是防止环境污染许可证，如排污许可证、废物进口许可证、海洋倾废许可证、危险废物经营许可证、放射性同位素等；二是防止环境资源破坏许可证，如林木采伐许可证、特许猎捕证、捕捞许可证、驯养繁殖许可证、采矿许可证、取水许可证等；三是综合环境保护许可证，如建设规划许可证等。

18. **答案：ABC。** 根据《行政许可法》第14条、第15条的规定，法律可以设定行政许可。尚未制定法律的，行政法规可以设定行政许可。尚未制定法律、行政法规的，地方性法规可以设定行政许可。部门规章只能在上位法设定的行政许可事项范围内，对实施该行政许可作出具体规定。

19. **答案：CD。** 《行政许可法》第8条规定，公民、法人或者其他组织依法取得的行政许可受法律保护，行政机关不得擅自改变已经生效的行政许可。行政许可所依据的法律、法规、规章修改或者废止，或者准予行政许可所依据的客观情况发生重大变化的，为了公共利益的需要，行政机关可以依法变更或者撤回已经生效的行政许可。由此给公民、法人或者其他组织造成财产损失的，行政机关应当依法给予补偿。第15条第2款规定，地方性法规和省、自治区、直辖市人民政府规章，不得设定应当由国家统一确定的公民、法人或者其他组织的资格、资质的行政许可；不得设定企业或者其他组织的设立登记及其前置性行政许可。其设定的行政许可，不得限制其他地区的个人或者企业到本地区从事生产经营和提供服务，不得限制其他地区的商品进入本地区市场。第28条规定，对直接关系公共安全、人身健康、生命财产安全的设备、设施、产品、物品的检验、检测、检疫，除法律、行政法规规定由行政机关实施的外，应当逐步由符合法定条件的专业技术组织实施。专业技术组织及其有关人员对所实施的检验、检测、检疫结论承担法律责任。

20. **答案：ABCD。** 《行政许可法》第29条规定，公民、法人或者其他组织从事特定活动，依法需要取得行政许可的，应当向行政机关提出申请。申请书需要采用格式文本的，行政机关应当向申请人提供行政许可申请书格式文本。申请书格式文本中不得包含与申请行政许可事项没有直接关系的内容。申请人可以委托代理人提出行政许可申请。但是，依法应当由申请人到行政机关办公场所提出行政许可申请的除外。行政许可申请可以通过信函、电报、电传、传真、电子数据交换和电子邮件等方式提出。

21. **答案**：AD。《行政许可法》第 47 条规定，行政许可直接涉及申请人与他人之间重大利益关系的，行政机关在作出行政许可决定前，应当告知申请人、利害关系人享有要求听证的权利；申请人、利害关系人在被告知听证权利之日起 5 日内提出听证申请的，行政机关应当在 20 日内组织听证。申请人、利害关系人不承担行政机关组织听证的费用。第 48 条规定，听证按照下列程序进行：（1）行政机关应当于举行听证的 7 日前将举行听证的时间、地点通知申请人、利害关系人，必要时予以公告；（2）听证应当公开举行；（3）行政机关应当指定审查该行政许可申请的工作人员以外的人员为听证主持人，申请人、利害关系人认为主持人与该行政许可事项有直接利害关系的，有权申请回避；（4）举行听证时，审查该行政许可申请的工作人员应当提供审查意见的证据、理由，申请人、利害关系人可以提出证据，并进行申辩和质证；（5）听证应当制作笔录，听证笔录应当交听证参加人确认无误后签字或者盖章。行政机关应当根据听证笔录，作出行政许可决定。

22. **答案**：ABCD。《环境保护法》第 40 条第 1 款规定："国家促进清洁生产和资源循环利用。"第 44 条第 1 款规定："国家实行重点污染物排放总量控制制度……"第 45 条第 1 款规定："国家依照法律规定实行排污许可管理制度。"第 52 条规定："国家鼓励投保环境污染责任保险。"所以本题 A、B、C、D 都正确。

23. **答案**：ABCD。在环境保护领域，经济刺激手段主要包括财政补贴、税收、信贷、保险、补助金、流通性许可证、环境担保押

金、环境标志以及价格手段等。财政补贴即财政援助，政府为实际的或潜在的污染者提供的财务刺激，主要用于鼓励污染削减或减轻污染对经济的影响。押金担保制度是在具有潜在污染可能性的产品的价格上预先征收一个附加费（押金），当这些产品或产品残留物返还到收集系统中从而使污染得以避免时，该附加费将被退还。

24. **答案**：ABCD。《国家突发环境事件应急预案》第 1.2 条规定，依据《环境保护法》《突发事件应对法》《放射性污染防治法》《国家突发公共事件总体应急预案》及相关法律法规等，制定本预案。

25. **答案**：ABCD。《国家突发环境事件应急预案》第 6 部分规定，国家突发环境事件应急保障包括队伍保障，物资与资金保障，通信、交通与运输保障，技术保障。

26. **答案**：CD。《环境保护法》第 24 条规定，县级以上人民政府环境保护主管部门及其委托的环境监察机构和其他负有环境保护监督管理职责的部门，有权对排放污染物的企业事业单位和其他生产经营者进行现场检查。被检查者应当如实反映情况，提供必要的资料。实施现场检查的部门、机构及其工作人员应当为被检查者保守商业秘密。此外，检查机关以法定职权实施检查，不需要被检查者同意，现场检查具有随机性，不是必须对排污单位逐个检查。

27. **答案**：BCD。污染转移或转嫁的现象在全世界一直存在，主要表现为：第一种情形是将在发达国家淘汰和禁止使用的污染环境的技术设备转移到欠发达国家，从而加剧这些国家的环境恶化；第二种情形是洋垃圾的转移；第三种情形是海外投资中污染密集型产业的转移或转嫁。

28. **答案**：BCD。环境污染的社会转移至少有两方存在：一是转移者，二是被转移者。从双方信息拥有情况的角度，可分为三种情况：第一种是转移者和接受转移者对于它们之间发生的环境影响都不知情，或不知其影响有多深，这可以称为"无知型转移"。第二种是转移者向接受转移者隐瞒了实情，后

者不懂得对自己的危害，这可称为"转嫁型转移"或"欺骗型转移"。第三种是双方都是完全信息的拥有者，环境影响的转移在两者之间是一个明明白白的交易，这可称为"纯交易型转移"或"理想交易型转移"。

29. **答案：ABCD。** A、B、C、D 都是对清洁生产特征的准确描述。

30. **答案：BCD。** 按照《清洁生产促进法》对清洁生产的定义，清洁生产主要包括"三清"——清洁的能源、清洁的生产过程和清洁的产品，即采用清洁的能源和原材料，通过清洁的生产过程，制造出清洁的产品。

31. **答案：AC。** 生态环境标准按照不同的标准可以分为不同的类型。按照适用范围，生态环境标准包括国家标准、行业标准、地方标准、企业标准、国际标准和国外标准；按照执行性质可以分为强制性标准和推荐性标准。

32. **答案：ABC。** 强制性标准是指具有法律强制性的生态环境标准，强制性标准必须执行。下列标准必须使用强制性标准：国家标准、行业标准中的保障人体健康、人身财产安全的标准；地方标准中的工业产品的安全、卫生要求的标准；工程建设的质量、安全、卫生等标准；药品、食品卫生、兽药、农药和劳动卫生标准；等等。EVD 技术标准属于电子行业推荐性标准。

33. **答案：ABD。** 根据监测调查的目的，环境资源监测可以分为研究性监测、监视性监测和特定目的监测，特定目的监测又称为特别监测、紧急监测或临时监测。按调查方式，环境资源监测可以分为普查、综合调查、单项调查和专门调查。按监测方式，环境资源监测可以分为定点监测、流动监测、连续性监测、间断性监测、自动监测等。

34. **答案：ABC。** 全国环境监测网分为国家网、省级网、市级网三级，各部门、企事业单位的环境测试机构参加生态环境主管部门组织的各级环境监测网，各大水系、海洋、农业环境监测网属于国家网内的二级网。

35. **答案：BCD。** 环境监测的内容包括三个方面：（1）物理指标的监测，如噪声、振动、电磁波、热能、放射性等的监测；（2）化学指标的监测，如对各种化学物质在大气、水体、土壤和生物体内水平的监测；（3）生态系统的监测，如乱砍滥伐引起的水土流失和过度放牧引起的土地沙化等。

36. **答案：BD。** 生态环境标准是我国环境资源法体系中一个独立的、特殊的、重要的组成部分。一般来说，生态环境标准是具有法律性质的技术规范，法律性质表现在：（1）生态环境标准具有规范性，它与一般法律的不同之处在于：它不是通过法律条文规定人们的行为模式和法律后果，而是通过一些定量化的数据、指标、技术规范表示行为规则，调整人们的行为。（2）生态环境标准分为强制性环境标准和推荐性环境标准，强制性环境标准具有强制力。（3）生态环境标准的制定与法规一样，要经授权的有关国家机关依照法定程序制定和发布。

37. **答案：ABC。** 《民法典》第 1229 条规定，因污染环境、破坏生态造成他人损害的，侵权人应当承担侵权责任。因此 A、B 项正确。需要注意的是，违法行为与危害后果存在因果关系，在法律明文规定的场合才成为行为人承担环境行政责任的必要条件。由此可知，甲厂超标排污，对于该环境污染造成的损害需要承担行政责任；而乙厂行为合法，虽然不能免除民事赔偿责任，但无须承担环境行政责任。故 C 项正确，D 项错误。

38. **答案：CD。** 根据《环境影响评价法》第 23 条规定，国务院生态环境主管部门负责审批下列建设项目的环境影响评价文件：（1）核设施、绝密工程等特殊性质的建设项目。（2）跨省、自治区、直辖市行政区域的建设项目。（3）由国务院审批的或者由国务院授权有关部门审批的建设项目。前款规定以外的建设项目的环境影响评价文件的审批权限，由省、自治区、直辖市人民政府规定。建设项目可能造成跨行政区域的不良环境影响，有关生态环境主管部门对该项目的环境影响评价结论有争议的，其环境影响评价文件由共同的上一级生态环境主管部门审批。该公路项目跨了甲、乙、丙三个省，所以其环评文件应该报送国务院生态环境主管部门审批，而非由甲、乙、丙中任何一个省的生态环境主管部门审批，所以 A 项错误。《环境影响评价法》第 24 条规定，建设项目的环境影响评价文件经批准后，建设项目的性质、规模、地点、采用的生产工艺或者防治污染、防止生态破坏的措施发生重大变动的，建设单位应当重新报批建设项目的环境影响评价文件。该公路项目的环评文件被审批后，开工前，其建设规模要发生重大变化即需要延长至丙省，所以此项目需要重新进行环评，而非简单补充，B 项错误、D 项正确。根据《环境影响评价法》第 25 条规定，建设项目的环境影响评价文件未依法经审批部门审查或者审查后未予批准的，建设单位不得开工建设。对于建设项目而言，须先环评后开工，擅自开工的，须被责令停止建设，恢复原状并依法对项目进行环评。所以 C 项正确。

39. **答案**：BC。《环境影响评价法》第 8 条规定，国务院有关部门、设区的市级以上地方人民政府及其有关部门，对其组织编制的工业、农业、畜牧业、林业、能源、水利、交通、城市建设、旅游、自然资源开发的有关专项规划（以下简称专项规划），应当在该专项规划草案上报审批前，组织进行环境影响评价，并向审批该专项规划的机关提交环境影响报告书。所以林业发展规划也需要进行环境影响评价，故 A 项错误、B 项正确。《森林法》第 16 条规定，国家所有的林地和林地上的森林、林木可以依法确定给林业经营者使用。林业经营者依法取得的国有林地和林地上的森林、林木的使用权，经批准可以转让、出租、作价出资等。具体办法由国务院制定。林业经营者应当履行保护、培育森林资源的义务，保证国有森林资源稳定增长，提高森林生态功能。该规定取消了转让限制，故 C 项正确。《环境影响评价法》第 7 条规定，国务院有关部门、设区的市级以上地方人民政府及其有关部门，对其组织编制的土地利用的有关规划，区域、流域、海域的建设、开发利用规划，应当在规划编制

过程中组织进行环境影响评价，编写该规划有关环境影响的篇章或者说明。由此可知，此处是编写该规划有关环境影响的篇章，故 D 项错误。

40. **答案**：ABC。《环境保护法》第 47 条规定："各级人民政府及其有关部门和企业事业单位，应当依照《中华人民共和国突发事件应对法》的规定，做好突发环境事件的风险控制、应急准备、应急处置和事后恢复等工作。县级以上人民政府应当建立环境污染公共监测预警机制，组织制定预警方案；环境受到污染，可能影响公众健康和环境安全时，依法及时公布预警信息，启动应急措施。企业事业单位应当按照国家有关规定制定突发环境事件应急预案，报环境保护主管部门和有关部门备案。在发生或者可能发生突发环境事件时，企业事业单位应当立即采取措施处理，及时通报可能受到危害的单位和居民，并向环境保护主管部门和有关部门报告。突发环境事件应急处置工作结束后，有关人民政府应当立即组织评估事件造成的环境影响和损失，并及时将评估结果向社会公布。"因此 A、B、C 项正确，D 项错误。

📚 名词解释

1. **答案**：环境事故报告制度又称环境污染与破坏事故报告及处理制度，或环境污染事故和环境紧急情况的报告及处理制度。这项制度是指发生事故或者其他突发事件，使环境受到或者可能受到严重污染或破坏，事故或事件的当事人必须立即采取措施处理，及时向可能受到污染与破坏危害的公众通报，并向当地生态环境主管部门和有关部门报告，接受调查处理的法律制度。

2. **答案**：环境影响评价报告书是环境影响评价工作成果的集中体现，是环境影响评价承担单位向其委托单位、工程建设单位或其主管单位提交的工作文件。经生态环境主管部门审查批准的环境影响评价报告书，是计划部门和建设项目主管部门审批建设项目可行性研究报告或设计任务书的重要依据，是领导部门对建设项目作出正确决策主要依据的技

术文件之一。

3. 答案：清洁生产是指不断采取改进设计、使用清洁的能源和原料、采用先进的工艺技术与设备、改善管理、综合利用等措施，从源头削减污染，提高资源利用效率，减少或者避免生产、服务和产品使用过程中污染物的产生和排放，以减轻或者消除对人类健康和环境的危害。

4. 答案：防止环境污染转嫁制度是指针对一定区域内的人类行为直接或间接地对该区域外的环境造成污染损害，或将自己造成的环境污染的治理责任推卸给他人，从而使自己不承担或少承担治理责任的社会行为进行法律规范的制度。

5. 答案：现场检查制度是指环境资源保护部门和其他监督管理部门，依法对管辖范围的单位和个人遵守环境资源法律、法规，执行命令、决定的情况以及其他与环境资源保护有关的情况，直接进入现场检查的一种环境资源法律制度。

6. 答案：环境资源许可是指国家有关环境资源管理机关，根据公民、法人或其他组织的申请，依法审查，准予其从事某项对环境资源有影响的活动的行为。

7. 答案：生态环境质量标准是指质量参数的项目与标准值，主要是对各类环境中有害物质或因素含量的最高限额所作的规定。

8. 答案：污染物排放标准又称为控制标准，是指对允许污染源排放污染物或对环境造成危害的因素的最高限额所作的规定。

9. 答案：污染物总量控制制度是以环境质量目标为基本依据，对区域内各污染源的污染物的排放总量实施控制的管理制度。在实施总量控制时，污染物的排放总量应小于或等于允许排放的总量。污染物总量控制制度与实际的环境质量目标相联系，在排污量的控制上宽严适度。

10. 答案：政策环评全称政策战略环境影响评价，是战略环境影响评价在政策层面上的应用，或者说是以政策为对象的战略环境影响评价。政府对于政策、计划、方案和其他替代方案，进行正式、有系统、全面性的环境影响评估，并将评估发现准备成报告，在决策过程中进行参考和使用。

✐ 简答题

1. 答案：环境影响评价是指在某项人为活动之前，对实施该活动可能造成的环境影响进行分析、预测和评估，并提出相应的预防或者减轻不良环境影响的措施和对策。环境影响评价制度是有关环境影响评价的适用范围、评价内容、审批程序、法律后果等一系列法律规定的总称。

环境影响评价制度的意义在于其具有科学技术性、前瞻预测性和内容综合性等优点，是环境行政决策的主要科学依据。

环境影响评价制度的适用范围是指法律规定哪些建设项目应当进行环境影响评价。根据《环境影响评价法》第3条的规定，我国环境影响评价制度的适用范围包括规划环境影响评价和建设项目环境影响评价两个方面。

我国环境影响评价的内容包括以下六个方面：（1）建设项目基本情况，包括建设项目的地点、规模、产品方案、主要工艺方法、主要原料、燃料、用水量、各种废物的排放量和排放方式、废弃物回收利用和处理方案、占地面积和土地利用情况、发展规划等。（2）建设项目周围地区的环境状况调查，包括地质水文情况、气象情况、自然资源情况、人文环境情况等。（3）建设项目对周围地区的环境影响的分析和预测。（4）环境监测制度建议。（5）环境影响经济损益分析。（6）结论，包括对环境质量的影响，建设规模、性质，选址是否合理、是否符合环保要求，采取的防治措施经济上是否合理、技术上是否可行。

我国的环境影响评价程序大体包括以下三个方面：（1）评价形式的筛选。各级生态环境主管部门确定待评价的开发建设项目是编制环境影响报告书还是填写环境影响报告表。大中型开发建设项目要编制环境影响报告书，小型开发建设项目应填写环境影响报告表。（2）评价报告的编写，包括编制环境影响评价书和填写环境影响报告表。这一程序应在建设项目的可行性研究阶段完成。

（3）评价报告的审批。建设项目环境影响评价文件的审批程序分为报批、预审、审核和审批。建设单位应当在建设项目可行性研究阶段报批建设项目环境影响评价文件，但是，铁路、交通等建设项目，经有审批权的生态环境主管部门同意，可以在初步设计完成前报批环境影响报告书或环境影响报告表。

2. **答案：** "三同时"制度是我国创立的预防和控制新污染的环境管理制度，是指在一切新建、改建、扩建的建设项目，技术改造工程项目，自然开发项目中，防治污染和保护环境的设施，必须与主体工程同时设计、同时施工、同时投产使用。"三同时"制度与环境影响评价制度是相辅相成的。

"三同时"制度的主要内容有：

（1）适用范围："三同时"制度适用于对环境有影响的建设项目。从涉及的行业来看，主要包括工业、交通、水利、农林、商业、卫生、文教、旅游、科研、市政等；从项目的类型来看，主要包括基本建设项目、技术改造项目、区域开发项目、引进的建设项目、确有经济效益的综合利用项目、环保集中处理设施建设项目等；从项目建设类别来看，主要包括新建项目、改建项目、扩建项目、技术改造项目等。

（2）对三个环节的要求：①在项目设计阶段，必须有环境保护设计；②在施工阶段，环保设施必须与主体工程同时施工；③在投产或正式使用前，建设单位必须向生态环境主管部门提交"环境保护设施竣工验收报告"，说明设施运行情况、污染治理情况和达到的标准，验收合格后方可正式投入使用。

（3）生态环境部门的职责：①对项目初步设计中的环境保护篇章进行审查；②对建设施工中的环境保护情况进行检查；③对环境保护设施的竣工进行验收；④对环境保护设施运转和使用情况进行监督检查；⑤依法对"三同时"制度的违反者追究行政责任。

（4）建设项目主管部门的职责：①初步设计中环境保护篇章和环保设施竣工验收的

预审；②监督建设项目的设计和施工中的环境保护措施的落实；③监督建设项目竣工验收后环境保护设施的正常运转。

3. **答案：** （1）生态保护补偿制度的概念。生态保护补偿制度是以保护和可持续利用生态系统服务为目标，通过财政纵向补偿、地区间横向补偿、市场机制补偿等多种方式，对履行生态保护责任的单位和个人进行激励性制度安排。其核心在于平衡生态保护者与受益者的利益关系，调动全社会参与生态保护的积极性。《生态保护补偿条例》（本题以下简称《条例》）进一步明确补偿对象包括地方各级人民政府、村民委员会、居民委员会、农村集体经济组织及其成员等，补偿方式涵盖资金补偿、产业转移、人才培训、共建园区、购买生态产品和服务等。

（2）生态保护补偿制度的特征。第一，多元补偿机制协同。财政纵向补偿是指中央财政通过转移支付对重点生态区域和重要生态环境要素提供直接资金支持；地区间横向补偿是指鼓励生态受益地区与保护地区通过协商建立补偿协议，强化区域协作；市场机制补偿是指探索碳排放权交易、生态产品价值实现等市场化手段，拓宽补偿资金来源。

第二，分类实施与动态调整。对森林、草原、湿地等不同生态系统制定差异化补偿标准，体现精准施策；建立定期评估机制，根据生态保护成效和区域发展需求调整补偿范围和力度。

第三，政府主导与社会参与结合。县级以上政府承担组织领导职责，国务院发展改革、财政、生态环境等部门分工协作；鼓励企业、社会组织通过购买生态产品、共建园区等方式参与补偿实践。

（3）生态保护补偿制度的意义。建立生态保护补偿制度是确保生态功能区建设的需要。生态功能区群众的发展权与非生态功能区群众的发展权是平等的。国家为追求宏观上经济、社会和生态效益的最大化，规划了不同的功能区，并分别制定了相应的优化开发、重点开发、限制开发、禁止开发的政策。保证生态功能区规划落到实处，需要设计相应的生态保护补偿制度。

建立科学的生态保护补偿制度可以约束生态环境消费。生态环境的容量有限，生态环境消费无度会损害生态环境。建立科学的生态保护补偿制度，对生态环境过度消费征费，以作生态保护补偿之资，让生态环境消费者的消费成本内部化、制度化、刚性化，能够有效约束生态环境消费者对生态环境的过度消费。

建立科学的生态保护补偿制度可以激励生态环境保护行为。建立科学的生态保护补偿制度可以让生态环境保护的收益内部化，使保护者得到补偿与激励，实现生态环境保护行为的自觉、自愿、自利。建立生态环境保护的长效机制，还可以增强生态产品的生产和供给能力。

💬 论述题

1. **答案**：环境资源法基本制度是指在环境资源法基本原则的指导下，为实现环境资源法的目的，调整人们在环境资源的开发、利用、保护、管理和污染防治过程中产生的社会关系的具有普遍性和代表性的法律规范和行为准则。环境资源法的基本制度是环境资源法律制度系统中的首要构成要素，是环境资源法律制度系统的基本和核心，是环境资源法律制度系统的主要标志和代表者。它不只是污染防治各方面制度中最基本的办事规则和行为准则的总和，还是环境资源开发、利用、保护及管理等方面的制度中最基本的办事规则和行为准则的总和。

下面列举一些我国环境资源法学者的观点。第一种观点认为环境资源法的基本制度应包括五项，即环境影响评价制度、"三同时"制度、排污收费制度、许可证制度、环境污染与破坏事故的报告及处理制度。第二种观点把环境资源法基本制度归纳为环境资源规划制度、生态环境资源标准制度、环境资源监测制度、环境影响评价制度、环境资源许可制度、"三同时"制度、清洁生产制度、综合利用制度、动植物检疫制度、环境资源税费制度等。第三种观点把环境资源法

基本制度分为环境保护基本法律制度和自然资源保护基本法律制度，其中环境保护基本法律制度包括土地利用规划制度、环境影响评价制度、"三同时"制度、许可证制度、征收排污费制度、经济刺激制度；自然资源保护基本法律制度包括自然资源权属制度、自然资源规划制度、自然资源调查和档案制度、自然资源许可制度、自然资源有偿使用制度等。

2. **答案**：环境纠纷是指由于污染或破坏环境而产生的加害者与受害者之间的矛盾和争议。这种纠纷通常是由于单位或个人在利用环境和资源的过程中违反环境保护的法律法规，污染和破坏环境，侵犯他人的合法权益而产生的。环境纠纷可以发生在企事业单位与周围居民之间，也可以发生在企事业单位与单位之间，还可以发生在居民与居民个人之间，其中最为突出和常见的是发生在企事业单位与周围居民之间的纠纷。

环境纠纷的处理主要有以下四种方式：（1）由双方当事人自行解决处理；（2）由生态环境部门和其他行使环境监督权的主管行政机关调解处理；（3）由法院通过民事诉讼程序处理；（4）由仲裁机构调解和裁决。生态环境部门和其他行使环境管理权的行政机关的调解处理适用行政调处程序。调解步骤是：（1）当事人提出调解处理请求；（2）立案进行调查，包括听取双方当事人的陈述、现场调查、进行监测和技术鉴定等；（3）开展调解，促成当事人双方签署协议并履行；（4）在调解不成的情况下明确告知双方当事人可以向法院提起民事诉讼。

3. **答案**：环境许可证制度，又称为环境资源许可证制度，是指有关环境资源行政许可的各种法律规范的总称，是环境资源行政许可活动的制度化和法定化。

环境许可证按照其作用，可以分为三类：（1）防止环境污染许可证，如排污许可证，废物进口许可证，海洋倾废许可证，危险废物经营许可证，放射性同位素与射线装置的生产、使用、销售许可证等；（2）防止环境资源破坏许可证，如林木采伐许可证、特许

猎捕证、捕捞许可证、驯养繁殖许可证、采矿许可证、取水许可证等；（3）综合环境保护许可证，如建设规划许可证等。

环境保护许可证制度的意义在于：（1）有利于维护公民、法人和其他组织的合法环境资源权益，维护环境公共利益、人与人之间的社会秩序和人与自然的生态秩序。（2）有利于保障和监督环境资源行政机关有效实施环境资源行政管理，有利于主管机关及时掌握各方面情况，及时制止不当开发、生产和损害环境的活动。（3）有利于调动环境资源管理相对人保护环境资源的积极性，促使开发利用环境资源者加强环境资源管理，进行技术改造和工艺改造，推行清洁生产、节约资源。（4）有利于群众参与环境资源管理。

环境许可证的实施程序一般包括申请、受理、审查、听证、决定、变更与延续、监督检查等主要阶段。以排污许可证为例，其管理程序主要包括以下阶段：（1）申请。由申请人向有关主管机关提出书面申请，并提交审查所必需的各种材料。（2）审查。行政机关应当对申请人提交的材料进行审查。（3）决定。行政机关对行政许可申请进行审查后，除可以当场作出行政许可决定的，应当在法定期限内按照规定程序作出行政许可决定。（4）期限。除当场可以作出行政许可决定的，行政机关应当自受理行政许可申请之日起20日内作出行政许可决定。（5）听证。涉及公共环境利益的重大行政许可事项，行政机关应当向社会公告，并举行听证。（6）监督检查。主管机关要随时进行监督检查。（7）处理。被许可人未依法履行开发利用自然资源义务或者未依法履行利用公共资源义务的，行政机关应当责令其限期改正。如果持证人违反许可证规定的义务，主管机关可以中止、吊销许可证，并对违法者追究法律责任。

案例分析题

答案：（1）某化工厂违反了环境影响评价制度。环境影响评价制度是对可能影响环境的工程建设、开发活动和各项规划，预先进行调查、预测和评价，提出环境影响及防治方案的报告，经有关部门批准才能进行建设的环境保护制度。某化工厂扩建的加工精制3-硝基、4-氨基苯酚（NAP）设备属于会对环境产生影响的工程建设，应当提出环境影响及防治方案的报告，经有关部门批准才能动工建设。

（2）某化工厂违反了"三同时"制度。"三同时"制度是指一切新建、改建和扩建的基本建设项目（包括小型建设项目）、技术改造项目、自然开发项目，以及可能对环境造成损害的其他工程，必须与主体工程同时设计、同时施工、同时投产使用。某化工厂扩建加工精制3-硝基、4-氨基苯酚（NAP）设备，但是污染防治设施没有相应予以改造，违反了"三同时"制度。

（3）某化工厂违反了许可证制度。凡是对环境有不良影响的各种规划、开发、建设项目、排污设施或经营活动，其建设者或经营者必须事先提出申请，经主管部门审查，颁发许可证后才可以从事该项活动。某化工厂在扩建有关设备前并未向区生态环境局申报获得许可证。

第七章　环境司法专门化

1. **答案**：C。环境资源行政责任根据不同的标准，可作不同的分类：根据责任主体的不同，环境资源行政责任可以分为行政主体的环境资源行政责任和行政相对人的环境资源行政责任；根据责任关系的不同，环境资源行政责任可以分为环境资源内部行政责任和环境资源外部行政责任；根据责任的功能和目的的不同，环境资源行政责任可以分为惩罚性的环境资源行政责任和补救性的环境资源行政责任；根据责任内容的不同，环境资源行政责任可以分为财产性的环境资源行政责任和非财产性的环境资源行政责任。

2. **答案**：B。在题中的四种责任形式中，只有通报批评既适用于环境资源行政相对人又适用于环境资源行政主体；行政处分适用于环境资源行政主体或环境资源行政相对人内部；行政处罚只适用于环境资源行政相对人；行政赔偿是环境资源行政主体因其违法行政行为给行政相对人造成的损失给予赔偿，只适用于环境资源行政主体。

3. **答案**：B。环境行政执法相对人是在具体的环境管理关系中处于被管理一方的当事人，是与环境行政执法主体相对应的一方主体。环境行政执法相对人不是单纯地指某一个人，我国境内的一切组织和个人，都可能成为环境行政执法相对人，包括国家机关、企事业单位、社会团体、其他社会组织、中国公民、外国组织和个人。其中，企事业单位是最主要的环境行政执法相对人。

4. **答案**：A。行政执法机关在作出环境行政处理决定之后，常常需要对相对人执行该决定的情况进行监督检查（在某些情况下，是先监督检查，后作出环境行政处理决定），对不执行决定的相对人视情况作出环境行政处罚。因此，在这种情况下，环境行政处理决

定又成为环境行政执法机关进行执法检查或采取制裁措施的依据。

5. **答案**：D。自由罚又称人身罚，行政拘留属于自由罚。警告属于申诫罚，罚款和责令支付费用属于财产罚。

6. **答案**：D。环境行政强制执行是环境行政管理相对人不履行法律直接规定的或有关环境行政机关依法规定的义务时，有权的环境行政执法机关依法对相对人采取必要的强制措施，强迫其履行义务或达到与履行义务相同的状态的行政执法行为。由此可见，环境行政执法权是环境行政执法机关的主要职权。人民法院的强制执行是司法执行权而不是环境行政强制执行权。

7. **答案**：C。行政主体工作人员承担环境资源行政责任的主要形式是行政处分。

8. **答案**：B。在我国现行的法律体制中，有权追究行政主体环境资源行政责任的组织包括权力机关、人民法院和行政机关。权力机关追究行政主体环境资源行政责任主要通过撤销行政机关不适当的决定和命令来实现。人民法院追究行政主体环境资源行政责任的方式主要是行政诉讼。行政机关追究行政主体环境资源行政责任的方式主要是以行政决定等方式进行追究。

9. **答案**：D。《行政诉讼法》规定，公民、法人或者其他组织直接向人民法院提起诉讼的，应当自知道或者应当知道作出行政行为之日起6个月内提出。法律另有规定的除外。

10. **答案**：A。《行政诉讼法》规定，行政机关委托的组织所作的行政行为，委托的行政机关是被告。

11. **答案**：D。《环境保护法》第63条规定："企业事业单位和其他生产经营者有下列行为之一，尚不构成犯罪的，除依照有关法律法规规定予以处罚外，由县级以上人民政府环境保护主管部门或者其他有关部门将案件

移送公安机关，对其直接负责的主管人员和其他直接责任人员，处十日以上十五日以下拘留；情节较轻的，处五日以上十日以下拘留：（一）建设项目未依法进行环境影响评价，被责令停止建设，拒不执行的；（二）违反法律规定，未取得排污许可证排放污染物，被责令停止排污，拒不执行的；（三）通过暗管、渗井、渗坑、灌注或者篡改、伪造监测数据，或者不正常运行防治污染设施等逃避监管的方式违法排放污染物的；（四）生产、使用国家明令禁止生产、使用的农药，被责令改正，拒不改正的。"所以本题选 D。

12. **答案**：B。依据环境侵害对象的不同，一般可将环境污染损害分为下列几种：（1）财产损害。财产损害是指因为环境污染造成他人财物的减少或毁损。（2）人身损害。人身损害是指环境污染侵犯人身权而给自然人人身带来的损害。它主要包括：一是对生命权的侵害，二是对健康权的侵害，三是对一般人格权的侵害。（3）环境损害。即使未对财产或人身产生损害，但对客观环境造成了实际损害，也应承担相应的民事责任。

13. **答案**：C。共同环境侵权行为可分为环境共同致害行为与环境共同危险行为两类。环境共同致害行为是指行为人排放的污染物共同造成他人损害，其又包括两种情形：一种是每个行为人的单独行为都可以导致损害的发生；另一种是单个行为人的行为不足以使损害发生，但其组合在一起则产生损害的复合污染行为。环境共同危险行为则是指侵害后果是由污染危害行为的多个主体中的一个或数个所致，但不能判明加害具体由谁所致。

14. **答案**：B。我国法律规定的环境民事责任承担方式通常有以下几种：损害赔偿、停止侵害、排除妨碍、消除危险。此外，环境危害还有可能造成受害人精神损害，包括严重污染成受害者死亡，而给其亲属造成的精神上的巨大痛苦，也包括环境危害给受害人造成残疾等。虽然我国立法尚未规定对环境危害造成的精神损害予以赔偿，但这种损害确实是存在的。

15. **答案**：A。《环境保护法》第 58 条规定：

"对污染环境、破坏生态，损害社会公共利益的行为，符合下列条件的社会组织可以向人民法院提起诉讼：（一）依法在设区的市级以上人民政府民政部门登记；（二）专门从事环境保护公益活动连续五年以上且无违法记录。符合前款规定的社会组织向人民法院提起诉讼，人民法院应当依法受理。提起诉讼的社会组织不得通过诉讼牟取经济利益。"所以本题选 A。

16. **答案**：D。检察机关提起民事公益诉讼具有谦抑性。根据《民事诉讼法》的规定，只有在没有有关机关和组织或者有关机关和组织不提起诉讼的情况下，检察院才可以向法院提起公益诉讼。有关机关或者组织提起公益诉讼的，人民检察院可以支持起诉。因此 A 项错误。民事公益诉讼案件审理过程中，检察机关只有在诉讼请求全部实现的情况下才能撤回起诉。因此 B 项错误。检察机关提起公益诉讼，是公益诉讼起诉人，地位相当于原告。人民检察院不服法院第一审判决、裁定的，可以向上一级法院提起上诉。法院审理第二审案件，由提起公益诉讼的检察院派员出庭，上一级检察院也可以派员参加。即应由甲市检察院直接提起上诉，而非其上一级检察院提起上诉。因此 C 项错误。检察院提起公益诉讼案件的判决、裁定发生法律效力，被告不履行的，法院应当移送执行。因此，若该工厂败诉后迟迟不履行，法院不经过检察院申请即可直接移送执行。故 D 项正确。

17. **答案**：B。《环境保护法》第 58 条第 1 款规定："对污染环境、破坏生态，损害社会公共利益的行为，符合下列条件的社会组织可以向人民法院提起诉讼：（一）依法在设区的市级以上人民政府民政部门登记；（二）专门从事环境保护公益活动连续五年以上且无违法记录。"据此，符合条件的社会组织才可以提起环境民事公益诉讼，企业无此资格，故 A 项错误。外国环保协会未在我国设区的市级以上政府民政部门登记，无权提起环境公益诉讼，故 C 项错误。环保组织应在设区的市级以上人民政府民政部门登记，在县民政部门登记不符合要求，故 D 项错误。故本题选择 B 项。

18. **答案**：D。环境资源犯罪的犯罪主体是指实施了污染环境和破坏资源行为，依法应负刑事责任的自然人或单位，选项 A、B 正确。根据《刑法》第 31 条、《最高人民法院、最高人民检察院关于办理环境污染刑事案件适用法律若干问题的解释》第 13 条的规定，单位实施环境资源犯罪的，实行"双罚制"，对直接负责的主管人员和其他直接责任人员定罪处罚，并对单位判处罚金，选项 C 正确。根据《刑法》第 229 条、《最高人民法院、最高人民检察院关于办理环境污染刑事案件适用法律若干问题的解释》第 10 条的规定，承担环境影响评价、环境监测等职责的中介组织的人员故意提供虚假证明文件，情节严重的，处 5 年以下有期徒刑或者拘役，并处罚金，选项 D 错误。

19. **答案**：D。环境资源犯罪的客观方面是环境资源犯罪活动外在表现的总称，包括犯罪人所从事的危害环境资源的行为、危害后果以及行为与后果之间的因果关系，不包括环境资源犯罪的客体，选项 A、B、C 正确，选项 D 错误。

☑️ 多项选择题

1. **答案**：BC。环境资源行政责任，是指环境资源行政法律关系主体违反环境资源行政法律规范，所应承担的否定性法律后果。首先，环境资源行政责任是一种消极责任，是由于违反第一性法定义务而招致的第二性义务。其次，环境资源行政责任是一种法律责任，其责任的形成是基于对环境资源行政法律规范的违背，它与其他社会责任（如政治责任、纪律责任、道义责任等）有密切联系，但也有区别。

2. **答案**：BD。惩罚性的环境资源行政责任，是指环境资源行政违法行为必然导致的对违法主体进行惩罚的法律后果，该后果能够给责任主体造成某种痛苦，从而起到教育和预防作用。其具体形式包括通报批评、行政处分和行政处罚。

3. **答案**：ABD。补救性的环境资源行政责任，是指环境资源行政违法主体补救自己的违法行为所造成的危害后果，以恢复遭受破坏的环境资源行政法律关系和行政法律秩序。其责任形式包括承认错误、赔礼道歉、恢复名誉、消除危害、履行职务、撤销违法、纠正不当、返还权益、恢复原状、行政赔偿、支付治理费用、停业治理等。

4. **答案**：BCD。财产性的环境资源行政责任是指以财产的给付作为责任承担方式的环境资源行政责任，如罚款、没收违法所得、没收非法财物、行政赔偿等。

5. **答案**：ACD。环境行政执法主体具有多部门性，有权从事环境行政执法的部门，除各级人民政府、生态环境主管部门外，还有许多相关部门，如林业草原行政主管部门、渔业行政主管部门、海洋行政主管部门、农业行政主管部门、水利行政主管部门、自然资源主管部门等。

6. **答案**：ABC。环境行政执法行为基本要求是：（1）环境行政执法行为是由环境行政执法机构实施的行为，其他部门或组织实施的行为不是环境行政执法行为；（2）环境行政执法机构的执法行为不得超越其职权范围或授权范围，执法机构非行使职权的行为或超越职权的行为不是环境行政执法行为，而且环境行政执法机构必须是有权的执法机构，即依据环境资源法律法规实施的行为；（3）环境行政执法行为是针对环境行政执法相对人实施的行为，一旦依法实施执法行为，则具有法律效力，即产生直接法律效果，因此，有关环境问题的文件收发、资料保管、记录、复印等事务性行为属于环境行政执法行为。

7. **答案**：ABCD。环境行政执法方式是环境行政执法机构贯彻执行环境资源法律、法规，针对环境行政执法相对人所采取的各种方法、手段和措施。环境行政执法采取什么样的执法方式，是由环境行政执法的内容决定的，并为履行环境行政执法内容服务。环境行政执法的方式，包括环境行政处理、环境行政处罚、环境行政许可、环境行政强制执行、环境行政监督检查等。这些执法方式并不是各自独立、互不关联的，而是紧密联系在一起的。

8. **答案：CD**。环境行政处理决定可按不同的方法进行分类。按照环境行政处理决定性质的不同，可分为权利性的环境行政处理决定和义务性的环境行政处理决定；按照环境行政处理决定内容的不同，可分为排污收费的决定、限期治理的决定、批准环境影响报告书（表）的决定、批准环保设施竣工验收报告的决定、批准环保设施闲置的决定等。

9. **答案：AB**。根据不同的标准可对环境行政许可作不同的分类。根据环境行政许可内容的不同，环境行政许可可以分为确认相对人具有从事某种活动的权利的许可和确认相对人免除某种义务的许可；根据环境行政许可表现形式的不同，可将其分为颁发许可证的许可和发放审批证明的许可。

10. **答案：ABD**。首先，环境行政相对人的申请是实施环境行政许可的前提，如果没有相对人的申请，环境行政主体不能主动破坏环境资源法律规定的一般禁止原则而任意作出许可行为。其次，环境行政许可是以环境资源法律的一般禁止为前提，没有法律的一般禁止，便没有行政许可存在的余地。再次，环境行政许可是由有许可权的环境行政执法机关依法赋予环境行政管理相对人某种权利和资格的行政执法行为，是在相对人普遍没有资格和权利从事某种特定活动的情况下，允许一部分相对人从事这种特定活动。最后，环境行政主体有权力在作出许可决定时附加一定的义务或责任。

11. **答案：ABCD**。环境行政机关强制执行或申请强制执行应当具备的条件是：（1）环境行政相对人依照环境资源法律、法规应当承担某种义务。如果不存在法定义务，也就不存在环境行政强制执行问题。（2）环境行政相对人在法定期限内没有履行该义务，且不履行是出于故意，而非客观上不能履行。（3）环境行政机关采取的强制执行措施必须有法律的明确规定。（4）作出强制执行的环境行政机关，必须享有该项行政强制执行权。

12. **答案：AC**。我国的环境行政强制执行措施，具体包括强制划拨、强行扣缴、强行拆除、强行检查、强行停产、强制关闭等形式。环境行政强制执行的对象只能是财产和行为，不存在人身强制执行问题。

13. **答案：BD**。环境行政监督检查依据监督检查的方法不同，分为实地环境监督检查与全面环境监督检查，其中，现场检查与执法性的环境监测是环境行政执法中两种常用的实地环境监督检查方式。

14. **答案：ABCD**。行政主体的环境资源行政责任的构成，是指形成该行政责任所必须具备的各种条件之总和。环境资源行政责任的构成要件可以从主体、主观、客体、客观四个方面进行理解。

15. **答案：CD**。环境资源行政责任的主体必须具备两个条件：（1）具有法定的责任能力。一般而言，行政主体和行政主体工作人员都具有责任能力。（2）具有法定的环境资源行政职权和行政职责。

16. **答案：ABC**。环境资源行政责任客观方面是指构成该责任的客观外在表现，具体包括行政违法行为、危害后果和两者之间的因果关系。

17. **答案：ABCD**。根据《行政诉讼法》《行政复议法》的规定，行政违法行为主要有以下几种：行政失职、行政越权、行政滥用职权、事实依据错误、适用法律错误、违反法定程序、行政侵权等。

18. **答案：CD**。根据《公务员法》的规定，行政处分共有 6 种形式：警告、记过、记大过、降级、撤职和开除。

19. **答案：BD**。环境资源行政违法主体承担行政责任的方式有两种：一是主动履行，包括行政主体自觉主动发现违法行为并主动承担责任，和行政相对人要求行政主体承担行政责任，行政主体满足了行政相对人的要求。二是被动履行，在行政主体不主动承担责任的前提下，有权机关予以追究，按照法定形式和方式强制行政违法主体履行一定的义务。

20. 答案：BC。行政主体环境资源行政责任的转继，是指在法定条件下，行政责任从一个主体身上转移到另一个主体身上，原责任者的责任为另一个主体所继受。行政主体环境资源行政责任的转继，发生在行政责任已经确定但尚未履行或尚未履行完毕时。导致行政主体环境资源行政责任转继的法律事实是行政主体被合并或撤销。

21. 答案：ABCD。行政主体环境资源行政责任的消灭，是指责任被确定后，因某些法律事实的出现而消灭。行政主体环境资源行政责任的消灭主要基于以下法律事实：（1）责任者履行责任完毕；（2）权利人放弃了要求责任者承担责任的权利；（3）履行责任失去了意义；（4）追究责任的决定被依法撤销。

22. 答案：ABC。《水行政处罚实施办法》第7条规定："受委托组织应当符合下列条件：（一）依法成立并具有管理公共事务职能；（二）具有熟悉有关法律、法规、规章和水利业务，并取得行政执法资格的工作人员；（三）需要进行技术检查或者技术鉴定的，应当有条件组织进行相应的技术检查或者技术鉴定。"

23. 答案：AD。《水行政处罚实施办法》第6条第2款规定："受委托组织在委托权限内，以委托水行政主管部门名义实施水行政处罚；不得再委托其他组织或者个人实施水行政处罚。"第9条规定："委托水行政主管部门应当对受委托组织实施水行政处罚的行为负责监督，并对该行为的后果承担法律责任。"

24. 答案：BCD。根据《行政复议法》和环境资源法律的相关规定，不可以申请环境资源行政复议的事项包括：（1）环境资源抽象行政行为；（2）环境资源内部行政行为；（3）对环境资源民事纠纷作出的调解或其他处理。题中的B、C、D项都属于环境资源行政复议的范围。

25. 答案：BC。《环境保护法》第60条规定："企业事业单位和其他生产经营者超过污染物排放标准或者超重点污染物排放总量控制指标排放污染物的，县级以上人民政府环境保护主管部门可以责令其采取限制生产、停产整治等措施；情节严重的，报经有批准权的人民政府批准，责令停业、关闭。"所以本题选B、C。

26. 答案：ABCD。环境侵权是指污染或破坏环境，从而侵害他人环境权益或财产、人身权益的行为。作为现代社会特有的权益侵害现象，同传统的民事侵权相比，环境侵权具有以下特征：（1）主体方面的特征。第一，当事人地位事实上的不平等。第二，环境侵权的受害主体不仅包括当代人，而且可能包括后代人。（2）客体方面的特征。环境民事侵权侵害对象具有广泛性与复合性。第一，环境侵权要通过环境这一中介作用于人身及财物，其侵害对象包括各种自然要素、无主物、公私财产与人身，远较一般侵权广泛。第二，环境侵权行为一旦造成具体的损害后果，就必然损害不特定的多数人的生命、健康、财产及其他利益。（3）内容方面的特征。第一，宏观上环境侵权行为具有价值双重性。第二，环境侵害具有持续性、潜在性及不明确性。

27. 答案：ABCD。无过错责任原则是为弥补过错责任的不足，解决工业化社会中的一系列新型侵权行为所带来的挑战和难题而设立的新型民事责任原则。无过错责任原则为各国环境资源法所普遍采用的原因是：（1）现代工业生产的排污使生产活动本身具有高度危险性，即使企业无过错，也可能造成环境污染及他人巨大的财产和人身损害。（2）现代工业生产及由此造成的污染往往涉及复杂的科学技术问题，难以证实排污者的故意或过失。（3）无过错原则也是民法公平原则的客观要求。

28. 答案：ABC。我国法律对环境侵权适用过错责任原则和无过错责任原则分别作出了规定：关于过错责任原则，主要适用于对生态环境资源的保护，如森林资源、土地资源、野生动植物资源等，以及自然保护区、风景名胜区、城乡环境等人文环境的保护；而无过错责任原则主要适用于各种环境要素污染防治，如大气污染防治、水污染防治、海洋污染防治、噪声污染防治等。

29. **答案：ABCD。**环境民事责任的特征是指环境民事责任区别于其他责任的特点，既包括与普通民事责任相比所具有的特点，又包括与环境行政责任、环境刑事责任相比所具有的特性，主要包括：（1）环境民事责任是一种污染侵权责任。（2）环境民事责任的发生根据不仅包括对财产权、人身权的侵害，还包括对环境权益的侵害；不仅要求损害人身健康和公私财产的污染者承担民事责任，也要求损害环境而没有损害人身健康和公私财产的污染者承担民事责任。（3）环境民事责任的构成要件具有独特性。这是环境民事责任区别于普通民事责任的根本特征和最集中表现。（4）环境民事责任主要是以补偿为目的的财产责任。这是环境民事责任与环境领域的其他责任如行政责任、刑事责任等的重要区别。（5）环境民事责任是体现"社会本位"价值观的责任。

30. **答案：CD。**我国环境民事责任应分别适用过错责任（主要适用于破坏环境）与无过错责任（主要适用于污染环境），环境民事责任的构成要件也相应地分为过错责任要件和无过错责任要件两种。对过错责任的构成要件，一般认为包括四要件，即行为有违法性、有损害结果、违法行为与损害结果之间有因果关系、行为人有过错；而无过错责任的构成要件，包括环境侵害的事实、损害与污染环境行为之间的因果关系两方面。

31. **答案：AC。**环境损害，按对环境的破坏形式可分为环境破坏与环境污染，前者指人类活动使环境发生物理形状的改变，从而致使环境原有的和谐与美感被破坏；后者指人类活动使环境发生生物、化学等根本性质上的不良变化。按环境与人的关系可分为生活环境的损害与生态环境的损害，前者指与人类生产生活密切相关的环境损害，后者指对由各个环境要素相互联系、作用、制约组成的整个生态系统的破坏。

32. **答案：ABCD。**《环境保护法》第6条第1款规定："一切单位和个人都有保护环境的

义务。"第10条规定："国务院环境保护主管部门，对全国环境保护工作实施统一监督管理；县级以上地方人民政府环境保护主管部门，对本行政区域环境保护工作实施统一监督管理。县级以上人民政府有关部门和军队环境保护部门，依照有关法律的规定对资源保护和污染防治等环境保护工作实施监督管理。"

33. **答案：BD。**根据《最高人民法院关于审理环境民事公益诉讼案件适用法律若干问题的解释》第6条第3款的规定，同一原告或者不同原告对同一污染环境、破坏生态行为分别向两个以上有管辖权的人民法院提起环境民事公益诉讼的，由最先立案的人民法院管辖，必要时由共同上级人民法院指定管辖。针对甲公司对某河的污染行为，A市和B市两个环保公益组织均提起公益诉讼，应作为一个案件由一个法院审理，没必要重复审理，故A项错误。针对同一案件，两个以上法院都有管辖权，一般应由先受理的法院管辖。本案中，A市法院先受理，应由A市法院管辖，故B项正确。《最高人民法院关于审理环境民事公益诉讼案件适用法律若干问题的解释》第29条规定，法律规定的机关和社会组织提起环境民事公益诉讼的，不影响因同一污染环境、破坏生态行为受到人身、财产损害的公民、法人和其他组织依据《民事诉讼法》第119条的规定提起诉讼。环保公益诉讼与个人环境侵权诉讼的当事人、诉讼标的等各方面均不同，不是重复诉讼，彼此不影响，故C项错误。《环境保护法》第58条规定，对污染环境、破坏生态，损害社会公共利益的行为，符合下列条件的社会组织可以向人民法院提起诉讼：（1）依法在设区的市级以上人民政府民政部门登记。（2）专门从事环境保护公益活动连续5年以上且无违法记录。符合前款规定的社会组织向人民法院提起诉讼，人民法院应当依法受理。提起诉讼的社会组织不得通过诉讼牟取经济利益。提起环境公益诉讼的原告应具备设区的市级以上民政部门登记且专门从事环境保护公益活动连续5年以上且无违法记

录的条件，所以 D 项正确。

34. **答案**：AB。依据不同的标准，可以把环境资源刑事责任划分为以下几类：根据环境资源犯罪行为性质的不同，可以把环境资源刑事责任分为污染环境的刑事责任和破坏资源的刑事责任；根据环境资源犯罪行为方式的不同，可以把环境资源刑事责任分为作为犯的环境资源刑事责任和不作为犯的环境资源刑事责任；根据环境资源犯罪主体的不同，可以把环境资源刑事责任分为自然人环境资源刑事责任和单位环境资源刑事责任。

35. **答案**：ABCD。环境资源犯罪客体主要是为环境资源刑法所保护的环境资源法益，即环境资源刑法所保护的生态环境和自然资源。在具体的犯罪案件中，环境资源犯罪的直接客体，因犯罪行为侵害对象的不同而不同。如果将环境犯罪客体精神化，也可以将环境资源犯罪客体理解为环境资源犯罪行为所侵害的生态社会关系或环境资源社会关系。

36. **答案**：AD。环境资源刑事责任的承担方式，实际上就是环境资源犯罪主体所受到的不同种类的刑罚处罚。《刑法》中规定的主刑和附加刑种类有生命刑、自由刑、财产刑、资格刑。而在环境保护领域，环境资源犯罪适用的刑罚处罚主要是自由刑和财产刑。即根据环境资源犯罪的事实、情节等，分别适用管制、拘役、有期徒刑、罚金和没收财产。

37. **答案**：ACD。根据《环境保护法》第 27 条规定，县级以上人民政府应当每年向本级人民代表大会或者人民代表大会常务委员会报告环境状况和环境保护目标完成情况，对发生的重大环境事件应当及时向本级人民代表大会常务委员会报告，依法接受监督。因此，重大环境污染事件应当向本级人大常委会而非政协报告，故 A 项正确、B 项错误。根据《环境保护法》第 68 条规定，地方各级人民政府、县级以上人民政府环境保护主管部门和其他负有环境保护监督管理职责的部门有违法行为的，对直接负责的主管人员和其他直接责任人员给予记过、记大过或者降级处分；造成严重后果的，给予撤职或者开除处分，其主要负责人应当引咎辞职。故

C、D 项正确。

名词解释

1. **答案**：环境行政执法是指有关行政管理机关执行环境资源法律规范的活动，它又可以分为生态环境主管部门的执法和环境保护行政相关部门的执法。

2. **答案**：环境资源行政责任是指环境资源行政法律关系主体违反环境资源行政法律规范，所应承担的否定性的法律后果。

3. **答案**：共同环境侵权行为可分为环境共同致害行为与环境共同危险行为两类。前者是指行为人排放的污染物共同造成他人损害，包括两种情形：一种是每个行为人的单独行为都可以导致损害的发生；另一种是单个行为人的行为不足以使损害发生，但其组合在一起则产生损害的复合污染行为。后者则是指侵害后果是因为污染危害行为的多个主体中的一个或数个所致，但不能判明加害具体由谁所致。

4. **答案**：环境民事诉讼是指民事主体在其环境民事权益受到侵害时依民事诉讼程序提出诉讼请求，人民法院对其审理并裁判的活动。它是环境争议公力救济方式之一，要遵循民事诉讼程序和规则。

5. **答案**：举证责任倒置是一种特殊的证明规则，即原告提出的事实主张不由其提出证据加以证明而由被告承担证明该事实不存在的义务，否则即推定该事实存在。在环境污染民事诉讼中，由于污染的间接性、多因素性、科学技术性等使得被害人要想清楚证明损害的发生尤为困难，因此，举证责任倒置也成为各国环境民事诉讼的普遍做法。《最高人民法院关于民事诉讼证据的若干规定》中有明确规定。

6. **答案**：环境保护责任制度是指以环境资源法律规定为依据，把环境保护工作纳入计划，以责任制为核心，以签订合同的形式，规定企业在环境保护方面具体权利和义务的法律责任制度。

7. **答案**：环境刑事责任是指行为人故意或过失实施了严重危害环境的行为，并造成了人身

伤亡或公私财产的严重损失，构成犯罪，须承担刑事责任。

8. **答案：**污染环境罪是指违反防治环境污染的法律规定，造成环境污染，后果严重，依照法律应受到刑事处罚的行为。污染环境罪是最高人民法院、最高人民检察院对《刑法修正案（八）》罪名作出的补充规定，取消原"重大环境污染事故罪"罪名，改为"污染环境罪"。该罪具体的内容包括违反国家规定，排放有害物质。

9. **答案：**破坏自然保护地罪是指违反自然保护地管理法规，在国家公园、国家级自然保护区进行开垦、开发活动或者修建建筑物，造成严重后果或者有其他恶劣情节的行为。

简答题

1. **答案：**环境行政责任的构成要素是指承担违反环境保护法的行政责任者所必须具备的条件——行为违法、行为有危害后果、违法行为与危害后果之间有因果关系、行为人有过错。

（1）行为违法。学界对于违法的解释有"主观违法说"和"客观违法说"。实践中采用较多的是"客观违法说"。"客观违法说"认为，即使行为未违反法律强制性或者禁止性规范，也构成违法。

（2）行为有危害后果。行为的危害后果是承担环境行政责任的选择条件之一。在某些情况下，法律规定没有造成危害后果的违法行为也要承担环境行政责任，而在另外一些情况下，环境违法行为必须产生了危害环境的后果才承担环境行政责任。此外，在某些场合，法律规定只有危害后果才是环境行政责任的条件。前面所说的"没有造成危害后果"是指没有造成现实的、直接的、有形的危害后果，但违法行为肯定会对环境造成危害，只不过这种危害后果是潜在的、无形的或是间接的。

（3）违法行为与危害后果之间有因果关系。环境违法行为是原因，行为的危害后果是结果，在没有规定不以危害后果作为承担环境行政责任条件的场合，不存在确定因果

关系的问题。在环境保护实践中，要准确认定产生环境危害后果的违法行为从而确定两者之间的因果关系，并不是一件轻而易举的事，多因一果、一因多果、多因多果的情形比较常见。

（4）行为人有过错。环境行政责任中的过错分为故意和过失。故意是指行为人明知自己的行为会造成环境损害的后果，并且希望或者放任这种后果发生的心理状态，故意分为直接故意和间接故意。过失是指行为人应当预见自己的行为可能产生危害环境的后果，因疏忽大意没有预见或者能够预见却轻信自己能够避免的心理状态，分为疏忽大意的过失和过于自信的过失。过错的形式不同，行为人承担环境行政责任的形式也不一样，对故意心理状态行政责任的追究，较之过失心理状态的行政责任追究要严厉。

2. **答案：**（1）在一般民事侵权损害赔偿的诉讼中，原告被害人应当对要件事实（加害行为和损害结果之间的因果关系、侵权行为与损害结果之间的因果关系、加害人过错）承担举证责任。《民事诉讼法》中当事人对自己提出的主张有责任提供证据的规定，正是此原则的体现。但是，对于一些技术性较强、当事人地位悬殊、举证困难的特殊侵权行为则反之，坚持"谁主张谁举证"可能会使原告胜诉的可能性降低。为此，对一些特殊侵权予以特别规定，在规则原则上采用过错推定原则或无过错责任原则、在证明规则上采用举证责任倒置。而在环境污染民事诉讼中，由于污染的间接性、多因素性、科学技术性等使得被害人要想清楚地证明损害的发生尤为困难，因此举证责任倒置也成为环境污染民事诉讼的普遍做法。

（2）传统的民事责任要求违法行为与损害结果之间有因果关系。环境民事侵权责任不以违法行为为构成要件，因此致害行为与损害结果之间的因果关系是致害人承担环境民事责任的必要条件。但是，在环境民事侵权责任中，这种因果关系的认定比较困难，因此在审判实践中，多以因果关系的推定原则代替因果关系的直接认定。因果关系的推

定，是指在确定污染行为与损害结果之间的因果关系时，如果无因果关系的直接证据，可以通过间接证据推定其因果关系。之所以要适用推定原则，是因为这种因果关系极其复杂。第一，环境违法行为的形式复杂多样，同一危害后果可能由数个不同的行为引起，而且绝大部分环境危害后果的发生，其因果关系具有不紧密性和隐蔽性，证据也易灭失。第二，由于人力、物力和科学技术的局限，要查明环境违法行为与危害后果之间的关系较为困难。第三，在确定因果关系时，多因一果的现象经常出现，受害人很难或根本无法证明谁是致害人，其只须证明分别存在时间、地域和致害物质的同一性，即可成立共同侵权行为的推定。

3. **答案**：环境污染损害赔偿纠纷是发生环境污染损害时引起的赔偿责任纠纷和赔偿金额纠纷。赔偿责任纠纷是确定谁应承担赔偿责任而产生的争议，赔偿金额纠纷是确定负赔偿责任者应赔偿多少金额而产生的争议。

解决环境污染损害赔偿纠纷主要有以下两种途径，当事人可任选其中的一种。第一，行政处理。因环境污染损害而产生的赔偿纠纷，当事人可请求行政机关进行调解处理。有权对环境污染损害赔偿纠纷进行处理的行政机关有：生态环境主管部门；其他依照法律规定行使环境监督管理权的部门。第二，司法解决。当通过行政处理不能解决环境污染损害赔偿纠纷时，即当事人对行政机关就赔偿纠纷所作处理决定不服时，当事人可以向人民法院起诉；当事人也可以不经行政处理，直接向人民法院起诉。

4. **答案**：（1）环境污染无过失责任的法律特征

第一，不考虑双方当事人的过错。民法上的"过失"有两种含义，其一为固有意义上的过失，即违反不得侵害他人权利的义务所产生的过失；其二为非固有意义上的过失，指行为人对自己利益之维护照顾有所松懈，故又称对自己的过失。这两种过失也可以称为加害人的过失和受害人的过失。只有在不考虑这两种过失的前提下确定责任，才可称为无过失责任。

第二，不能推定加害人有过错。即使通过过失概念的客观化和举证责任倒置的方式也难以确定加害人有过错。

第三，因果关系是决定责任的基本要件。在过错责任适用的情况下，过错不仅是责任的要件还是决定责任的最终要件，即行为人是否应承担责任，最终取决于他有无过错。而在无过失责任情况下，行为人有无过错，取决于损害结果与其行为之间是否有因果关系。

（2）环境污染无过失责任的免责条件

此处的免责条件是指因环境污染造成他人财产或人身损害时，因具备法律规定的可以免除责任的条件而不承担民事法律责任。无过失责任的免责条件主要有：战争行为；不可抗拒的自然灾害；因正当防卫和紧急避险而造成的损害；第三者或者受害人的过失而引起的情况等。

我国环境保护相关法律所规定的免责条件主要有：

第一，不可抗拒的自然灾害造成他人损害的。《水污染防治法》第96条第2款及其他有关法律都规定把不可抗拒的自然灾害作为免责条件。

第二，战争行为。《海洋环境保护法》第116条规定，因战争行为造成海洋环境污染损害的，免予承担赔偿责任。

第三，受害人自身的责任引起的。《水污染防治法》第96条第2款规定："由于不可抗力造成水污染损害的，排污方不承担赔偿责任；法律另有规定的除外。"

第四，由于第三者的故意或过失引起的。《水污染防治法》第96条第4款规定，由于第三者的故意或过失所引起的污染损失应当由第三者承担责任。《海洋环境保护法》第114条规定，对污染海洋环境、破坏海洋生态，造成他人损害的，依照《民法典》等法律的规定承担民事责任。《民法典》第1229条规定，因污染环境、破坏生态造成他人损害的，侵权人应当承担侵权责任。

5. **答案**：《民法典》第1230条规定，因污染环境、破坏生态发生纠纷，行为人应当就法律规定的不承担责任或者减轻责任的情形及其行为与损害之间不存在因果关系承担举证责任。因此，受害人的举证责任包括：（1）污染行为的证明。须证明行为人存在污染环境的行为。（2）损害事实的证明。须证明自身遭受了实际损害。（3）初步因果关系关联。须证明污染行为与损害结果可能存在关联，例如，排放的污染物有造成该损害的可能、污染源与损害发生地的时空关联性等。行为人的举证责任包括：（1）因果关系不存在。如排放的污染物没有造成该损害可能的；排放的可造成该损害的污染物未到达该损害发生地的；该损害于排放污染物之前已发生的等。（2）免责事由。行为人须证明存在免责情形，例如，损害由不可抗力导致，或完全由受害人故意或重大过失造成。环境污染案件涉及复杂的科学技术问题，污染行为与损害结果之间的因果关系难以直接证明；且其行为人多为企业而受害人多为普通公众，后者保留、收集证据的能力对于侵权人来说处于弱势地位。民事诉讼通过举证责任倒置，降低了受害人的举证难度，强化了污染者的法律责任。

6. **答案**：《环境保护法》所规定的罚款不同于《刑法》中的罚金。罚款和罚金都是国家机关强制违法行为者在一定期限内向国家缴纳一定数量现金的处罚方法，但两者存在以下区别：

（1）法律性质不同。罚款属于行政处罚，而罚金则属于刑事处罚。

（2）执法机关不同。罚款一般由行政执法机关决定，而罚金则由人民法院依法判决。

（3）适用对象不同。罚款适用于违反行政法律、法规但尚未构成犯罪的一般违法分子，而罚金则适用于违反刑事法律的犯罪分子。

7. **答案**：环境刑事责任的构成要件包括：

（1）犯罪主体。环境犯罪的主体，已打破了"个人刑罚观"，即只处罚自然人。环境犯罪的主体除了达到法定年龄且具备刑事责任能力的自然人以外，还包括法人。

（2）犯罪客体。破坏环境资源罪的犯罪客体，侵害各种环境要素和自然资源，从而侵犯财产所有权、人身权和环境权。

（3）犯罪的客观方面。犯罪的客观方面是指有污染和破坏环境和自然资源的行为（作为和不作为）及其社会危害性。环境犯罪造成的危害后果可能特别严重，往往会造成重大污染事故，致使公私财产遭受重大损失或人身伤亡的严重后果。未造成严重后果的环境违法行为，通常被追究其行政责任。危害后果是否严重是区别行政责任和刑事责任的重要依据。

（4）犯罪的主观方面。即犯罪主体进行犯罪行为时的故意或过失的主观心理状态。损害环境的行为可能产生极其严重的危害后果，因此，在认定是否构成环境犯罪时，不能仅看社会危害性一个方面，而必须强调具备犯罪的故意和过失。这是区别罪与非罪的重要界限。

论述题

1. **答案**：环境行政责任，是指环境行政法律关系的主体违反环境行政法律规范或不履行环境行政法律义务所应承担的否定性的法律后果。

根据环境行政责任承担主体的不同，可以将其分为环境行政管理主体的责任和环境行政相对人所承担的责任。环境行政管理主体的责任种类主要包括：撤销违法行政行为；履行法定职责；赔偿行政相对人损失。另外，在某些情况下，还有赔礼道歉、恢复名誉、消除影响等责任形式。环境行政相对人的环境行政责任，是指因环境行政相对人违反环境资源法或不履行法定环境保护义务而受到的环境行政处罚和行政处分。环境资源法中主要规定了环境行政相对人的环境行政责任，以环境行政处罚为主。

根据环境行政处罚的性质和作用可分为三大类：（1）申诫罚。申诫罚又叫精神罚，是指环境行政管理机关向违法者提出告诫，指明其违法行为，使受罚人在精神和名誉上受到损害的制裁方式。它主要适用于轻微的环境违法行为或尚未造成实际危害后果的环境违法行为。在环境资源法中，明确规定的申诫罚只有警告一种。（2）行为罚。行为罚又称为能力罚，是指行政管理机关依法限制或剥夺环境违法行为人某种特定行为能力，令其作为或不作为的制裁方式。它是对具有某种法定资格或在环境保护方面具有作为或不作为义务的违法行为人实施的制裁。其方式主要有责令限期改正、责令停止建设、责令重新安装使用污染防治设施、责令停止生产或停业整顿、责令停业、责令关闭等。（3）财产罚。财产罚又称为经济罚，是指行政管理机关依法对环境违法行为人的某种财产利益加以剥夺的制裁方式。在环境资源法中，财产罚的主要形式有：罚款、没收，包括没收违法所得和没收从事非法活动的工具、财物等；责令支付消除污染费用、责令赔偿损失、加收排污费等。

根据责任的功能和目的的不同，环境行政责任可以分为惩罚性的环境行政责任和补救性的环境行政责任。惩罚性的环境行政责任指的是行政违法行为必然导致的在法律上对违法主体进行惩罚的法律后果，具体形式包括通报批评、行政处分和行政处罚。补救性的环境行政责任是指环境行政违法行为的主体履行自己的法定义务或补救自己的违法行为所造成的危害后果的法律责任，这类责任既适用于环境行政主体，又适用于环境行政相对人。

关于环境行政责任的承担，通常表现为两种形式，即当事人主动承担和在法定组织追究下承担。一般而言，环境资源法律关系主体都是在法定组织追究下承担相应的责任。在我国，有权追究行政责任的法定组织包括权力机关、人民法院、各级人民政府、各级人民政府的环境行政主管机关和分管机关以及上级行政机关。

2. **答案**：执法方式是行政机关实施行政执法行为的最直接的手段。没有执法方式，执法权将无法付诸实施。同等情况下，不同的执法方式，将导致不同的执法效果。

随着时代的发展，环境行政执法应该突出体现以下指导思想：（1）转变观念。从单一管理职能模式向管理职能与服务职能相结合的模式转化。（2）环境行政执法由封闭走向开放。在环境行政执法过程中要吸引公众参与，集思广益，调动社会各界的积极性。（3）环境行政执法方式多元化。环境行政机关在规范原先占有主导地位的管制、命令等方式的基础上，创新执法方式，增加指导性、平等性、服务性的执法方式，以行政指导、行政合同等新的方式实现环境行政执法"强制性—弱强制性—说服性"的转变。

环境行政机关在进一步完善传统的环境行政执法方式的基础上，可以尝试推广以下三种执法方式：

（1）环境行政合同方式。在环境行政执法领域，如建设项目的"三同时"承包合同、关于使用排污费合同等，取得了很好的效果。在我国环境行政执法领域出现的这类合同是环境行政机关为执行环境行政法律法规这一特定目的，与环境行政相对人意思表示一致而订立的协议，是一种环境行政合同。首先，这种采用环境行政合同的执法方式可以加强宏观调控，避免环境行政机关的直接行政干预，保护相对人的权益。其次，行政合同的形式比较灵活，可以根据具体的执法内容确定具体的执法措施。最后，环境行政合同的执法方式体现了执法机关事前的积极的预防作为，而不是机械地事后处罚。而就企业方面来说，环境行政合同还可以帮助企业更好地履行社会责任，提升企业的形象。

（2）吸引公众参与。环境作为"公共产品"，公众有权参与其管理与分配。公众参与环境行政执法首先可以起到监督环境行政机关的作用，促使行政机关公正执法；其次可以提升全社会的环境资源法律意识，促进守法积极性；最后还可以弥补行政执法机关执法人力的不足。环境行政机关除要落实环境行政公开制度和环境听证制度外，还应该为公众监督环境行政执法提供方便渠道，如建立排污申报厅、公布举报电话、设立举报信箱等。此外，环境行政机关还应当进一步研究开创公众参与环境行政执法的新方式、新渠道，充分发挥公众的力量。

（3）环境行政奖励方式。环境行政执法中的行政奖励，一般是指环境行政执法机关（授权或委托机关）依照法律、法规，对实施了优秀环境行为的单位和个人给予荣誉和奖励。环境行政奖励对于环境行政执法的有效开展，具有积极的意义。行政处罚可以打击违法者，起到威慑作用；行政奖励则可以鼓励先进，并对他人产生激励作用。环境行政奖励可以采取多样化形式，既可以是物质奖励，如奖励一定数量的奖金或返还一定比例的排污费等，也可以是精神奖励，还可以是带有奖励性的优惠政策，如推行企业环境信誉等级评价制度，对好的企业挂 AAA 级信誉标志、对差的企业在新闻媒介上公布。

3. **答案**：环境侵权作为一个集合性名词，是对各式各样的环境污染与生态破坏所造成的侵害的总称。

环境侵权的特征主要有：

（1）主体不平等性、不可互换性与不特定性。侵权行为主体分为加害人与受害人。在环境侵权行为中，加害人与受害人大多具有不平等性、不可互换性乃至不特定性。第一，环境侵权行为主体大多具有不平等性和不可互换性。第二，环境侵权主体在特定情况下具有不特定性。现代环境侵权不光是由特定的人或特定的企业的所谓违法、犯罪行为造成的，也是由不特定的多数人的日常行为蓄积造成的，要寻找加害人即使有可能，也是极为困难的。

（2）对象广泛性与客体多样性。在环境侵权中，加害人的行为通常并不直接作用于受害人，而往往是通过一系列中间环节的作用致人损害。相较于传统侵权行为而言，环境侵权行为要复杂得多，总体上属于特殊的、间接的侵权行为。环境侵权的危害地域往往相当广阔，如海洋污染会波及世界上几个不同的国家；危害人数往往众多，且不仅局限于当代人，还会损及后代人；危害权益繁多，如生命、身体、健康、财产、环境等。

（3）侵权行为的价值双重对立性。在价值判断上，环境侵权的侵权行为具有价值的双重对立性。一方面，环境污染损害了人们的人身、财产与环境权益，应当受到社会的谴责；另一方面，环境污染又为人类生存、发展所必需，具有相当的价值正当性与社会有用性。况且，自然界具有一定的自净和自我恢复能力，在不超越其净化和恢复能力的限度内，各种排污活动和开发建设活动并不会造成生态破坏。只有当侵权行为对环境的影响超过了环境的自净能力与生态系统的承载能力而造成生态破坏时，才构成环境侵权。

（4）侵害过程的间接性、持续性与复合性。环境侵权是一种间接侵权行为，加害人的加害行为大多并不直接作用于受害人或其财产之上，而是通过"环境"这一中介物，对生存于其中的人或物造成损害。同时，污染物的不断排放，其损害后果也将持续出现，即使停止了污染的排放，污染损害也不会立即消失，而会在环境中持续相当长的时间。这就决定了侵害的过程在时间上是一个持续的、反复的过程。此外，各种污染物质来源广泛、性质各异，它们进入环境以后，相互之间以及它们与环境要素之间往往又会发生复杂的物理、化学或生物化学反应，并通过各种自然规律发生迁移、扩散、富集等现象，从而使损害过程变得异常复杂，具有显著的复合性。

（5）损害结果的潜伏性、滞后性与放大性。环境侵权造成的损害，尤其是疾病损害，往往不能被及时发现，即使被发现了也不能尽快消除。因此，环境侵权损害后果具有明显的潜伏性与滞后性。此外，环境侵权损害后果还有明显的放大性。某些并不引人注目的环境污染与破坏现象，经过环境的作用后，其危害结果，无论是深度还是广度，都会明显放大。

4. **答案**：我国环境损害赔偿制度的完善应从以下层面展开：

（1）民法层面：环境侵权损害赔偿理论的更新

因果关系推定理论的明确。原因和损害之间是否具有因果关系是决定环境侵权诉讼成立与否的重要争点。基于侵权行为追究损害赔偿时，受害者必须科学严密地证明加害行为是其损害发生的原因。

（2）环境保护法层面：生态环境主管部门环境执法权的加强

第一，完善执法体制，加强执法监督。明确各部门职责，强化部门执法监督，根除地方插手环保工作的现象，提高环境保护工作的执法力度和执法效率。

第二，强化执法手段。依据违法者的违法动机设立威慑性罚款额，赋予基层生态环境主管部门罚款额度的自由裁量权。

第三，提高执法技能，增强环境纠纷调处能力。行政调解的有效进行一方面可以给予受害人及时赔偿，提高环境侵权救济效率，化解社会矛盾，维护社会稳定；另一方面能够降低因环境诉讼所致的巨额社会成本支出，节约社会资源。生态环境主管部门行政调解的有效进行有赖于其执法技能的提高：一是环境执法设施的完备有助于生态环境主管部门对环境侵权事实的准确掌握；二是建立在生态环境主管部门管理下的损害赔偿额度评估机构，便于对损害后果的掌握。

5. **答案：**（1）环境公益诉讼制度的概念。环境公益诉讼制度，是指特定的国家机关、相关团体和个人，对有关民事主体或行政机关侵犯环境公共利益的行为，向法院起诉，由法院依法追究行为人法律责任的制度。从国内外的实践看，建立健全环境公益诉讼制度，可以更加有力地保障公众的环境权利，维护社会公共利益和国家利益。为此，要建立健全环境公益诉讼制度，使广大人民群众真正掌握公众参与和监督环境保护的法律武器。

（2）环境公益诉讼制度的特征。环境公益诉讼制度与传统的普通环境侵权诉讼方式相比，具有显著的特征：首先，它是指被诉行为侵害或危及社会性的公共环境权益，一般并不直接损害原告私人的利益。其次，环境公益诉讼具有显著的预防性。最后，环境公益诉讼并非一种独立的诉讼类型与领域，而只是一种与原告资格认定相关的诉讼方式，这种诉讼方式既可在行政诉讼中采用，亦可在民事诉讼中采用。

（3）环境公益诉讼制度的构建。在环境公益诉讼制度的具体构建上，可以采用起诉主体宽泛化、受案范围扩大化、国家奖励、防止滥诉等原则。

第一，在环境公益诉讼的原告资格上，环境公益诉讼的目的是维护公共利益，因此，原告资格应突破我国现有的诉讼法律"直接利害关系"的限制，检察机关、环保非政府组织、个人三类主体都应具有提起环境公益诉讼的权利。

第二，在环境公益诉讼的范围上，环境公益诉讼可根据被诉对象的不同分为民事公益诉讼和行政公益诉讼两类。其中，环境民事公益诉讼范围应主要限于行政机关根据"依法行政"原则不能直接干预的、损害环境公共利益的民事主体的行为；环境行政公益诉讼的范围应在现有行政诉讼的受案范围上，适当予以扩展。行政机关不当作为、当作为而不作为等使环境公共利益受到损害的，均应纳入环境行政公益诉讼的受理范围。

第三，鼓励和激发公众积极参与维护环境公共利益。在环境公益诉讼费用上，由国家承担法院审理案件的裁判费用，实现审判成本的"公共负担"。其他诉讼费用，如律师费用、鉴定费用等，仍应由败诉人承担。同时，应考虑建立由国家对胜诉原告给予适当物质利益补偿的机制。

第四，环境公益诉讼扩展了有权依法起诉的主体，这就存在滥诉的可能。对此，应设立一定的制度来防止滥诉的发生，包括：其一，公益诉讼前置程序。在提起环境民事公益诉讼前，必须先向相关行政主管部门进行举报。其二，原告资格审查制度。法院在正式受理环境公益诉讼前，应审查原告身份是否合法、提出的证据是否充分、起诉是否有理由。其三，不适用调解、撤诉制度。环境公益诉讼一旦受理，原告就无权要求撤诉或调解，并应按照法庭要求，积极参加庭审等诉讼活动。

6. **答案：**（1）环境污染民事责任的概念、特点。环境污染民事责任，是指单位或者个人因污染环境而侵害了公共财产或者他人的人身、财产所应承担的民事方面的法律责任。

环境污染民事责任的特征是指环境污染民事责任区别于其他责任的特点，既包括与普通民事责任相比所具有的特点，又包括与环境行政责任、环境刑事责任相比所具有的特点。其主要包括：第一，环境民事责任是一种污染侵权责任。第二，环境民事责任的发生根据不仅包括对财产权、人身权的侵害，还包括对环境权益的侵害；不仅要求损害人身健康和公私财产的污染者承担民事责任，也要求损害环境而没有损害人身健康和公私财产的污染者承担传统民事责任。第三，环境民事责任的构成要件具有独特性。这是环境民事责任区别于普通民事责任的根本特征和最集中表现。第四，环境民事责任主要是以补偿为目的的财产责任。这是环境民事责任与环境领域的其他责任如行政责任、刑事责任等的重要区别。第五，环境民事责任是体现"社会本位"价值观的责任。

（2）环境污染民事责任的归责原则。对于环境污染致害行为适用无过错责任的归责原则。无过错责任，是为弥补过错责任不足而建立的一种制度。环境资源法上的无过错责任是指因污染和破坏而给他人造成财产和人身损害的行为人，即使主观上没有过错，也要对其所造成的损害承担赔偿责任。这是环境污染民事责任的基本归责原则，这种归责原则既不考虑加害人的过错，也不考虑受害人的过错。

（3）实行无过错归责原则的原因。第一，在环境侵权案件中，加害方多为国家许可的具有特殊经济、科技、信息实力和法律地位的工商企业或企业集团，而受害人则多处于弱势地位。环境侵权的主体往往具有不平等性。在环境侵权中如果恪守传统的过错责任原则，不仅个人的财产损害和人身伤害无法得到及时、充分的补偿，而且还会使高度社会化的生产秩序遭受破坏。所以，在环境侵权领域，无过失责任的适用成为必然。第二，在环境侵权行为中，损害环境的污染行为往往不是即时完成的，要判断损害事实

是否由某侵权行为造成，通常是比较困难的；污染物进入环境以后，可能与损害后果的发生在时间上间隔较长，使因果关系表现得十分隐蔽和不紧密；环境污染危害的潜伏期较长，一旦产生损害，因历时久远、证据灭失，因果关系的证明更为困难；要证明环境侵权与损害事实之间的因果关系，还必须具备相关的专门科学技术知识和仪器设备，而目前这些条件显然并不完全具备。因此，因果关系推定必须以无过错责任为前提。

（4）其他要注意的问题。在环境侵权案件中，因第三人的过错导致环境损害的，被侵权人既可以向污染者求偿，也可以向第三人主张损害赔偿。如果有两个以上的污染者共同造成了损害后果，污染者承担责任的大小，根据具体情况确定。如果因污染环境发生纠纷，污染者应当就法律规定与因果关系承担举证责任与无法举证所带来的不利后果。

7. **答案**：我国于 1979 年在《环境保护法（试行）》第 6 条规定了"谁污染谁治理"原则，即"已经对环境造成污染和其他公害的单位，应当按照谁污染谁治理的原则，制定规划，积极治理，或者报请主管部门批准转产、搬迁"。在 1989 年的《环境保护法》①中将其改为由具体的制度和措施规定来隐含这一基本原则。这是因为将这项原则隐含地规定于法律条文中有利于在解释该原则时不受直接规定的局限。

在 2014 年《环境保护法》第 5 条所确立的基本原则中，从"环境责任主义"的观点出发将这一原则在立法上表述为"损害担责"原则。损害担责的本意，是指只要有环境污染和生态破坏的行为发生即为损害，行为人就要承担责任，而非有了损害结果才担责。

从我国环境保护的法律规定看，该原则并不包括对污染损害和环境破坏所造成的被害人的损失予以赔偿。关于环境污染损害的赔偿，适用民事法律和环境保护相关法律对环境污染损害赔偿责任的特别规定（无过失

---

① 1979 年《环境保护法（试行）》和 1989 年的《环境保护法》均已失效。

责任）。

原因者负担原则（损害者付费、受益者补偿原则）的适用主要表现在环境保护的费用负担方面，它的具体适用表现在：

（1）实行排污收费或者征收污染税制度

排污收费或者征收污染税是一种简单但又行之有效的法律制度，即向环境排放污染物的单位或个人按照其排放污染物的种类、数量或者浓度，向国家交纳一定的费用，以用于治理和恢复因污染对环境造成的损害。若因污染环境造成他人损害的，排污者还应当承担相应的民事责任。

（2）实行开发利用自然资源补偿费（税）制度

对于开发利用自然资源者，不论是对自然资源的开发利用还是单独以享受和利用自然（如进入国家森林公园或者风景名胜区域）为目的，都应当按照原因者负担原则支付相应的资源恢复费、自然利用费、生态补偿费或相应的税。这里所支付的费用是专门补偿由开发利用自然资源和自然环境导致的自然环境利益损失所需花费。其目的在于保持环境质量经常处于一定的、高质量的水平之上。

案例分析题

1. **答案：**（1）不成立。根据《最高人民法院关于审理生态环境损害赔偿案件的若干规定（试行）》第7条规定，被告反驳原告主张的，应当提供证据加以证明。被告主张具有法律规定的不承担责任或者减轻责任情形的，应当承担举证责任。本案被告不能举证证明其排污与水稻受害无因果关系，就应当承担败诉的后果。

（2）不合理。因为这种做法不符合《民事诉讼法》的便民原则和效率原则。

2. **答案：**（1）依照我国《环境保护法》及有关法律的规定，承担环境污染损害赔偿的责任并不以排污是否超标作为判断依据。只要排放污染物造成了他人损害，都应当承担损害赔偿的责任。所以本案中的A、B、C三家企业都具备成为被告的条件。

（2）无权提起。根据《海洋环境保护法》的规定，对污染海洋环境、破坏海洋生态，给国家造成重大损失的，由依照本法规定行使海洋环境监督管理权的部门代表国家对责任者提出损害赔偿要求。前款规定的部门不提起诉讼的，人民检察院可以向人民法院提起诉讼。前款规定的部门提起诉讼的，人民检察院可以支持起诉。

3. **答案：**（1）不成立。因为环境污染侵害实行的是无过错责任原则，无论被告是否排放达标，只要造成了损害就要承担民事赔偿责任。是否排放达标只是判断其行为是否合法的依据，而非确定是否承担民事责任的依据。

（2）不成立。《民法典》第1230条规定："因污染环境、破坏生态发生纠纷，行为人应当就法律规定的不承担责任或者减轻责任的情形及其行为与损害之间不存在因果关系承担举证责任。"《最高人民法院关于生态环境侵权民事诉讼证据的若干规定》第6条规定："被告应当就其行为与损害之间不存在因果关系承担举证责任。被告主张不承担责任或者减轻责任的，应当就法律规定的不承担责任或者减轻责任的情形承担举证责任。"因此，本案应当由被告承担其排放污染物行为与损害结果之间不存在因果关系的举证责任。

（3）可以。因为4位被告在本案中构成共同侵权，4位被告应当承担连带责任，原告可以要求被告中的任何一人承担全部责任。被告方之间的追偿问题是另一个问题。

4. **答案：**（1）周某在诉讼中无须再向法院提交其他相关证据。根据我国法律规定，被告承担举证责任，或者原告提出受到损害的事实证据。如果被告否认承担民事责任，则需要提出相反的证据。在因环境损害引起的损害赔偿诉讼中，被告否认的，由被告负举证责任。本案中，石化染料厂和硫酸厂应当承担举证责任。

（2）石化染料厂的辩解没有道理。根据我国法律规定，环境污染的损害赔偿实行无过错责任制。无过错责任，是指因污染环境而给他人造成财产或人身损害的单位或个人，即使主观上没有故意或过失，也要对造成的损害承担赔偿责任。因此，虽然石化染料厂排放的废水 pH 值符合排放标准，但是根据无过错责任原则，石化染料厂仍然应当承担赔偿责任。

（3）硫酸厂的辩解没有道理。我国排污费制度，是指对于向环境排放污染物或超过国家排放标准排放污染物的排污者，按照污染物的种类、数量和浓度，根据规定征收一定费用的环境保护法律制度。向国家缴纳了排污费并不能免除硫酸厂由于排污给公民造成经济损失的民事赔偿责任。

5. **答案：**（1）构成犯罪。依照《刑法》的规定，违反国家规定，排放、倾倒或者处置有放射性的废物、含传染病病原体的废物、有毒物质或者其他有害物质，严重污染环境的，构成污染环境罪。

本案中，刘、杨二人违反国家规定，将化学废料随意倾倒在半山腰，后天降暴雨导致下游村庄土壤、水中苯酚含量严重超标，村民鱼池、菜地、藕田和湖水遭受污染，造成严重污染环境后果，故构成污染环境罪。

（2）构成犯罪。依照《刑法》的规定，负有环境保护监督管理职责的国家机关工作人员严重不负责任，导致发生重大环境污染事故，致使公私财产遭受重大损失或者造成人身伤亡的严重后果，构成环境监管失职罪。

在本案中，首先，李某意识到此检验报告不符合规定要求但未明确指出，属于监管失职；其次，李某此时既未督促其提供加盖公章的化验单，也未予以制止，便同意将这批废料交给刘某和杨某处理，这也属于监管失职。李某作为负有环境保护监督管理职责的国家机关工作人员严重不负责任，导致发生重大环境污染事故，下游村庄土壤、水中苯酚含量严重超标，村民鱼池、菜地、藕田和湖水遭受污染，直接经济损失达 200 万元，致使公私财产遭受重大损失。因此，李某构成环境监管失职罪。

6. **答案：**（1）张某和杨某的行为违反了《野生动物保护法》《刑法》，该违法行为与我国参加的《濒危野生动植物物种国际贸易公约》有关。

（2）张某的行为构成了犯罪。具体罪名为：非法捕杀和出售珍贵野生动物及其制品罪。依照《刑法》第 341 条，非法猎捕、杀害国家重点保护的珍贵、濒危野生动物的，或者非法收购、运输、出售国家重点保护的珍贵、濒危野生动物及其制品的，构成危害珍贵、濒危野生动物罪。张某猎捕国家重点保护的野生雪豹 5 只，后将捕杀的雪豹皮高价卖给了境外商杨某，构成危害珍贵、濒危野生动物罪，具体罪名为"非法捕杀和出售珍贵野生动物及其制品罪"。

（3）杨某的行为构成了犯罪。具体罪名为：非法收购珍贵野生动物制品罪和走私国家禁止出口的珍贵野生动物制品罪。依照《刑法》第 341 条，非法猎捕、杀害国家重点保护的珍贵、濒危野生动物的，或者非法收购、运输、出售国家重点保护的珍贵、濒危野生动物及其制品的，构成危害珍贵、濒危野生动物罪。依照《刑法》第 151 条，走私国家禁止进出口的珍贵动物及其制品的，构成走私珍贵动物、珍贵动物制品罪。杨某向张某购买雪豹皮构成非法收购珍贵野生动物制品罪，后携带雪豹皮出境构成走私国家禁止出口的珍贵野生动物制品罪。

第二编　污染防治法

第八章　污染防治法律制度

1. 答案：C。 因为环境污染和其他公害主要产生于环境与资源开发或建设、工农业生产以及日常生活活动所排放的污染物，所以从理论上讲，直接的防治方法是通过对污染源的行政管理来控制污染物的排放。

2. 答案：B。 从理论上讲，环境污染防治行政管理的目标及其确立和实施过程主要包括：首先，在实施环境污染防治行政管理之前，必须先由国家生态环境主管部门依照法律规定的程序和方法，制定国家生态环境标准。其次，为了实现国家生态环境标准的要求，国家必须制定环境保护规划，同时针对各种污染物和有害物质的排放等制定国家污染物排放标准，规范向环境排放污染物的行为。最后，通过一系列的环境污染防治行政法律制度来促成国家环境保护目标的实现。通过上述一系列环境污染防治的行政管理，最终的目标就是要使污染物以及有害物质的排放达到国家生态环境标准规定的要求，从而实现保护和改善环境的目的。

3. 答案：C。 现场检查制度是指县级以上生态环境主管部门或者其他依照法律规定行使环境保护监督管理权的部门，有权对管辖范围内的排污单位（包括个人）进行现场检查，被检查的单位应当如实反映情况，提供必要的资料，检查机关应当为被检查的单位保守技术秘密和业务秘密的法律规定。现场检查是法律赋予有关行政部门的权力，各个部门应当依照有关法律的规定行使现场检查权，否则就属于越权。现场检查一般应由环境保护监督管理人员亲自、直接进入现场检查，以便掌握第一手资料、证据。检查部门之所以必须为被检查单位保守秘密，是因为在市场竞争日益激烈的今天，企事业单位的技术秘密与业务秘密直接关系到这些单位的经济利益，秘密的泄露会导致其在市场竞争中败北而遭受损失。

4. 答案：D。《水污染防治法》第2条规定："本法适用于中华人民共和国领域内的江河、湖泊、运河、渠道、水库等地表水体以及地下水体的污染防治。海洋污染防治适用《中华人民共和国海洋环境保护法》。"

5. 答案：B。《水污染防治法》第64条规定："在饮用水水源保护区内，禁止设置排污口。"第75条规定："在风景名胜区水体、重要渔业水体和其他具有特殊经济文化价值的水体的保护区内，不得新建排污口。在保护区附近新建排污口，应当保证保护区水体不受污染。"

6. 答案：A。《水污染防治法》第74条规定："县级以上人民政府可以对风景名胜区水体、重要渔业水体和其他具有特殊经济文化价值的水体划定保护区，并采取措施，保证保护区的水质符合规定用途的水环境质量标准。"

7. 答案：D。《水污染防治法》第46条规定："国家对严重污染水环境的落后工艺和设备实行淘汰制度。国务院经济综合宏观调控部门会同国务院有关部门，公布限期禁止采用的严重污染水环境的工艺名录和限期禁止生产、销售、进口、使用的严重污染水环境的设备名录。生产者、销售者、进口者或者使用者应当在规定的期限内停止生产、销售、进口或者使用列入前款规定的设备名录中的设备。工艺的采用者应当在规定的期限内停止采用列入前款规定的工艺名录中的工艺。依照本条第二款、第三款规定被淘汰的设备，不得转让给他人使用。"

8. **答案**：B。在我国，大气污染防治工作最早是从对工矿企业劳动场所的环境卫生保护和职业病防护开始进行的。1979年，在我国制定的首部环境保护法律《环境保护法（试行）》中，首次以法律的形式对大气污染防治作出了原则性的规定。

9. **答案**：B。国务院生态环境主管部门会同国务院有关部门，根据气象、地形、土壤等自然条件，可以对已经产生和可能产生酸雨的地区或者其他二氧化硫污染严重的地区，经国务院批准后，划定酸雨控制区或者二氧化硫污染控制区（简称"两控区"）。划定"两控区"的目的是控制我国日益严重的酸雨污染。

10. **答案**：B。《大气污染防治法》第23条第1款规定，国务院生态环境主管部门负责制定大气环境质量和大气污染源的监测和评价规范，组织建设与管理全国大气环境质量和大气污染源监测网，组织开展大气环境质量和大气污染源监测，统一发布全国大气环境质量状况信息。

11. **答案**：B。《大气污染防治法》第8条规定，国务院生态环境主管部门或者省、自治区、直辖市人民政府制定大气环境质量标准，应当以保障公众健康和保护生态环境为宗旨，与经济社会发展相适应，做到科学合理。

12. **答案**：A。我国对固体废物采取的主要管理方式有提高资源的利用率、开展综合利用以及对固体废物实行最终处置。而我国最早对固体废物进行管理的方式，则是开展对固体废物的综合利用。

13. **答案**：D。《固体废物污染环境防治法》第22条规定，转移固体废物出省、自治区、直辖市行政区域贮存、处置的，应当向固体废物移出地的省、自治区、直辖市人民政府生态环境主管部门提出申请。移出地的省、自治区、直辖市人民政府生态环境主管部门应当及时商经接受地的省、自治区、直辖市人民政府生态环境主管部门同意后，在规定期限内批准转移该固体废物出省、自治区、直辖市行政区域。未经批准的，不得转移。

14. **答案**：A。《固体废物污染环境防治法》第80条第2款和第3款规定："禁止无许可证或者未按照许可证规定从事危险废物收集、贮存、利用、处置的经营活动。禁止将危险废物提供或者委托给无许可证的单位或者其他生产经营者从事收集、贮存、利用、处置活动。"第81条第1款规定："收集、贮存危险废物，应当按照危险废物特性分类进行。禁止混合收集、贮存、运输、处置性质不相容而未经安全性处置的危险废物。"

15. **答案**：D。噪声具有如下特点：（1）噪声是感觉性公害，是人们可以直接感觉到的、对人体健康有害的声音。（2）噪声是局部性公害，有一定的辐射距离，对周围环境的影响范围呈局部性现象。（3）噪声污染具有暂时性。当噪声源停止振动之后，噪声的污染就会立即停止，不像其他公害那样残留任何污染物，不会在环境中长期积累。

16. **答案**：B。《声环境质量标准》将城市区域的类别划分为五类，其中2类标准（夜间50分贝，昼间60分贝）适用于居住、商业、工业混杂区。

17. **答案**：A。《噪声污染防治法》第14条第2款规定："县级以上地方人民政府根据国家声环境质量标准和国土空间规划以及用地现状，划定本行政区域各类声环境质量标准的适用区域……"

18. **答案**：A。《海洋环境保护法》第19条规定："国家加强海洋环境质量管控，推进海域综合治理，严格海域排污许可管理，提升重点海域海洋环境质量。需要直接向海洋排放工业废水、医疗污水的海岸工程和海洋工程单位，城镇污水集中处理设施的运营单位及其他企业事业单位和生产经营者，应当依法取得排污许可证。排污许可的管理按照国务院有关规定执行。实行排污许可管理的企业事业单位和其他生产经营者应当执行排污许可证关于排放污染物的种类、浓度、排放量、排放方式、排放去向和自行监测等要求。禁止通过私设暗管或者篡改、伪造监测数据，以及不正常运行污染防治设施等逃避监管的方式向海洋排放污染物。"

19. 答案：C。《海洋环境保护法》第 4 条第 1 款、第 2 款和第 3 款规定："国务院生态环境主管部门负责全国海洋环境的监督管理，负责全国防治陆源污染物、海岸工程和海洋工程建设项目（以下称工程建设项目）、海洋倾倒废弃物对海洋环境污染损害的环境保护工作，指导、协调和监督全国海洋生态保护修复工作。国务院自然资源主管部门负责海洋保护和开发利用的监督管理，负责全国海洋生态、海域海岸线和海岛的修复工作。国务院交通运输主管部门负责所辖港区水域内非军事船舶和港区水域外非渔业、非军事船舶污染海洋环境的监督管理，组织、协调、指挥重大海上溢油应急处置。海事管理机构具体负责上述水域内相关船舶污染海洋环境的监督管理，并负责污染事故的调查处理；对在中华人民共和国管辖海域航行、停泊和作业的外国籍船舶造成的污染事故登轮检查处理。船舶污染事故给渔业造成损害的，应当吸收渔业主管部门参与调查处理。"

20. 答案：B。《海洋环境保护法》第 4 条第 4 款规定："国务院渔业主管部门负责渔港水域内非军事船舶和渔港水域外渔业船舶污染海洋环境的监督管理，负责保护渔业水域生态环境工作，并调查处理前款规定的污染事故以外的渔业污染事故。"

21. 答案：B。《海洋环境保护法》第 47 条规定："入海排污口位置的选择，应当符合国土空间用途管制要求，根据海水动力条件和有关规定，经科学论证后，报设区的市级以上人民政府生态环境主管部门备案。排污口的责任主体应当加强排污口监测，按照规定开展监控和自动监测。生态环境主管部门应当在完成备案后十五个工作日内将入海排污口设置情况通报自然资源、渔业等部门和海事管理机构、海警机构、军队生态环境保护部门。沿海县级以上地方人民政府应当根据排污口类别、责任主体，组织有关部门对本行政区域内各类入海排污口进行排查整治和日常监督管理，建立健全近岸水体、入海排污口、排污管线、污染源全链条治理体系。国务院生态环境主管部门负责制定入海排污

口设置和管理的具体办法，制定入海排污口技术规范，组织建设统一的入海排污口信息平台，加强动态更新、信息共享和公开。"

22. 答案：C。《海洋环境保护法》第 58 条第 2 款规定："经中华人民共和国管辖的其他海域转移危险废物的，应当事先取得国务院生态环境主管部门的书面同意。"

23. 答案：D。《海洋环境保护法》第 21 条规定："直接向海洋排放应税污染物的企业事业单位和其他生产经营者，应当依照法律规定缴纳环境保护税。向海洋倾倒废弃物，应当按照国家有关规定缴纳倾倒费。具体办法由国务院发展改革部门、国务院财政主管部门会同国务院生态环境主管部门制定。"

24. 答案：A。《海洋环境保护法》第 83 条规定："载运具有污染危害性货物进出港口的船舶，其承运人、货物所有人或者代理人，应当事先向海事管理机构申报。经批准后，方可进出港口或者装卸作业。"

25. 答案：C。《海洋环境保护法》第 116 条规定："完全属于下列情形之一，经过及时采取合理措施，仍然不能避免对海洋环境造成污染损害的，造成污染损害的有关责任者免予承担责任：（一）战争；（二）不可抗拒的自然灾害；（三）负责灯塔或者其他助航设备的主管部门，在执行职责时的疏忽，或者其他过失行为。"

26. 答案：A。《放射性污染防治法》第 8 条第 1 款规定："国务院环境保护行政主管部门对全国放射性污染防治工作依法实施统一监督管理。"

27. 答案：B。《危险化学品安全管理条例》第 33 条规定："国家对危险化学品经营（包括仓储经营，下同）实行许可制度。未经许可，任何单位和个人不得经营危险化学品。依法设立的危险化学品生产企业在其厂区范围内销售本企业生产的危险化学品，不需要取得危险化学品经营许可。依照《中华人民共和国港口法》的规定取得港口经营许可证的港口经营人，在港区内从事危险化学品仓储经营，不需要取得危险化学品经营许可。"第 35 条规定："从事剧毒化学品、易

制爆危险化学品经营的企业，应当向所在地设区的市级人民政府安全生产监督管理部门提出申请，从事其他危险化学品经营的企业，应当向所在地县级人民政府安全生产监督管理部门提出申请（有储存设施的，应当向所在地设区的市级人民政府安全生产监督管理部门提出申请）。申请人应当提交其符合本条例第三十四条规定条件的证明材料。设区的市级人民政府安全生产监督管理部门或者县级人民政府安全生产监督管理部门应当依法进行审查，并对申请人的经营场所、储存设施进行现场核查，自收到证明材料之日起 30 日内作出批准或者不予批准的决定。予以批准的，颁发危险化学品经营许可证；不予批准的，书面通知申请人并说明理由。设区的市级人民政府安全生产监督管理部门和县级人民政府安全生产监督管理部门应当将其颁发危险化学品经营许可证的情况及时向同级环境保护主管部门和公安机关通报。申请人持危险化学品经营许可证向工商行政管理部门办理登记手续后，方可从事危险化学品经营活动。法律、行政法规或者国务院规定经营危险化学品还需要经其他有关部门许可的，申请人向工商行政管理部门办理登记手续时还应当持相应的许可证件。"第 40 条规定："危险化学品生产企业、经营企业销售剧毒化学品、易制爆危险化学品，应当查验本条例第三十八条第一款、第二款规定的相关许可证件或者证明文件，不得向不具有相关许可证件或者证明文件的单位销售剧毒化学品、易制爆危险化学品。对持剧毒化学品购买许可证购买剧毒化学品的，应当按照许可证载明的品种、数量销售。禁止向个人销售剧毒化学品（属于剧毒化学品的农药除外）和易制爆危险化学品。"

28. **答案**：C。《农药管理条例》第 7 条第 2 款规定："国务院农业主管部门所属的负责农药检定工作的机构负责农药登记具体工作。省、自治区、直辖市人民政府农业主管部门所属的负责农药检定工作的机构协助做好本行政区域的农药登记具体工作。"

29. **答案**：A。根据《环境影响评价法》第 24 条第 1 款的规定，建设项目的环境影响评价文件经批准后，建设项目的性质、规模、地点、采用的生产工艺或者防治污染、防止生态破坏的措施发生重大变动的，建设单位应当重新报批建设项目的环境影响评价文件。故 A 项说法正确，B、C 项说法错误。根据《环境保护法》第 66 条的规定，提起环境损害赔偿诉讼的时效期间为 3 年，从当事人知道或者应当知道其受到损害时起计算。需要注意的是适用诉讼时效期间 3 年的是"环境损害赔偿"，对于停止侵害、排除妨碍、消除危险等侵权责任只要侵害行为在持续，随时可以主张要求停止侵害、排除妨碍、消除危险。故 D 项说法错误。

30. **答案**：C。根据《城乡规划法》第 36 条规定，按照国家规定需要有关部门批准或者核准的建设项目，以划拨方式提供国有土地使用权的，建设单位在报送有关部门批准或者核准前，应当向城乡规划主管部门申请核发选址意见书。前款规定以外的建设项目不需要申请选址意见书。因此，应该先由规划部门确定选址，再由项目审批机关批准项目，先③后①；故 A、B 项错误。《城乡规划法》第 37 条规定，在城市、镇规划区内以划拨方式提供国有土地使用权的建设项目，经有关部门批准、核准、备案后，建设单位应当向城市、县人民政府城乡规划主管部门提出建设用地规划许可申请，由城市、县人民政府城乡规划主管部门依据控制性详细规划核定建设用地的位置、面积、允许建设的范围，核发建设用地规划许可证。建设单位在取得建设用地规划许可证后，方可向县级以上地方人民政府土地主管部门申请用地，经县级以上人民政府审批后，由土地主管部门划拨土地。所以，以划拨方式取得土地使用权进行开发建设的建设项目的规划许可步骤为：（1）申请规划部门核发选址意见书；（2）有关部门批准、备案、核准建设项目；（3）提出建设用地规划许可申请；（4）规划部门核发建设用地规划许可证；（5）向自然资源主管部门申请用地；（6）县级以上地方人民政府审批,自然资源主管部门划拨土地。故 C 项正确,D 项错误。

☑ 多项选择题

1. 答案:ABCD。根据《环境保护法》第 42 条的规定,"公害"是指由于人们在生产建设或者其他活动中产生的废气、废水、废渣、医疗废物、粉尘、恶臭气体、放射性物质以及噪声、振动、光辐射、电磁辐射等对环境的污染和危害。

2. 答案:ABCD。从污染物和能量种类来说,《环境保护法》第 42 条所列举的污染物,是我国防治环境污染的对象。社会生活污染物也属于防治污染的对象。

3. 答案:AB。在环境与资源保护单行法中,污染防治法所占比重最大。中国现行有关环境污染的专门法律有《大气污染防治法》《水污染防治法》《噪声污染防治法》《固体废物污染环境防治法》《放射性污染防治法》《土壤污染防治法》。

4. 答案:ABD。《水污染防治法》第 35 条规定,向水体排放含热废水,应当采取措施,保证水体的水温符合水环境质量标准。因此,A 选项正确。第 36 条规定,含病原体的污水应当经过消毒处理,符合国家有关标准后,方可排放。因此,B 选项正确。《水污染防治法》第 58 条第 2 款规定,禁止向农田灌溉渠道排放工业废水或者医疗污水。向农田灌溉渠道排放城镇污水以及未综合利用的畜禽养殖废水、农产品加工废水的,应当保证其下游最近的灌溉取水点的水质符合农田灌溉水质标准。因此,工业废水一律不得用于灌溉,C 选项错误。《水污染防治法》第 34 条规定,禁止向水体排放、倾倒放射性固体废物或者含有高放射性和中放射性物质的废水。向水体排放含低放射性物质的废水,应当符合国家有关放射性污染防治的规定和标准。因此,D 选项正确。

5. 答案:BCD。大气污染是指人们的生产活动或其他活动,向大气环境排入有毒、有害物质,使其物理、化学、生物或者放射性等特性改变,导致生活环境和生态环境质量下降,

进而危害人体健康、生命安全和财产损害的现象。其特点是污染速度快、范围大、持续时间长。

6. 答案:ABCD。非技术性措施主要是采取环境规划与管理,以及经济刺激、环境行政和宣传教育等手段,促使排污单位或个人重视大气污染防治工作而采取的方法。所有这些措施或方法,必须通过大气污染防治立法予以规范,并以国家强制力来保障实施。

7. 答案:ABCD。在防治大气污染上,除环境影响评价制度、"三同时"制度、排污收费制度、许可证制度、环境污染事故的报告及处理制度、淘汰落后工艺与设备制度、清洁生产制度、排污申报登记制度、现场检查制度等制度外,还有如下制度:(1)禁止超标排放污染物制度;(2)污染物排放总量控制和区域限批制度;(3)划定大气污染防治重点城市制度;(4)划定酸雨控制区和二氧化硫污染控制区制度。

8. 答案:CD。《固体废物污染环境防治法》第 2 条规定:"固体废物污染环境的防治适用本法。固体废物污染海洋环境的防治和放射性固体废物污染环境的防治不适用本法。"第 124 条第 1 项规定:"固体废物,是指在生产、生活和其他活动中产生的丧失原有利用价值或者虽未丧失利用价值但被抛弃或者放弃的固态、半固态和置于容器中的气态的物品、物质以及法律、行政法规规定纳入固体废物管理的物品、物质。经无害化加工处理,并且符合强制性国家产品质量标准,不会危害公众健康和生态安全,或者根据固体废物鉴别标准和鉴别程序认定为不属于固体废物的除外。"第 125 条规定:"液态废物的污染防治,适用本法;但是,排入水体的废水的污染防治适用有关法律,不适用本法。"

9. 答案:ABC。固体废物分为工业固体废物、城市生活垃圾和危险废物等种类,包括在生产、生活和其他活动中产生的产品边角废料、已报废产品、丧失实际利用价值或者虽未丧失利用价值但被所有人弃用的呈固态或者半固态状态的物品、物质。半固态废物包括泥状废物和高浓度液体废物。根据管理的方便

性和有效性原则，将半固态废物列入固体废物范围内加以管制，较为方便、合理和经济。

10. **答案：ABD**。"三化"是指对固体废物采取减量化、资源化和无害化的措施。该原则是各国防治固体废物污染中普遍适用的原则，是防治固体废物污染富有成效的措施。固体废物减量化，又称为废物最小量化，是指减少固体废物的产生。固体废物资源化，又称为资源综合利用，是指通过回收、再利用、循环利用、再生利用、替代、提取、转换、交换等方式，对固体废物进行全部或部分直接利用，或使之转化为可利用的二次原料或再生资源。固体废物无害化是指对不能利用或暂时不能利用的固体废物，进行符合环境保护要求和标准的或者有利于环境安全的无害处置。

11. **答案：ABC**。防治固体废物污染，对其产生的固体废物进行利用和处置。在鼓励企事业单位自行防治的同时，为提高治理污染的效益，国家实行集中防治。固体废物污染的集中防治主要有三种形式：一是鼓励企事业单位将其拥有的固体废物利用、贮存、处置设施，在保证利用、贮存、处置本单位产生的固体废物污染的条件下，将剩余的防治能力向他人开放，接受他人提供的需要利用、贮存、处置的废物。二是区域性集中收集、处置方式。三是推行"废物交换"。

12. **答案：ABCD**。《固体废物污染环境防治法》第86条规定："因发生事故或者其他突发性事件，造成危险废物严重污染环境的单位，应当立即采取有效措施消除或者减轻对环境的污染危害，及时通报可能受到污染危害的单位和居民，并向所在地生态环境主管部门和有关部门报告，接受调查处理。"

13. **答案：BCD**。产生噪声的震源有很多，按产生机能划分，可分为机械性噪声、空气动力性噪声和电磁性噪声三大类。按污染源的种类来划分，可分为工业噪声、交通噪声、施工噪声、社会生活噪声以及自然噪声。

14. **答案：ABCD**。我国噪声及其污染的防治立法所采取的主要措施是从控制声源和声的传播途径两个方面展开的。从噪声的控制技术上讲，对声源进行控制所采取的措施主要有：一是改进机械或设备的结构以降低声源的噪声发射功率，二是采取吸声、隔声、减振、隔振以及安装消声器等方法以控制噪声源的噪声辐射。另外对声的传播途径所采取的主要控制方式有：使噪声源远离需要安静的地方；控制噪声的传播方向；建立隔声屏障；应用吸声材料或吸声结构将噪声的声能转变为热能。当然，控制噪声的措施还应当包括对接受者进行保护，主要方法是采取佩戴护耳器以及减少在噪声环境中的暴露时间。

15. **答案：ABCD**。《噪声污染防治法》第8条第3款规定："各级住房和城乡建设、公安、交通运输、铁路监督管理、民用航空、海事等部门，在各自职责范围内，对建筑施工、交通运输和社会生活噪声污染防治实施监督管理。"

16. **答案：CD**。《噪声污染防治法》第15条规定，国务院生态环境主管部门根据国家声环境质量标准和国家经济、技术条件，制定国家噪声排放标准以及相关的环境振动控制标准。

17. **答案：ABCD**。《噪声污染防治法》第44条规定："本法所称交通运输噪声，是指机动车、铁路机车车辆、城市轨道交通车辆、机动船舶、航空器等交通运输工具在运行时产生的干扰周围生活环境的声音。"

18. **答案：ABC**。中国加入了一些防止海洋环境污染的国际公约，它们分别是《国际油污损害民事责任公约》《国际防止船舶污染公约》《联合国海洋法公约》《国际干预公海油污事件公约》《防止因倾倒废物及其他物质而引起海洋污染的公约》等。

19. **答案：ABCD**。《海洋环境保护法》第2条第2款和第3款规定："在中华人民共和国管辖海域内从事航行、勘探、开发、生产、旅游、科学研究及其他活动，或者在沿海陆域内从事影响海洋环境活动的任何单位和个人，应当遵守本法。在中华人民共和国管辖海域以外，造成中华人民共和国管辖海域环境污染、生态破坏的，适用本法相关规定。"

20. **答案**：CD。《海洋环境保护法》第 6 条第 2 款规定："跨区域的海洋环境保护工作，由有关沿海地方人民政府协商解决，或者由上级人民政府协调解决。"

21. **答案**：AB。《海洋环境保护法》第 16 条规定，国务院生态环境主管部门根据海洋环境质量状况和国家经济、技术条件，制定国家海洋环境质量标准。沿海省、自治区、直辖市人民政府对国家海洋环境质量标准中未作规定的项目，可以制定地方海洋环境质量标准。C 项错误，根据 2018 年的《国务院机构改革方案》，国家不再保留国土资源部、国家海洋局等，国家海洋局的职责划归新组建的自然资源部。

22. **答案**：ABCD。《海洋环境保护法》第 33 条第 2 款规定："国务院和沿海地方各级人民政府应当采取有效措施，重点保护红树林、珊瑚礁、海藻场、海草床、滨海湿地、海岛、海湾、入海河口、重要渔业水域等具有典型性、代表性的海洋生态系统，珍稀濒危海洋生物的天然集中分布区，具有重要经济价值的海洋生物生存区域及有重大科学文化价值的海洋自然遗迹和自然景观。"

23. **答案**：ABCD。《海洋环境保护法》第 34 条规定："国务院和沿海省、自治区、直辖市人民政府及其有关部门根据保护海洋的需要，依法将重要的海洋生态系统、珍稀濒危海洋生物的天然集中分布区、海洋自然遗迹和自然景观集中分布区等区域纳入国家公园、自然保护区或者自然公园等自然保护地。"

24. **答案**：ABCD。《放射性污染防治法》第 3 条规定："国家对放射性污染的防治，实行预防为主、防治结合、严格管理、安全第一的方针。"

25. **答案**：ABCD。《农药管理条例》第 2 条规定："本条例所称农药，是指用于预防、控制危害农业、林业的病、虫、草、鼠和其他有害生物以及有目的地调节植物、昆虫生长的化学合成或者来源于生物、其他天然物质的一种物质或者几种物质的混合物及其制剂。前款规定的农药包括用于不同目的、场所的下列各类：（一）预防、控制危害农业、林业的病、虫（包括昆虫、蜱、螨）、草、鼠、软体动物和其他有害生物；（二）预防、控制仓储以及加工场所的病、虫、鼠和其他有害生物；（三）调节植物、昆虫生长；（四）农业、林业产品防腐或者保鲜；（五）预防、控制蚊、蝇、蜚蠊、鼠和其他有害生物；（六）预防、控制危害河流堤坝、铁路、码头、机场、建筑物和其他场所的有害生物。"

名词解释

1. **答案**：酸雨被定义为 pH 值小于 5.6 的大气降水。它是大气受污染的一种表现，因最早引起注意的是酸性的降雨，所以习惯上统称为酸雨。

2. **答案**：污染物排放标准（或控制标准），是指对允许污染源排放污染物或对环境造成危害的其他因素的最高限额所作的规定。按控制的污染物及其排放的不同，可分为大气污染物排放标准，水污染物排放标准，固体废弃物、噪声等污染控制标准；按规定限值类别的不同，可分为浓度控制标准和总量控制标准。制定污染物排放标准（或控制标准）是为了实现环境质量标准，结合技术经济条件和环境特点，限制排入环境中的污染物或对环境造成危害的其他因素。

3. **答案**：固体废物污染防治的"三化"原则是防治固体废物污染环境的重要原则，它包括减量化、资源化和无害化。减量化是指在对资源、能源的利用过程中，要最大限度地利用资源或能源，以尽可能地减少固体废物的产生量和排放量。资源化是指对已经成为固体废物的各种物质采取措施，进行回收、加工使其转化成为二次原料或能源予以再利用的过程。无害化是指对于那些不能再利用或依靠当前技术水平无法予以再利用的固体废物进行妥善的贮存或处置，使其不对环境以及人身、财产的安全造成危害。

4. **答案**：氮氧化物（NO_x）主要是指 NO 和 NO_2。NO 和 NO_2 都是对人体有害的气体。氮氧化物和碳氢化合物（HC）在大气环境中受强烈的太阳紫外线照射，发生光化学反应而产生二次污染物，这种由一次污染物和二次污染物的混合物所形成的烟雾现象，称为光化学烟雾。

5. **答案**：大气污染是指大气因某种物质的介入，其化学、物理、生物或者放射性等方面特性发生改变，从而影响大气的有效利用，危害人体健康或财产安全，以及破坏自然生态系统、造成大气质量恶化的现象。

6. **答案**：危险废物名录制度，是指将经过试验鉴别的具有危险性的废物列入名录，对名录所列的危险废物实行特别管理，采取特别的污染防治措施。危险废物名录制度又称为"危险废物黑名单"制度。

7. **答案**：水中杂质的具体衡量尺度称为水质指标。各种水质指标标示出水中杂质的种类和数量，由此判断水质的好坏及是否满足要求。水质指标项目繁多，可以分为物理、化学和微生物学指标三大类。（1）物理性水质指标，包括温度、色度、嗅味、浑浊度、悬浮固体等；（2）化学性水质指标，如 pH、溶解氧（DO）、化学需氧量（COD）、生化需氧量（BOD）、氨氮、总磷、重金属、氰化物、多环芳烃，各种农药等；（3）生物学水质指标，包括细菌总数、总大肠菌群数等。

8. **答案**：《固体废物污染环境防治法》第124条第1项规定："固体废物，是指在生产、生活和其他活动中产生的丧失原有利用价值或者虽未丧失利用价值但被抛弃或者放弃的固态、半固态和置于容器中的气态的物品、物质以及法律、行政法规规定纳入固体废物管理的物品、物质。经无害化加工处理，并且符合强制性国家产品质量标准，不会危害公众健康和生态安全，或者根据固体废物鉴别标准和鉴别程序认定为不属于固体废物的除外。"固体废物是指城市生活垃圾、工业固体废物和危险废物等，包括在生产、生活和其他活动中产生的产品边角废料、已报废产品、丧失实际利用价值或者虽未丧失利用价值但被所有人弃用的呈固态或者半固态的物品、物质。

9. **答案**：病原体水污染是指水体因病毒、病菌、

和寄生虫等的介入，其化学、物理、生物等方面特性发生改变，从而影响水的有效利用，危害人体健康，如引起痢疾、伤寒、传染性肝炎及血吸虫病等疾病，或者破坏生态环境，导致水质恶化的现象。

10. **答案**：排污收费制度是指向环境排放污染物或超过规定的标准排放污染物的排污者，依照国家法律和有关规定，按标准交纳费用的制度。

✏️ 简答题

1. **答案**：水污染防治的主要制度可归纳为两类：

一类是环境资源法规定的一般制度，如"三同时"制度、环境影响评价制度、排污申报登记制度、超标排污收费制度等；另一类是水污染防治所特别强调的制度，主要包括：

（1）总量控制制度和核定制度。总量控制制度是指省级以上人民政府，对水污染物达标排放仍不能达到国家规定的水环境质量标准的水体，可实施重点污染物排放的总量控制的法律规定。它是针对水污染物浓度控制中存在的缺陷，在污染源密集情况下无法保证水环境质量目标的实现而提出来的一种控制污染方式。与该项制度相配套的重点污染物排放量的核定制度，是指省级人民政府为实现区域水污染物排污总量控制的目标，将总量控制指标分配到工业污染源的法律规定。

（2）城市污水集中处理制度。城市污水具有排放地点集中、排放量大、污染物成分复杂等特点。如果分散处理，不仅经济上不合理，而且处理效果差。为此，《水污染防治法》第49条规定，城镇污水应当集中处理。县级以上地方人民政府应当通过财政预算和其他渠道筹集资金，统筹安排建设城镇污水集中处理设施及配套管网，提高本行政区域城镇污水的收集率和处理率。

（3）划定生活饮用水水源保护区制度。这项制度是指省级以上人民政府为加强生活饮用水水资源的保护，依法在本行政区域内

划定生活饮用水地表水源保护区，并对其进行严格的监督管理。《水污染防治法》第63条规定，饮用水水源保护区分为一级保护区和二级保护区。必要时，可以在饮用水水源保护区外围划定一定的区域作为准保护区。

（4）公众参与环境影响评价制度。该项法律制度是广大群众参与水环境保护和监督管理的法律依据。它要求，报送建设项目环境影响报告书的单位，应当广泛征集附近单位和居民对该建设项目影响环境的意见，并如实连同环境影响报告书送交主管部门预审，然后按照规定的程序上报有关生态环境部门审批。

2. **答案**：《海洋环境保护法》的适用范围包括中华人民共和国内水、领海、毗连区、专属经济区、大陆架以及中华人民共和国管辖的其他海域。"内海"是指位于领海基线面向陆地的一侧，即领海基线与海岸之间的海域。"领海"是指领海基线面向海洋一侧一定宽度的海域，中国的领海宽度为12海里。内海和领海是国家领土的一部分，完全在国家的主权管辖之下。国家"管辖的一切其他海域"，是指在内海和领海之外根据国际法由国家管辖的一定范围的海域，如《联合国海洋法公约》中所规定的200海里专属经济区和大陆架等。

《海洋环境保护法》的适用对象包括在上述中华人民共和国管辖的海域之内从事航行、勘探、开发、生产、旅游、科学研究及其他活动，或者在沿海陆域内从事影响海洋环境活动的任何单位和个人。

另外，由于海洋的整体性和海水的流动性，污染物的扩散和危害并不受人为限制，在国家管辖海域之外的排污和倾废行为也可能会损害到国家管辖范围以内的海洋环境。所以《海洋环境保护法》还特别规定了"域外适用"的情况，即在中华人民共和国管辖海域以外排放有害物质，倾倒废弃物，造成中华人民共和国管辖海域污染损害的，也适用该法。

3. **答案**：大气污染是指大气因某种物质的介入，其化学、物理、生物或者放射性等方面特性发生改变，从而影响大气的有效利用，危害人体健康或财产安全，以及破坏自然生态系统、造成大气质量恶化的现象。

大气污染源是指向大气环境排放的有害物质或对大气环境产生有害影响的场所、设备和装置。

按污染物质的来源可分为天然污染源和人为污染源。天然污染源是指自然界中某些自然现象向环境排放有害物质或造成有害影响的场所，是大气污染物的一个很重要的来源。大气污染物的天然污染源主要有火山喷发、森林火灾、自然尘、森林植物释放、海浪飞沫等。在有些情况下天然污染源比人为污染源更重要。人类的生产和生活活动是大气污染的主要来源，人为污染源是指由人类活动向大气输送污染物的发生源。大气的人为污染源可概括为燃料燃烧、工业生产排放、交通运输排放、农业活动排放四个方面。

按照污染源的性状特点，可分为固定式污染源和移动式污染源。固定式污染源是指污染物从固定地点排出，如各种工业生产及家庭炉灶排放源排出的污染物，其位置是固定不变的；移动式污染源是指各种交通工具，如汽车、轮船、飞机等是在运行中排放废气，向周围大气环境散发出的各种有害物质。

按照污染源的空间分布方式，可分为点污染源和面污染源。点污染源，即集中在一点或一个可当作一点的小范围排放污染物；面污染源，即在一个大面积范围排放污染物。

4. **答案**：固体废物收集的原则是：收集方法应尽量有利于固体废物的后续处理，同时兼顾收集方法的可行性。一般来说，固体废物的收集应该满足以下要求：（1）危险废物和一般废物分开收集；（2）工业废物和生活垃圾分开收集；（3）泥状废物和固态废物分开收集；（4）污泥应该进行脱水处理后再收集；（5）根据处置方法的相关要求，采取相应的收集措施；（6）需要包装或盛放的废物，应根据运输要求以及废物的特性，选择合适的包装设备和容器，并且附以明显的标记。

5. **答案**：环境污染事故，是指由于违反环境保护法律法规的经济、社会活动以及意外因素，或不可抗拒的自然灾害，致使环境受到污染或破坏，人体健康受到损害，社会经济与人民财产受到损失，造成不良社会影响的突发性事件。

环境污染事故可分为水污染事故、大气污染事故、噪声与振动污染事故、固体废物污染事故、农药与有毒化学品污染事故、放射性污染事故等。

环境污染事故报告制度，是指因发生事故或其他突发性事件，造成或者可能造成污染与破坏事故的单位除必须立即采取措施进行处理外，还必须向可能受到污染危害的单位和居民通报，并向当地生态环境主管部门和有关部门报告，接受调查处理，以及当地生态环境主管部门向上一级主管部门和同级人民政府报告的法律制度。

环境污染事故报告制度是防止环境污染发生以及污染后果扩大的有效措施。其具体表现在：（1）有助于可能遭受事故危害的居民及有关主管部门及时了解事故真相并采取有效措施；（2）环境污染或破坏事故所造成的危害较复杂，有些危害后果有一定的潜伏期，该制度的实施将有利于正确判断灾情，及时了解案情，为公正处理环境污染纠纷准备翔实的材料。

6. **答案**：有毒有害化学物质，是指由人类通过化学方法生产或制造、在工业生产或日常生活中使用的污染环境、造成人体健康或财产损害的化学物质的总称。从法律控制的角度来看，目前的有毒有害化学物质主要包括危险化学物品和农药两大类。

有毒有害化学物质的特征有：（1）有毒有害化学物质污染突发性强，扩散速度快且范围广，持续时间长，性质严重，危害巨大。（2）与废水、废气、固体废物等污染物质不同，有毒有害化学物质本身并非废弃物而是产品，其危险主要是就其性质和风险而言，如对其管理得当和科学使用，并不一定会造成环境污染。（3）有毒有害化学物质多为生物难以降解的物质，对人体或环境的损害具有潜在性、持久性、生物转化性等特点，会造成对环境和人体健康的损害甚至严重的持

久性损害。因此，对有毒有害物质污染的控制，关键在于从源头控制，实行风险预防，设法减少或杜绝其进入环境。

7. **答案**：土壤污染是指土壤中增添了某些正常情况下不存在的有害物质，或土壤中某些固有的成分含量过高，致使健全的土壤功能受到损害，理化性质受到破坏，微生物活动受到影响，土地肥力下降，农作物产量下降。另外，土壤中积累的某些毒物还会被农作物吸收，残留在根茎叶和果实内，通过食物链危害人畜。

土壤污染的发生是与土壤的特殊地位和功能相联系的。土壤受污染的途径大致有以下三种：第一，土壤历来就是人类活动废弃物的处理场所。垃圾、废渣、污水向大自然倾倒，土体和水体都是这些废物的归宿，这就使大量有机和无机污染物进入土壤。第二，为了提高农作物的数量和质量，要向农田中施用化肥和农药，要进行水利灌溉（有时直接用富营养的污水灌溉），污染物质随之而来，并可能在土壤中积累。第三，土壤作为大气、水体、生物圈以外的另一个环境要素，随时随地接受着大气或水中污染物的迁移和转化，如酸雨成为这些污染源的富集中心，使土壤受到污染。

土壤中的污染物主要来自工业和城市的废水、固体废物、农药与化肥、大气污染物的干沉降或湿沉降以及生物污染等。

8. **答案**：水体污染物的来源主要有两个方面：一是自然污染源，就是自然环境本身释放的污染物，如特殊地质条件使某些地区的某种化学元素大量富集，天然植物在腐烂过程中产生某些毒物，以及降雨夹带各种物质流入水体。二是人为污染源，就是人类活动产生的污染物，它主要包括：第一，工业废水。工业污染物种类多，数量大，毒性各异，污染物不易净化，对水环境危害最大，是目前世界性水污染的主要原因。第二，农业废水。农业废水产生面广，不易控制和治理。第三，生活污水。第四，城市垃圾和工业废渣渗滤液。垃圾和废渣倾入水中或堆积在水域附近，经水的溶解或浸渍作用，垃圾和废渣中的有

毒有害成分进入水中。第五，交通运输废水。船舶运输过程中产生的含油废水。第六，大气污染物。大气中污染物种类很多，可以直接降落或随雨雪降落至水体。人为污染源比自然污染源对水体的影响更广泛、更严重。

水体污染的危害一般有两个方面：第一，对水生生物的危害：江、河、湖、海是水生生物栖息的地方。一切水生生物对污染的忍耐是有限度的，如果污染物超过了这个限度，大量的水生生物就会死亡，甚至绝迹。反过来，这些死亡的水生生物腐烂，又加剧水质的恶化。第二，对人体健康的危害：人类生存处处离不开水，水质污染特别是饮用水的污染与人体健康有直接关系。污染水还会通过食物链间接地危害人体健康。

9. **答案**：环境污染是指人类活动使环境要素或其状态发生变化，环境质量恶化，扰乱生态系统的稳定性及人类的正常生活的现象。简言之，环境因受人类活动影响而改变了原有性质或状态的现象称为环境污染。环境污染的实质是人类活动中将大量的污染物排入环境，影响其自净能力，降低了生态系统的功能。

与其他不法侵害相比，环境污染具有如下特点：

第一，环境污染以环境为媒介对不特定人体造成危害，具有间接性（以环境为媒介）和不确定性（对不特定人群）。

第二，环境污染具有综合性和积累性。造成环境污染的原因多种多样，且往往是综合作用，某些环境污染具有积累性和连续性。

第三，环境污染往往同时侵害多种权益。不仅表现为同时侵害不特定人群，还表现为同时侵害各种权益。

第四，环境污染危及的范围广。不仅污染一条河流、一个地区、数个国家，还污染全世界大范围区域。

第五，环境污染引起的疾病往往难以发现和治愈。人类的疾病多与环境污染有关，但病理复杂，短时间内难以发现和治愈，有的甚至不能根治，有的还会危及下一代。

10. **答案**：社会生活噪声是指人为活动所产生的除工业、建筑施工和交通运输噪声外的干扰周围生活环境的声音。社会生活噪声污染，特别是饮食服务、娱乐场所等所产生的噪声污染日益严重，已成为噪声污染中位居首位的污染种类。

为解决这方面的污染问题，《噪声污染防治法》设专章规定了比较严格的污染防治措施，其主要内容有：

（1）控制声响器材。①禁止在商业经营活动中使用高音广播喇叭或者采用其他持续反复发出高噪声的方法进行广告宣传；②禁止在噪声敏感建筑物集中区域使用高音广播喇叭；③在街道、广场、公园等公共场所组织或者开展娱乐、健身等活动，应当遵守公共场所管理者有关活动区域、时段、音量等规定，采取有效措施，防止噪声污染；④使用家用电器、乐器或者进行其他家庭活动，应当控制音量或者采取其他有效措施，防止噪声污染。

（2）限制室内装修活动。对已竣工交付使用的住宅楼、商铺、办公楼等建筑物进行室内装修，应当按照规定限定作业时间，采取有效措施，防止、减轻噪声污染。

💬 论述题

1. **答案**：环境污染是指由于对生态系统有害的物质进入环境后对生态系统造成的干扰和损害的现象，简称污染。具体来说就是，有害物质或有害因子进入环境并在环境中发生扩散、迁移、转化，并与生态系统的诸多要素发生作用，使生态系统的结构与功能发生变化，对人类以及其他生物的生存和发展产生不利影响。

（1）大气污染对人类和自然的危害极大。首先我国的大气污染主要是煤炭型污染。煤炭燃烧后，产生的烟尘和二氧化碳，还有二氧化硫、氮氧化物、一氧化碳，这些物质对人类和自然危害很大，烟尘中的颗粒被人吸入后，严重损害人的呼吸系统，形成硅肺病，严重的发生肺癌。二氧化硫能形成酸雨，摧残自然界的生物；二氧化碳在大气中含量增加，引起温室效应，造成地球气候反常；

氮氧化物，氯氟烃类化合物的污染可破坏臭氧层。

（2）水体污染对人类和自然的危害也很大。生物体对环境中的污染物具有富集作用。在生态系统中，生物与生物之间有捕食的关系，沿着食物链的方向，随营养级次的增加，水体中的有害物也在不断增加，越是营养级次高的生物，体内的有害物质越多，危害越大。

（3）土壤是植物赖以生存的基础，由于某些工厂废水的排放，一些有害物质残留在土壤中，严重影响植物的生长。同时，植物吸收了这些有害物质，残留在植物体内。当这些植物被动物食用后，又可进入动物体内，影响动物的生长。

（4）固体废弃物是指采矿遗弃的矿渣（废石）、工业的废渣、废弃的塑料制品等。固体废弃物往往含有一些有害的物质，如果长期不加以利用，势必会对环境造成严重的污染。当前一些塑料制品已经造成了严重的环境污染。

（5）噪声的危害直接影响人类及动物体的听觉器官和神经系统。噪声会损伤听觉器官、干扰睡眠、诱发疾病、影响心理健康。

2. **答案**：（1）大气污染的概念。大气污染是指人类生产、生活活动或自然界向大气排出各种污染物，其含量超过环境承载能力，使大气质量发生恶化，使人们的工作、生活、健康、设备财产以及生态环境等遭受恶劣影响和破坏。

（2）大气污染的污染源。大气污染的污染源可分为天然污染源和人为污染源。天然污染源是指自然界向大气排放污染物的地点或地区，如排放灰尘、二氧化硫、硫化氢等污染物的活火山、自然逸出的瓦斯气，以及发生森林火灾、地震等自然灾害的地方。人为污染源则又可按不同的方法分类：按污染源空间分布方式可分为点污染源和面污染源；按人们的社会活动功能可分为生活污染源、工业污染源、交通污染源等；按污染源存在的形式可分为固定污染源和移动污染源。

（3）大气污染的危害。第一，对人体健康的危害。受污染的大气进入人体，可导致呼吸、心血管、神经等系统疾病和其他疾病。第二，对动植物的危害。动物往往由于食用或饮用积累了大气污染的植物和水，发生中毒或死亡。第三，对材料的危害。大气污染腐蚀金属、侵蚀建筑材料、使橡胶制品脆裂、损坏艺术品、使有色金属褪色等。第四，对大气的影响。大气污染能改变大气的性质和气候的形式。二氧化碳吸收地面辐射，颗粒物散射阳光，可使地面温度上升或下降。细微颗粒物可降低见光度。

（4）大气污染的治理。实践证明，只有从整个区域大气污染状况出发，统一规划并综合运用各种防治措施，才可能有效地控制大气污染。

第一，减少或防止污染物的排放。①改革能源结构，采用无污染能源和低污染能源。②对燃料进行预处理，以减少燃烧时产生的污染大气的物质。③改进燃烧装置和燃烧技术以提高燃烧效率和降低有害气体排放量。④采用无污染或低污染的工业生产工艺。⑤节约能源和开展资源综合利用。⑥加强企业管理，减少事故性排放和逸散。⑦及时清理和妥善处置工业、生活和建筑废渣，减少地面扬尘。

第二，治理排放的主要污染物燃烧过程和工业生产过程。在采取上述措施后，仍有一些污染物排入大气，应控制其排放浓度和排放总量，使之不超过该地区的环境容量。其主要方法有：①利用各种除尘器去除烟尘和各种工业粉尘；②采用气体吸收塔处理有害气体；③应用其他物理的、化学的方法回收利用废气中的有用物质，或使有害气体无害化。

第三，发展植物净化。植物具有美化环境、调节气候、截留粉尘、吸收大气中有害气体等功能，可以在大面积的范围内，长时间地、连续地净化大气。尤其是在大气中污染物影响范围广、浓度比较低的情况下，植物净化是有效的方法。在城市和工业区有计划地、有选择地扩大绿地面积是大气污染综合防治的有效措施。

第四，利用环境的自净能力。大气环境的自净有物理、化学和生物的共同作用。在排出的污染物总量恒定的情况下，污染物浓度在时间上和空间上的分布同气象条件有关，认识和掌握气象变化规律，充分利用大气自净能力，可以降低大气中污染物浓度，减少大气污染的危害。

3. **答案：**《水污染防治法》规定了防治水污染的三项原则：

（1）水污染防治与水资源保护相结合原则。在开发、利用和调节、调度水资源时，国务院有关部门和地方各级人民政府应当"统筹兼顾"处理好水污染防治与水资源保护的关系，"维持江河的合理流量和湖泊、水库以及地下水体的合理水位，保障基本生态用水，维护水体的生态功能"。

（2）按流域或者按区域统一规划原则。水污染防治规划应当按照流域或者按区域进行统一编制，经批准的江河流域水污染防治规划是地方政府组织制定本行政区域水污染防治规划的基本依据。通过流域规划将各地区的水污染防治与流域的水环境质量目标联系起来，可以较有效地解决好上、下游不同行政区域水污染防治的协调、监督和管理工作。

（3）水污染防治与企业布局、改造相结合原则。国务院有关部门和地方各级人民政府应当合理规划工业布局，对造成水污染的企业进行整顿和技术改造。对布局不合理、经济效益差、污染危害大又治理不好的企业，要坚决采取关停并转迁的措施；对其他企业，要采用原材料利用率高、污染物排放量少的清洁生产工艺、设备，采取综合防治措施，提高水的重复利用率，减少污染物的排放量，把企业的整顿改造与水污染结合起来，以提高企业的经济效益和环境效益。

4. **答案：**（1）环境污染损害的特点。

第一，环境污染损害具有复杂性。首先，环境污染的污染源来自生产生活的各个方面，诸多的污染源产生的污染物种类繁多、性质各异，并且这些污染物常常经过转化、代谢、富集等各种反应后，导致污染损害。其次，

与一般民事违法行为所造成的损害不同，污染环境行为造成他人损害的过程非常复杂。

第二，环境污染损害具有潜伏性。环境污染损害一般具有很长的潜伏期，这是因为环境本身具有消化人类废弃物的机制。但环境的自净能力是有限的，如果某种污染物的排放超过环境的自净能力，环境所不能消化的那部分污染物就会慢慢地蓄积起来，最终导致损害的发生。

第三，环境污染损害具有持续性。环境损害常常透过广大的空间和长久的时间，经过多种因素的复合积累才能形成，因此造成的损害是持续不断的，不因侵权行为的停止而停止。环境污染损害并不因为污染物的停止排放而立即消除，具有持续性。环境保护工作要贯彻预防为主的方针。

第四，环境污染损害具有广泛性。环境污染损害的广泛性表现在：一是受害地域的广泛性，如海洋污染往往涉及周边的数个国家；二是受害对象的广泛性，环境污染的受害对象包括全人类及其生存的环境；三是受害利益的广泛性，环境污染往往同时侵害人们的生命健康权、休息权、财产权等。

（2）我国为解决污染预防与治理关系所确定的预防原则。

第一，预防原则的含义。预防原则是指国家在环保工作中采取各种预防措施，防止开发和建设活动中产生的环境污染或破坏，而对已经造成的环境污染和破坏予以积极的治理，使开发和建设活动控制在能够维持生态平衡、保护人类健康及保障经济社会持续发展的限度内。预防为主原则是国内外防治环境污染和破坏的经验教训的科学总结。

第二，预防原则的依据。20世纪50年代以前，工业发达国家走的是一条"先污染后治理"的道路，但是实践证明，这种方式是不可取的。首先，采取"先污染后治理"的方式发展经济得不偿失。其次，环境问题一旦产生就很难消除。最后，预测环境影响的科学技术也存在有限性和滞后性。科学技术并不是总能为环境保护工作提供充分的论据，当科学论据被证实的时候，环境问题早

已出现了。

第三，预防原则的内容。一是将环境资源的保护纳入国民经济和社会发展计划，为治理污染、防治新污染源的产生提供物质保障；二是实行城市环境综合整治；三是严格控制新的污染和破坏，对建设项目切实加强环境管理，严格执行环境影响评价、"三同时"、许可证、监督检查等制度；四是对自然资源开发利用的方式，要预测可能发生的生态变化，根据国民经济全局的需要，在综合平衡的基础上加以确定。

第四，预防原则的贯彻落实。一是全面规划，就是要对工业和农业、城市和乡村、生产和生活、经济发展和环境保护等各方面的关系进行统筹安排、全面部署，并通过制定土地利用规划、区域规划、环境规划等，使各种关系得到平衡，保证各项事业得到协调发展。二是合理布局，即在经济建设中，对新工业布局的合理性作出专门论证，并且对老工业不合理的布局予以改变，建立合理的产业结构、城乡结构、生态结构及城市布局，合理安排各种产业和事业，使得工业布局不会对周围环境和人们生活造成不良影响。三是建立健全各种环境管理法律制度。《环境保护法》的基本原则可以对人们的意识产生影响，进而改变人们的行为方式，但它并未告诉人们每一步该如何做，只能通过相应的法律制度使之具体化，如环境影响评价制度、清洁生产制度、土地利用规划制度等。四是综合运用各种环境保护管理手段，加强环境资源法治、管理、宣传、教育、科学、技术等各项工作，提高人们的环境保护意识、道德观念、科学技术水平、环境资源法治观念和保护环境能力。

5. **答案**：防治固体废物污染环境，应遵循《环境保护法》的基本原则，此外，根据固体废物污染的特点，还应遵循以下专门性法律原则：

（1）对固体废物污染环境防治实行"三化"原则。①减量化，使固体废物不产生和少产生；②资源化，已产生的固体废物在生产过程中回收、循环、再利用或作为另一种生产的原料；③无害化，通过各种处理方式使固体废物安全、无污染地进入环境。对固体废物实行"三化"的原则，其各个环节是互为因果、相辅相成的。减量化是基础，根本措施是实行"清洁生产"和提高资源、能源的利用率。实现了减量化就相应地实现了资源化和无害化。实现减量化就必须以资源化为依托，资源化可以促进减量化、无害化的实现，无害化又可以实现减量化和资源化的目的。

（2）对固体废物实行全过程控制原则。由于固体废物在各个环节都可能产生污染，必须对其产生、排放、收集、贮存、运输、利用直至最后处置的全过程实行不同程度和不同形式的一体化监督管理。产生固体废物的单位和个人，应当采取措施，防止或者减少固体废物对环境的污染。收集、贮存、运输、利用、处置固体废物的单位和个人，必须采取防扬散、防流失、防渗漏或者其他防止污染环境的措施。

（3）禁止排放固体废物原则与产生者强制处置原则。禁止排放是固体废物无害化处置的必然要求。《固体废物污染环境防治法》并未直接作出禁止向环境排放工业固体废物和危险废物的规定，而是以规定废物产生者强制处置的义务予以体现。禁止排放是与强制处置相联系、相配套的。工业固体废物和危险废物的产生者必须将废物进行综合利用，并对不能利用的废物实行无害于环境的处置。

（4）对固体废物实行分类管理原则。该原则是指根据固体废物的种类和对环境的危害程度，适用不同的环境污染防治措施。例如，对工业固体废物、城市生活垃圾的环境污染防治采取一般性的管理措施，而对危险废物则采取严格的管理措施。

（5）对固体废物实行集中处置和分散处置相结合的原则。建立区域性、专业化的集中处置设施，可以节约投资，降低处置费用。产生固体废物量比较大的企业，宜自行分散治理。集中防治目前主要有三种形式：一是鼓励企事业单位充分利用本单位的固体废物利用、贮存、处置设施，在防治本单位污染的同时，将剩余的防治能力向他人开放，接受他人提供的需要利用、贮存、处置的废物。二是区域性集中防治方式，即建设区域的专业性的固体废物（特别是城市生活垃圾和危险废物）利用、贮存、处置设施，把一些分散在各单位的固体废物，按一定要求和条件集中在一起进行利用、贮存和处置。三是推行"废物交换"。

（6）对危险废物（爆炸性、易燃性、易氧化性、毒性、腐蚀性或者易传染疾病等）实行特别严格的控制和重点防治原则。《固体废物污染环境防治法》设专章"危险废物"对此作了规定。

案例分析题

1. **答案**：（1）该案例中的违法行为包括：

①冶炼厂委托无危险废物经营许可证的单位处置危险废物的行为；

②硫化厂在没有取得危险废物经营许可证的条件下处置危险废物的行为；

③硫化厂在没有防治大气污染设施的情况下向大气超标排放污染物，并造成重大环境污染事故的行为。

（2）生态环境主管部门应当按照《固体废物污染环境防治法》的规定分别对冶炼厂和硫化厂予以行政处罚；硫化厂超标向大气排放污染物并造成重大环境污染事故的行为违反了《大气污染防治法》并构成了污染环境罪，应当由司法机关依照《刑法》的有关规定追究刑事责任。

2. **答案**：该法院对本案的判决是正确的。理由如下：

（1）依照《噪声污染防治法》第2条所称的噪声污染，是指超过噪声排放标准或者未依法采取防控措施产生噪声，并干扰他人正常生活、工作和学习的现象。故只超标不扰民的噪声不构成噪声污染。

（2）责令改正是县级以上地方人民政府的权限，生态环境局责令改正属于越权行政。

（3）对不扰民的超标噪声，不应罚款。

（4）《噪声污染防治法》规定，因从事本职生产经营工作受到噪声危害的防治，适

用劳动保护等其他有关法律的规定。因此，噪声对该企业工人造成的危害，不属于生态环境主管部门管辖。

3. **答案**：（1）甲厂的理由不成立。因为甲厂排污污染了环乡河和某丙的鱼塘，造成鱼的死亡。根据无过错责任原则，即使合法排污也要承担民事责任。事故后及时通知是排污者的义务，不构成减免责任的条件，所以某丙前后损失的15万元应当全部由甲厂承担。

（2）本案中甲厂有以下违法行为：

第一，擅自改变设计，将废水直接排入内河，造成渔业水体污染；环保设施未达到国家规定要求，违反了环境影响评价制度；项目建成未经生态环境部门验收即投入生产，违反"三同时"制度。

第二，没有采取措施防范生产中产生的废水有毒有害物质污染；事故发生后，也未采取应急措施进行处理。

第三，排污行为造成水体污染和财产损失是一种民事侵权行为。

（3）从环境资源法预防为主的要求看，甲厂的规划选址设在渔业养殖密集区，不合法。根据有关法律规定，重要渔业水体等重要用水保护区不得新建排污口。其责任主体包括：规划部门；审批环境影响报告书并负有监督检查职责的生态环境部门；未执行设计方案及未采取防治措施的建设单位（甲厂），上级主管部门及其主管领导人。

4. **答案**：（1）鱼塘承包人要求赔偿的全部财产损失包括购买鱼苗费用、鱼塘经营费用、鱼塘承包费用、污染清除费用和出售鱼产品预期收入。

（2）化肥厂不能以不可抗力为由拒绝赔偿全部损失。对因"排污渠内废水自然入江受阻，漫溢流入鱼塘"造成的财产损失应予赔偿。对因"当地连降暴雨，以致外洪内涝，排污渠与鱼塘水面连成了一片"造成的财产损失可以不可抗力为由，不承担赔偿责任。

《环境保护法》对不可抗力因素造成损害的责任作出了如下规定：完全由于不可抗拒的自然灾害，并经及时采取合理措施，仍

然不能避免造成环境污染损害的，免予承担责任。化肥厂应当承担部分赔偿责任，是因为化肥厂没有及时采取防范废水漫溢可能造成损害的合理措施。对这一部分，不能作为不可抗力对待。

5. **答案**：（1）垃圾处理站的行为不符合法律规定。①《固体废物污染环境防治法》第21条规定："在生态保护红线区域、永久基本农田集中区域和其他需要特别保护的区域内，禁止建设工业固体废物、危险废物集中贮存、利用、处置的设施、场所和生活垃圾填埋场。"本案中，垃圾处理站将城市生活垃圾倾倒在省级竹山自然保护区进行填埋，违反了上述禁止性条款。②《固体废物污染环境防治法》第55条第3款规定，禁止擅自关闭、闲置或者拆除生活垃圾处理设施、场所。本案中，垃圾处理站未经任何部门同意，擅自关闭垃圾处理站改作他用，违反了禁止性条款。

（2）群众应向县级以上地方政府生态环境主管部门反映，《固体废物污染环境防治法》第55条规定，确有必要关闭、闲置或者拆除的，应当经所在地的市、县级人民政府环境卫生主管部门商所在地生态环境主管部门同意后核准，并采取防止污染环境的措施。

6. **答案**：（1）被告是甲县政府。根据《水污染防治法》的规定，关停应当由县级以上人民政府作出。本案中，关停行为是甲县生态环境局作出的，甲县政府依据批复授权甲县生态环境局行使关停职权是没有法律、法规、规章的规定的，所以属于委托，应当以委托机关甲县政府为被告。

（2）未超过起诉期限。《行政诉讼法》规定，公民、法人或者其他组织直接向人民法院提起诉讼的，应当自知道或者应当知道作出行政行为之日起6个月内提出。法律另有规定的除外。因不动产提起诉讼的案件自行政行为作出之日起超过20年，其他案件自行政行为作出之日起超过5年提起诉讼的，人民法院不予受理。公民、法人或者其他组织申请行政机关履行保护其人身权、财产权等合法权益的法定职责，行政机关在接到申请之日起2个月内不履行的，公民、法人或者其他组织可以向人民法院提起诉讼。法律、法规对行政机关履行职责的期限另有规定的，从其规定。公民、法人或者其他组织在紧急情况下请求行政机关履行保护其人身权、财产权等合法权益的法定职责，行政机关不履行的，提起诉讼不受前款规定期限的限制。A公司起诉的是甲县政府不作为，甲县政府在接到申请后2个月内不履行职责的，起诉期限自2个月的履行期限届满之日起计算。本案中，A公司于7月20日向甲县政府提出赔偿申请，甲县政府不作为，因此起诉期限自9月20日起算，A公司在12月20日提起诉讼时还未超过6个月的起诉期限。

（3）A公司的补偿请求是合理的。《行政许可法》第8条规定："公民、法人或者其他组织依法取得的行政许可受法律保护，行政机关不得擅自改变已经生效的行政许可。行政许可所依据的法律、法规、规章修改或者废止，或者准予行政许可所依据的客观情况发生重大变化的，为了公共利益的需要，行政机关可以依法变更或者撤回已经生效的行政许可。由此给公民、法人或者其他组织造成财产损失的，行政机关应当依法给予补偿。"本案中，甲县政府基于环境保护的公共利益，依据批复关停A公司的排污口属于对行政许可的撤回，给A公司造成损失的，依法应当给予补偿，因此A公司的补偿请求是合理的。

（4）不准确。《环境保护法》第31条规定："国家建立、健全生态保护补偿制度。国家加大对生态保护地区的财政转移支付力度。有关地方人民政府应当落实生态保护补偿资金，确保其用于生态保护补偿。国家指导受益地区和生态保护地区人民政府通过协商或者按照市场规则进行生态保护补偿。"生态保护补偿的承担包括受益地区和保护地区的人民政府，甲县政府作为保护地区的人民政府同样需要承担补偿的责任，而不能以受益地区为乙县为由拒绝承担责任，因此甲县政府的主张是不准确的。

（5）应当判决甲县政府履行补偿责任。

《行政诉讼法》规定，人民法院经过审理，查明被告不履行法定职责的，判决被告在一定期限内履行。《最高人民法院关于适用〈中华人民共和国行政诉讼法〉的解释》第91条规定："原告请求被告履行法定职责的理由成立，被告违法拒绝履行或者无正当理由逾期不予答复的，人民法院可以根据行政诉讼法第七十二条的规定，判决被告在一定期限内依法履行原告请求的法定职责；尚需被告调查或者裁量的，应当判决被告针对原告的请求重新作出处理。"本案中，甲县政府有履行补偿的职责，有履行能力不作为的行为违法，且甲县政府的履行仍然有意义，因此法院应当判决甲县政府履行补偿责任。尚需甲县政府调查或者裁量的，应当判决甲县政府针对 A 公司的补偿请求重新作出处理。

第九章　污染防治单行立法

☑ 单项选择题

1. 答案：D。 大气污染对人体的危害主要表现是呼吸道疾病与生理机能障碍以及眼鼻等黏膜组织受到刺激而患病，大致可分为急性中毒、慢性中毒、致癌三种。

2. 答案：B。《环境保护法（试行）》首次以法律形式对大气污染防治的原则、制度、措施作出了基本规定。

3. 答案：D。 根据《声环境质量标准》（GB 3096-2008），以商业金融、集市贸易为主要功能，或者居住、商业、工业混杂，需要维护住宅安静的区域，环境噪声限值标准是昼间 60 分贝，夜间 50 分贝。

4. 答案：C。 大气是指包围地球的空气，由多种气体混合组成的气体以及悬浮其中的液态和固态杂质组成。

5. 答案：D。 大气污染对人体的危害主要表现是呼吸道疾病与生理机能障碍以及眼鼻等黏膜组织受到刺激而患病。

6. 答案：A。《大气污染防治法》第 2 条第 1 款规定，防治大气污染，应当以改善大气环境质量为目标，坚持源头治理，规划先行，转变经济发展方式，优化产业结构和布局，调整能源结构。

7. 答案：D。《大气污染防治法》第 3 条规定，县级以上人民政府应当将大气污染防治工作纳入国民经济和社会发展规划，加大对大气污染防治的财政投入。地方各级人民政府应当对本行政区域的大气环境质量负责，制定规划，采取措施，控制或者逐步削减大气污染物的排放量，使大气环境质量达到规定标准并逐步改善。

8. 答案：C。《大气污染防治法》第 4 条规定，国务院生态环境主管部门会同国务院有关部门，按照国务院的规定，对省、自治区、直辖市大气环境质量改善目标、大气污染防治

重点任务完成情况进行考核。省、自治区、直辖市人民政府制定考核办法，对本行政区域内地方大气环境质量改善目标、大气污染防治重点任务完成情况实施考核。考核结果应当向社会公开。

9. 答案：D。《大气污染防治法》第 5 条规定，县级以上人民政府生态环境主管部门对大气污染防治实施统一监督管理。县级以上人民政府其他有关部门在各自职责范围内对大气污染防治实施监督管理。

10. 答案：B。《大气污染防治法》第 98 条规定："违反本法规定，以拒绝进入现场等方式拒不接受生态环境主管部门及其环境执法机构或者其他负有大气环境保护监督管理职责的部门的监督检查，或者在接受监督检查时弄虚作假的，由县级以上人民政府生态环境主管部门或者其他负有大气环境保护监督管理职责的部门责令改正，处二万元以上二十万元以下的罚款；构成违反治安管理行为的，由公安机关依法予以处罚。"

11. 答案：C。《大气污染防治法》第 99 条规定："违反本法规定，有下列行为之一的，由县级以上人民政府生态环境主管部门责令改正或者限制生产、停产整治，并处十万元以上一百万元以下的罚款；情节严重的，报经有批准权的人民政府批准，责令停业、关闭：（一）未依法取得排污许可证排放大气污染物的；（二）超过大气污染物排放标准或者超过重点大气污染物排放总量控制指标排放大气污染物的；（三）通过逃避监管的方式排放大气污染物的。"

12. 答案：B。《大气污染防治法》第 100 条规定："违反本法规定，有下列行为之一的，由县级以上人民政府生态环境主管部门责令改正，处二万元以上二十万元以下的罚款；拒不改正的，责令停产整治：（一）侵占、损毁或者擅自移动、改变大气环境质量监测

设施或者大气污染物排放自动监测设备的；（二）未按照规定对所排放的工业废气和有毒有害大气污染物进行监测并保存原始监测记录的；（三）未按照规定安装、使用大气污染物排放自动监测设备或者未按照规定与生态环境主管部门的监控设备联网，并保证监测设备正常运行的；（四）重点排污单位不公开或者不如实公开自动监测数据的；（五）未按照规定设置大气污染物排放口的。”

13. **答案**：D。《大气污染防治法》第100条规定："违反本法规定，有下列行为之一的，由县级以上人民政府生态环境主管部门责令改正，处二万元以上二十万元以下的罚款；拒不改正的，责令停产整治：（一）侵占、损毁或者擅自移动、改变大气环境质量监测设施或者大气污染物排放自动监测设备的；（二）未按照规定对所排放的工业废气和有毒有害大气污染物进行监测并保存原始监测记录的；（三）未按照规定安装、使用大气污染物排放自动监测设备或者未按照规定与生态环境主管部门的监控设备联网，并保证监测设备正常运行的；（四）重点排污单位不公开或者不如实公开自动监测数据的；（五）未按照规定设置大气污染物排放口的。"

14. **答案**：C。《大气污染防治法》第101条规定："违反本法规定，生产、进口、销售或者使用国家综合性产业政策目录中禁止的设备和产品，采用国家综合性产业政策目录中禁止的工艺，或者将淘汰的设备和产品转让给他人使用的，由县级以上人民政府经济综合主管部门、海关按照职责责令改正，没收违法所得，并处货值金额一倍以上三倍以下的罚款；拒不改正的，报经有批准权的人民政府批准，责令停业、关闭。进口行为构成走私的，由海关依法予以处罚。"

15. **答案**：B。《水污染防治法》第65条规定，禁止在饮用水水源一级保护区内新建、改建、扩建与供水设施和保护水源无关的建设项目；已建成的与供水设施和保护水源无关的建设项目，由县级以上人民政府责令拆除

或者关闭。禁止在饮用水水源一级保护区内从事网箱养殖、旅游、游泳、垂钓或者其他可能污染饮用水水体的活动。

16. **答案**：A。《水污染防治法》第65条规定，禁止在饮用水水源一级保护区内新建、改建、扩建与供水设施和保护水源无关的建设项目；已建成的与供水设施和保护水源无关的建设项目，由县级以上人民政府责令拆除或者关闭。禁止在饮用水水源一级保护区内从事网箱养殖、旅游、游泳、垂钓或者其他可能污染饮用水水体的活动。

17. **答案**：C。《水污染防治法》第66条规定，禁止在饮用水水源二级保护区内新建、改建、扩建排放污染物的建设项目；已建成的排放污染物的建设项目，由县级以上人民政府责令拆除或者关闭。在饮用水水源二级保护区内从事网箱养殖、旅游等活动的，应当按照规定采取措施，防止污染饮用水水体。

18. **答案**：A。《水污染防治法》第67条规定，禁止在饮用水水源准保护区内新建、扩建对水体污染严重的建设项目；改建建设项目，不得增加排污量。

19. **答案**：C。《水污染防治法》第70条规定，单一水源供水城市的人民政府应当建设应急水源或者备用水源，有条件的地区可以开展区域联网供水。县级以上地方人民政府应当合理安排、布局农村饮用水水源，有条件的地区可以采取城镇供水管网延伸或者建设跨村、跨乡镇联片集中供水工程等方式，发展规模集中供水。

20. **答案**：B。《水污染防治法》第72条规定，县级以上地方人民政府应当组织有关部门监测、评估本行政区域内饮用水水源、供水单位供水和用户水龙头出水的水质等饮用水安全状况。县级以上地方人民政府有关部门应当至少每季度向社会公开一次饮用水安全状况信息。

21. **答案**：B。《水污染防治法》第81条规定："以拖延、围堵、滞留执法人员等方式拒绝、阻挠环境保护主管部门或者其他依照本法规定行使监督管理权的部门的监督检查，或者在接受监督检查时弄虚作假的，由县级以上

人民政府环境保护主管部门或者其他依照本法规定行使监督管理权的部门责令改正，处二万元以上二十万元以下的罚款。"

22. 答案：B。《水污染防治法》第82条规定："违反本法规定，有下列行为之一的，由县级以上人民政府环境保护主管部门责令限期改正，处二万元以上二十万元以下的罚款；逾期不改正的，责令停产整治：（一）未按照规定对所排放的水污染物自行监测，或者未保存原始监测记录的；（二）未按照规定安装水污染物排放自动监测设备，未按照规定与环境保护主管部门的监控设备联网，或者未保证监测设备正常运行的；（三）未按照规定对有毒有害水污染物的排污口和周边环境进行监测，或者未公开有毒有害水污染物信息的。"

23. 答案：C。《水污染防治法》第83条规定："违反本法规定，有下列行为之一的，由县级以上人民政府环境保护主管部门责令改正或者责令限制生产、停产整治，并处十万元以上一百万元以下的罚款；情节严重的，报经有批准权的人民政府批准，责令停业、关闭：（一）未依法取得排污许可证排放水污染物的；（二）超过水污染物排放标准或者超过重点水污染物排放总量控制指标排放水污染物的；（三）利用渗井、渗坑、裂隙、溶洞，私设暗管，篡改、伪造监测数据，或者不正常运行水污染防治设施等逃避监管的方式排放水污染物的；（四）未按照规定进行预处理，向污水集中处理设施排放不符合处理工艺要求的工业废水的。"

24. 答案：C。《水污染防治法》第85条规定："有下列行为之一的，由县级以上地方人民政府环境保护主管部门责令停止违法行为，限期采取治理措施，消除污染，处以罚款；逾期不采取治理措施的，环境保护主管部门可以指定有治理能力的单位代为治理，所需费用由违法者承担……（二）向水体排放剧毒废液，或者将含有汞、镉、砷、铬、铅、氰化物、黄磷等的可溶性剧毒废渣向水体排放、倾倒或者直接埋入地下的……有前款第一项、第二项、第五项、第九项行为之

一的，处十万元以上一百万元以下的罚款；情节严重的，报经有批准权的人民政府批准，责令停业、关闭。"

25. 答案：C。《海洋环境保护法》第3条规定，海洋环境保护应当坚持保护优先、预防为主、源头防控、陆海统筹、综合治理、公众参与、损害担责的原则。

26. 答案：B。《海洋环境保护法》第4条第1款规定："国务院生态环境主管部门负责全国海洋环境的监督管理，负责全国防治陆源污染物、海岸工程和海洋工程建设项目（以下称工程建设项目）、海洋倾倒废弃物对海洋环境污染损害的环境保护工作，指导、协调和监督全国海洋生态保护修复工作。"

27. 答案：A。《海洋环境保护法》第4条第2款规定，国务院自然资源主管部门负责海洋保护和开发利用的监督管理，负责全国海洋生态、海域海岸线和海岛的修复工作。

28. 答案：D。《海洋环境保护法》第4条第3款规定："国务院交通运输主管部门负责所辖港区水域内非军事船舶和港区水域外非渔业、非军事船舶污染海洋环境的监督管理，组织、协调、指挥重大海上溢油应急处置。海事管理机构具体负责上述水域内相关船舶污染海洋环境的监督管理，并负责污染事故的调查处理；对在中华人民共和国管辖海域航行、停泊和作业的外国籍船舶造成的污染事故登轮检查处理。船舶污染事故造成渔业造成损害的，应当吸收渔业主管部门参与调查处理。"

29. 答案：A。《海洋环境保护法》第15条规定，沿海省、自治区、直辖市人民政府应当根据其管理海域的生态环境和资源利用状况，将其管理海域纳入生态环境分区管控方案和生态环境准入清单，报国务院生态环境主管部门备案后实施。生态环境分区管控方案和生态环境准入清单应当与国土空间规划相衔接。

30. 答案：B。《海洋环境保护法》第21条规定，直接向海洋排放应税污染物的企业事业单位和其他生产经营者，应当依照法律规定

缴纳环境保护税。向海洋倾倒废弃物，应当按照国家有关规定缴纳倾倒费。具体办法由国务院发展改革部门、国务院财政主管部门会同国务院生态环境主管部门制定。

31. **答案**：D。《海洋环境保护法》第23条规定，国务院生态环境主管部门负责海洋生态环境监测工作，制定海洋生态环境监测规范和标准并监督实施，组织实施海洋生态环境质量监测，统一发布国家海洋生态环境状况公报，定期组织对海洋生态环境质量状况进行调查评价。国务院自然资源主管部门组织开展海洋资源调查和海洋生态预警监测，发布海洋生态预警监测警报和公报。其他依照本法规定行使海洋环境监督管理权的部门和机构应当按照职责分工开展监测、监视。

32. **答案**：C。《海洋环境保护法》第47条第1款规定，入海排污口位置的选择，应当符合国土空间用途管制要求，根据海水动力条件和有关规定，经科学论证后，报设区的市级以上人民政府生态环境主管部门备案。排污口的责任主体应当加强排污口监测，按照规定开展监控和自动监测。

33. **答案**：A。《海洋环境保护法》第47条第2款规定："生态环境主管部门应当在完成备案后十五个工作日内将入海排污口设置情况通报自然资源、渔业等部门和海事管理机构、海警机构、军队生态环境保护部门。"

34. **答案**：A。《土壤污染防治法》第3条规定，土壤污染防治应当坚持预防为主、保护优先、分类管理、风险管控、污染担责、公众参与的原则。

35. **答案**：A。《土壤污染防治法》第12条第2款规定，省级人民政府对国家土壤污染风险管控标准中未作规定的项目，可以制定地方土壤污染风险管控标准；对国家土壤污染风险管控标准中已作规定的项目，可以制定严于国家土壤污染风险管控标准的地方土壤污染风险管控标准。地方土壤污染风险管控标准应当报国务院生态环境主管部门备案。

36. **答案**：C。《土壤污染防治法》第14条规定："国务院统一领导全国土壤污染状况普查。国务院生态环境主管部门会同国务院农

业农村、自然资源、住房城乡建设、林业草原等主管部门，每十年至少组织开展一次全国土壤污染状况普查。国务院有关部门、设区的市级以上地方人民政府可以根据本行业、本行政区域实际情况组织开展土壤污染状况详查。"

37. **答案**：B。《土壤污染防治法》第42条规定，实施风险管控效果评估、修复效果评估活动，应当编制效果评估报告。效果评估报告应当主要包括是否达到土壤污染风险评估报告确定的风险管控、修复目标等内容。风险管控、修复活动完成后，需要实施后期管理的，土壤污染责任人应当按照要求实施后期管理。

38. **答案**：A。《土壤污染防治法》第58条规定，国家实行建设用地土壤污染风险管控和修复名录制度。建设用地土壤污染风险管控和修复名录由省级人民政府生态环境主管部门会同自然资源等主管部门制定，按照规定向社会公开，并根据风险管控、修复情况适时更新。

39. **答案**：A。《土壤污染防治法》第89条规定："违反本法规定，将重金属或者其他有毒有害物质含量超标的工业固体废物、生活垃圾或者污染土壤用于土地复垦的，由地方人民政府生态环境主管部门责令改正，处十万元以上一百万元以下的罚款；有违法所得的，没收违法所得。"

40. **答案**：C。《土壤污染防治法》第90条规定："违反本法规定，受委托从事土壤污染状况调查和土壤污染风险评估、风险管控效果评估、修复效果评估活动的单位，出具虚假调查报告、风险评估报告、风险管控效果评估报告、修复效果评估报告的，由地方人民政府生态环境主管部门处十万元以上五十万元以下的罚款；情节严重的，禁止从事上述业务，并处五十万元以上一百万元以下的罚款；有违法所得的，没收违法所得。前款规定的单位出具虚假报告的，由地方人民政府生态环境主管部门对直接负责的主管人员和其他直接责任人员处一万元以上五万元以下的罚款；情节严重的，十年内禁止从事前

款规定的业务；构成犯罪的，终身禁止从事前款规定的业务。本条第一款规定的单位和委托人恶意串通，出具虚假报告，造成他人人身或者财产损害的，还应当与委托人承担连带责任。"

41. **答案：B**。《固体废物污染环境防治法》第2条规定，固体废物污染环境的防治适用本法。固体废物污染海洋环境的防治和放射性固体废物污染环境的防治不适用本法。

42. **答案：C**。《固体废物污染环境防治法》第5条第1款规定，固体废物污染环境防治坚持污染担责的原则。

43. **答案：B**。《固体废物污染环境防治法》第22条规定，转移固体废物出省、自治区、直辖市行政区域贮存、处置的，应当向固体废物移出地的省、自治区、直辖市人民政府生态环境主管部门提出申请。移出地的省、自治区、直辖市人民政府生态环境主管部门应当及时商经接受地的省、自治区、直辖市人民政府生态环境主管部门同意后，在规定期限内批准转移该固体废物出省、自治区、直辖市行政区域。未经批准的，不得转移。转移固体废物出省、自治区、直辖市行政区域利用的，应当报固体废物移出地的省、自治区、直辖市人民政府生态环境主管部门备案。移出地的省、自治区、直辖市人民政府生态环境主管部门应当将备案信息通报接受地的省、自治区、直辖市人民政府生态环境主管部门。

44. **答案：D**。《固体废物污染环境防治法》第41条规定，产生工业固体废物的单位终止的，应当在终止前对工业固体废物的贮存、处置的设施、场所采取污染防治措施，并对未处置的工业固体废物作出妥善处置，防止污染环境。产生工业固体废物的单位发生变更的，变更后的单位应当按照国家有关环境保护的规定对未处置的工业固体废物及其贮存、处置的设施、场所进行安全处置或者采取有效措施保证该设施、场所安全运行。变更前当事人对工业固体废物及其贮存、处置的设施、场所的污染防治责任另有约定的，从其约定；但是，不得免除当事人的污染防治义务。对2005年4月1日前已经终止的单位未处置的工业固体废物及其贮存、处置的设施、场所进行安全处置的费用，由有关人民政府承担；但是，该单位享有的土地使用权依法转让的，应当由土地使用权受让人承担处置费用。当事人另有约定的，从其约定；但是，不得免除当事人的污染防治义务。

45. **答案：B**。《固体废物污染环境防治法》第102条规定："违反本法规定，有下列行为之一，由生态环境主管部门责令改正，处以罚款，没收违法所得；情节严重的，报经有批准权的人民政府批准，可以责令停业或者关闭……（七）擅自倾倒、堆放、丢弃、遗撒工业固体废物，或者未采取相应防范措施，造成工业固体废物扬散、流失、渗漏或者其他环境污染的……有前款第七项行为，处所需处置费用一倍以上三倍以下的罚款，所需处置费用不足十万元的，按十万元计算……"

46. **答案：A**。《固体废物污染环境防治法》第107条规定："从事畜禽规模养殖未及时收集、贮存、利用或者处置养殖过程中产生的畜禽粪污等固体废物的，由生态环境主管部门责令改正，可以处十万元以下的罚款；情节严重的，报经有批准权的人民政府批准，责令停业或者关闭。"

47. **答案：C**。《固体废物污染环境防治法》第118条规定："违反本法规定，造成固体废物污染环境事故的，除依法承担赔偿责任外，由生态环境主管部门依照本条第二款的规定处以罚款，责令限期采取治理措施；造成重大或者特大固体废物污染环境事故的，还可以报经有批准权的人民政府批准，责令关闭。造成一般或者较大固体废物污染环境事故的，按照事故造成的直接经济损失的一倍以上三倍以下计算罚款；造成重大或者特大固体废物污染环境事故的，按照事故造成的直接经济损失的三倍以上五倍以下计算罚款，并对法定代表人、主要负责人、直接负责的主管人员和其他责任人员处上一年度从本单位取得的收入百分之五十以下的罚款。"

48. 答案：B。《固体废物污染环境防治法》第120条规定："违反本法规定，有下列行为之一，尚不构成犯罪的，由公安机关对法定代表人、主要负责人、直接负责的主管人员和其他责任人员处十日以上十五日以下的拘留；情节较轻的，处五日以上十日以下的拘留……（二）在生态保护红线区域、永久基本农田集中区域和其他需要特别保护的区域内，建设工业固体废物、危险废物集中贮存、利用、处置的设施、场所和生活垃圾填埋场的……"

49. 答案：B。《噪声污染防治法》第3条规定，噪声污染的防治，适用本法。因从事本职生产经营工作受到噪声危害的防治，适用劳动保护等其他有关法律的规定。

50. 答案：C。《噪声污染防治法》第4条规定，噪声污染防治应当坚持统筹规划、源头防控、分类管理、社会共治、损害担责的原则。

51. 答案：D。《噪声污染防治法》第8条规定，国务院生态环境主管部门对全国噪声污染防治实施统一监督管理。地方人民政府生态环境主管部门对本行政区域噪声污染防治实施统一监督管理。各级住房和城乡建设、公安、交通运输、铁路监督管理、民用航空、海事等部门，在各自职责范围内，对建筑施工、交通运输和社会生活噪声污染防治实施监督管理。基层群众性自治组织应当协助地方人民政府及其有关部门做好噪声污染防治工作。

52. 答案：A。《噪声污染防治法》第20条规定，未达到国家声环境质量标准的区域所在的设区的市、县级人民政府，应当及时编制声环境质量改善规划及其实施方案，采取有效措施，改善声环境质量。声环境质量改善规划及其实施方案应当向社会公开。

53. 答案：A。《噪声污染防治法》第29条规定："生态环境主管部门和其他负有噪声污染防治监督管理职责的部门，有权对排放噪声的单位或者场所进行现场检查。被检查者应当如实反映情况，提供必要的资料，不得拒绝或者阻挠。实施检查的部门、人员对现场检查中知悉的商业秘密应当保密。检查人员进行现场检查，不得少于两人，并应当主动出示执法证件。"

54. 答案：B。《噪声污染防治法》第33条规定，在举行中等学校招生考试、高等学校招生统一考试等特殊活动期间，地方人民政府或者其指定的部门可以对可能产生噪声影响的活动，作出时间和区域的限制性规定，并提前向社会公告。

55. 答案：A。《噪声污染防治法》第37条规定，设区的市级以上地方人民政府生态环境主管部门应当按照国务院生态环境主管部门的规定，根据噪声排放、声环境质量改善要求等情况，制定本行政区域噪声重点排污单位名录，向社会公开并适时更新。

56. 答案：C。《噪声污染防治法》第73条规定："违反本法规定，建设单位建设噪声敏感建筑物不符合民用建筑隔声设计相关标准要求的，由县级以上地方人民政府住房和城乡建设主管部门责令改正，处建设工程合同价款百分之二以上百分之四以下的罚款。违反本法规定，建设单位在噪声敏感建筑物禁止建设区域新建与航空无关的噪声敏感建筑物的，由地方人民政府指定的部门责令停止违法行为，处建设工程合同价款百分之二以上百分之十以下的罚款，并报经有批准权的人民政府批准，责令拆除。"

57. 答案：D。《噪声污染防治法》第88条规定："本法中下列用语的含义：（一）噪声排放，是指噪声源向周围生活环境辐射噪声；（二）夜间，是指晚上十点至次日早晨六点之间的期间，设区的市级以上人民政府可以另行规定本行政区域夜间的起止时间，夜间时段长度为八小时；（三）噪声敏感建筑物，是指用于居住、科学研究、医疗卫生、文化教育、机关团体办公、社会福利等需要保持安静的建筑物；（四）交通干线，是指铁路、高速公路、一级公路、二级公路、城市快速路、城市主干路、城市次干路、城市轨道交通线路、内河高等级航道。"

☑ 多项选择题

1. 答案：ABCD。大气污染物既包括粉尘、飘尘等气溶胶状态污染物，也包括二氧化硫、三氧化氮等气体状态污染物。

2. **答案**：ACD。水污染防治的基本措施在于：（1）优先保护饮用水水源；（2）严格控制工业污染、城镇生活污染，防治农业面源污染；（3）积极推进生态治理工程建设，预防、控制和减少水环境污染和生态破坏。

3. **答案**：ABC。《水污染防治法》第4条对于政府职责作了基本规定：（1）县级以上人民政府应当将水环境保护工作纳入国民经济和社会发展规划；（2）地方各级人民政府对本行政区域的水环境质量负责，应当及时采取措施防治水污染。

4. **答案**：ABCD。海洋污染的特点主要在于：（1）污染源种类繁多。海洋污染多由人类各种活动排放的污染物造成，分布广泛、损害方式多样。（2）污染扩散范围大。由于海水具有流动性，污染物进入海洋后，可以扩散到各个地方。（3）污染持续时间长。污染物一旦进入海洋，除了依靠海洋有限的自净能力外，很难转移到别处，海洋实际上成为污染物转移的最后场所。（4）污染治理难度大。除上述四点外，治理难度还体现在对资金和技术的要求上。

5. **答案**：ABCD。国务院有关部门和沿海省级人民政府应当根据保护海洋生态的需要，选划、建立海洋自然保护区，具体包括：（1）典型的海洋自然地理区域、有代表性的自然生态区域，以及遭受破坏但经保护能恢复的海洋自然生态区域；（2）海洋生物物种高度丰富的区域，或者珍稀、濒危海洋生物物种的天然集中分布区域；（3）具有特殊保护价值的海域、海岸、岛屿、滨海湿地、入海河口和海湾等；（4）具有重大科学文化价值的海洋自然遗迹所在区域；（5）其他需要予以特殊保护的区域。

6. **答案**：AC。《固体废物污染环境防治法》定了垃圾分类制度。生活垃圾分类坚持政府推动、全民参与、城乡统筹、因地制宜、简便易行的原则；学校应当开展生活垃圾分类以区分其他固体废物污染环境防治知识普及和教育。

7. **答案**：ABC。噪声污染属于典型的能量扩散型环境污染，其特点在于：（1）噪声污染属于感觉性公害，与人们的生活状态、主观意愿有关。（2）噪声污染是能量流污染，其影响范围有限。声波的传播过程是声能量传播的过程，声能量随距离逐步衰减。（3）噪声源广泛而分散，噪声污染不能像污水、固体废物那样集中处理。（4）噪声源一旦停止发声，噪声即会消失，噪声污染不再持续，但噪声已产生的伤害不一定消除，如突发性噪声造成的突发性耳聋。

8. **答案**：ABD。《噪声污染防治法》第4条规定了噪声污染防治的五大治理原则：（1）统筹规划原则；（2）源头防控原则；（3）分类管理原则；（4）社会共治原则；（5）损害担责原则。

9. **答案**：ABCD。大气具有调节生态平衡、保持温度、阻挡伤害、吸收有害射线等作用，是人类及其他生物赖以生存的基本环境要素。

10. **答案**：ABCD。大气污染的影响范围可划分为：（1）局部性大气污染，即由某个污染源排放造成的较小范围的污染；（2）地区性污染，即一些工业区及附近地区或整个城市的大气污染；（3）广域性污染，即超过行政区域的广大地域的大气污染；（4）全球性大气污染，即具有全球性影响的大气污染，如温室效应、臭氧层破坏等。

11. **答案**：ABCD。《大气污染防治法》第1条规定，为保护和改善环境，防治大气污染，保障公众健康，推进生态文明建设，促进经济社会可持续发展，制定本法。

12. **答案**：ABCD。《大气污染防治法》第2条第2款规定，防治大气污染，应当加强对燃煤、工业、机动车船、扬尘、农业等大气污染的综合防治，推行区域大气污染联合防治，对颗粒物、二氧化硫、氮氧化物、挥发性有机物、氨等大气污染物和温室气体实施协同控制。

13. **答案**：ABCD。《土壤污染防治法》第16条规定："地方人民政府农业农村、林业草原主管部门应当会同生态环境、自然资源主管部门对下列农用地地块进行重点监测：

（一）产出的农产品污染物含量超标的；（二）作为或者曾作为污水灌溉区的；（三）用于或者曾用于规模化养殖，固体废物堆放、填埋的；（四）曾作为工矿用地或者发生过重大、特大污染事故的；（五）有毒有害物质生产、贮存、利用、处置设施周边的；（六）国务院农业农村、林业草原、生态环境、自然资源主管部门规定的其他情形。"

14. **答案**：ABC。《土壤污染防治法》第17条规定："地方人民政府生态环境主管部门应当会同自然资源主管部门对下列建设用地地块进行重点监测：（一）曾用于生产、使用、贮存、回收、处置有毒有害物质的；（二）曾用于固体废物堆放、填埋的；（三）曾发生过重大、特大污染事故的；（四）国务院生态环境、自然资源主管部门规定的其他情形。"

15. **答案**：ACD。《土壤污染防治法》第21条第2款规定："土壤污染重点监管单位应当履行下列义务：（一）严格控制有毒有害物质排放，并按年度向生态环境主管部门报告排放情况；（二）建立土壤污染隐患排查制度，保证持续有效防止有毒有害物质渗漏、流失、扬散；（三）制定、实施自行监测方案，并将监测数据报生态环境主管部门。"

16. **答案**：ABCD。《土壤污染防治法》第37条规定："实施土壤污染风险评估活动，应当编制土壤污染风险评估报告。土壤污染风险评估报告应当主要包括下列内容：（一）主要污染物状况；（二）土壤及地下水污染范围；（三）农产品质量安全风险、公众健康风险或者生态风险；（四）风险管控、修复的目标和基本要求等。"

17. **答案**：BCD。《土壤污染防治法》第53条规定："对安全利用类农用地地块，地方人民政府农业农村、林业草原主管部门，应当结合主要作物品种和种植习惯等情况，制定并实施安全利用方案。安全利用方案应当包括下列内容：（一）农艺调控、替代种植；（二）定期开展土壤和农产品协同监测与评价；（三）对农民、农民专业合作社及其他农业生产经营主体进行技术指导和培训；

（四）其他风险管控措施。"

18. **答案**：ABCD。《固体废物污染环境防治法》第6条规定，国家推行生活垃圾分类制度。生活垃圾分类坚持政府推动、全民参与、城乡统筹、因地制宜、简便易行的原则。

19. **答案**：BCD。《固体废物污染环境防治法》第21条规定，在生态保护红线区域、永久基本农田集中区域和其他需要特别保护的区域内，禁止建设工业固体废物、危险废物集中贮存、利用、处置的设施、场所和生活垃圾填埋场。

20. **答案**：CD。《固体废物污染环境防治法》第27条规定："有下列情形之一，生态环境主管部门和其他负有固体废物污染环境防治监督管理职责的部门，可以对违法收集、贮存、运输、利用、处置的固体废物及设施、设备、场所、工具、物品予以查封、扣押：（一）可能造成证据灭失、被隐匿或者非法转移的；（二）造成或者可能造成严重环境污染的。"

21. **答案**：ABCD。《固体废物污染环境防治法》第43条规定，县级以上地方人民政府应当加快建立分类投放、分类收集、分类运输、分类处理的生活垃圾管理系统，实现生活垃圾分类制度有效覆盖。县级以上地方人民政府应当建立生活垃圾分类工作协调机制，加强和统筹生活垃圾分类管理能力建设。各级人民政府及其有关部门应当组织开展生活垃圾分类宣传，教育引导公众养成生活垃圾分类习惯，督促和指导生活垃圾分类工作。

22. **答案**：ABCD。《噪声污染防治法》第44条规定，本法所称交通运输噪声，是指机动车、铁路机车车辆、城市轨道交通车辆、机动船舶、航空器等交通运输工具在运行时产生的干扰周围生活环境的声音。第45条规定，各级人民政府及其有关部门制定、修改国土空间规划和交通运输等相关规划，应当综合考虑公路、城市道路、铁路、城市轨道交通线路、水路、港口和民用机场及其起降航线对周围声环境的影响。新建公路、铁路线路选线设计，应当尽量避开噪声敏感建筑物集中区域。新建民用机场选址与噪声敏感建筑物集中区域的距离应当符合标准要求。第 46 条规定，制定交通基础设施工程技术规范，应当明确噪声污染防治要求。新建、改建、扩建经过噪声敏感建筑物集中区域的高速公路、城市高架、铁路和城市轨道交通线路等的，建设单位应当在可能造成噪声污染的重点路段设置声屏障或者采取其他减少振动、降低噪声的措施，符合有关交通基础设施工程技术规范以及标准要求。建设单位违反前款规定的，由县级以上人民政府指定的部门责令制定、实施治理方案。第 47 条规定，机动车的消声器和喇叭应当符合国家规定。禁止驾驶拆除或者损坏消声器、加装排气管等擅自改装的机动车以轰鸣、疾驶等方式造成噪声污染。使用机动车音响器材，应当控制音量，防止噪声污染。机动车应当加强维修和保养，保持性能良好，防止噪声污染。

名词解释

1. **答案**：环境影响评价制度是在进行对环境有影响的建设和开发活动时，对该活动可能给周围环境带来的影响进行科学预测和评估，制定防止或减少环境损害的措施。
2. **答案**：特殊水体保护是指县级以上人民政府可以对风景名胜区水体、重要渔业水体和其他具有特殊经济文化价值的水体划定保护区，并采取措施，保证保护区的水质符合规定用途的水环境质量标准；在风景名胜区水体、重要渔业水体和其他具有特殊经济文化价值的水体的保护区内，不得新建排污口。在保护区附近新建排污口，应当保证保护区水体不受污染。
3. **答案**：《土壤污染防治法》规定的土壤污染，是指因人为因素导致某种物质进入陆地表层土壤，引起土壤化学、物理、生物等方面特性的改变，影响土壤功能和有效利用，危害公众健康或者破坏生态环境的现象。
4. **答案**：《噪声污染防治法》规定的噪声是指在工业生产、建筑施工、交通运输和社会生活中产生的干扰周围生活环境的声音。
5. **答案**：国家根据防止海洋环境污染的需要，

制定国家重大海上污染事故应急计划；国家海洋行政主管部门负责制定全国海洋石油勘探开发重大海上溢油应急计划；国家海事行政主管部门负责制定全国船舶重大海上溢油污染事故应急计划；沿海可能发生重大海洋环境污染事故的单位，应当依照国家的规定，制定污染事故应急计划。

简答题

1. **答案**：《大气污染防治法》第 1 条规定，为保护和改善环境，防治大气污染，保障公众健康，推进生态文明建设，促进经济社会可持续发展，制定本法。
2. **答案**：《水污染防治法》第 1 条规定，为了保护和改善环境，防治水污染，保护水生态，保障饮用水安全，维护公众健康，推进生态文明建设，促进经济社会可持续发展，制定本法。
3. **答案**：《海洋环境保护法》第 2 条规定，本法适用于中华人民共和国管辖海域。在中华人民共和国管辖海域内从事航行、勘探、开发、生产、旅游、科学研究及其他活动，或者在沿海陆域内从事影响海洋环境活动的任何单位和个人，应当遵守本法。在中华人民共和国管辖海域以外，造成中华人民共和国管辖海域环境污染、生态破坏的，适用本法相关规定。
4. **答案**：国务院生态环境主管部门应当会同国务院农业农村、自然资源、住房城乡建设、水利、卫生健康、林业草原等主管部门建立土壤环境基础数据库，构建全国土壤环境信息平台，实行数据动态更新和信息共享。
5. **答案**：（1）减量化、资源化和无害化的原则。（2）污染担责的原则。依据见《固体废物污染环境防治法》第 4 条和第 5 条。

论述题

1. **答案**：重污染天气频发是当前全社会关注的问题之一，《大气污染防治法》第 6 章"重污染天气应对"规定，建立重污染天气监测预警体系，制定重污染天气应急预案，并发布重污染天气预报等。

（1）建立重点区域重污染天气监测预警机制

国家建立重点区域重污染天气监测预警机制，统一预警分级标准。省级行政区域建立本行政区域重污染天气监测预警机制，将重污染天气应对纳入突发事件应急管理体系。可能发生重污染天气的区域制定重污染天气应急预案。

（2）建立会商机制，进行大气环境质量预报

省、自治区、直辖市、设区的市人民政府依据重污染天气预报信息，进行综合研判，确定预警等级并及时发出预警。依据重污染天气的预警等级，及时启动应急预案，如责令有关企业停产或者限产、限制部分机动车行驶、禁止燃放烟花爆竹、停止工地土石方作业和建筑物拆除施工、停止露天烧烤等。

2. **答案**：（1）在价值目标方面，体现出强烈的生态价值追求。（2）在政府主体方面，强化政府主体的监管职责，对政府角色的多重考量。（3）在监管对象方面，突破了以往以企事业单位为主要监管对象的限制。（4）在制度设置上，延续常规制度，就建立土壤环境信息共享机制及相关信息公开作出了具体规定。（5）在动力机制上，综合运用多种举措，加大惩罚力度，提高违法成本。

3. **答案**：《噪声污染防治法》的亮点可从噪声污染内涵的界定、发展规划、标准体系、监测、环评、法律责任、政府责任等方面进行考量。比如，重新界定了噪声污染内涵。针对产生噪声的领域没有噪声排放标准的情况，在"超标＋扰民"的基础上，将"未依法采取防控措施"产生噪声干扰他人正常生活、工作和学习的现象界定为噪声污染。在规划方面，明确噪声污染防治工作纳入国民经济和社会发展规划，要求生态环境保护规划明确噪声污染防治目标、任务、保障措施等内容。在监测方面，增加推进监测自动化、对噪声敏感建筑物周边等重点区域噪声排放情况监测以及企业自行监测、自动监测等方面的内容。在环评方面，明确规划环评应当包括噪声污染防治内容。在加强各类噪声污染防治方面，针对工业噪声、建筑施工噪声、交通运输噪声和社会生活噪声方面，特别针对社会生活噪声领域的突出问题，如广场舞音乐、室内装修等噪声污染作了有针对性的规定。

4. **答案**：《中共中央办公厅 国务院办公厅关于全面推进江河保护治理的意见》指出，加强饮用水水源地保护。扎实推进水源地规范化建设，开展水源地水质监测及安全评估。加强南水北调水源区、首都水源涵养功能区等重要水源补给地保护修复。强化重大引调水工程输水沿线、地下水型饮用水水源监测和保护。健全集中式饮用水水源地突发水污染事件应急处置机制，提高水环境风险防控能力。加强江河水环境治理。统筹水资源、水环境、水生态治理，推进重要河湖生态保护治理，持续提升河湖水生态环境质量，建设美丽河湖。完善全国地表水生态环境监测网络，提高数智化监测预警能力。落实污染物达标排放要求，严格控制入河湖排污总量，深入推进入河湖排污口排查整治，建成排污口监测监管体系。持续推进河湖库清漂。加强沿河湖矿山、化工园区、危险废物处置场、垃圾填埋场等水环境风险隐患综合治理。

第三编　自然资源法

第十章　自然资源法概述

✅ 单项选择题

1. 答案：C。按照不同的标准，自然资源可以分为不同的种类：按其属性可分为土地资源、水资源、海洋资源、气候资源、生物资源、矿产资源、旅游资源、能源等；按其埋藏方式可以分为地下资源和地表资源；按其能够被人类利用时间的长短，可以分为有限资源和无限资源，有限资源又可以分为可更新资源和不可更新资源。

2. 答案：B。自然资源的基本特性是有用性或可使用性。自然界中的物质和能源只有对人类用来改善其生产和生活条件有用时，才能被视为自然资源。

3. 答案：D。目前，对自然资源的保护通常采取综合勘探、综合开发、综合利用、回收利用和开发替代资源以及对可更新资源实行营造养殖、适度开发的方法。

4. 答案：B。水资源的一个重要的属性就是地表水以河流、湖泊的形式呈地理结构状汇集，并由此形成巨大的网络状系统。一个流域是一个完整的生态系统，不同的地理单元与水资源的特殊结合使流域呈现多样性。水资源管理必须遵循水资源的流域特性，"一个流域一部法律"实际上揭示了水资源的流域管理。

5. 答案：B。《水法》第21条规定，开发、利用水资源，应当首先满足城乡居民生活用水，并兼顾农业、工业、生态环境用水以及航运等需要。在干旱和半干旱地区开发、利用水资源，应当充分考虑生态环境用水需要。

6. 答案：D。《水法》第25条第3款规定，农村集体经济组织修建水库应当经县级以上地方人民政府水行政主管部门批准。

7. 答案：A。《水法》第33条规定，国家建立饮用水水源保护区制度。省、自治区、直辖市人民政府应当划定饮用水水源保护区，并采取措施，防止水源枯竭和水体污染，保证城乡居民饮用水安全。

8. 答案：C。《水土保持法》第5条规定，国务院水行政主管部门主管全国的水土保持工作。国务院水行政主管部门在国家确定的重要江河、湖泊设立的流域管理机构（以下简称流域管理机构），在所管辖范围内依法承担水土保持监督管理职责。县级以上地方人民政府水行政主管部门主管本行政区域的水土保持工作。县级以上人民政府林业、农业、国土资源等有关部门按照各自职责，做好有关的水土流失预防和治理工作。

9. 答案：C。土地是国家领土范围内的一切陆、水和海域，是地貌、土壤、岩石、水文、气候、植被等各种自然因素长期相互作用以及人类活动的影响所形成的自然综合体。土地资源是指在当前和可预见的未来对人类有用的土地。土地资源的有用即土地资源具有生产性，是指土地资源都具有一定的生产能力，都有一定的利用价值。这一特性是土地资源与土地的基本区别点。

10. 答案：B。《土地管理法》第9条规定，城市市区的土地属于国家所有。农村和城市郊区的土地，除由法律规定属于国家所有的外，属于农民集体所有；宅基地和自留地、自留山，属于农民集体所有。

11. 答案：A。《土地管理法》第25条规定，经批准的土地利用总体规划的修改，须经原批准机关批准；未经批准，不得改变土地利用总体规划确定的土地用途。经国务院批准的大型能源、交通、水利等基础设施建设用地，需要改变土地利用总体规划的，根据国务院的批准文件修改土地利用总体规划。经省、自治区、直辖市人民政府批准的能源、交通、水利等基础设施建设用地，需要改变土地利用总体规划的，属于省级人民政府土地利用总体规划批准权限内的，根据省级人民政府的批准文件修改土地利用总体规划。

12. **答案**：B。《矿产资源法》第4条第1款规定，矿产资源属于国家所有，由国务院代表国家行使矿产资源的所有权。地表或者地下的矿产资源的国家所有权，不因其所依附的土地的所有权或者使用权的不同而改变。

13. **答案**：D。《矿产资源法实施细则》第16条规定："探矿权人享有下列权利：（一）按照勘查许可证规定的区域、期限、工作对象进行勘查；（二）在勘查作业区及相邻区域架设供电、供水、通讯管线，但是不得影响或者损害原有的供电、供水设施和通讯管线；（三）在勘查作业区及相邻区域通行；（四）根据工程需要临时使用土地；（五）优先取得勘查作业区内新发现矿种的探矿权；（六）优先取得勘查作业区内矿产资源的采矿权；（七）自行销售勘查中按照批准的工程设计施工回收的矿产品，但是国务院规定由指定单位统一收购的矿产品除外。探矿权人行使前款所列权利时，有关法律、法规规定应当经过批准或者履行其他手续的，应当遵守有关法律、法规的规定。"

14. **答案**：C。《矿产资源勘查区块登记管理办法》第10条规定："勘查许可证有效期最长为3年；但是，石油、天然气勘查许可证有效期最长为7年。需要延长勘查工作时间的，探矿权人应当在勘查许可证有效期届满的30日前，到登记管理机关办理延续登记手续，每次延续时间不得超过2年。探矿权人逾期不办理延续登记手续的，勘查许可证自行废止。石油、天然气滚动勘探开发的采矿许可证有效期最长为15年；但是，探明储量的区块，应当申请办理采矿许可证。"

15. **答案**：A。《矿产资源勘查区块登记管理办法》第33条规定："探矿权人被吊销勘查许可证的，自勘查许可证被吊销之日起6个月

内，不得再申请探矿权。"

16. **答案**：C。《矿产资源补偿费征收管理规定》第4条规定，矿产资源补偿费由采矿权人缴纳。矿产资源补偿费以矿产品销售时使用的货币结算；采矿权人对矿产品自行加工的，以其销售最终产品时使用的货币结算。

17. **答案**：A。《矿产资源补偿费征收管理规定》第11条规定，矿产资源补偿费纳入国家预算，实行专项管理，主要用于矿产资源勘查。中央所得的矿产资源补偿费的具体使用管理办法，由国务院财政部门、国务院地质矿产主管部门、国务院计划主管部门共同制定。地方所得的矿产资源补偿费的具体使用管理办法，由省、自治区、直辖市人民政府制定。

18. **答案**：B。《煤炭法》第4条规定，国家对煤炭开发实行统一规划、合理布局、综合利用的方针。第6条第3款规定，国家对乡镇煤矿采取扶持、改造、整顿、联合、提高的方针，实行正规合理开发和有序发展。第7条规定，煤矿企业必须坚持安全第一、预防为主的安全生产方针，建立健全安全生产的责任制度和群防群治制度。

19. **答案**：B。《矿山安全法》第4条规定，国务院劳动行政主管部门对全国矿山安全工作实施统一监督。县级以上地方各级人民政府劳动行政主管部门对本行政区域内的矿山安全工作实施统一监督。县级以上人民政府管理矿山企业的主管部门对矿山安全工作进行管理。

20. **答案**：A。《矿山安全法》第37条规定，发生一般矿山事故，由矿山企业负责调查和处理。发生重大矿山事故，由政府及其有关部门、工会和矿山企业按照行政法规的规定进行调查和处理。

21. **答案**：C。《节约能源法》第10条规定，国务院管理节能工作的部门主管全国的节能监督管理工作。国务院有关部门在各自的职责范围内负责节能监督管理工作，并接受国务院管理节能工作的部门的指导。县级以上地方各级人民政府管理节能工作的部门负责本行政区域内的节能监督管理工作。县级以上

地方各级人民政府有关部门在各自的职责范围内负责节能监督管理工作，并接受同级管理节能工作的部门的指导。

22. **答案：C。**《森林法实施条例》第17条规定："需要临时占用林地的，应当经县级以上人民政府林业主管部门批准。临时占用林地的期限不得超过两年，并不得在临时占用的林地上修筑永久性建筑物；占用期满后，用地单位必须恢复林业生产条件。"

23. **答案：D。**《退耕还林条例》第6条第1款规定，国务院西部开发工作机构负责退耕还林工作的综合协调，组织有关部门研究制定退耕还林有关政策、办法，组织和协调退耕还林总体规划的落实；国务院林业行政主管部门负责编制退耕还林总体规划、年度计划，主管全国退耕还林的实施工作，负责退耕还林工作的指导和监督检查；国务院发展计划部门会同有关部门负责退耕还林总体规划的审核、计划的汇总、基建年度计划的编制和综合平衡；国务院财政主管部门负责退耕还林中央财政补助资金的安排和监督管理；国务院农业行政主管部门负责已垦草场的退耕还草以及天然草场的恢复和建设有关规划、计划的编制，以及技术指导和监督检查；国务院水行政主管部门负责退耕还草地区小流域治理、水土保持等相关工作的技术指导和监督检查；国务院粮食行政管理部门负责粮源的协调和调剂工作。

24. **答案：C。**《退耕还林条例》第48条规定："退耕土地还林后的承包经营权期限可以延长到70年。承包经营权到期后，土地承包经营权人可以依照有关法律、法规的规定继续承包。退耕还林土地和荒山荒地造林后的承包经营权可以依法继承、转让。"

25. **答案：D。**《草原法》第8条规定，国务院草原行政主管部门主管全国草原监督管理工作。县级以上地方人民政府草原行政主管部门主管本行政区域内草原监督管理工作。乡（镇）人民政府应当加强对本行政区域内草原保护、建设和利用情况的监督检查，根据需要可以设专职或者兼职人员负责具体监督检查工作。

26. **答案：B。**《土地管理法》第30条规定，国家保护耕地，严格控制耕地转为非耕地，国家实行占用耕地补偿制度。非农业建设经批准占用耕地的，按照"占多少，垦多少"的原则，由占用耕地的单位负责开垦与所占用耕地的数量和质量相当的耕地；没有条件开垦或者开垦的耕地不符合要求的，应当按照省、自治区、直辖市的规定缴纳耕地开垦费，专款用于开垦新的耕地。省、自治区、直辖市人民政府应当制定开垦耕地计划，监督占用耕地的单位按照计划开垦耕地或者按照计划组织开垦耕地，并进行验收。

27. **答案：D。**《土地管理法实施条例》第21条规定："抢险救灾、疫情防控等急需使用土地的，可以先行使用土地。其中，属于临时用地的，用后应当恢复原状并交还原土地使用者使用，不再办理用地审批手续；属于永久性建设用地的，建设单位应当在不晚于应急处置工作结束六个月内申请补办建设用地审批手续。"由此可知，D项属于永久性使用用，应当补办建设用地审批手续，因此D项错误。

28. **答案：C。**《土地管理法》第54条规定："建设单位使用国有土地，应当以出让等有偿使用的方式取得；但是，下列建设用地，经县级以上人民政府依法批准，可以以划拨方式取得：（一）国家机关用地和军事用地；（二）城市基础设施用地和公益事业用地；（三）国家重点扶持的能源、交通、水利等基础设施用地；（四）法律、行政法规规定的其他用地。"A项属于国家机关用地，B、D项属于公益事业用地，C项非城市基础设施用地。

29. **答案：A。**《矿产资源法》第4条规定，矿产资源属于国家所有，由国务院代表国家行使矿产资源的所有权。地表或者地下的矿产资源的国家所有权，不因其所依附的土地的所有权或者使用权的不同而改变。各级人民政府应加强矿产资源保护工作。禁止任何单位和个人以任何手段侵占或者破坏矿产资源。

30. **答案：B。**根据《森林法》第22条的规定，单位之间发生的林木、林地所有权和使用权争议，由县级以上人民政府依法处理。个人之间、个人与单位之间发生的林木所有权和林地使用权争议，由乡镇人民政府或者县级以上人民政府依法处理。当事人对有关人民政府的处理决定不服的，可以自接到处理决定通知之日起 30 日内，向人民法院起诉。在林木、林地权属争议解决前，除因森林防火、林业有害生物防治、国家重大基础设施建设等需要外，当事人任何一方不得砍伐有争议的林木或者改变林地现状。本案中，两个单位发生经济林地使用权的争议，应由县级以上人民政府处理，对处理决定不服才能起诉，故 B 项正确、C 项错误。在林地的争议解决之前，争议林木不得砍伐，需维持原状，A 项错误。《森林法》第 36 条规定，国家保护林地，严格控制林地转为非林地，实行占用林地总量控制，确保林地保有量不减少。各类建设项目占用林地不得超过本行政区域的占用林地总量控制指标。我国对林地转非林地实行严格控制，非经法定程序不能擅自改变林地的用途为非林地，故 D 项错误。

31. **答案：** D。《森林法》第 22 条规定，单位之间发生的林木、林地所有权和使用权争议，由县级以上人民政府依法处理。个人之间、个人与单位之间发生的林木所有权和林地使用权争议，由乡镇人民政府或者县级以上人民政府依法处理。当事人对有关人民政府的处理决定不服的，可以自接到处理决定通知之日起 30 日内，向人民法院起诉。在林木、林地权属争议解决前，除因森林防火、林业有害生物防治、国家重大基础设施建设等需要外，当事人任何一方不得砍伐有争议的林木或者改变林地现状。因此 D 项错误，A、B、C 项正确。

☑️ 多项选择题

1. **答案：** CD。按能够被人类利用的时间的长短，自然资源可以分为有限资源（又称为耗竭性资源）和无限资源（又称为非耗竭性资源）。无限资源是指那些取之不尽、用之不

竭的资源，如太阳能、风能、潮汐能等。

2. **答案：** ABD。几乎所有的自然资源在特定的区域、时间或受科学技术水平的制约，都可能产生稀缺性。这种稀缺性主要表现在如下方面：可耗竭资源、不可更新资源因其储量和总量有限，人们用一点就会减少一点，在其短缺或耗竭时呈现稀缺性；可更新资源因补充能量有限，在其消耗速度赶不上更新速度时呈现稀缺性；无限资源在特定条件下会变成有限资源而呈现出稀缺性，如太阳能是取之不尽的，但到达地球表面的太阳能的数量和质量是有限的，在缺乏阳光的地带或阴天，阳光也会成为稀缺品；大气、流水等公共资源、共有资源因其可被占用性，在其受人力干预（如国家立法禁止、政府垄断、集团强占等）的情况下会呈现稀缺性。

3. **答案：** ABCD。自然资源法是调整人们在自然资源的开发、利用、保护和管理过程中所产生的各种社会关系的法律规范的总称。它所调整的社会关系主要包括资源权属关系、资源流转关系、资源管理关系和涉及自然资源的其他经济关系。

4. **答案：** ABCD。当代自然资源法的发展趋势是：将自然资源的开发、利用与保护、改善结合起来，在继续维持原有自然资源开发利用和管理内容的基础上，越来越多地增加自然资源保护、改善和治理的内容；强调可持续利用自然资源；实行自然资源有偿使用制度；合理划分各级政府的管理职权；维护国家利益的同时，尊重个人和法人单位的财产权，并给予同样保护；对权利主体实行平等保护。

5. **答案：** BD。《水法》所称的水资源，包括地表水和地下水。

6. **答案：** AC。水资源是具有自然属性（地理特性、环境特性、生态特性）、社会属性和经济属性（生产特性、消费特性）等多种属性的自然资源。水资源具有以下特征：（1）水资源具有水文关联性、生态关联性。（2）水资源具有自然的持续流动性，它储量有限但可以循环再生，是处于水循环中的自然资源。这是水资源不同于土地资源和其他公共物品

的根本特性。（3）水资源具有季节性、地域性和整体性。（4）水资源的有用性具有相对性。水资源既是一种宝贵的自然资源，也是一种灾害源，具有泛滥成灾的有害性。（5）水资源具有专有性（独占性）和共享性（消费不排他性）。（6）水资源具有多种功能和作用，包括水量功能、水质功能、水力水运功能、水的纳污净化功能、水貌水景功能以及水资源的经济、社会、环境功能。

7. **答案**：ABD。《水法》第 14 条第 3 款规定："前款所称综合规划，是指根据经济社会发展需要和水资源开发利用现状编制的开发、利用、节约、保护水资源和防治水害的总体部署。前款所称专业规划，是指防洪、治涝、灌溉、航运、供水、水力发电、竹木流放、渔业、水资源保护、水土保持、防沙治沙、节约用水等规划。"第 15 条规定："流域范围内的区域规划应当服从流域规划，专业规划应当服从综合规划。流域综合规划和区域综合规划以及与土地利用关系密切的专业规划，应当与国民经济和社会发展规划以及土地利用总体规划、城市总体规划和环境保护规划相协调，兼顾各地区、各行业的需要。"

8. **答案**：ABCD。《水法》第 20 条规定，开发、利用水资源，应当坚持兴利与除害相结合，兼顾上下游、左右岸和有关地区之间的利益，充分发挥水资源的综合效益，并服从防洪的总体安排。

9. **答案**：BD。《水法》第 44 条第 1 款规定，国务院发展计划主管部门和国务院水行政主管部门负责全国水资源的宏观调配。全国的和跨省、自治区、直辖市的水中长期供求规划，由国务院水行政主管部门会同有关部门制订，经国务院发展计划主管部门审查批准后执行。地方的水中长期供求规划，由县级以上地方人民政府水行政主管部门会同同级有关部门依据上一级水中长期供求规划和本地区的实际情况制订，经本级人民政府发展计划主管部门审查批准后执行。

10. **答案**：ABC。《水法》第 57 条规定，单位之间、个人之间、单位与个人之间发生的水事纠纷，应当协商解决；当事人不愿协商或者协商不成的，可以申请县级以上地方人民政府或者其授权的部门调解，也可以直接向人民法院提起民事诉讼。县级以上地方人民政府或者其授权的部门调解不成的，当事人可以向人民法院提起民事诉讼。在水事纠纷解决前，当事人不得单方面改变现状。

11. **答案**：ABCD。《水土保持法》第 3 条规定，水土保持工作实行预防为主、保护优先、全面规划、综合治理、因地制宜、突出重点、科学管理、注重效益的方针。

12. **答案**：ABD。《土地管理法》第 4 条第 2 款规定，国家编制土地利用总体规划，规定土地用途，将土地分为农用地、建设用地和未利用地。严格限制农用地转为建设用地，控制建设用地总量，对耕地实行特殊保护。

13. **答案**：ABCD。《土地管理法》第 17 条规定："土地利用总体规划按照下列原则编制：（一）落实国土空间开发保护要求，严格土地用途管制；（二）严格保护永久基本农田，严格控制非农业建设占用农用地；（三）提高土地节约集约利用水平；（四）统筹安排城乡生产、生活、生态用地，满足乡村产业和基础设施用地合理需求，促进城乡融合发展；（五）保护和改善生态环境，保障土地的可持续利用；（六）占用耕地与开发复垦耕地数量平衡、质量相当。"

14. **答案**：ABCD。《土地管理法》第 15 条第 1 款规定，各级人民政府应当依据国民经济和社会发展规划、国土整治和资源环境保护的要求、土地供给能力以及各项建设对土地的需求，组织编制土地利用总体规划。

15. **答案**：AB。《基本农田保护条例》第 2 条第 2 款和第 3 款规定："本条例所称基本农田，是指按照一定时期人口和社会经济发展对农产品的需求，依据土地利用总体规划确定的不得占用的耕地。本条例所称基本农田保护区，是指为对基本农田实行特殊保护而依据土地利用总体规划和按照法定程序确定的特定保护区域。"《土地管理法》第 33 条规定："国家实行永久基本农田保护制度。下列耕地应当根据土地利用总体规划划为永久基本农田，实行严格保护：（一）经国务院农业农村主管部门或者县级以上地方人民政府批准确定的粮、棉、油、糖等重要农产品生产基地内的耕地；（二）有良好的水利与水土保持设施的耕地，正在实施改造计划以及可以改造的中、低产田和已建成的高标准农田；（三）蔬菜生产基地；（四）农业科研、教学试验田；（五）国务院规定应当划为永久基本农田的其他耕地。各省、自治区、直辖市划定的永久基本农田一般应当占本行政区域内耕地的百分之八十以上，具体比例由国务院根据各省、自治区、直辖市耕地实际情况规定。"《土地管理法》第 34 条规定，永久基本农田划定以乡（镇）为单位进行，由县级人民政府自然资源主管部门会同同级农业农村主管部门组织实施。永久基本农田应当落实到地块，纳入国家永久基本农田数据库严格管理。乡（镇）人民政府应当将永久基本农田的位置、范围向社会公告，并设立保护标志。

16. **答案**：ACD。《土地管理法》第 46 条规定："征收下列土地的，由国务院批准：（一）永久基本农田；（二）永久基本农田以外的耕地超过三十五公顷的；（三）其他土地超过七十公顷的。征收前款规定以外的土地的，由省、自治区、直辖市人民政府批准。征收农用地的，应当依照本法第四十四条的规定先行办理农用地转用审批。其中，经国务院批准农用地转用的，同时办理征地审批手续，不再另行办理征地审批；经省、自治区、直辖市人民政府在征地批准权限内批准农用地转用的，同时办理征地审批手续，不再另行办理征地审批，超过征地批准权限的，应当依照本条第一款的规定另行办理征地审批。"

17. **答案**：ABCD。《土地管理法》第 48 条规定："征收土地应当给予公平、合理的补偿，保障被征地农民原有生活水平不降低、长远生计有保障。征收土地应当依法及时足额支付土地补偿费、安置补助费以及农村村民住宅、其他地上附着物和青苗等的补偿费用，并安排被征地农民的社会保障费用……"

18. **答案**：BCD。《土地管理法》第 54 条规定：

"建设单位使用国有土地，应当以出让等有偿使用方式取得；但是，下列建设用地，经县级以上人民政府依法批准，可以以划拨方式取得：（一）国家机关用地和军事用地；（二）城市基础设施用地和公益事业用地；（三）国家重点扶持的能源、交通、水利等基础设施用地；（四）法律、行政法规规定的其他用地。"

19. **答案**：ABCD。《土地管理法》第 66 条规定："有下列情形之一的，农村集体经济组织报经原批准用地的人民政府批准，可以收回土地使用权：（一）为乡（镇）村公共设施和公益事业建设，需要使用土地的；（二）不按照批准的用途使用土地的；（三）因撤销、迁移等原因而停止使用土地的。依照前款第（一）项规定收回农民集体所有的土地的，对土地使用权人应当给予适当补偿。收回集体经营性建设用地使用权，依照双方签订的书面合同办理，法律、行政法规另有规定的除外。"

20. **答案**：AB。《土地管理法》第 62 条规定："农村村民一户只能拥有一处宅基地，其宅基地的面积不得超过省、自治区、直辖市规定的标准。人均土地少、不能保障一户拥有一处宅基地的地区，县级人民政府在充分尊重农村村民意愿的基础上，可以采取措施，按照省、自治区、直辖市规定的标准保障农村村民实现户有所居。农村村民建住宅，应当符合乡（镇）土地利用总体规划、村庄规划，不得占用永久基本农田，并尽量使用原有的宅基地和村内空闲地。编制乡（镇）土地利用总体规划、村庄规划应当统筹并合理安排宅基地用地，改善农村村民居住环境和条件。农村村民住宅用地，由乡（镇）人民政府审核批准；其中，涉及占用农用地的，依照本法第四十四条的规定办理审批手续。农村村民出卖、出租、赠与住宅后，再申请宅基地的，不予批准。国家允许进城落户的农村村民依法自愿有偿退出宅基地，鼓励农村集体经济组织及其成员盘活利用闲置宅基地和闲置住宅。国务院农业农村主管部门负责全国农村宅基地改革和管理有关工作。"

21. **答案**：BCD。《城市房地产管理法》第2条第4款规定："本法所称房地产交易，包括房地产转让、房地产抵押和房屋租赁。"

22. **答案**：ACD。《城市房地产管理法》第38条规定："下列房地产，不得转让：（一）以出让方式取得土地使用权的，不符合本法第三十九条规定的条件的；（二）司法机关和行政机关依法裁定、决定查封或者以其他形式限制房地产权利的；（三）依法收回土地使用权的；（四）共有房地产，未经其他共有人书面同意的；（五）权属有争议的；（六）未依法登记领取权属证书的；（七）法律、行政法规规定禁止转让的其他情形。"同时，第39条第1款规定："以出让方式取得土地使用权的，转让房地产时，应当符合下列条件：（一）按照出让合同约定已经支付全部土地使用权出让金，并取得土地使用权证书；（二）按照出让合同约定进行投资开发，属于房屋建设工程的，完成开发投资总额的百分之二十五以上，属于成片开发土地的，形成工业用地或者其他建设用地条件。"

23. **答案**：ABD。《城市房地产管理法》第45条规定："商品房预售，应当符合下列条件：（一）已交付全部土地使用权出让金，取得土地使用权证书；（二）持有建设工程规划许可证；（三）按提供预售的商品房计算，投入开发建设的资金达到工程建设总投资的百分之二十五以上，并已经确定施工进度和竣工交付日期；（四）向县级以上人民政府房产管理部门办理预售登记，取得商品房预售许可证明。商品房预售人应当按照国家有关规定将预售合同报县级以上人民政府房产管理部门和土地管理部门登记备案。商品房预售所得款项，必须用于有关的工程建设。"

24. **答案**：BCD。《矿产资源法实施细则》第38条规定："集体所有制矿山企业可以开采下列矿产资源：（一）不适于国家建设大、中型矿山的矿床及矿点；（二）经国有矿山企业同意，并经其上级主管部门批准，在其矿区范围内划出的边缘零星矿产；（三）矿山闭坑后，经原矿山企业主管部门确认可以安

全开采并不会引起严重环境后果的残留矿体；（四）国家规划可以由集体所有制矿山企业开采的其他矿产资源。集体所有制矿山企业开采前款第（二）项所列矿产资源时，必须与国有矿山企业签定合理开发利用矿产资源和矿山安全协议，不得浪费和破坏矿产资源，并不得影响国有矿山企业的生产安全。"

25. **答案**：ABD。《探矿权采矿权转让管理办法》第3条规定："除按照下列规定可以转让外，探矿权、采矿权不得转让：（一）探矿权人有权在划定的勘查作业区内进行规定的勘查作业，有权优先取得勘查作业区内矿产资源的采矿权。探矿权人在完成规定的最低勘查投入后，经依法批准，可以将探矿权转让他人。（二）已经取得采矿权的矿山企业，因企业合并、分立，与他人合资、合作经营，或者因企业资产出售以及有其他变更企业资产产权的情形，需要变更采矿权主体的，经依法批准，可以将采矿权转让他人采矿。"第4条第1款规定："国务院地质矿产主管部门和省、自治区、直辖市人民政府地质矿产主管部门是探矿权、采矿权转让的审批管理机关。"第9条规定："转让国家出资勘查所形成的探矿权、采矿权的，必须进行评估。国家出资勘查形成的探矿权、采矿权价款，由具有矿业权评估资质的评估机构进行评估；评估报告报探矿权、采矿权登记管理机关备案。"第13条规定："探矿权、采矿权转让后，勘查许可证、采矿许可证的有效期限，为原勘查许可证、采矿许可证的有效期减去已经进行勘查、采矿的年限的剩余期限。"

26. **答案**：AD。《矿产资源补偿费征收管理规定》第7条规定："矿产资源补偿费由地质矿产主管部门会同财政部门征收。矿区在县级行政区域内的，矿产资源补偿费由矿区所在地的县级人民政府负责地质矿产管理工作的部门负责征收。矿区范围跨县级以上行政区域的，矿产资源补偿费由所涉及行政区域的共同上一级人民政府负责地质矿产管理工作的部门负责征收。矿区范围跨省级行政区

域和在中华人民共和国领海与其他管辖海域的，矿产资源补偿费由国务院地质矿产主管部门授权的省级人民政府地质矿产主管部门负责征收。"

27. **答案：ACD。**《矿山安全法》第20条规定，矿山企业必须建立、健全安全生产责任制。矿长对本企业的安全生产工作负责。第21条规定，矿长应当定期向职工代表大会或者职工大会报告安全生产工作，发挥职工代表大会的监督作用。第29条规定，矿山企业不得录用未成年人从事矿山井下劳动。矿山企业对女职工按照国家规定实行特殊劳动保护，不得分配女职工从事矿山井下劳动。

28. **答案：BD。**《矿山安全法实施条例》第47条规定："矿山发生重伤、死亡事故后，矿山企业应当在24小时内如实向劳动行政主管部门和管理矿山企业的主管部门报告。"第48条规定："劳动行政主管部门和管理矿山企业的主管部门接到死亡事故或者一次重伤3人以上的事故报告后，应当立即报告本级人民政府，并报各自的上一级主管部门。"第51条规定："矿山事故调查处理工作应当自事故发生之日起90日内结束；遇有特殊情况，可以适当延长，但是不得超过180日。矿山事故处理结案后，应当公布处理结果。"

29. **答案：ABCD。**《森林法》第83条第1项规定，森林，包括乔木林、竹林和国家特别规定的灌木林。按照用途可以分为防护林、特种用途林、用材林、经济林和能源林。

30. **答案：ABD。**《森林法实施条例》第4条规定："依法使用的国家所有的森林、林木和林地，按照下列规定登记：（一）使用国务院确定的国家所有的重点林区（以下简称重点林区）的森林、林木和林地的单位，应当向国务院林业主管部门提出登记申请，由国务院林业主管部门登记造册，核发证书，确认森林、林木和林地使用权以及由使用者所有的林木所有权；（二）使用国家所有的跨行政区域的森林、林木和林地的单位和个人，应当向共同的上一级人民政府林业主管部门提出登记申请，由该人民政府登记造册，核发证书，确认森林、林木和林地使用权以及由使用者所有的林木所有权；（三）使用国家所有的其他森林、林木和林地的单位和个人，应当向县级以上地方人民政府林业主管部门提出登记申请，由县级以上地方人民政府登记造册，核发证书，确认森林、林木和林地使用权以及由使用者所有的林木所有权。未确定使用权的国家所有的森林、林木和林地，由县级以上人民政府登记造册，负责保护管理。"

31. **答案：BC。**《退耕还林条例》第15条规定："下列耕地应当纳入退耕还林规划，并根据生态建设需要和国家财力有计划地实施退耕还林：（一）水土流失严重的；（二）沙化、盐碱化、石漠化严重的；（三）生态地位重要、粮食产量低而不稳的。江河源头及其两侧、湖库周围的陡坡耕地以及水土流失和风沙危害严重等生态地位重要区域的耕地，应当在退耕还林规划中优先安排。"第16条规定："基本农田保护范围内的耕地和生产条件较好、实际粮食产量超过国家退耕还林补助粮食标准并且不会造成水土流失的耕地，不得纳入退耕还林规划；但是，因生态建设特殊需要，经国务院批准并依照有关法律、行政法规规定的程序调整基本农田保护范围后，可以纳入退耕还林规划。制定退耕还林规划时，应当考虑退耕农民长期的生计需要。"

32. **答案：BD。**《退耕还林条例》第35条规定，国家按照核定的退耕还林实际面积，向土地承包经营权人提供粮食、种苗造林补助费和生活补助费。具体补助标准和补助年限按照国务院有关规定执行。

33. **答案：CD。**《草原法》第2条第2款规定："本法所称草原，是指天然草原和人工草地。"第74条规定："本法第二条第二款中所称的天然草原包括草地、草山和草坡，人工草地包括改良草地和退耕还草地，不包括城镇草地。"

34. **答案：ABCD。**《草原法》第42条规定："国家实行基本草原保护制度。下列草原应当划为基本草原，实施严格管理：（一）重要放牧场；（二）割草地；（三）用于畜牧业生产的人工草地、退耕还草地以及改良草地、草种基地；（四）对调节气候、涵养水源、保持水土、防风固沙具有特殊作用的草原；（五）作为国家重点保护野生动植物生存环境的草原；（六）草原科研、教学试验基地；（七）国务院规定应当划为基本草原的其他草原。基本草原的保护管理办法，由国务院制定。"

35. **答案**：ABCD。在我国辽阔的海域中，蕴藏着如下海洋资源：一是海洋空间资源，包括海床、海洋水底、底土、水面及上覆空间；二是海岛资源；三是海洋生物资源；四是海底矿藏资源；五是其他资源，如潮汐能、波浪能、海流能及温差能等。

36. **答案**：BCD。根据《土地管理法》第62条第6款规定，国家允许进城落户的农村村民依法自愿有偿退出宅基地，鼓励农村集体经济组织及其成员盘活利用闲置宅基地和闲置住宅。故A项正确。根据《土地管理法》第62条规定，农村村民一户只能拥有一处宅基地，农村村民出卖、出租住宅后，再申请宅基地的，不予批准。本题中，甲已将宅基地转让他人，政府不再批给甲宅基地。因此，B项错误。另外，《土地管理法》规定，宅基地的所有权属于农民集体所有。但因买卖、继承、赠与房屋而发生宅基地使用权转移的，买房户、继承人、被赠与人是本集体经济组织成员的，可依法办理宅基地用地手续。因此宅基地买卖主要限制的是卖方不得再申请宅基地；对于买方而言，如果是同村村民，可以取得房屋所有权，并可依法办理宅基地用地手续。转让合同并不当然无效。由此C、D项错误。

名词解释

1. **答案**：水土流失是指由于自然或人为原因，土地表层缺乏植被保护，被雨水冲蚀后导致的土层逐渐变薄、变瘠的现象。

2. **答案**：水土保持是指对因自然因素或人为活动造成水土流失所采取的预防和治理措施。

3. **答案**：探矿权是指依照法律规定对国家矿产资源进行勘查的权利。探矿权的权利内容有：取得探矿权的勘查主体享有对一定区域内的一定勘查对象进行勘查行为的权利等。

4. **答案**：矿产资源是指由地质作用形成、具有利用价值的，呈固态、液态、气态等形态的自然资源。

简答题

1. **答案**：我国建设用地管理制度主要包括建立农用地转为建设用地审批制度、严格征地审批程序、实行土地有偿使用制度、严格控制乡（镇）村建设用地。

（1）农用地转为建设用地审批制度。任何单位和个人进行建设，需要使用土地的，必须依法申请使用国有土地（包括国家所有土地和国家征收的原属于农民集体所有的土地）。建设占用土地、涉及农用地转为建设用地的，应当办理农用地转用审批手续。

（2）严格征地审批程序。根据《土地管理法》的规定，征收下列土地，由国务院批准：①永久基本农田；②永久基本农田以外的耕地超过35公顷的；③其他土地超过70公顷的。征收《土地管理法》第46条第1款以外的土地的，由省、自治区、直辖市人民政府批准。

（3）土地有偿使用制度。建设单位使用国有土地的，应当以出让等有偿使用方式取得；但是，下列建设用地，经县级以上人民政府依法批准，可以以划拨方式取得：①国家机关用地和军事用地；②城市基础设施用地和公益事业用地；③国家重点扶持的能源、交通、水利等基础设施用地；④法律、行政法规规定的其他用地。以出让等有偿使用方式取得国有土地使用权的建设单位，按照国务院规定的标准和办法，缴纳土地使用权出让金等土地有偿使用费和其他费用后，方可使用土地。

（4）严格控制乡（镇）村建设用地。乡（镇）村公共设施、公益事业、农村村民住宅等乡（镇）村建设，应当按照村庄和集镇规划，合理布局，综合开发，配套建设；建设用地，应当符合乡（镇）土地利用总体规划和土地利用年度计划，并依法办理审批手续。农村村民建住宅，应当符合乡（镇）土地利用总体规划、村庄规划，不得占用永久基本农田，并尽量使用原有的宅基地和村内空闲地。农村村民住宅用地，经乡（镇）人民政府审核批准；其中，涉及占用农用地的，依照有关规定办理审批手续。农村村民出卖、出租、赠与住宅后，再申请宅基地的，不予批准。

2. **答案**：《森林法实施条例》第2条规定："森林资源，包括森林、林木、林地以及依托森林、林木、林地生存的野生动物、植物和微生物。森林，包括乔木林和竹林。林木，包括树木和竹子。林地，包括郁闭度0.2以上的乔木林地以及竹林地、灌木林地、疏林地、采伐迹地、火烧迹地、未成林造林地、苗圃地和县级以上人民政府规划的宜林地。"

《森林法》第83条第1项规定，森林，包括乔木林、竹林和国家特别规定的灌木林。按照用途可以分为防护林、特种用途林、用材林、经济林和能源林。

3. **答案**：各级人民政府应当依据国民经济和社会发展规划、国土整治和资源环境保护的要求、土地供给能力以及各项建设对土地的需求，组织编制土地利用总体规划。土地利用总体规划是在一定规划范围内，根据当地自然和社会经济条件以及国民经济发展要求，协调土地总供给与总需求，确定或调整土地利用结构和用地布局的宏观战略措施。

《土地管理法》第17条规定，土地利用总体规划按照下列原则编制：（1）落实国土空间开发保护要求，严格土地用途管制；（2）严格保护永久基本农田，严格控制非农业建设占用农用地；（3）提高土地节约集约利用水平；（4）统筹安排城乡生产、生活、生态用地，满足乡村产业和基础设施用地合理需求，促进城乡融合发展；（5）保护和改善生态环境，保障土地的可持续利用；（6）占用耕地与开发复垦耕地数量平衡、质量相当。

4. **答案**：《水法》建立的水资源开发利用制度，特别强调生态用水的考虑，规定了水资源开发利用的原则，建立了各种鼓励开发水资源

的各种制度，具体规定了水工程移民安置制度，使水资源的开发利用更加符合水资源可持续利用的要求。

（1）在开发利用水资源的原则方面，《水法》第23条规定，地方各级人民政府应当结合本地区水资源的实际情况，按照地表水与地下水统一调度开发、开源与节流相结合、节流优先和污水处理再利用的原则，合理组织开发、综合利用水资源。国民经济和社会发展规划以及城市总体规划的编制、重大建设项目的布局，应当与当地水资源条件和防洪要求相适应，并进行科学论证；在水资源不足的地区，应当对城市规模和建设耗水量大的工业、农业和服务业项目加以限制。

（2）在生态用水方面，《水法》第21条规定，开发、利用水资源，应当首先满足城乡居民生活用水，并兼顾农业、工业、生态环境用水以及航运等需要。在干旱和半干旱地区开发、利用水资源，应当充分考虑生态环境用水需要。

（3）在开发利用水资源的措施方面，《水法》规定了对水资源开发利用的鼓励措施，包括：国家鼓励对雨水和微咸水的收集、开发、利用和对海水的利用、淡化；控制和降低地下水的水位；农村集体经济组织或者其成员依法在本集体经济组织所有的集体土地或者承包土地上投资兴建水工程设施的，按照谁投资建设谁管理谁受益的原则，对水工程设施及其蓄水进行管理和合理使用等。

（4）在水工程建设移民安置制度方面，《水法》第29条规定："国家对水工程建设移民实行开发性移民的方针，按照前期补偿、补助与后期扶持相结合的原则，妥善安排移民的生产和生活，保护移民的合法权益。移民安置应当与工程建设同步进行。建设单位应当根据安置地区的环境容量和可持续发展的原则，因地制宜，编制移民安置规划，经依法批准后，由有关地方人民政府组织实施。所需移民经费列入工程建设投资计划。"这一规定是为妥善解决移民问题而采取的重要措施。

5. **答案**：林木采伐许可证是采伐林木的单位或

个人依照法律规定办理的准许采伐林木的证明文件。制定林木采伐许可证制度的主要目的，就是要对森林采伐进行控制，制定合理的年采伐限额，宏观控制森林资源消耗，以保证森林资源的永续利用。

《森林法》第56条规定，采伐林地上的林木应当申请采伐许可证，并按照采伐许可证的规定进行采伐；采伐自然保护区以外的竹林，不需要申请采伐许可证，但应当符合林木采伐技术规程。农村居民采伐自留地和房前屋后个人所有的零星林木，不需要申请采伐许可证。非林地上的农田防护林、防风固沙林、护路林、护岸护堤林和城镇林木等的更新采伐，由有关主管部门按照有关规定管理。采挖移植林木按照采伐林木管理，具体办法由国务院林业主管部门制定。禁止伪造、变造、买卖、租借采伐许可证。

同时，第55条规定，采伐森林、林木应当遵守下列规定：（1）公益林只能进行抚育、更新和低质低效林改造性质的采伐。但是，因科研或者实验、防治林业有害生物、建设护林防火设施、营造生物防火隔离带、遭受自然灾害等需要采伐的除外。（2）商品林应当根据不同情况，采取不同采伐方式，严格控制采伐面积，伐育同步规划实施。（3）自然保护区的林木，禁止采伐。但是，因防治林业有害生物、森林防火、维护主要保护对象生存环境、遭受自然灾害等特殊情况必须采伐的和实验区的竹林除外。省级以上人民政府林业主管部门应当根据前款规定，按照森林分类经营管理、保护优先、注重效率和效益等原则，制定相应的林木采伐技术规程。

6. 答案：矿产资源保护的经济刺激制度是指在价值规律的基础上，充分利用环境经济刺激手段引导经济当事人施行有利于改善环境质量和持续利用矿产资源行为的基本法律制度。这一定义确定了矿产资源保护的经济刺激制度的内涵：（1）经济刺激制度所遵循的客观规律是价值规律，即价格体现价值的原则。（2）经济刺激制度的调整对象是经济当事人（包括生产者与消费者）与矿产资源保护相关的经济

活动。

矿产资源保护的经济刺激制度可分为：

（1）矿产资源税收制度。矿产资源税是对开发、使用和消耗矿产资源的行为进行征税。根据《资源税法》的规定，开采的矿产资源若符合应税资源的具体范围，必须按照国家规定缴纳资源税。

（2）矿产资源补偿费制度。矿产资源补偿费是采矿权人为补偿国家矿产资源的消耗而向国家缴纳的一定费用，矿产资源补偿费制度是关于矿产资源补偿费的征收对象、范围、费率、程序、使用与管理的一整套措施和方法。除法律、行政法规另有规定外，凡在我国领域和其他管辖海域开采矿产资源的采矿权人，都应当按照规定缴纳矿产资源补偿费，补偿费按照产品销售收入的一定比例计征。征收的矿产资源补偿费纳入国家预算，实行专项管理，主要用于矿产资源勘查。

（3）财政和金融制度。它是政府通过各种优惠贷款、补贴和基金等宏观财政和金融调控措施，对那些有利于保护环境和有效利用矿产资源的活动或者那些能产生正面刺激的外部性活动提供支持。

7. 答案：自然资源是人类生存和发展的物质基础和社会物质财富的源泉。不同类型的自然资源的结构、功能、分布及储量等特性各不相同。自然资源具有以下特征：（1）自然资源具有自然性，主要表现在自然资源的地域性、整体性和客观性。地域性是指凡自然资源都与一定的地理位置或地理区域相联系。整体性是指各种自然资源作为环境要素，彼此之间既相互联系，又相互制约，构成了一个有机的统一体。客观性是指自然资源是不以人的意志为转移的自然要素，是自然环境的组成部分，它的发展变化遵循着一定的自然规律，人们在开发利用自然资源时，必须遵循这些规律，才能达到预期的目的。（2）自然资源具有社会经济属性。社会经济属性是指自然资源的开发利用及其管理与人们对它的认识、态度、利益关系和利用控制能力有关。（3）自然资源具有有用性、多用性、有限性和可变性。自然资源的基本特性是有用性，自然界中的物质和

能源只有对人类有用，才能被视为资源。自然资源种类繁多并具有多功能或多种用途，不仅是人类社会、经济活动的物质基础，还是自然生态的重要组成部分。

论述题

1. **答案：**（1）土地权属制度。为了保护土地资源，必须明确土地的权属。

（2）土地用途管制制度。国家编制土地利用总体规划，将土地分为农用地、建设用地和未利用地，严格限制农用地转为建设用地，控制建设用地总量，对耕地实行特殊保护。

（3）关于土地管理体制的规定。国务院自然资源主管部门统一负责全国土地的管理和监督工作。

（4）关于水土保持管理的规定。《水土保持法》第5条规定，国务院水行政主管部门主管全国的水土保持工作。县级以上地方人民政府水行政主管部门主管本行政区域的水土保持工作。

（5）土地资源保护的具体法律措施。

第一，保持土地质量的规定。《环境保护法》第33条规定，各级人民政府应当加强对农业环境的保护，促进农业环境保护新技术的使用，加强对农业污染源的监测预警，统筹有关部门采取措施，防治土壤污染和土地沙化、盐渍化、贫瘠化、石漠化、地面沉降以及防治植被破坏、水土流失、水体富营养化、水源枯竭、种源灭绝等生态失调现象，推广植物病虫害的综合防治。

第二，合理利用土地的规定。《土地管理法》第3条规定，十分珍惜、合理利用土地和切实保护耕地是我国的基本国策。各级人民政府应当采取措施，全面规划，严格管理，保护、开发土地资源，制止非法占用土地的行为。

第三，建立土地调查制度。县级以上人民政府自然资源主管部门会同同级有关部门进行土地调查，土地所有者或者使用者应当配合调查，并提供有关资料。

第四，建立土地统计制度。县级以上人民政府统计机构和自然资源主管部门依法进行土地统计调查，定期发布土地统计资料。

第五，耕地保护。实行耕地占用补偿制度和永久基本农田保护制度，确保耕地总量不减少，并保证耕地的质量。

第六，实行土地复垦制度。

2. **答案：**矿产资源的勘查、开采、冶炼和使用，伴随着对生态环境的破坏、污染，如果不及时跟踪监测、预警、保护和治理，则将造成难以弥补的损失。

矿产资源开发利用所产生的生态环境问题主要包括以下方面：

（1）植被破坏、水土流失、生态环境恶化。由于大量的采矿活动及开采后的复垦还田程度低，使很多矿区的生态环境遭到严重破坏。许多地方对矿石私挖滥采，造成水土流失，土地失去了原有的生态平衡。

（2）地质环境问题日益严重。矿山在开采过程中不同程度地引起地表下沉塌陷、岩体开裂、山体滑坡等地质环境问题。

（3）工业固体废弃物成灾。矿产资源的开发利用过程会产生废石，这些废石排放后残存堆积于矿区附近，侵占和破坏了大量土地资源。

（4）水污染比较严重。一方面，矿山开采对水源的破坏比较严重；另一方面，矿山企业和选矿厂在生产过程中产生大量废水，污染了水质和土壤。

（5）空气污染。一些地方小煤矿滥采滥挖，随意堆放，造成煤炭自燃。煤炭自燃过程中产生的大量有害气体，严重污染空气。

为了保护矿产资源开发过程中的环境，实现矿产资源开发与环境保护的协调，需要采取以下措施：（1）依法加强资源开发的管理。各级政府及有关资源管理部门要加强矿山开采过程中的生态环境恢复治理的管理。对矿产资源的勘查、开发实行统一规划，合理布局，综合勘查，合理开采和综合利用，强化人们的矿区生态保护意识，整顿矿业秩序，坚决制止乱采滥挖、破坏资源和生态环境的行为。（2）加强矿产资源的综合利用。要加强矿产资源的综合利用，积极发展矿产品深加工业，大力发展环保业，开发区污染防治产品系列。（3）实行生态环境经济补偿政策，对生态环境造成直接影响的组织和个人，征收生态保护补偿费，使矿山开采企业和个人能有效地、自觉地合理开发利用矿产资源，实现经济效益和生态效益相统一。（4）加大对矿山科技进步的投资，提高矿产资源开发的科学技术水平。要逐步实行改革强制化技术改造和技术革新政策，努力提高矿山开采水平，更新改造设备和生产工艺，降低能耗，减少采矿过程中的损失。（5）加强矿区生态环境恢复重建的管理。各矿区应设立资源开发、生态破坏活动重建工作的管理协调机构，把生态环境重建工作纳入国民经济发展计划，加快生态环境破坏的恢复重建的速度。（6）严格执行矿山地质环境评估制度。新建矿山及矿区，应严格执行矿山地质环境影响评价和"三同时"制度。（7）建立矿山生态环境信息系统。对所有矿山生态环境开展调查评价，建立矿山生态环境档案和生态环境预警系统。

3. **答案**：自然资源法是有关自然资源的开发、利用、保护和管理的法律规范的总称。我国自然资源法体系包括国土整治法、资源行业法、专项资源法、其他相关法律以及我国缔结或参加的有关自然资源的国际条约。

（1）国土整治法。国土整治法是规范国土整治规划，规范全国资源整体利益、综合利用、合理配置的法律。

（2）资源行业法。一种自然资源的利用主要与国民经济中某一行业的经济活动相联系，该资源的法律内容是资源管理和行业管理相结合，如《森林法》《草原法》《渔业法》《矿产资源法》等属于资源行业法。

（3）专项资源法。一种自然资源的利用主要与国民经济中的许多经济活动相联系，但是该资源的法律内容主要是针对该资源的合理利用和保护，如《土地管理法》《水法》等。

（4）其他相关法律，包括：①《宪法》中的有关自然资源保护的法律规定；②有关合理开发利用和保护自然资源的政策、技术规范、标准等行政法规、政策法规和技术规

程；③污染防治法、自然保护建设法中的有关法律规定；④有关合理开发利用和保护自然环境、自然资源的地方性法规和地方政府规章。

（5）我国缔结或者参加的有关自然资源的国际条约。我国与其他国家签订、缔结的有关自然资源利用和保护的国际协定，我国参加的有关自然资源利用和保护的国际公约，是我国自然资源法律体系的重要组成部分。

4. **答案**：学者对于自然资源法的部门法属性问题有诸多见解：（1）有观点认为，对我国法的体系可以作出四个层次的部门法划分，第一层次是宪法部门，第二层次是基本部门，第三层次是各基本部门的子部门，第四层次是第三层次各部门的子部门。其中，自然资源法属于第二层次中行政法的子部门。（2）有观点认为，自然资源法应该分为自然资源保护法和自然资源管理法两个部分，但这两个部分的部门法属性是不一样的，其中自然资源保护法属于环境保护法的范围，而自然资源管理法则应包含于经济法之中。之所以作出这样的划分，是因为自然资源法这两个部分的基本指导思想和任务是不一样的，自然资源保护法主要是为了保护和改善环境，而自然资源管理法则主要是为了合理利用自然资源。（3）有观点认为，自然资源法与环境资源法应当融合。该观点主张在整体的环境与资源保护理念指导下，环境资源法与自然资源法应当融合构成一个独立的法律部门。环境资源法与自然资源法具有保护客体的统一性、调整对象的融合性、立法模式的融合性。（4）有观点认为，自然资源法表现出了许多独特的法律属性，但就目前的情况来说，其依然没有形成独立和完整的法律部门。原因有两点：一是自然资源法的发展并未定型，其所承载的法律精神与法律功能也正处于形成与嬗变的过程中；二是与自然资源法所调整的社会关系在相互影响和作用的过程中逐渐产生了一体化发展的趋势，这也必然会对处理自然资源法与相关法律领域之间关系及在确定其自身的部门法属性方面产生一定影响。

案例分析题

1. 答案：（1）甲的行为违反了《土地管理法》关于"耕地保护"的规定。案涉耕地是乙承包的，属集体所有，乙无权出卖，甲也无权购买。甲擅自占用耕地建房的行为是违法的。

（2）乙所谓的"出售"行为是违法的，他仅是承包经营者，在合同期内有依法律规定而使用的权利，但无权进行出售。另外，乙的弃耕抛荒行为也被《土地管理法》所禁止，发包方应当终止承包合同，收回发包的耕地。

2. 答案：（1）张某与村民组和村民签订的用地协议是非法的，也是无效的。因为《土地管理法》明确规定，禁止占用耕地建窑、建坟或者在耕地上建房、挖沙、采石、采矿、取土等。村民小组无权批准将耕地用于取土烧砖。

（2）县土地管理局对案件的处理存在下列问题：其一，只处罚了张某，未处罚擅自出租土地的村民小组和私下转让耕地使用权的村民；其二，对非法转让耕地使用的，未没收非法所得；其三，责令加倍赔偿损失的行政决定无法律根据。

3. 答案：贾某、景某、彭某、付某应当对这起矿难事故承担刑事责任。

《刑法》第 134 条规定了重大责任事故罪，在生产、作业中违反有关安全管理的规定，因而发生重大伤亡事故或者造成其他严重后果的，处三年以下有期徒刑或者拘役；情节特别恶劣的，处三年以上七年以下有期徒刑。

本案中，贾某等四人违反矿井作业的规章制度，致使发生重大安全事故，造成了多人死亡、重伤的严重后果，其行为已经构成了重大责任事故罪，应当承担相应的刑事责任。

4. 答案：（1）A 将防护林转让给 B，双方约定由 B 对林地及林木实施自由的处理行为违反了我国相关法律规定。

（2）B 受让林木及林地使用权后，实施的违法行为包括：未依法申请取得采伐许可证，擅自采伐林木；将防护林采伐殆尽；未经合法审批将林地改为非林地；未经合法审批将集体土地直接用于房地产开发。

第十一章　自然资源法的基本制度构成

多项选择题

1. **答案**：CD。我国自然资源权属制度主要包括两个层次的权利形态：自然资源所有权和自然资源使用权。

2. **答案**：ABD。在我国，自然资源国家所有权的取得有法定取得、强制取得、天然孳息和自然添附。

3. **答案**：BCD。在我国，自然资源集体所有权的取得有法定取得、天然孳息、劳动生产取得。

4. **答案**：ABCD。自然资源使用权的取得有法律授权取得、许可或承包经营取得、转让取得、开发利用取得等方式。

5. **答案**：ABC。我国的自然资源管理机构主要包括综合性的自然资源主管部门、自然资源管理的相关部门和辅助性的自然资源管理部门三类。

名词解释

1. **答案**：自然资源所有权，是所有权人依法占有、使用、收益、处分自然资源的权利。在我国公有制的条件下，自然资源的所有权是为公有所垄断的，包括国家所有和集体所有，不存在严格意义上的个人自然资源所有权。

2. **答案**：自然资源所有权的取得，是指自然资源的权利主体根据一定的法律事实取得某类自然资源的所有权，从而行使对该自然资源占有、使用、收益、处分的各项权能。

3. **答案**：法定取得是指国家根据法律规定直接取得自然资源的所有权。在我国，法定取得是国家取得自然资源所有权的主要方式。

4. **答案**：自然资源使用权是指在自然资源开发利用过程中，自然资源的非所有权人对自然资源享有的以开发利用为主要内容的各种权利的统称。

5. **答案**：自然资源管理体制，是指自然资源管理机构的结构及组织方式，即采用何种组织形式以及这些组织形式之间的分工与协调，并以何种方式完成其自然资源管理的职责。

简答题

1. **答案**：在我国，国家自然资源所有权的客体是没有限制的，国家可以取得任何类型自然资源的所有权。而集体自然资源所有权的客体是有限制的，根据现行的有关法律规定，矿产资源、水资源、海域资源、野生动物资源、城市土地资源是被明确排除在集体自然资源所有权客体之外的。

2. **答案**：自然资源所有权的主体是国家和集体。根据我国现行法律规定，虽然国家和集体都可以成为自然资源所有权的主体，但各自权利取得的方式是有明显差异的。

3. **答案**：（1）编制各种自然资源规划。（2）确认自然资源权属。（3）审核和颁发各种自然资源许可证。（4）征收自然资源税费。（5）进行自然资源行业监管。（6）监督检查并追究有关法律责任。

第十二章 自然资源单行立法

1. 答案：C。《土地管理法》比较全面地对土地资源的开发利用和保护工作作出了科学的规定。它的公布和实施，结束了我国长期以来主要依靠行政手段和多部门分散管理土地的局面，城乡土地开始进入依法运用综合手段进行全面、科学管理的轨道。

2. 答案：B。《国务院关于全民所有自然资源资产有偿使用制度改革的指导意见》。该指导意见提出："完善海域海岛有偿使用制度。完善海域有偿使用制度。坚持生态优先，严格落实海洋国土空间的生态保护红线，提高用海生态门槛。严格实行围填海总量控制制度，确保大陆自然岸线保有率不低于35%。完善海域有偿使用分级、分类管理制度，适应经济社会发展多元化需求，完善海域使用权出让……"

3. 答案：A。《水法》第3条规定，水资源属于国家所有。水资源的所有权由国务院代表国家行使。农村集体经济组织的水塘和由农村集体经济组织修建管理的水库中的水，归各该农村集体经济组织使用。

4. 答案：C。《水法》第7条规定，国家对水资源依法实行取水许可制度和有偿使用制度。

5. 答案：D。《水法》第48条规定，直接从江河、湖泊或者地下取用水资源的单位和个人，应当按照国家取水许可制度和水资源有偿使用制度的规定，向水行政主管部门或者流域管理机构申请领取取水许可证，并缴纳水资源费，取得取水权。根据该规定，取得取水许可证和缴纳水资源费是取得取水权的前提条件。

6. 答案：B。20世纪80年代中期以后，我国加快了森林资源的立法步伐，并逐步建立起比较完备的森林资源法律体系。第六届全国人大常委会第七次会议通过《森林法》，这是我国第一部自然资源方面的立法。

7. 答案：D。《草原法》是我国第一部关于草原保护的专门法。

8. 答案：D。生态保护建设法不同于传统的污染防治法和自然资源法的理念是：不仅重视防治人为因素对自然生态的破坏，也重视防治自然灾害对自然生态的破坏；不仅重视对天然环境要素的保护和管理，也重视对人工环境因素的保护和管理；不仅要防治环境污染和生态破坏，而且要建设和改善生活环境和生态环境；不仅将动植物和整体环境视为单纯的人工占有物或人类的经济资源加以保护，而且将其视为具有内在价值和目的的非人类生命体加以保护。从这个意义上说，生态保护建设法不仅是环境资源法的重要组成部分，而且是环境资源法发展到高级阶段的标志。

9. 答案：B。随着环境问题的全球化，人们越来越意识到环境不只是一个因污染产生的公害问题，环境资源保护不能停留在对引起污染的人类事业活动自由的限制上。要真正保护好环境资源，必须综合考虑人为环境问题和自然灾害问题、环境污染防治和生态保护建设。环境资源法和环境资源管理的目的也必须从单纯的防治污染，向合理利用环境资源、有效管理环境资源、改善并建设良好环境的方向发展。反映到立法上，环境资源法应该从污染控制法为主的阶段过渡到生态保护建设法为重点的阶段。

10. 答案：A。生态保护建设法的目的在于通过自然的保全和环境的建设，改善环境质量，提升环境品质，促进生态系统的良性循环维护。污染防治法的目的在于通过对污染源的控制，防止环境质量的恶化，保障环境和人类生命财产的安全。自然资源法的目的在于保障人类对自然资源的永续利用。

11. 答案：A。《环境保护法》第29条第1款规定，国家在重点生态功能区、生态环境敏感区和脆弱区等区域划定生态保护红线，实行严格保护。所以本题不选B、C、D。

12. 答案：A。《野生动物保护法》第3条规定，野生动物资源属于国家所有。国家保障依法从事野生动物科学研究、人工繁育等保护及相关活动的组织和个人的合法权益。

13. 答案：B。《野生动物保护法》第7条第1款规定，国务院林业草原、渔业主管部门分别主管全国陆生、水生野生动物保护工作。

14. 答案：D。《水生野生动物保护实施条例》第10条规定，因保护国家重点保护的和地方重点保护的水生野生动物受到损失的，可以向当地人民政府渔业行政主管部门提出补偿要求。经调查属实并确实需要补偿的，由当地人民政府按照省、自治区、直辖市人民政府有关规定给予补偿。

15. 答案：C。《陆生野生动物保护实施条例》第12条第1款规定："申请特许猎捕证的程序如下：（一）需要捕捉国家一级保护野生动物的，必须附具申请人所在地和捕捉地的省、自治区、直辖市人民政府林业行政主管部门签署的意见，向国务院林业行政主管部门申请特许猎捕证；（二）需要在本省、自治区、直辖市猎捕国家二级保护野生动物的，必须附具申请人所在地的县级人民政府野生动物行政主管部门签署的意见，向省、自治区、直辖市人民政府林业行政主管部门申请特许猎捕证；（三）需要跨省、自治区、直辖市猎捕国家二级保护野生动物的，必须附具申请人所在地的省、自治区、直辖市人民政府林业行政主管部门签署的意见，向猎捕地的省、自治区、直辖市人民政府林业行政主管部门申请特许猎捕证。"

16. 答案：B。《野生植物保护条例》第8条规定，国务院林业行政主管部门主管全国林区内野生植物和林区外珍贵野生树木的监督管理工作。国务院农业行政主管部门主管全国其他野生植物的监督管理工作。国务院建设行政部门负责城市园林、风景名胜区内野生植物的监督管理工作。国务院环境保护部门负责对全国野生植物环境保护工作的协调和

监督。国务院其他有关部门依照职责分工负责有关的野生植物保护工作。县级以上地方人民政府负责野生植物管理工作的部门及其职责，由省、自治区、直辖市人民政府根据当地具体情况规定。

17. 答案：A。《野生植物保护条例》第17条第2款规定，县级人民政府野生植物行政主管部门对在本行政区域内采集国家重点保护野生植物的活动，应当进行监督检查，并及时报告批准采集的野生植物行政主管部门或者其授权的机构。

18. 答案：D。《野生植物保护条例》第18条规定，禁止出售、收购国家一级保护野生植物。出售、收购国家二级保护野生植物的，必须经省、自治区、直辖市人民政府野生植物行政主管部门或者其授权的机构批准。

19. 答案：D。《植物新品种保护条例》第4条规定："国务院农业农村、林业草原主管部门按照职责分工负责全国植物新品种保护工作，开展植物新品种权申请的受理和审查，并对符合本条例规定的植物新品种授予植物新品种权（以下称品种权）；健全植物新品种测试体系，完善繁殖材料保藏管理，加强植物新品种保护宣传培训和相关技术研究。县级以上地方人民政府农业农村、林业草原主管部门依照各自职责，负责本行政区域内的植物新品种保护工作。"

20. 答案：B。《进出境动植物检疫法》第3条规定："国务院设立动植物检疫机关（以下简称国家动植物检疫机关），统一管理全国进出境动植物检疫工作。国家动植物检疫机关在对外开放的口岸和进出境动植物检疫业务集中的地点设立的口岸动植物检疫机关，依照本法规定实施进出境动植物检疫。贸易性动物产品出境的检疫机关，由国务院根据情况规定。国务院农业行政主管部门主管全国进出境动植物检疫工作。"

21. 答案：C。我国建立的第一个自然保护区是鼎湖山国家级自然保护区。

22. 答案：D。《文物保护法》第7条第2款规定，属于集体所有和私人所有的纪念建筑物、古建筑和祖传文物以及依法取得的其他

文物，其所有权受法律保护。文物的所有者必须遵守国家有关文物保护的法律、法规的规定。

23. **答案**：C。《文物保护法》第9条规定，国务院文物行政部门主管全国文物保护工作。地方各级人民政府负责本行政区域内的文物保护工作。县级以上地方人民政府文物行政部门对本行政区域内的文物保护实施监督管理。县级以上人民政府有关行政部门在各自的职责范围内，负责有关的文物保护工作。

24. **答案**：B。《文物保护法》第25条规定，保存文物特别丰富并且具有重大历史价值或者革命纪念意义的城市，由国务院核定公布为历史文化名城。保存文物特别丰富并且具有重大历史价值或者革命纪念意义的城镇、街道、村庄，由省、自治区、直辖市人民政府核定公布为历史文化街区、村镇，并报国务院备案。历史文化名城和历史文化街区、村镇所在地县级以上地方人民政府应当组织编制专门的历史文化名城和历史文化街区、村镇保护规划，并纳入有关规划。历史文化名城和历史文化街区、村镇的保护办法，由国务院制定。

25. **答案**：C。《文物保护法》第71条第1款规定，依法设立的拍卖企业经营文物拍卖的，应当取得省、自治区、直辖市人民政府文物行政部门颁发的文物拍卖许可证。

26. **答案**：C。《风景名胜区条例》第5条规定，国务院建设主管部门负责全国风景名胜区的监督管理工作。国务院其他有关部门按照国务院规定的职责分工，负责风景名胜区的有关监督管理工作。省、自治区人民政府建设主管部门和直辖市人民政府风景名胜区主管部门，负责本行政区域内风景名胜区的监督管理工作。省、自治区、直辖市人民政府其他有关部门按照规定的职责分工，负责风景名胜区的有关监督管理工作。

27. **答案**：B。《风景名胜区条例》第10条规定，设立国家级风景名胜区，由省、自治区、直辖市人民政府提出申请，国务院建设主管部门会同国务院环境保护主管部门、林业主管部门、文物主管部门等有关部门组织

论证，提出审查意见，报国务院批准公布。设立省级风景名胜区，由县级人民政府提出申请，省、自治区人民政府建设主管部门或者直辖市人民政府风景名胜区主管部门，会同其他有关部门组织论证，提出审查意见，报省、自治区、直辖市人民政府批准公布。

28. **答案**：B。《风景名胜区条例》第37条第3款规定，风景名胜区管理机构应当与经营者签订合同，依法确定各自的权利义务。经营者应当缴纳风景名胜资源有偿使用费。

29. **答案**：C。《国家级自然公园管理办法（试行）》第4条规定，国家林业和草原局主管全国国家级自然公园工作。县级以上地方人民政府林业和草原主管部门负责监督管理本行政区域内的国家级自然公园。国家级自然公园管理单位负责本自然公园日常管理工作。

30. **答案**：D。《国家级自然公园管理办法（试行）》第17条规定："国家级自然公园应当加强'天空地一体化'监测能力建设，完善监测设施装备，科学布局监测站点，实现动态监测和智慧管理……"

31. **答案**：B。《防沙治沙法》第5条第1款规定，在国务院领导下，国务院林业草原行政主管部门负责组织、协调、指导全国防沙治沙工作。

32. **答案**：C。《防沙治沙法》第34条第1款规定："使用已经沙化的国有土地从事治沙活动的，经县级以上人民政府依法批准，可以享有不超过七十年的土地使用权。具体年限和管理办法，由国务院规定。"

33. **答案**：D。《防洪法》第3条第2款规定，防洪费用按照政府投入同受益者合理承担相结合的原则筹集。

34. **答案**：B。《防洪法》第8条规定，国务院水行政主管部门在国务院的领导下，负责全国防洪的组织、协调、监督、指导等日常工作。国务院水行政主管部门在国家确定的重要江河、湖泊设立的流域管理机构，在所管辖的范围内行使法律、行政法规规定和国务院水行政主管部门授权的防洪协调和监督管理职责。国务院建设行政主管部门和其他有

关部门在国务院的领导下，按照各自的职责，负责有关的防洪工作。县级以上地方人民政府水行政主管部门在本级人民政府的领导下，负责本行政区域内防洪的组织、协调、监督、指导等日常工作。县级以上地方人民政府建设行政主管部门和其他有关部门在本级人民政府的领导下，按照各自的职责，负责有关的防洪工作。

35. **答案：B。**《防洪法》第 39 条第 1 款规定，国务院设立国家防汛指挥机构，负责领导、组织全国的防汛抗洪工作，其办事机构设在国务院水行政主管部门。

36. **答案：A。**《防震减灾法》第 46 条第 1 款规定，国务院地震工作主管部门会同国务院有关部门制定国家地震应急预案，报国务院批准。国务院有关部门根据国家地震应急预案，制定本部门的地震应急预案，报国务院地震工作主管部门备案。

37. **答案：C。**《破坏性地震应急条例》第 16 条规定："破坏性地震临震预报发布后，有关省、自治区、直辖市人民政府可以宣布预报区进入临震应急期，并指明临震应急期的起止时间。临震应急期一般为 10 日；必要时，可以延长 10 日。"

38. **答案：D。**《破坏性地震应急条例》第 22 条规定："破坏性地震发生后，有关的省、自治区、直辖市人民政府应当宣布灾区进入震后应急期，并指明震后应急期的起止时间。震后应急期一般为 10 日；必要时，可以延长 20 日。"

39. **答案：A。**《地震预报管理条例》第 14 条规定，国家对地震预报实行统一发布制度。全国性的地震长期预报和地震中期预报，由国务院发布。省、自治区、直辖市行政区域内的地震长期预报、地震中期预报、地震短期预报和临震预报，由省、自治区、直辖市人民政府发布。新闻媒体刊登或者播发地震预报消息，必须依照本条例的规定，以国务院或者省、自治区、直辖市人民政府发布的地震预报为准。

40. **答案：B。**《地震监测管理条例》第 7 条第 1 款规定，外国的组织或者个人在中华人民共和国领域和中华人民共和国管辖的其他海域从事地震监测活动，必须与中华人民共和国有关部门或者单位合作进行，并经国务院地震工作主管部门批准。

41. **答案：D。**《城市规划编制办法》第 28 条第 1 款规定："城市总体规划的期限一般为 20 年，同时可以对城市远景发展的空间布局提出设想。"

42. **答案：B。**《村庄和集镇规划建设管理条例》第 6 条规定，国务院建设行政主管部门主管全国的村庄、集镇规划建设管理工作。县级以上地方人民政府建设行政主管部门主管本行政区域的村庄、集镇规划建设管理工作。乡级人民政府负责本行政区域的村庄、集镇规划建设管理工作。

43. **答案：C。**《环境保护法》第 29 条第 1 款规定，国家在重点生态功能区、生态环境敏感区和脆弱区等区域划定生态保护红线，实行严格保护。故 A 项表述错误。根据《环境保护法》第 30 条的规定，开发利用自然资源，应当合理开发，保护生物多样性，保障生态安全，依法制定有关生态保护和恢复治理方案并予以实施。引进外来物种以及研究、开发和利用生物技术，应当采取措施，防止对生物多样性的破坏。故 B 项表述错误。根据《环境保护法》第 31 条规定，国家建立、健全生态保护补偿制度。国家加大对生态保护地区的财政转移支付力度。有关地方人民政府应当落实生态保护补偿资金，确保其用于生态保护补偿。国家指导受益地区和生态保护地区人民政府通过协商或者按照市场规则进行生态保护补偿。故 C 项说法正确，D 项说法错误。

📋 多项选择题

1. **答案：ABCD。**我国生态环境恶化主要表现在：（1）水土流失严重；（2）荒漠化土地面积不断扩大；（3）大面积的森林砍伐，天然植被的破坏，大大降低了其防风固沙、蓄水保土、涵养水源、净化空气、保护生态多样性的功能；（4）草原退化、沙化和碱化面积逐年增加；（5）生物多样性受到严重破坏；

（6）在不当人为因素作用下自然灾害不断加剧，对生态环境和公私财产的危害相当严重。

2. **答案**：ABD。《野生动物保护法》第2条第2款规定："本法规定保护的野生动物，是指珍贵、濒危的陆生、水生野生动物和有重要生态、科学、社会价值的陆生野生动物。"

3. **答案**：BC。《野生动物保护法》第10条第2款规定，国家对珍贵、濒危的野生动物实行重点保护。国家重点保护的野生动物分为一级保护野生动物和二级保护野生动物。国家重点保护野生动物名录，由国务院野生动物保护主管部门组织科学论证评估后，报国务院批准公布。

4. **答案**：ABCD。《陆生野生动物保护实施条例》第11条规定："禁止猎捕、杀害国家重点保护野生动物。有下列情形之一，需要猎捕国家重点保护野生动物的，必须申请特许猎捕证：（一）为进行野生动物科学考察、资源调查，必须猎捕的；（二）为驯养繁殖国家重点保护野生动物，必须从野外获取种源的；（三）为承担省级以上科学研究项目或者国家医药生产任务，必须从野外获取国家重点保护野生动物的；（四）为宣传、普及野生动物知识或者教学、展览的需要，必须从野外获取国家重点保护野生动物的；（五）因国事活动的需要，必须从野外获取国家重点保护野生动物的；（六）为调控国家重点保护野生动物种群数量和结构，经科学论证必须猎捕的；（七）因其他特殊情况，必须捕捉、猎捕国家重点保护野生动物的。"

5. **答案**：ABCD。《野生植物保护条例》第2条规定："在中华人民共和国境内从事野生植物的保护、发展和利用活动，必须遵守本条例。本条例所保护的野生植物，是指原生地天然生长的珍贵植物和原生地天然生长并具有重要经济、科学研究、文化价值的濒危、稀有植物。药用野生植物和城市园林、自然保护区、风景名胜区内的野生植物的保护，同时适用有关法律、行政法规。"

6. **答案**：ABCD。《植物新品种保护条例》第2条规定："本条例所称植物新品种，是指经过人工选育或者对发现的野生植物加以改良，

具备新颖性、特异性、一致性、稳定性和适当命名的植物品种。"

7. **答案**：AC。《植物新品种保护条例》第7条规定："品种权所有人（以下称品种权人）对其授权品种，享有排他的独占权。除法律和本条例另有规定外，任何单位或者个人未经品种权人许可，不得对该授权品种的繁殖材料，实施下列行为：（一）生产、繁殖和为繁殖而进行处理；（二）许诺销售、销售；（三）进口、出口；（四）为实施本款第一项至第三项行为进行储存。实施前款规定的行为，涉及由未经许可使用授权品种的繁殖材料而获得的收获材料的，应当得到品种权人的许可；但是，品种权人对繁殖材料已有合理机会行使其权利的除外。对下列品种实施第一款、第二款规定的行为，应当得到授权品种的品种权人的许可：（一）授权品种的实质性派生品种，但该授权品种本身不是实质性派生品种；（二）与授权品种相比，不具备本条例第十六条规定的明显区别的品种；（三）为商业目的重复使用授权品种进行生产或者繁殖的另一品种。"第9条规定："执行本单位的任务或者主要是利用本单位的物质技术条件所完成的职务育种，品种权的申请权属于该单位；非职务育种，品种权的申请权属于完成育种的个人。利用本单位的物质技术条件所完成的育种，单位与完成育种的个人对品种权的申请权有合同约定的，从其约定。委托育种或者合作育种，当事人可以在合同中约定品种权的申请权归属；没有合同约定的，品种权的申请权属于受委托完成或者共同完成育种的单位或者个人。申请被批准后，品种权属于申请人。"第10条规定："一个植物新品种只能授予一项品种权。两个以上的申请人分别就同一个植物新品种申请品种权的，品种权授予最先申请的人；同时申请的，品种权授予最先完成该植物新品种育种的人。"

8. **答案**：ABCD。《进出境动植物检疫法》第2条规定："进出境的动植物、动植物产品和其他检疫物，装载动植物、动植物产品和其他检疫物的装载容器、包装物，以及来自动

植物疫区的运输工具，依照本法规定实施检疫。"

9. 答案：BC。《进出境动植物检疫法》第 46 条规定："本法下列用语的含义是：（一）'动物'是指饲养、野生的活动物、如畜、禽、兽、蛇、龟、鱼、虾、蟹、贝、蚕、蜂等；（二）'动物产品'是指来源于动物未经加工或者虽经加工但仍有可能传播疫病的产品，如生皮张、毛类、肉类、脏器、油脂、动物水产品、奶制品、蛋类、血液、精液、胚胎、骨、蹄、角等；（三）'植物'是指栽培植物、野生植物及其种子、种苗及其他繁殖材料等；（四）'植物产品'是指来源于植物未经加工或者虽经加工但仍有可能传播病虫害的产品，如粮食、豆、棉花、油、麻、烟草、籽仁、干果、鲜果、蔬菜、生药材、木材、饲料等；（五）'其他检疫物'是指动物疫苗、血清、诊断液、动植物性废弃物等。"

10. 答案：ABC。《自然保护区条例》第 2 条规定："本条例所称自然保护区，是指对有代表性的自然生态系统、珍稀濒危野生动植物物种的天然集中分布区、有特殊意义的自然遗迹等保护对象所在的陆地、陆地水体或者海域，依法划出一定面积予以特殊保护和管理的区域。"

11. 答案：ABCD。《自然保护区条例》第 10 条规定："凡具有下列条件之一的，应当建立自然保护区：（一）典型的自然地理区域、有代表性的自然生态系统区域以及已经遭受破坏但经保护能够恢复的同类自然生态系统区域；（二）珍稀、濒危野生动植物物种的天然集中分布区域；（三）具有特殊保护价值的海域、海岸、岛屿、湿地、内陆水域、森林、草原和荒漠；（四）具有重大科学文化价值的地质构造、著名溶洞、化石分布区、冰川、火山、温泉等自然遗迹；（五）经国务院或者省、自治区、直辖市人民政府批准，需要予以特殊保护的其他自然区域。"

12. 答案：BD。《自然保护区条例》第 11 条规定，自然保护区分为国家级自然保护区和地方级自然保护区。在国内外有典型意义、在科学上有重大国际影响或者有特殊科学研究

价值的自然保护区，列为国家级自然保护区。除列为国家级自然保护区的外，其他具有典型意义或者重要科学研究价值的自然保护区列为地方级自然保护区。地方级自然保护区可以分级管理，具体办法由国务院有关自然保护区行政主管部门或者省、自治区、直辖市人民政府根据实际情况规定，报国务院环境保护行政主管部门备案。

13. 答案：ABC。《自然保护区条例》第 18 条规定："自然保护区可以分为核心区、缓冲区和实验区。自然保护区内保存完好的天然状态的生态系统以及珍稀、濒危动植物的集中分布地，应当划为核心区，禁止任何单位和个人进入；除依照本条例第二十七条的规定经批准外，也不允许进入从事科学研究活动。核心区外围可以划定一定面积的缓冲区，只准进入从事科学研究观测活动。缓冲区外围划为实验区，可以进入从事科学试验、教学实习、参观考察、旅游以及驯化、繁殖珍稀、濒危野生动植物等活动。原批准建立自然保护区的人民政府认为必要时，可以在自然保护区的外围划定一定面积的外围保护地带。"

14. 答案：ABCD。《自然保护区条例》第 21 条规定，国家级自然保护区，由其所在地的省、自治区、直辖市人民政府有关自然保护区行政主管部门或者国务院有关自然保护区行政主管部门管理。地方级自然保护区，由其所在地的县级以上地方人民政府有关自然保护区行政主管部门管理。有关自然保护区行政主管部门应当在自然保护区内设立专门的管理机构，配备专业技术人员，负责自然保护区的具体管理工作。第 24 条规定，自然保护区所在地的公安机关，可以根据需要在自然保护区设置公安派出机构，维护自然保护区内的治安秩序。

15. 答案：ABCD。《文物保护法》第 2 条第 1 款规定："文物受国家保护。本法所称文物，是指人类创造的或者与人类活动有关的，具有历史、艺术、科学价值的下列物质遗存：（一）古文化遗址、古墓葬、古建筑、石窟寺和古石刻、古壁画；（二）与重大历史事

件、革命运动或者著名人物有关的以及具有重要纪念意义、教育意义或者史料价值的近代现代重要史迹、实物、代表性建筑；（三）历史上各时代珍贵的艺术品、工艺美术品；（四）历史上各时代重要的文献资料、手稿和图书资料等；（五）反映历史上各时代、各民族社会制度、社会生产、社会生活的代表性实物。"

16. **答案**：ABC。《文物保护法》第 52 条规定："文物收藏单位可以通过下列方式取得文物：（一）购买；（二）接受捐赠；（三）依法交换；（四）法律、行政法规规定的其他方式。国有文物收藏单位还可以通过文物行政部门指定收藏或者调拨方式取得文物。文物收藏单位应当依法履行合理注意义务，对拟征集、购买文物来源的合法性进行了解、识别。"

17. **答案**：ABC。《文物保护法》第 67 条规定："文物收藏单位以外的公民、组织可以收藏通过下列方式取得的文物：（一）依法继承或者接受赠与；（二）从文物销售单位购买；（三）通过经营文物拍卖的拍卖企业（以下称文物拍卖企业）购买；（四）公民个人合法所有的文物相互交换或者依法转让；（五）国家规定的其他合法方式。文物收藏单位以外的公民、组织收藏的前款文物可以依法流通。"

18. **答案**：AC。按照形成的原因，风景名胜区可以分为天然风景名胜区和人工风景名胜区。天然风景名胜区是指主要景观是由自然环境组成的风景区，包括一切具有观赏、文化、科学价值的山河、湖海、地貌、森林、动植物、化石、特殊地质、天文气象等，如三峡、九寨沟、泰山等。人工风景名胜区是指主要由人工建筑组成的风景区，包括文物古迹、革命纪念地、历史遗迹、园林、建筑、工程设施和它们所处的环境以及风土人情等，如承德避暑山庄、韶山、黄鹤楼等。

19. **答案**：ABD。《风景名胜区条例》第 7 条规定，设立风景名胜区，应当有利于保护和合理利用风景名胜资源。新设立的风景名胜区与自然保护区不得重合或者交叉；已设立的

风景名胜区与自然保护区重合或者交叉的，风景名胜区规划与自然保护区规划应当相协调。

20. **答案**：AC。《风景名胜区条例》第 38 条规定，风景名胜区的门票收入和风景名胜资源有偿使用费，实行收支两条线管理。风景名胜区的门票收入和风景名胜资源有偿使用费应当专门用于风景名胜资源的保护和管理以及风景名胜区内财产的所有权人、使用权人损失的补偿。具体管理办法，由国务院财政部门、价格主管部门会同国务院建设主管部门等有关部门制定。

21. **答案**：ABCD。《风景名胜区条例》第 27 条规定，禁止违反风景名胜区规划，在风景名胜区内设立各类开发区和在核心景区内建设宾馆、招待所、培训中心、疗养院以及与风景名胜资源保护无关的其他建筑物；已经建设的，应当按照风景名胜区规划，逐步迁出。

22. **答案**：ABCD。《国家级自然公园管理办法（试行）》第 8 条第 1 款规定："设立国家级自然公园应当具备下列条件：（一）自然生态系统、自然遗迹或者自然景观在全国或者区域范围内具有典型性，或者具有特殊的生态、观赏、文化和科学价值。（二）地方级自然公园设立两年以上，规划实施情况良好。（三）具有一定的规模和面积且资源分布相对集中，与其他自然保护地不存在交叉重叠。（四）范围边界清晰，土地及海域、海岛权属无争议，相关权利人无异议。（五）有明确的管理单位。"

23. **答案**：ABC。《国家级自然公园管理办法（试行）》第 19 条规定："国家级自然公园范围内除国家重大项目外，仅允许对生态功能不造成破坏的有限人为活动：（一）自然公园内居民和其他合法权益主体依法依规开展的生产生活及设施建设。（二）符合自然公园保护管理要求的文化、体育活动和必要的配套设施建设。（三）符合生态保护红线管控要求的其他活动和设施建设。（四）法律法规和国家政策允许在自然公园内开展的其他活动。"

24. **答案：ACD。**《防沙治沙法》第 16 条第 2 款规定，除了抚育更新性质的采伐外，不得批准对防风固沙林网、林带进行采伐。在对防风固沙林网、林带进行抚育更新性质的采伐之前，必须在其附近预先形成接替林网和林带。第 17 条第 2 款规定，沙化土地所在地区的县级人民政府，应当制定植被管护制度，严格保护植被，并根据需要在乡（镇）、村建立植被管护组织，确定管护人员。第 18 条第 2 款规定，草原实行以产草量确定载畜量的制度。由林业草原行政主管部门会同畜牧业行政主管部门负责制定载畜量的标准和有关规定，并逐级组织实施，明确责任，确保完成。第 22 条第 2 款规定，禁止在沙化土地封禁保护区范围内安置移民。对沙化土地封禁保护区范围内的农牧民，县级以上地方人民政府应当有计划地组织迁出，并妥善安置。沙化土地封禁保护区范围内尚未迁出的农牧民的生产生活，由沙化土地封禁保护区主管部门妥善安排。

25. **答案：BCD。**《防洪法》第 11 条第 2 款规定，防洪规划应当确定防护对象、治理目标和任务、防洪措施和实施方案，划定洪泛区、蓄滞洪区和防洪保护区的范围，规定蓄滞洪区的使用原则。

26. **答案：ABC。**《防洪法》第 21 条第 2 款规定，国家确定的重要江河、湖泊的主要河段，跨省、自治区、直辖市的重要河段、湖泊，省、自治区、直辖市之间的省界河道、湖泊以及国（边）界河道、湖泊，由流域管理机构和江河、湖泊所在地的省、自治区、直辖市人民政府水行政主管部门按照国务院水行政主管部门的划定依法实施管理。其他河道、湖泊，由县级以上地方人民政府水行政主管部门按照国务院水行政主管部门或者国务院水行政主管部门授权的机构的划定依法实施管理。

27. **答案：ABC。**《防洪法》第 34 条第 1 款和第 2 款规定，大中城市，重要的铁路、公路干线，大型骨干企业，应当列为防洪重点，确保安全。受洪水威胁的城市、经济开发区、工矿区和国家重要的农业生产基地等，应当

重点保护，建设必要的防洪工程设施。

28. **答案：ABC。**《防洪法》第 41 条第 2 款规定，当江河、湖泊的水情接近保证水位或者安全流量，水库水位接近设计洪水位，或者防洪工程设施发生重大险情时，有关县级以上人民政府防汛指挥机构可以宣布进入紧急防汛期。

29. **答案：ABD。**《防洪法》第 49 条规定，江河、湖泊的治理和防洪工程设施的建设和维护所需投资，按照事权和财权相统一的原则，分级负责，由中央和地方财政承担。城市防洪工程设施的建设和维护所需投资，由城市人民政府承担。受洪水威胁地区的油田、管道、铁路、公路、矿山、电力、电信等企业、事业单位应当自筹资金，兴建必要的防洪自保工程。第 51 条规定，国家设立水利建设基金，用于防洪工程和水利工程的维护和建设。具体办法由国务院规定。受洪水威胁的省、自治区、直辖市为加强本行政区域内防洪工程设施建设，提高防御洪水能力，按照国务院的有关规定，可以规定在防洪保护区范围内征收河道工程修建维护管理费。

30. **答案：ABC。**《防震减灾法》第 18 条规定，国家对地震监测台网实行统一规划，分级、分类管理。国务院地震工作主管部门和县级以上地方人民政府负责管理地震工作的部门或者机构，按照国务院有关规定，制定地震监测台网规划。全国地震监测台网由国家级地震监测台网、省级地震监测台网和市、县级地震监测台网组成，其建设资金和运行经费列入财政预算。《地震监测管理条例》第 8 条第 2 款规定，专用地震监测台网和有关单位、个人建设的社会地震监测台站（点）是全国地震监测台网的补充。

31. **答案：ABCD。**《防震减灾法》第 50 条规定："地震灾害发生后，抗震救灾指挥机构应当立即组织有关部门和单位迅速查清受灾情况，提出地震应急救援力量的配置方案，并采取以下紧急措施：（一）迅速组织抢救被压埋人员，并组织有关单位和人员开展自救互救；（二）迅速组织实施紧急医疗救

护，协调伤员转移和接收与救治；（三）迅速组织抢修毁损的交通、铁路、水利、电力、通信等基础设施；（四）启用应急避难场所或者设置临时避难场所，设置救济物资供应点，提供救济物品、简易住所和临时住所，及时转移和安置受灾群众，确保饮用水消毒和水质安全，积极开展卫生防疫，妥善安排受灾群众生活；（五）迅速控制危险源，封锁危险场所，做好次生灾害的排查与监测预警工作，防范地震可能引发的火灾、水灾、爆炸、山体滑坡和崩塌、泥石流、地面塌陷，或者剧毒、强腐蚀性、放射性物质大量泄漏等次生灾害以及传染病疫情的发生；（六）依法采取维持社会秩序、维护社会治安的必要措施。"

32. 答案：ABCD。《地震预报管理条例》第 3 条规定："地震预报包括下列类型：（一）地震长期预报，是指对未来 10 年内可能发生破坏性地震的地域的预报；（二）地震中期预报，是指对未来一二年内可能发生破坏性地震的地域和强度的预报；（三）地震短期预报，是指对 3 个月内将要发生地震的时间、地点、震级的预报；（四）临震预报，是指对 10 日内将要发生地震的时间、地点、震级的预报。"

33. 答案：CD。按照形成原因，地震可分为天然地震和人工地震两大类。天然地震主要是构造地震，它是由于地下深处岩石破裂，把长期积累起来的能量急剧释放出来，以地震波的形式向四面八方传播出去。人工地震是由人为活动引起的地震，如工业爆破、地下核爆炸造成的震动等。

34. 答案：BD。《城乡规划法》第 29 条第 2 款规定，镇的建设和发展，应当结合农村经济社会发展和产业结构调整，优先安排供水、排水、供电、供气、道路、通信、广播电视等基础设施和学校、卫生院、文化站、幼儿园、福利院等公共服务设施的建设，为周边农村提供服务。

35. 答案：ABCD。《矿产资源法实施细则》的附件《矿产资源分类细目》规定，我国的矿产资源分为四类：一是能源矿产，如煤、石油、天然气、地热等；二是金属矿产，如铁、锰、铬、钒、钛、铜、铅、锌等；三是非金属矿产，如金刚石、石墨、磷、自然硫、硫铁矿、钾盐、硼、水晶等；四是水气矿产，如地下水、矿泉水、二氧化碳气、氦气、氡气。

名词解释

1. 答案：野生植物是指原生地天然生长的珍贵植物和原生地天然生长并具有重要经济、科学研究、文化价值的濒危、稀有植物。

2. 答案：气候变化和人类活动导致天然沙漠扩张和沙质土壤上的植被破坏、沙土裸露的过程和现象，就是土地沙化。

3. 答案：洪水影响评价制度是指在洪泛区、蓄滞洪区内建设非防洪建设项目，应当就洪水对建设项目可能产生的影响和建设项目对防洪可能产生的影响作出评价，编制洪水影响评价报告，提出防御措施的制度。

4. 答案：城市规划是指一定时期内对城市经济、社会和各项建设活动的总体安排，一般表现为法定机关通过或批准的反映城市在一定时期的发展方向、布局和经济社会活动的总体部署的书面文件。

5. 答案：风景名胜区是指具有观赏、文化或者科学价值，自然景观、人文景观比较集中，环境优美，可供人们游览或者进行科学、文化活动的区域。自然保护区是指针对有代表性的自然生态系统，如珍稀、濒危野生动植物物种的天然集中分布区，有特殊意义的自然遗迹等保护对象所在的陆地，陆地水体或者海域等，依法划出一定面积予以特殊保护和管理的区域。

简答题

1. 答案：根据《自然保护区条例》第 10 条的规定，凡具有下列条件之一的，应当建立自然保护区：

（1）典型的自然地理区域、有代表性的自然生态系统区域以及已经遭受破坏但经保护能够恢复的同类自然生态系统区域；

（2）珍稀、濒危野生动植物物种的天然

集中分布区域；

（3）具有特殊保护价值的海域、海岸、岛屿、湿地、内陆水域、森林、草原和荒漠；

（4）具有重大科学文化价值的地质构造、著名溶洞、化石分布区、冰川、火山、温泉等自然遗迹；

（5）经国务院或者省、自治区、直辖市人民政府批准，需要予以特殊保护的其他自然区域。

2. **答案：**生态系统的物质循环是指无机化合物和单质通过生态系统的循环运动。生态系统中的物质循环可以用库和流通两个概念来加以概括。蓄库是由存在于生态系统某些生物或非生物成分中的一定数量的某种化合物所构成的。对于某一种元素而言，存在一个或多个主要的蓄库。在库里，该元素的数量远远超过正常结合在生命系统中的数量，并且通常只能缓慢地将该元素从蓄库中放出。物质在生态系统中的循环实际上是在库与库之间彼此流通的。在单位时间或单位体积的转移量就称为流通量。

生态系统的物质循环可分为三大类型，即水循环、气体型循环和沉积型循环。生态系统中所有的物质循环都是在水循环的推动下完成的，因此，没有水的循环，也就没有生态系统的功能。在气体型循环中，物质的主要储存库是大气和海洋，循环与大气和海洋密切相连，具有明显的全球性，循环性能最为完善。凡属于气体型循环的物质，其分子或某些化合物常以气体的形式参与循环过程。属于这一类的物质有氧、二氧化碳、氮、氯、溴、氟等。沉积型循环物质的主要储库在土壤、沉积物和岩石中，而无气体状态，因此这类物质循环的全球性不如气体型循环。属于沉积型循环的物质有磷、钙、钾、钠、镁、锰、铁、铜、硅等，其中磷是较典型的沉积型循环物质，它从岩石中释放出来，最终又沉积在海底，转化为新的岩石。

生态系统的物质循环，在自然状态下，一般处于稳定的平衡状态。也就是说，对于某一种物质，在各主要库中的输入和输出量基本相等。由于有很大的大气蓄库，大多数气体型循环物质如碳、氧和氮的循环，对于短暂的变化能够进行迅速的自我调节。

3. **答案：**野生动物保护法，是有关保护、拯救濒危野生动物，保护、发展和合理利用野生动物资源的各种法律规范的总称。综合《野生动物保护法》等有关法律法规，我国保护野生动物的法律措施主要有：

（1）关于野生动物资源的权属的规定。野生动物资源属于国家所有，国家对野生动物实行加强资源保护、合理开发利用的方针。国家还依法保护单位和个人开发、利用野生动物资源的合法权益。

（2）关于野生动物保护的行政管理体制。国务院林业、渔业行政主管部门分别主管全国陆生、水生野生动物管理工作。省级政府林业行政主管部门主管本行政区域内陆生野生动物管理工作。县级以上地方人民政府渔业行政主管部门主管本行政区内的水生野生动物管理工作。

（3）关于野生动物保护的具体法律措施。首先，国家保护野生动物及其生存环境，禁止任何单位和个人非法猎捕或者破坏。其次，国家对珍贵、濒危的野生动物实行重点保护，国家重点保护的野生动物分为一级保护野生动物和二级保护野生动物。再次，各级野生动物行政主管部门应当监视、检测环境对野生动物的影响；国家和地方政府保护野生动物受到自然灾害威胁时，当地政府应当及时采取拯救措施。最后，因保护国家和地方重点保护野生动物，造成农作物或者其他损失的，由当地政府给予补偿。

（4）关于野生动物管理的法律规定，包括国家建立野生动物资源档案，禁止猎捕、杀害国家重点保护野生动物，实行猎捕许可证制度，规定禁猎期、禁猎区和禁止使用的工具和方法，严格管理动物及其产品的经营利用和进出口活动以及加强进出口动物检验检疫。

4. **答案：**生态保护补偿制度是以防止生态环境破坏、增强和促进生态系统良性发展为目的，以从事对生态环境产生或可能产生影响的生产、经营、开发、利用者为对象，以生态环境整治及恢复为主要内容，以经济调节为手段，以法律为保障的新型环境管理制度。它可以分为广义和狭义两种。广义的生态保护补偿制度包括对污染环境的补偿和对生态功能的补偿。狭义的生态保护补偿制度，则专指对生态功能或生态价值的补偿，包括对为保护和恢复生态环境及其功能而付出代价、作出牺牲的单位和个人进行经济补偿；对因开发利用土地、矿产、森林、草原、水、野生动植物等自然资源和自然景观而损害生态功能或导致生态价值丧失的单位和个人收取经济补偿。这是建设资源节约型、环境友好型社会，最终实现和谐社会目标的重要组成部分，也是建立生态保护补偿制度的出发点。

💬 **论述题**

1. **答案：** 自然保护区与风景名胜区、文化遗迹地、森林公园之间的关系如下：

（1）自然保护区主要强调保持特定地域的原貌，严禁人为的干扰和破坏，目的在于保留和提供环境"本底"。

（2）风景名胜区特别强调具有特定美学价值的自然和人文景物遗迹和风土人情，并具有相当的欣赏价值，可以供游人游览和参观。一个区域既被划定为自然保护区，又被定为风景名胜区，这种现象是不正常的，也是不科学的。《风景名胜区条例》第7条规定，设立风景名胜区，应当有利于保护和合理利用风景名胜资源。新设立的风景名胜区与自然保护区不得重合或者交叉；已设立的风景名胜区与自然保护区重合或者交叉的，风景名胜区规划与自然保护区规划应当相协调。

（3）文化遗迹地与自然保护区交叉重叠的较少，但与风景名胜区交叉重叠的较多，许多文物保护单位都位于风景名胜区。

（4）森林公园与自然保护区的主要不同在于：森林公园主要以特别的森林景观和人文景物供人们游览或进行科学、文化与教育活动，而不是像自然保护区那样严格限制人为活动。在我国也存在森林公园与自然保护区交叉和重叠过多的问题。

2. **答案：** 为了保护和管理自然保护区，国家规定了一系列保护管理措施。其中主要有：

（1）设立自然保护区的管理机构，明确其职责。国家有关自然保护区行政主管部门应当在自然保护区内设立专门的管理机构，配备专业技术人员，负责自然保护区的具体管理工作。另外，自然保护区所在地的公安机关，可以根据需要在自然保护区设置公安派出机构，维护自然保护区内的治安秩序。

（2）明确自然保护区管理经费的来源。管理自然保护区所需的经费，由自然保护区所在地的县级以上地方人民政府安排。国家对国家级自然保护区的管理，给予适当的资金补助。

（3）禁止和限制自然保护区内的人为活动。包括：

①禁止在自然保护区内进行砍伐、放牧、狩猎、捕捞、采药、开垦、烧荒、开矿、采石、挖沙等活动，法律、法规另有规定的除外；

②严禁开设与自然保护区保护方向不一致的参观、旅游项目；

③进入自然保护区的外国人，应当遵守有关自然保护区的法律、法规和规定；

④在自然保护区的核心区内和缓冲区内，不得建设任何生产设施；

⑤在自然保护区的试验区内，不得建设污染环境、破坏资源或者景观的生产设施；

⑥建设其他项目，其污染物排放不得超过国家和地方规定的污染物排放标准；

⑦在自然保护区的试验区内已经建成的设施，其污染物排放超过国家和地方规定的排放标准的，应当限期治理；造成损害的，必须采取补救措施。

另外，在自然保护区的外围保护地带建设的项目，也不得损害自然保护区的环境质量；已经造成损害的，应当限期治理。

（4）对违反规定，破坏自然保护区的单位和个人给予行政处罚或者追究刑事责任。

3. **答案：** 防洪工作应当遵循的基本原则有：

（1）防洪工作遵循全面规划、统筹兼顾、预防为主、综合治理、局部利益服从全局利益的原则。所谓全面规划，是指要对一个地区或者一个流域的自然地理、社会经济、洪水规律、洪灾特点等进行全面细致的调查研究和分析，根据该地区或流域在国民经济建设中的地位、经济和社会发展规划、国家对防洪工作的要求等，结合国土整治以及该地区或者流域的水资源的综合开发和生态环境的保护，确定经济合理的防洪综合治理方案，形成完整的综合性防洪系统。所谓统筹兼顾，是指要兼顾上下游、左右岸的关系，局部利益与整体利益的关系，一般保护与重点防护的关系等。所谓预防为主，是指防洪的各项工作，都要把预防工作放在首位。所谓综合治理，是指采取各项措施相互结合进行治理。所谓局部利益服从全局利益，就是强调全局一盘棋，以全局利益为重。

（2）防洪费用的筹集按照政府投入同受益者合理承担相结合的原则进行。

（3）开发利用水资源，应当服从防洪总体安排，实行兴利与除害相结合的原则。

防洪的主要管理制度有：

（1）统一规划制度。该制度强调防洪工作要在统一规划下进行，即根据水害和水资源的具体情况，统筹考虑各方面的因素，兼顾各地区、各部门的要求和利益，制定合理可行的规划，并且按照规划付诸实施。

（2）流域管理与行政区域管理相结合的制度。在防洪工作中，既要服从整个流域的规划，又要结合各个行政区域的规划，这样才能调动各方面的积极性，统分结合。

（3）分区管理制度。各级人民政府应当按照防洪规划对防洪区的土地利用实行分区管理。防洪区是指洪水泛滥可能淹及的地区，分为洪泛区、蓄滞洪区和防洪保护区。洪泛区是指尚无工程设施保护的洪水泛滥所及的地区；蓄滞洪区是指包括分洪口在内的河堤背水面以外临时贮存洪水的低洼地区及湖泊等；防洪保护区是指在防洪标准内受防洪工程设施保护的地区。

（4）洪水影响评价制度。在洪泛区、蓄滞洪区内建设非防洪建设项目，应当就洪水对建设项目可能产生的影响和建设项目对防洪可能产生的影响进行评价，编制洪水影响评价报告，提出防御措施。

4.　**答案：**生物多样性是描述地球上生命的变化及其形成的自然格局的术语，它代表了地球上各种生命形式的相互依赖性。《生物多样性公约》第2条规定，生物多样性是指所有来源的形形色色生物体，这些来源除其他外包括陆地、海洋和其他水生生态系统及其所构成的生态综合体；这包括物种内部、物种之间和生态系统的多样性。公约对生物多样性的界定是广义的，既包括自然环境的多样性，又包括人类栖息地的多样性；既包括驯养物种的多样性，又包括野生物种的多样性。

我国是生物多样性特别丰富的国家之一，为保护生物多样性，我国政府和社会一直做着不懈的努力，制定了一系列与生物多样性保护有关的法律法规，如《环境保护法》《野生动物保护法》《森林法》《草原法》《渔业法》等有关法律和《自然保护区条例》等行政法规。各地方、各部门也制定了相关的地方性法规和部门规章，使生物多样性保护有法可依、有章可循。本着部门分类管理的原则，初步建立起集中与分散相结合的生物多样性保护行政管理体系。在国际上，我国是《生物多样性公约》的缔约国之一，积极承担保护生物多样性的国际义务。

案例分析题

1.　**答案：**（1）违反了禁止任何人进入自然保护区核心区的规定。《自然保护区条例》第27条规定，禁止任何人进入自然保护区的核心区。A和B不仅擅自进入，还在其中进行了与自然保护区目的不一致的行为，显然是违法的行为。

（2）违反了在自然保护区的核心区不得建设任何生产设施的规定。《自然保护区条例》第32条规定，在自然保护区的核心区和缓冲区，不得建设任何生产设施。B在核心区内开挖水塘、拉接高压线路、兴建大棚等活动，是对该条规定的直接违反。

（3）违反了不得在自然保护区核心区从事经营活动的规定。《自然保护区条例》第

26 条规定："禁止在自然保护区内进行砍伐、放牧、狩猎、捕捞、采药、开垦、烧荒、开矿、采石、挖沙等活动……"其目的是杜绝核心区内的经营活动。B 在核心区内从事水产养殖的行为是对该条规定的违反。

2. **答案：**《风景名胜区条例》第 24 条第 1 款和第 3 款规定，风景名胜区内的景观和自然环境，应当根据可持续发展的原则，严格保护，不得破坏或者随意改变。风景名胜区内的居民和游览者应当保护风景名胜区的景物、水体、林草植被、野生动物和各项设施。第 26 条规定："在风景名胜区内禁止进行下列活动……（三）在景物或者设施上刻划、涂污……"所以，张某的行为是对长城这一风景名胜区的破坏，属于违法行为。

根据《风景名胜区条例》第 44 条的规定，长城管理机构可以责令张某恢复原状或者采取其他补救措施，处 50 元的罚款。

第四编 区域与流域保护法

第十三章 区域与流域保护法概述

✅ 单项选择题

1. 答案：D。《黑土地保护法》第2条规定："从事黑土地保护、利用和相关治理、修复等活动，适用本法。本法没有规定的，适用土地管理等有关法律的规定。本法所称黑土地，是指黑龙江省、吉林省、辽宁省、内蒙古自治区（以下简称四省区）的相关区域范围内具有黑色或者暗黑色腐殖质表土层，性状好、肥力高的耕地。"

2. 答案：C。以《长江保护法》为代表的生态区域保护立法主要包括长江等流域保护立法和国家公园等区域保护立法。

3. 答案：D。《湿地保护法》作为针对湿地生态系统进行整体性保护的专门立法，为湿地保护奠定了坚实的法治基础。

4. 答案：C。《黄河保护法》是继《长江保护法》之后又一部立足于整体主义，推动流域生态保护和高质量发展的专门立法。

5. 答案：A。《自然保护区条例》是对各种类型自然保护区进行统一规范的行政法规，是现阶段自然保护区建设和管理的主要法律依据。

6. 答案：B。为更好地保护和合理利用风景名胜资源，《风景名胜区条例》对风景名胜区的设立、规划、保护、利用和管理进行了明确规定。

✅ 多项选择题

1. 答案：ABC。《长江保护法》《黄河保护法》《湿地保护法》等法律是针对长江、黄河流域以及湿地等一般生态区域保护措施的专项法律。

2. 答案：BC。《黑土地保护法》第23条规定，国家实行用养结合、保护效果导向的激励政策，对采取黑土地保护和治理修复措施的农业生产经营者按照国家有关规定给予奖励补助。

第十四章 区域与流域保护单行立法

单项选择题

1. 答案：A。《黑土地保护法》第30条规定："非法占用或者损毁黑土地农田基础设施的，由县级以上地方人民政府农业农村、水行政等部门责令停止违法行为，限期恢复原状，处恢复费用一倍以上三倍以下罚款。"

2. 答案：C。《黑土地保护法》第29条规定："违反本法规定，国务院农业农村、自然资源等有关部门、县级以上地方人民政府及其有关部门有下列行为之一的，对直接负责的主管人员和其他直接责任人员给予警告、记过或者记大过处分；情节较重的，给予降级或者撤职处分；情节严重的，给予开除处分：（一）截留、挪用或者未按照规定使用黑土地保护资金；（二）对破坏黑土地的行为，发现或者接到举报未及时查处；（三）其他不依法履行黑土地保护职责导致黑土地资源和生态环境遭受破坏的行为。"

3. 答案：A。《三江源国家公园条例（试行）》从管理体制、规划建设、资源保护、利用管理、社会参与等方面对三江源国家公园建设进行规制。

4. 答案：A。《神农架国家公园保护条例》在管理体制上，着重厘清省政府与神农架林区人民政府、神农架林区人民政府与国家公园管理机构、国家公园管理机构与其他自然保护地管理机构的三组关系。

5. 答案：A。《云南省国家公园管理条例》对国家公园内特许经营项目及其确定、形式开展、转让及收入用途等都进行了法律规制。

6. 答案：D。《神农架国家公园保护条例》规定国家公园游憩展示区内生态体验、交通、住宿、餐饮、商店及文化产业等经营项目试行特许经营，不得进行整体转让、垄断经营。

7. 答案：C。《建立国家公园体制总体方案》规定国家公园内重点保护区域内居民要逐步实施生态移民搬迁，其他区域内居民根据实际情况，实施生态移民搬迁或实行相对集中聚居。

多项选择题

1. 答案：ABCD。《黑土地保护法》第21条规定："建设项目不得占用黑土地；确需占用的，应当依法严格审批，并补充数量和质量相当的耕地。建设项目占用黑土地的，应当按照规定的标准对耕作层的土壤进行剥离。剥离的黑土应当就近用于新开垦耕地和劣质耕地改良、被污染耕地的治理、高标准农田建设、土地复垦等。建设项目主体应当制定剥离黑土的再利用方案，报自然资源主管部门备案。具体办法由四省区人民政府分别制定。"

2. 答案：ABCD。《神农架国家公园保护条例》将神农架国家公园按照生态功能和保护目标，划分为严格保护区、生态保育区、游憩展示区和传统利用区。

3. 答案：BD。在基本原则方面，《长江保护法》分别确立了流域经济社会发展和长江保护两个方面的原则，即长江流域经济社会发展应当坚持生态优先、绿色发展，共抓大保护、不搞大开发；长江保护应当坚持统筹协调、科学规划、创新驱动、系统治理。

4. 答案：AB。《长江保护法》在我国立法中开创性地建立了长江流域协调机制、长江流域地方协作机制等多层次流域统筹协调机制，即按照全流域统一管理要求，将流域作为一个独立管理单元，遵循"统筹协调、系统治理"原则确立流域治理保护相关事权。

简答题

1. 答案：（1）保护生态环境，维护国土生态安全。（2）保存重要遗传物质及发挥基因库功能。（3）提供国民游憩机会。（4）促进科学研究及国民的环境教育。（5）带动地方经济繁荣。

2. 答案： 生态安全作为《长江保护法》的首要价值，生态安全既是对总体国家安全观的贯彻，也是保护长江流域生态系统健康完整的迫切现实需要。

3. 答案： 根据《黄河保护法》第 1 条的规定，《黄河保护法》以"加强黄河流域生态环境保护，保障黄河安澜，推进水资源节约集约利用，推动高质量发展，保护传承弘扬黄河文化，实现人与自然和谐共生、中华民族永续发展"为立法目的。

4. 答案：《黄河保护法》第 3 条规定，黄河流域生态保护和高质量发展，坚持中国共产党的领导，落实重在保护、要在治理的要求，加强污染防治，贯彻生态优先、绿色发展，量水而行、节水为重，因地制宜、分类施策，统筹谋划、协同推进的原则。

5. 答案：《湿地保护法》的立法目的是加强湿地保护，维护湿地生态功能及生物多样性，保障生态安全，促进生态文明建设，实现人与自然和谐共生。为实现此立法目的，该法确立了保护优先、严格管理、系统治理、科学修复、合理利用的基本原则。

6. 答案：《长江保护法》第 93 条规定，因污染长江流域环境、破坏长江流域生态造成他人损害的，侵权人应当承担侵权责任。违反国家规定造成长江流域生态环境损害的，国家规定的机关或者法律规定的组织有权请求侵权人承担修复责任、赔偿损失和有关费用。

论述题

1. 答案：《长江保护法》在《水污染防治法》的基础上，针对长江水污染的特点，明确提出了以下五项要求：第一，控制总磷排放总量。对磷矿、磷肥生产集中的长江干支流，有关省级人民政府应当制定重加严格的总磷排放管控要求，有效控制总磷排放总量。第二，加强对固废的监管。禁止在长江流域河湖管理范围内倾倒、填埋、堆放、弃置、处理固体废物。长江流域县级以上地方人民政府应当加强对固体废物非法转移和倾倒的联

防联控。第三，加强农业面源污染防治。长江流域农业生产应当科学使用农业投入品，减少化肥、农药施用，推广有机肥使用，科学处置农用薄膜、农作物秸秆等农业废弃物。第四，开展地下水重点污染源和环境风险隐患调查评估。长江流域县级以上地方人民政府应当组织对沿河湖垃圾填埋场、加油站、矿山、尾矿库、危险废物处置场、化工园区和化工项目等地下水重点污染源及周边地下水环境风险隐患开展调查评估，并采取相应风险防范和整治措施。第五，严格危化品运输的管控。禁止在长江流域水上运输剧毒化学品和国家规定禁止通过内河运输的其他危险化学品。

2. 答案：《长江保护法》第 5 章是关于生态环境修复的规定。

第 52 条规定，国家对长江流域生态系统实行自然恢复为主、自然恢复与人工修复相结合的系统治理。国务院自然资源主管部门会同国务院有关部门编制长江流域生态环境修复规划，组织实施重大生态环境修复工程，统筹推进长江流域各项生态环境修复工作。

第 53 条规定，国家对长江流域重点水域实行严格捕捞管理。在长江流域水生生物保护区全面禁止生产性捕捞；在国家规定的期限内，长江干流和重要支流、大型通江湖泊、长江河口规定区域等重点水域全面禁止天然渔业资源的生产性捕捞。具体办法由国务院农业农村主管部门会同国务院有关部门制定。国务院农业农村主管部门会同国务院有关部门和长江流域省级人民政府加强长江流域禁捕执法工作，严厉查处电鱼、毒鱼、炸鱼等破坏渔业资源和生态环境的捕捞行为。长江流域县级以上地方人民政府应当按照国家有关规定做好长江流域重点水域退捕渔民的补偿、转产和社会保障工作。长江流域其他水域禁捕、限捕管理办法由县级以上地方人民政府制定。

第 54 条规定，国务院水行政主管部门会同国务院有关部门制定并组织实施长江干流和重要支流的河湖水系连通修复方案，长江流域省级人民政府制定并组织实施本行政区域的长江流域河湖水系连通修复方案，逐步改善长江流域河湖连通状况，恢复河湖生态

流量，维护河湖水系生态功能。

第55条规定，国家长江流域协调机制统筹协调国务院自然资源、水行政、生态环境、住房和城乡建设、农业农村、交通运输、林业和草原等部门和长江流域省级人民政府制定长江流域河湖岸线修复规范，确定岸线修复指标。长江流域县级以上地方人民政府按照长江流域河湖岸线保护规划、修复规范和指标要求，制定并组织实施河湖岸线修复计划，保障自然岸线比例，恢复河湖岸线生态功能。禁止违法利用、占用长江流域河湖岸线。

第56条规定，国务院有关部门会同长江流域有关省级人民政府加强对三峡库区、丹江口库区等重点库区消落区的生态环境保护和修复，因地制宜实施退耕还林还草还湿，禁止施用化肥、农药，科学调控水库水位，加强库区水土保持和地质灾害防治工作，保障消落区良好生态功能。

第57条规定，长江流域县级以上地方人民政府林业和草原主管部门负责组织实施长江流域森林、草原、湿地修复计划，科学推进森林、草原、湿地修复工作，加大退化天然林、草原和受损湿地修复力度。

第58条规定，国家加大对太湖、鄱阳湖、洞庭湖、巢湖、滇池等重点湖泊实施生态环境修复的支持力度。长江流域县级以上地方人民政府应当组织开展富营养化湖泊的生态环境修复，采取调整产业布局规模、实施控制性水工程统一调度、生态补水、河湖连通等综合措施，改善和恢复湖泊生态系统的质量和功能；对氮磷浓度严重超标的湖泊，应当在影响湖泊水质的汇水区，采取措施削减化肥用量，禁止使用含磷洗涤剂，全面清理投饵、投肥养殖。

第59条规定，国务院林业和草原、农业农村主管部门应当对长江流域数量急剧下降或者极度濒危的野生动植物和受到严重破坏的栖息地、天然集中分布区、破碎化的典型生态系统制定修复方案和行动计划，修建迁地保护设施，建立野生动植物遗传资源基因库，进行抢救性修复。在长江流域水生生物产卵场、索饵场、越冬场和洄游通道等重要栖息地应当实施生态环境修复和其他保护措施。对鱼类等水生生物洄游产生阻隔的涉水工程应当结合实际采取建设过鱼设施、河湖连通、生态调度、灌江纳苗、基因保存、增殖放流、人工繁育等多种措施，充分满足水生生物的生态需求。

第60条规定，国务院水行政主管部门会同国务院有关部门和长江河口所在地人民政府按照陆海统筹、河海联动的要求，制定实施长江河口生态环境修复和其他保护措施方案，加强对水、沙、盐、潮滩、生物种群的综合监测，采取有效措施防止海水入侵和倒灌，维护长江河口良好生态功能。

第61条规定，长江流域水土流失重点预防区和重点治理区的县级以上地方人民政府应当采取措施，防治水土流失。生态保护红线范围内的水土流失地块，以自然恢复为主，按照规定有计划地实施退耕还林还草还湿；划入自然保护地核心保护区的永久基本农田，依法有序退出并予以补划。禁止在长江流域水土流失严重、生态脆弱的区域开展可能造成水土流失的生产建设活动。确因国家发展战略和国计民生需要建设的，应当经科学论证，并依法办理审批手续。长江流域县级以上地方人民政府应当对石漠化的土地因地制宜采取综合治理措施，修复生态系统，防止土地石漠化蔓延。

第62条规定，长江流域县级以上地方人民政府应当因地制宜采取消除地质灾害隐患、土地复垦、恢复植被、防治污染等措施，加快历史遗留矿山生态环境修复工作，并加强对在建和运行中矿山的监督管理，督促采矿权人切实履行矿山污染防治和生态环境修复责任。

第63条规定，长江流域中下游地区县级以上地方人民政府应当因地制宜在项目、资金、人才、管理等方面，对长江流域江河源头和上游地区实施生态环境修复和其他保护措施给予支持，提升长江流域生态脆弱区实施生态环境修复和其他保护措施的能力。国家按照政策支持、企业和社会参与、市场化运作的原则，鼓励社会资本投入长江流域生态环境修复。

综合测试题一

✅ 单项选择题

1. **答案**：C。环境问题，又称为环境资源问题。它包括由火山、地震、洪水等自然灾害所引起的第一类环境问题又称为原生环境问题，以及由人类活动作用于自然界并反过来对人类自身造成有害影响和危害的第二类环境问题，又称为人为环境问题或次生环境问题。

2. **答案**：A。在各种环境权中，公民环境权是最基础的环境权，它不仅是单位环境权、国家环境权和人类环境权的基础，也是实现个人财产权、劳动权、休息权、生存权、生命健康权等其他基本权利的必需条件。

3. **答案**：C。环境影响评价是环境质量评价中的一种。环境质量评价一般包括三类：第一类是回顾评价，即根据历史资料，了解一个地区过去的环境质量及其演变；第二类是现状评价，即根据检测、调查的材料，对环境质量的现状作出评价；第三类是预断评价，即根据发展规划对未来环境状况作出评价。环境影响评价属于预断评价，因而环境影响评价又被称为环境质量预断评价。

4. **答案**：A。我国对固体废物采取的主要管理方式有：提高资源的利用率、开展综合利用以及对固体废物实行最终处置。而我国最早对固体废物进行管理的方式是开展对固体废物的综合利用。

5. **答案**：A。《海洋环境保护法》第71条规定，任何个人和未经批准的单位，不得向中华人民共和国管辖海域倾倒任何废弃物。需要倾倒废弃物的，产生废弃物的单位应当向国务院生态环境主管部门海域派出机构提出书面申请，并出具废弃物特性和成分检验报告，取得倾倒许可证后，方可倾倒。国家鼓励疏浚物等废弃物的综合利用，避免或者减少海洋倾倒。禁止中华人民共和国境外的废弃物在中华人民共和国管辖海域倾倒。

6. **答案**：A。《固体废物污染环境防治法》第80条规定，从事收集、贮存、利用、处置危险废物经营活动的单位，应当按照国家有关规定申请取得许可证。许可证的具体管理办法由国务院制定。禁止无许可证或者未按照许可证规定从事危险废物收集、贮存、利用、处置的经营活动。禁止将危险废物提供或者委托给无许可证的单位或者其他生产经营者从事收集、贮存、利用、处置活动。

✅ 多项选择题

1. **答案**：CD。《环境影响评价法》第22条规定，建设项目的环境影响报告书、报告表，由建设单位按照国务院的规定报有审批权的生态环境主管部门审批。海洋工程建设项目的海洋环境影响报告书的审批，依照《海洋环境保护法》的规定办理。审批部门应当自收到环境影响报告书之日起60日内，收到环境影响报告表之日起30日内，分别作出审批决定并书面通知建设单位。国家对环境影响登记表实行备案管理。审核、审批建设项目环境影响报告书、报告表以及备案环境影响登记表，不得收取任何费用。第24条第2款规定，建设项目的环境影响评价文件自批准之日起超过5年，方决定该项目开工建设的，其环境影响评价文件应当报原审批部门重新审核；原审批部门应当自收到建设项目环境影响评价文件之日起10日内，将审核意见书面通知建设单位。

2. **答案**：ABD。《野生动物保护法》第2条第2款规定，本法规定保护的野生动物，是指珍贵、濒危的陆生、水生野生动物和有重要生态、科学、社会价值的陆生野生动物。

3. **答案**：ABCD。《国家突发环境事件应急预案》第6部分规定，国家突发环境事件应急保障包括队伍保障，物资与资金保障，通信、交通与运输保障，技术保障。

4. 答案：ABD。固体废物的"三化"是指对固体废物采取减量化、资源化和无害化的措施。该原则是防治固体废物污染的富有成效的指导思想。固体废物减量化，又称废物最小量化，是指减少固体废物的产生。固体废物资源化，又称资源综合利用，是指通过回收、再利用、循环利用、再生利用、替代、提取、转换、交换等方式，对固体废物进行全部或部分直接利用，或使之转化为可利用的二次原料或再生资源予以利用。固体废物无害化是指对不能利用或暂时不能利用的固体废物，进行符合环境保护要求和标准的或者有利于环境安全的无害处置。

5. 答案：ABCD。《海洋环境保护法》第34条规定，国务院和沿海省、自治区、直辖市人民政府及其有关部门根据保护海洋的需要，依法将重要的海洋生态系统、珍稀濒危海洋生物的天然集中分布区、海洋自然遗迹和自然景观集中分布区等区域纳入国家公园、自然保护区或者自然公园等自然保护地。

6. 答案：ACD。《噪声污染防治法》第43条规定，在噪声敏感建筑物集中区域，禁止夜间进行产生噪声的建筑施工作业，但抢修、抢险施工作业，因生产工艺要求或者其他特殊需要必须连续施工作业的除外。因特殊需要必须连续施工作业的，应当取得地方人民政府住房和城乡建设、生态环境主管部门或者地方人民政府指定的部门的证明，并在施工现场显著位置公示或者以其他方式公告附近居民。

7. 答案：AC。与其他不法侵害相比，环境污染具有如下6个特点：（1）环境污染是人类正常活动的有害副作用。（2）环境污染以环境为媒介对不特定人体造成危害。只有人类活动排放的污染物和能量进入了环境，使环境质量下降，才会对人体健康、生命安全造成危害，而且是对不特定人群造成危害。环境污染具有综合性和积累性。造成环境污染的原因多种多样，且往往是综合作用，具有积累性、连续性特点。（4）环境污染往往同时侵害多种权益，如危害人体健康、生命安全，污染大气、水体、土壤、动植物、建筑物，造成

健康权、生存权、财产权、环境权益等的损害。（5）环境污染危及的范围广。环境污染不仅可以污染一条河流、一个地区、几个国家，甚至可以污染全世界。（6）环境污染引起的疾病难以被发现和治愈。人类的疾病多与环境污染有关。

8. 答案：ABCD。《固体废物污染环境防治法》第86条规定，因发生事故或者其他突发性事件，造成危险废物严重污染环境的单位，应当立即采取有效措施消除或者减轻对环境的污染危害，及时通报可能受到污染危害的单位和居民，并向所在地生态环境主管部门和有关部门报告，接受调查处理。

名词解释

1. 答案：可持续发展能力是指一个特定系统在规定目标和预设阶段内可以成功地将其发展度、协调度、持续度稳定地约束在可持续发展阈值内的概率，即一个特定的系统成功地延伸至可持续发展目标的能力。可持续发展能力的大小，既是衡量实施可持续发展战略成功程度的基本标志，也是可持续发展战略实施中着力培育的物质能力和精神能力的总和。

2. 答案：战略环境影响评价制度是指对政策、规划或计划及其替代方案的环境影响进行正式的、系统的和综合的评价过程的制度。战略可以是大到全球和国家，小到区域和部门的战略。

3. 答案："三同时"制度是指一切新建、改建和扩建的基本建设项目（包括小型建设项目）、技术改造项目、自然开发项目，以及可能对环境造成损害的其他工程项目，其中防治污染和其他公害的设施和其他环境保护设施，必须与主体工程同时设计、同时施工、同时投产的制度。

4. 答案：水体污染主要是指由于人类活动排放的污染物进入河流、湖泊、海洋或地下水等水体，使水和水体底泥的物理、化学性质或生物群落组成发生变化，从而降低了水体的使用价值的现象。

5. 答案：碳税是指针对二氧化碳排放所征收的

税。它以环境保护为目的，希望通过削减二氧化碳排放来减缓全球变暖。碳税通过对燃煤和石油下游的汽油、航空燃油、天然气等化石燃料产品，按其碳含量的比例征税来实现减少化石燃料消耗和二氧化碳排放。与总量控制和排放贸易等市场竞争为基础的温室气体减排机制不同，征收碳税只需要额外增加非常少的管理成本就可以实现。

简答题

1. 答案：噪声污染是指所产生的噪声超过国家规定的噪声排放标准，并干扰他人正常生活、工作和学习的现象。噪声污染的特点如下：（1）噪声是感觉性公害。噪声是人们可以直接感觉到的、不需要的、对人体健康有害的声音。（2）噪声是局部性公害。噪声有一定的辐射距离，而不像大气污染、水污染、海洋污染等公害那样有着污染物迁移转化的广泛影响范围。（3）噪声污染具有暂时性（即时消除性）。物体振动产生噪声，按其产生的机制可以分为机械噪声、气体动力噪声和电磁性噪声等。当噪声源停止振动之后，噪声的污染就会立即停止，不像其他公害那样残留任何污染物，不会在环境中长期积累。

2. 答案：（1）固体废物是在错误时间放在错误地点的资源，具有鲜明的时间和空间特征。从时间方面讲，它仅相对于目前的科学技术和经济条件。随着科学技术的飞速发展，矿物资源的日渐枯竭，昨天的废物势必成为明天的资源。从空间角度看，废物仅相对于某一过程或者某一方面没有使用价值，而并非在一切过程或一切方面都没有使用价值。某一过程的废物，往往是另一过程的原料。

（2）固体废物问题较之大气污染、水污染、噪声污染的环境问题有其独特之处，简单概括为"四最"。①最难得到处理：固体废物由于含有的成分相当复杂，其物理性状也千变万化，因此是"三废"中最难处置的一种。②最具综合性的环境问题：固体废物的污染，不是单一的环境污染，它同时伴随着土壤污染、水污染及大气污染等问题。③最晚得到重视：固体废物的污染问题较之大气、水污染是最后引起人们重视的污染问题，也是较少得到人们重视的问题。④最贴近生活的环境问题：环境教育往往是从垃圾教育入手，这是因为生活垃圾最贴近人们的日常生活。人们每天都在产生垃圾、排放垃圾，同时也在无意识地污染生存环境，会对资源、环境带来不良的影响。

论述题

答案：环境影响评价制度，是环境影响评价活动的法律化、制度化，是国家通过立法对环境影响评价的对象、范围、内容、程序等进行规定而形成的有关环境影响评价活动的一套规则。

环境影响评价制度是我国环境保护的主要法律制度之一，也是环境监督管理的主要制度之一，对于以贯彻预防为主的环境保护原则，预防新的污染源出现发挥着极为重要的作用。但是我国环境影响评价制度并不是完美无缺的，与发达国家的环境影响评价制度仍有较大差距。

环境影响评价制度的完善：

（1）完善公众参与环境影响评价制度。环境影响评价的公众参与制度，是指建设单位及审批环境影响评价报告书（表）机关以外的其他相关机关、地方政府、社会团体、学者专家、人大代表、政协委员、当地居民等，通过法定的方式，参与环境影响评价的制作、审查与监督等的活动。

（2）完善环境影响评价审批，明确分级审批与分类审批的规范依据，优化分类管理。同时，进一步完善产业园区规划环境影响评价与项目环境影响评价联动机制，为地方深入开展工作提供更为具体的规范指引。另外，明确环境影响评价审批主体，统一不同地区的环境影响评价文件审批机关，以避免由此引发的法律风险。

（3）加强事中事后监管。一是要加强常规环境影响评价监管工作，继续严查"未批先建"和擅自变更等违法行为，加大行政监管力度。二是要进一步加强环境影响评价与排污许可的衔接，事前做好环境影响评价预防，事中依据排污许可证规制项目运行和排污行为，事后通过严格执法监督整改和依法处罚。三是完善规划环境影响评价跟踪评价和建设项目环境影响评价后评价机制，从而更好地发挥环评制度的预防作用，同时对已经产生的损害进行及时的弥补。

综合测试题二

✅ **单项选择题**

1. 答案：A。《土地管理法》第 44 条规定，建设占用土地，涉及农用地转为建设用地的，应当办理农用地转用审批手续。永久基本农田转为建设用地的，由国务院批准。在土地利用总体规划确定的城市和村庄、集镇建设用地规模范围内，为实施该规划而将永久基本农田以外的农用地转为建设用地的，按土地利用年度计划分批次按照国务院规定由原批准土地利用总体规划的机关或者其授权的机关批准。在已批准的农用地转用范围内，具体建设项目用地可以由市、县人民政府批准。在土地利用总体规划确定的城市和村庄、集镇建设用地规模范围外，将永久基本农田以外的农用地转为建设用地的，由国务院或者国务院授权的省、自治区、直辖市人民政府批准。

2. 答案：D。《矿产资源法实施细则》第 16 条规定，探矿权人享有下列权利：（一）按照勘查许可证规定的区域、期限、工作对象进行勘查；（二）在勘查作业区及相邻区域架设供电、供水、通讯管线，但是不得影响或者损害原有的供电、供水设施和通讯管线；（三）在勘查作业区及相邻区域通行；（四）根据工程需要临时使用土地；（五）优先取得勘查作业区内新发现矿种的探矿权；（六）优先取得勘查作业区内矿产资源的采矿权；（七）自行销售勘查中按照批准的工程设计施工回收的矿产品，但是国务院规定由指定单位统一收购的矿产品除外。探矿权人行使前款所列权利时，有关法律、法规规定应当经过批准或者履行其他手续的，应当遵守有关法律、法规的规定。

3. 答案：B。《土地管理法》第 30 条规定，国家保护耕地，严格控制耕地转为非耕地。国家实行占用耕地补偿制度。非农业建设经批准占用耕地的，按照"占多少，垦多少"的原则，由占用耕地的单位负责开垦与所占用耕地的数量和质量相当的耕地；没有条件开垦或者开垦的耕地不符合要求的，应当按照省、自治区、直辖市的规定缴纳耕地开垦费，专款用于开垦新的耕地。省、自治区、直辖市人民政府应当制定开垦耕地计划，监督占用耕地的单位按照计划开垦耕地或者按照计划组织开垦耕地，并进行验收。

4. 答案：A。《环境保护法》第 29 条第 1 款规定，国家在重点生态功能区、生态环境敏感区和脆弱区等区域划定生态保护红线，实行严格保护。所以本题不选 B、C、D。

5. 答案：D。《风景名胜区条例》第 12 条规定，风景名胜区规划分为总体规划和详细规划。第 13 条第 1 款规定，风景名胜区总体规划的编制，应当体现人与自然和谐相处、区域协调发展和经济社会全面进步的要求，坚持保护优先、开发服从保护的原则，突出风景名胜资源的自然特性、文化内涵和地方特色。第 14 条规定，风景名胜区应当自设立之日起 2 年内编制完成总体规划。总体规划的规划期一般为 20 年。

6. 答案：B。《防洪法》第 39 条第 1 款规定，国务院设立国家防汛指挥机构，负责领导、组织全国的防汛抗洪工作，其办事机构设在国务院水行政主管部门。

7. 答案：D。环境行政强制执行是环境行政管理相对人不履行环境资源法直接规定的或有关环境行政机关依法规定的义务时，有权的环境行政机关依法对相对人采取必要的强制措施，强迫其履行义务或达到与履行义务相同的状态的行政执法行为。由此可见，环境行政执法权是环境行政机关的主要职权。

✅ **多项选择题**

1. 答案：ABD。《土地管理法》第 4 条第 2 款规定，国家编制土地利用总体规划，规定土地用途，将土地分为农用地、建设用地和未利用地。严格限制农用地转为建设用地，控制建设用地总量，对耕地实行特殊保护。

2. **答案：ACD。**《土地管理法》第46条规定："征收下列土地的，由国务院批准：（一）永久基本农田；（二）永久基本农田以外的耕地超过三十五公顷的；（三）其他土地超过七十公顷的。征收前款规定以外的土地的，由省、自治区、直辖市人民政府批准。征收农用地的，应当依照本法第四十四条的规定先行办理农用地转用审批。其中，经国务院批准农用地转用的，同时办理征地审批手续，不再另行办理征地审批；经省、自治区、直辖市人民政府在征地批准权限内批准农用地转用的，同时办理征地审批手续，不再另行办理征地审批，超过征地批准权限的，应当依照本条第一款的规定另行办理征地审批。"

3. **答案：BCD。**《土地管理法》第54条规定："建设单位使用国有土地，应当以出让等有偿使用方式取得；但是，下列建设用地，经县级以上人民政府依法批准，可以以划拨方式取得：（一）国家机关用地和军事用地；（二）城市基础设施用地和公益事业用地；（三）国家重点扶持的能源、交通、水利等基础设施用地；（四）法律、行政法规规定的其他用地。"

4. **答案：AC。**《植物新品种保护条例》第7条规定："品种权所有人（以下称品种权人）对其授权品种，享有排他的独占权。除法律和本条例另有规定外，任何单位或者个人未经品种权人许可，不得对该授权品种的繁殖材料，实施下列行为：（一）生产、繁殖和为繁殖而进行处理；（二）许诺销售、销售；（三）进口、出口；（四）为实施本款第一项至第三项行为进行储存。实施前款规定的行为，涉及由未经许可使用授权品种的繁殖材料而获得的收获材料的，应当得到品种权人的许可；但是，品种权人对繁殖材料已有合理机会行使其权利的除外。对下列品种实施第一款、第二款规定的行为，应当得到授权品种的品种权人的许可：（一）授权品种的

实质性派生品种，但该授权品种本身不是实质性派生品种；（二）与授权品种相比，不具备本条例第十六条规定的明显区别的品种；（三）为商业目的重复使用授权品种进行生产或者繁殖的另一品种。"第9条规定："执行本单位的任务或者主要是利用本单位的物质技术条件所完成的职务育种，品种权的申请权属于该单位；非职务育种，品种权的申请权属于完成育种的个人。利用本单位的物质技术条件所完成的育种，单位与完成育种的个人对品种权的申请权有合同约定的，从其约定。委托育种或者合作育种，当事人可以在合同中约定品种权的申请权归属；没有合同约定的，品种权的申请权属于受委托完成或者共同完成育种的单位或者个人。申请被批准后，品种权属于申请人。"第10条规定："一个植物新品种只能授予一项品种权。两个以上的申请人分别就同一个植物新品种申请品种权的，品种权授予最先申请的人；同时申请的，品种权授予最先完成该植物新品种育种的人。"

5. **答案：ABCD。**《文物保护法》第2条第1款规定："文物受国家保护。本法所称文物，是指人类创造的或者与人类活动有关的，具有历史、艺术、科学价值的下列物质遗存：（一）古文化遗址、古墓葬、古建筑、石窟寺和古石刻、古壁画；（二）与重大历史事件、革命运动或者著名人物有关的以及具有重要纪念意义、教育意义或者史料价值的近代现代重要史迹、实物、代表性建筑；（三）历史上各时代珍贵的艺术品、工艺美术品；（四）历史上各时代重要的文献资料、手稿和图书资料等；（五）反映历史上各时代、各民族社会制度、社会生产、社会生活的代表性实物。"

6. **答案：BC。**《风景名胜区条例》第8条规定，风景名胜区划分为国家级风景名胜区和省级风景名胜区。自然景观和人文景观能够反映重要自然变化过程和重大历史文化发展过程，基本处于自然状态或者保持历史原貌，具有国家代表性的，可以申请设立国家级风景名胜区；具有区域代表性的，可以申请设立省

级风景名胜区。

7. 答案： ABD。《生态保护补偿条例》第 2 条第 1 款和第 2 款规定，在中华人民共和国领域及管辖的其他海域开展生态保护补偿及其相关活动，适用本条例。法律、行政法规另有规定的，依照其规定。本条例所称生态保护补偿，是指通过财政纵向补偿、地区间横向补偿、市场机制补偿等机制，对按照规定或者约定开展生态保护的单位和个人予以补偿的激励性制度安排。生态保护补偿可以采取资金补偿、对口协作、产业转移、人才培训、共建园区、购买生态产品和服务等多种补偿方式。

8. 答案： CD。环境资源行政责任主体必须具备两个条件：（1）具有法定的责任能力。一般而言，行政主体和行政主体工作人员都具有责任能力。（2）具有法定的环境资源行政职权和行政职责。

📖 名词解释

1. 答案： 自然保护区是指对有代表性的自然生态系统，珍稀濒危野生动植物物种的天然集中分布区、有特殊意义的自然遗迹等保护对象所在的陆地、陆地水体或者海域，依法划定一定面积予以特殊保护和管理的区域。

2. 答案： 开发者养护、污染者治理原则是强制污染和破坏环境资源者承担责任的一项环境与资源管理的基本原则。开发者养护，是指对环境和自然资源进行开发利用的组织或个人，有责任对其进行恢复、整治和养护。污染者治理，是指对环境造成污染的组织或个人，有责任对其污染源和被污染的环境进行治理。

3. 答案： 生态保护红线是我国环境保护的重要制度创新。生态保护红线是指在自然生态服务功能、环境质量安全、自然资源利用等方面，需要实行严格保护的空间边界与管理限值，以维护国家和区域生态安全及经济社会可持续发展，保障人民群众健康。

　　生态保护红线的实质是生态环境安全的底线，目的是建立最为严格的生态保护制度，对生态功能保障、环境质量安全和自然资源利用等方面提出更高的监管要求，从而促进人口资源环境相均衡、经济社会生态效益相统一。生态保护红线具有系统完整性、强制约束性、协同增效性、动态平衡性、操作可达性等特征。系统完整性是指生态保护红线的划定、遵守与监管需要在国家层面统筹考虑，有序实施；强制约束性要求生态保护红线一旦划定，必须制定严格的管理措施与环境准入制度，增强约束力；协同增效性要求红线划定与重大规划相协调，与经济社会发展需求和当前监管能力相适应，与生态保护现状以及管理制度有机结合，增强保护效果；动态平衡性是指在保证空间数量不减少、保护性质不改变、生态功能不退化、管理要求不降低的情况下可以对生态保护红线进行适当调整，从而更好地使生态保护与经济社会发展形势相统一；操作可达性要求设定的红线目标具备可实现性，配套的管理制度和政策具有可操作性。

4. 答案： 环境资源行政复议是指行政相对人（公民、法人或者其他组织）认为环境资源具体行政行为侵犯其合法权益，向行政机关提出申请，行政机关依法对具体行政行为进行审查并作出决定的法律制度。

5. 答案： 环境民事责任即因污染环境所产生的特殊的民事责任，它是民事责任的一种，但由于环境问题的特殊性，又具有不同于普通民事责任的特性，往往在环境保护法律法规中加以特别规定。它包括污染环境的民事责任和破坏环境资源的民事责任两大类。

✏️ 简答题

1. 答案： 公众参与原则是指公众有权通过一定的程序或途径参与一切公众环境权益相关的开发决策活动，并有权受到相应的法律保护和救济，以防止决策的盲目性，使得该项决策符合广大公众的切身利益。参与决策的公众主要是居民、专业人士和社会团体等。公众参的具体表现有：在环境影响评价和其他涉及公众利益的许可程序中建立公众参与制度；建立决策信息公开与披露制度；鼓励各类非政府的环境组织代表公众参与环境决策；

建立公众参与的司法保障制度。

2. 答案： 自然资源保护与环境保护二者之间有着十分密切的关系，但二者又不完全等同。（1）自然资源保护是环境保护的一个组成部分。（2）环境保护的范围大于自然资源保护的范围。（3）自然资源保护和环境保护各有侧重点。自然资源保护侧重于保护资源的经济价值，而环境保护侧重于保护作为资源的环境要素的环境价值。（4）自然资源保护与环境保护正趋向统一。自然资源保护更注重于生态平衡，环境保护也更注重于资源的永续利用。

3. 答案： 生态环境体系是一个包含自然生态系统和人文生态系统在内、比较完备的"生态—社会—经济—人口"复合生态系统，自然生态系统由森林生态系统、草原生态系统、荒漠生态系统、海洋生态系统、淡水生态系统和湿地生态系统6个子系统构成；人文生态系统则由城市生态系统、农村生态系统和农田生态系统3个子系统构成。森林生态系统、淡水生态系统和城市生态系统三者共同构成了生态环境的主体，森林生态系统和淡水生态系统对于保障生态安全具有重要的作用，城市生态系统是区域财富增长和社会进步的主要推动力，代表了生态环境体系发展的方向。

💬 论述题

答案： 环境影响评价制度是指对规划和建设项目实施后可能造成的环境影响进行分析、预测和评估，提出预防或者减轻不良环境响的对策和措施，并进行跟踪监测的方法与制度。

实行环境影响评价制度的意义在于：

（1）环境影响评价制度可以把经济建设与环境保护协调起来。（2）环境影响评价制度是贯彻"预防为主"和合理布局的重要法律制度。（3）从法理上说，把环境影响评价制度作为一种强制性的法律制度，是对民事侵权法律原则在环境与资源保护法里的运用。

我国环境影响评价包括规划环评和建设项目环评。

规划环评是关于规划的环境影响评价，包括综合性规划和专项规划。在内容上，综合性规划有关环境影响的篇章或者说明、专项规划的环境影响报告书应当对规划实施后可能造成的环境影响作出分析、预测和评估，提出预防或者减轻不良环境影响的对策和措施。在程序上，综合性规划应在规划编制过程中同步组织环境影响评价，并编写该规划有关环境的篇章或说明，但不必另外单独编写环境影响报告书。专项规划应当在该规划草案上报审批前，组织进行环境影响评价，并向审批该规划的机关提出环境影响报告书。

建设项目对环境可能造成重大影响的，应当编制环境影响报告书；建设项目对环境可能造成轻度影响的，应当编制环境影响报告表；建设项目对环境影响很小，不需要进行环境影响评价的，应当填报环境影响登记表。在内容上，环境影响报告书应包含建设项目概况，建设项目周围环境现状，建设项目对环境可能造成影响的分析、预测和评估，建设项目环境保护措施及其技术、经济论证，建设项目对环境影响的经济损益分析，对建设项目实施环境监测的建议，环境影响评价的结论。在程序上，建设项目的环境影响评价文件包括建设项目的环境影响报告书、报告表和登记表。

综合测试题三

1. 答案：C。环境侵权适用无过错责任原则，即只要存在污染行为、损害结果及因果关系，无论排污是否达标或是否缴纳排污费，责任人均须赔偿。即使化工厂排放符合国家标准，仍可能因污染物累积或特殊环境条件导致损害，不能免除责任。养殖户无须证明化工厂主观过错，而化工厂须举证证明污染行为与损害无因果关系。

2. 答案：D。环境问题可分为第一类环境问题和第二类环境问题。第一类环境问题又称为原生环境问题，是由火山、地震、洪水等自然灾害所引起的环境问题，故选项A、B、C错误。第二类环境问题又称为人为环境问题或次生环境问题，是由人类活动作用于自然界并反过来对人类自身造成有害影响和危害的环境问题。企业排污导致的水质下降属于人类活动作用于自然界并反过来对人类自身造成有害影响和危害的环境问题，故选项D正确。

3. 答案：C。自然资源是生态系统的一部分，但生态系统还包括生物之间的相互作用等内容，二者不能简单等同，也不是自然资源的简单集合，故选项A、B错误。自然资源是指在一定的技术经济条件下，自然界中对人类有用的一切物质和能量，是环境要素中"可被人类直接利用"的那部分，其概念是从是否"可利用"角度理解的，故选项C正确。环境指客观存在的物质世界中与人类社会发生相互影响的各种自然因素的总和，并不以生物为中心，故选项D错误。

4. 答案：D。《土壤污染防治法》第45条规定，土壤污染责任人负有实施土壤污染风险管控和修复的义务。土壤污染责任人无法认定的，土地使用权人应当实施土壤污染风险管控和修复。地方人民政府及其有关部门可以根据实际情况组织实施土壤污染风险管控和修复。国家鼓励和支持有关当事人自愿实施土壤污染风险管控和修复。第46条规定，因实施或者组织实施土壤污染状况调查和土壤污染风险评估、风险管控、修复、风险管控效果评估、修复效果评估、后期管理等活动所支出的费用，由土壤污染责任人承担。

5. 答案：A。A选项，《国家级自然公园管理办法（试行）》第5条第1款规定，国家级自然公园应当纳入生态保护红线。B选项，第12条第4款规定，编制国家级自然公园规划，应当按照批复文件明确的面积、范围边界和要求，符合相关技术标准或者规范，依据所在地国土空间总体规划，并与相应国土空间详细规划相衔接。编制规划应当充分征求相关权利人、相关部门和专家的意见。C选项，《关于建立以国家公园为主体的自然保护地体系的指导意见》提出，根据各类自然保护地功能定位，实行差别化管控。原则上核心保护区内禁止人为活动，一般控制区内限制人为活动。自然公园原则上按一般控制区管理。D选项，《国家级自然公园管理办法（试行）》第14条第2款规定，国家级自然公园根据资源禀赋、功能定位和利用强度，可以规划生态保育区和合理利用区，统筹生态保护修复、旅游活动和资源利用，合理布局相关基础设施、服务设施及配套设施建设，加强精细化管理，实现生态保护、绿色发展、民生改善相统一。规划的活动和设施应当符合本办法第19条的管控要求。

6. 答案：C。《自然资源确权登记操作指南（试行）》之"4.3.3登记单元预划的顺序"规定，登记单元按以下顺序划定：（1）海域和无居民海岛登记单元；（2）国家公园登记单元，国务院确定的重点国有林区登记单元，除国家公园外的其他类型自然保护地登记单元；（3）水流登记单元；（4）湿地、森林、草原、荒地等单项国有自然资源登记单元，探明储量的矿产资源登记单元。

7. **答案：C**。陈某的个体养蛙场存在以下违法行为：（1）未依法备案环境影响登记表。根据《环境影响评价法》的规定，建设单位应当依法备案环境影响登记表。未依法备案环境影响登记表的，由县级以上生态环境主管部门责令备案，处以罚款。（2）私自设置排污口并排放养殖尾水。《水污染防治法》第84条规定："……违反法律、行政法规和国务院环境保护主管部门的规定设置排污口的，由县级以上地方人民政府环境保护主管部门责令限期拆除，处二万元以上十万元以下的罚款；逾期不拆除的，强制拆除，所需费用由违法者承担，处十万元以上五十万元以下的罚款……"鉴于陈某在被查处后主动拆除大部分养殖设施并停止排污，表明其有一定的整改意愿。但由于仍有部分未整改完毕，行政机关最可能采取的处罚措施是对其处以罚款，并责令限期改正违法行为。《环境保护法》第61条规定，建设单位未依法提交建设项目环境影响评价文件或者环境影响评价文件未经批准，擅自开工建设的，由负有环境保护监督管理职责的部门责令停止建设，处以罚款，并可以责令恢复原状。

8. **答案：C**。A、D选项，《河道管理条例》规定，在河道管理范围内，禁止设置拦河渔具。该规定属于管理性规范，并不导致合同无效，其损失应当得到赔偿。B选项，《民法典》第1230条规定，因污染环境、破坏生态发生纠纷，行为人应当就法律规定的不承担责任或者减轻责任的情形及其行为与损害之间不存在因果关系承担举证责任。因此，佟某没有证明因果关系的举证责任。

9. **答案：B**。根据《刑法》第338条的规定，污染环境罪的结果加重犯要求污染行为致使多人重伤、严重疾病或者致人严重残疾、死亡。本案中，甲化工厂排放的含氰化物废水直接导致多人死亡，属于致使多人死亡的加重结果。虽然氰化物属于有毒物质，但其排放行为本质仍属于污染环境范畴，而非以危险方法危害公共安全的投放危险物质罪。因

甲的行为符合污染环境罪的结果加重情形，应处七年以上有期徒刑，故选项B正确。选项A仅评价基本犯，未涵盖加重结果；选项C混淆了污染环境罪与危害公共安全罪的构成要件；选项D明显错误。

10. **答案：D**。"资源开发主权与不损害国家管辖范围外的环境原则"是国际环境法的基石，该原则强调国家在开发资源时享有主权，但必须履行不损害他国及全球公共环境的义务，体现了权利与责任的平衡，选项A正确。"国际环境合作原则"被明确列为国际环境法的核心内容，该原则要求各国通过技术共享、联合行动等方式应对气候变化、生物多样性丧失等全球性问题，典型案例包括《巴黎协定》下的减排合作和《蒙特利尔议定书》对臭氧层的保护，选项B正确。"预防原则"亦是国际环境法的重要组成部分，其中，"损害预防"要求采取事前措施避免环境损害，"风险预防"强调科学不确定性下仍须采取防范行动，选项C正确。"优先发展原则"与国际环境法的价值取向相悖，国际环境法强调"可持续发展原则"，主张发展需兼顾生态承载力与代际公平，反对以牺牲环境为代价追求经济增长，因此，优先发展原则不属于国际环境法基本原则，选项D错误。

☑️ 多项选择题

1. **答案：ABCD**。贯彻受益者负担原则，主要采用以下几种途径：（1）实行排污收费或者征收污染税制度。向环境排放污染物的单位或个人按照其排放污染物的种类、数量或者浓度而向国家缴纳一定的费用，以用于治理和恢复因污染对环境造成的损害。若因污染环境造成他人妨害或者损害的，排污者还应当承担相应的民事责任。（2）实行废弃物品再生利用和回收制度。目前世界各国开始在产品的废弃与回收再利用领域实行延伸生产者责任的制度，具体做法是将处于消费末端的产品及其废弃物与企业的产品生产环节相连接形成一个循环链，处于该循环链上各个环节的生产者和消费者均应当对进入环境的

产品及其废弃物的回收利用承担一定的成本费用，保障各类产品及其容器包装物等在使用消费完毕后不再作为废弃物进入环境。（3）实行开发利用自然资源补偿费或税制度。这里所支付的费用非为一般自然资源相关法律规定的向自然资源所有权人支付的自然资源使用费或税，而是专门补偿开发利用自然资源和自然环境导致自然环境利益逸失所需花费的代价，其目的在于保持环境质量经常处于一定的、高质量的水平之上。（4）建立环境保护费用的共同负担制度。对于环境污染防治和自然环境保护的费用，国家和地方政府也有义务承担一定比例的环境保护费用。

2. **答案**：BD。环境权经过多年的发展，目前已形成了个人（自然人）环境权、单位（法人）环境权、国家环境权、人类环境权、自然体的权利。按环境要素、环境功能或环境资源将个人环境权分为清洁空气权、清洁水权、风景权（景观权）、环境美学权、宁静权（静稳权）、眺望权、通风权、日照权、公园利用权、享有自然权等。单位环境权包括开发利用权、排污权、劳动环境权等。国家环境权包括开发利用本国环境、资源的主权权利，对国家管辖范围以外的人类共有资源和环境，各国有依照国际法享受开发、利用人类共有环境资源的权利。

3. **答案**：ACD。环境资源法既调整人与自然的关系，也调整人和人之间因资源开发等问题产生的关系，故选项 B 错误。环境资源法在确定法律规范时高度依赖自然科学规律与科技发展，具有科技性；环境资源法保护的不仅是个体利益，更强调国家利益、社会利益和人类共同利益，具有公益性；环境资源法实施手段多样，包括政策调控、技术标准、公众参与和教育引导等。故选项 A、C、D 正确。

4. **答案**：ABC。当今世界，人类活动主导的全球性环境问题主要表现为：酸雨、臭氧层的破坏、全球性气候变化、生物多样性锐减、有毒化学品的污染及越境转移、土壤退化加速、淡水资源的枯竭与污染、突发性环境污染事故及其大规模生态破坏等，属第一类环境问题，故选项 A、B、C 正确。地震不是人类活动主导的全球性环境问题，因此选项 D 错误。

5. **答案**：ABC。《噪声污染防治法》第 2 条规定，本法所称噪声，是指在工业生产、建筑施工、交通运输和社会生活中产生的干扰周围生活环境的声音。本法所称噪声污染，是指超过噪声排放标准或者未依法采取防控措施产生噪声，并干扰他人正常生活、工作和学习的现象。《噪声污染防治法》第 3 条规定，噪声污染的防治，适用本法。因从事本职生产经营工作受到噪声危害的防治，适用劳动保护等其他有关法律的规定。

6. **答案**：CD。《水污染防治法》第 33 条第 1 款规定："禁止向水体排放油类、酸液、碱液或者剧毒废液。"废酸作为危险物品，直接排入水中会对水体造成严重污染，应当按照有关规定进行无害化处理。A 某以营利为目的，在没有取得危险废物经营许可证的情况下指派其雇佣的驾驶员 B 某将废酸倾倒至原告 X 人民政府所在地通向河流的雨水井中，造成河流严重污染，应当承担民事赔偿责任。被告 B 某虽为被告 A 某雇佣的驾驶员，但其对未经处理的废酸倾倒至雨水井可能造成的危害后果应当具有明显的预见能力，B 某对于损害后果的发生具有重大过错，应当与其雇主 A 某承担连带赔偿责任。《固体废物污染环境防治法》第 80 条规定，从事收集、贮存、利用、处置危险废物经营活动的单位，应当按照国家有关规定申请取得许可证。许可证的具体管理办法由国务院制定。禁止无许可证或者未按照许可证规定从事危险废物收集、贮存、利用、处置的经营活动。禁止将危险废物提供或者委托给无许可证的单位或者其他生产经营者从事收集、贮存、利用、处置活动。C 公司作为委托人具有对 A 某经营资质进行审查的义务，C 公司未尽审查义务，存在重大过错。此外，D 公司、E 公司和 C 公司之间存在盐酸买卖关系，且 D 公司和 E 公司明知 C 公司无经营资质仍委托其处理废酸，同样存在重大过错，其委托行为与污染后果之间亦存在因果关系。被告 C 公司、

D 公司和 E 公司虽非环境污染的直接侵权者，但三者的委托行为与废酸的倾倒、河流的污染后果之间存在内在必然的联系。C 公司、D 公司和 E 公司作为危险废物的产生者，擅自委托不具有经营资质的单位处置危险废物，具有共同环境侵害行为，理应与废酸的实际处理者被告 A 某承担连带赔偿责任。

7. **答案**：CD。本题改编自真实案例。某省检察院在指导甲市检察院办案中发现，某省林草部门于 2015 年 2 月 10 日批复同意在乙县某村实施人工种草项目，该地块属于上述项目的 A 区东片区，在 H 国家级自然保护区范围内。2021 年 1 月 28 日，甲市林草部门曾就上述项目 A 区东片区改种万亩马铃薯种植项目问题向某省林草部门请示但未得到答复。针对在履行国家级自然保护区监管职责中的错误审批行为和对国家级自然保护区被破坏时的不作为，某省检察院根据《自然保护区条例》第 21 条和第 26 条的规定，于 2023 年 10 月 8 日以行政公益诉讼立案，10 月 31 日与某省林草部门召开磋商会并发出磋商函。某省林草部门于 12 月 12 日复函称，将进一步加强对下级林草部门请示事项的审批，加强对国家级自然保护区的监管，指导和督促乙县在生态影响论证的基础上进行整改，科学合理修复受损的生态环境。

8. **答案**：ABCD。《生态保护补偿条例》第 2 条第 1 款规定，在中华人民共和国领域及管辖的其他海域开展生态保护补偿及其相关活动，适用本条例。法律、行政法规另有规定的，依照其规定。第 3 条规定，生态保护补偿工作坚持中国共产党的领导，坚持政府主导、社会参与、市场调节相结合，坚持激励与约束并重，坚持统筹协同推进，坚持生态效益与经济效益、社会效益相统一。第 4 条规定，县级以上人民政府应当加强对生态保护补偿工作的组织领导，将生态保护补偿工作纳入国民经济和社会发展规划，构建稳定的生态保护补偿资金投入机制。县级以上人民政府依法可以通过多种方式拓宽生态保护补偿资金渠道。第 7 条规定，对在生态保护补偿工作中作出显著成绩的单位和个人，按照国家

有关规定给予表彰和奖励。

9. **答案**：ABC。《固体废物污染环境防治法》第 104 条规定："违反本法规定，未依法取得排污许可证产生工业固体废物的，由生态环境主管部门责令改正或者限制生产、停产整治，处十万元以上一百万元以下的罚款；情节严重的，报经有批准权的人民政府批准，责令停业或者关闭。"

10. **答案**：ABCD。《民法典》第 1235 条规定，违反国家规定造成生态环境损害的，国家规定的机关或者法律规定的组织有权请求侵权人赔偿下列损失和费用：（1）生态环境受到损害至修复完成期间服务功能丧失导致的损失；（2）生态环境功能永久性损害造成的损失；（3）生态环境损害调查、鉴定评估等费用；（4）清除污染、修复生态环境费用；（5）防止损害的发生和扩大所支出的合理费用。

11. **答案**：ABCD。2020 年《刑法修正案（十一）》从生态环境保护实际需要出发，加大对污染环境罪的惩处力度，增设了四种特别严重的犯罪情形：在饮用水水源保护区、自然保护地核心保护区等依法确定的重点保护区域排放、倾倒、处置有放射性的废物、含传染病病原体的废物、有毒物质，情节特别严重的；向国家确定的重要江河、湖泊水域排放、倾倒、处置有放射性的废物、含传染病病原体的废物、有毒物质，情节特别严重的；致使大量永久基本农田基本功能丧失或者遭受永久性破坏的；致使多人重伤、严重疾病，或者致人严重残疾、死亡的。选项 A 正确。2020 年《刑法修正案（十一）》新增设了破坏自然保护地罪和非法引进、释放、丢弃外来入侵物种罪，破坏自然保护地罪是违反自然保护地管理法规，在国家公园、国家级自然保护区进行开垦、开发活动或者修建建筑物，造成严重后果或者有其他恶劣情节的行为。选项 B、C 正确。2020 年《刑法修正案（十一）》在六类中介组织（即资产评估、验资、验证、会计、审计、法律服务组织）的基础上，将近年来频繁出现重大造假丑闻的四类中介组织（即保荐、安全评价、

环境影响评价、环境监测）纳入刑事制裁范围。作为中介组织的环评机构、监测机构，在接受委托提供环评文件、监测报告的中介服务时，如果弄虚作假，将承担严厉的刑事制裁。选项 D 正确。

12. **答案**：ABC。国际环境条约是国际环境法最核心的渊源，涵盖大气、海洋、生物多样性等全球环境议题，其特点在于"框架公约+议定书+附件"的灵活立法模式。例如，《保护臭氧层维也纳公约》确立基本原则，《蒙特利尔议定书》进一步细化淘汰氟氯化物的义务。这种模式平衡了各国环保承诺与发展需求，允许通过后续议定书逐步增强约束力，适应全球环境治理的渐进性，选项 A 正确。尽管国际环境法历史较短，但部分习惯规则已通过国家实践和法律确信成为法律渊源。例如，《里约宣言》中"不得损害其他国家或在国家管辖范围以外地区的环境的原则"就是在国际习惯的基础上形成的，选项 B 正确。软法虽无强制约束力，却是国际环境法动态发展的催化剂。其表现形式包括：（1）国际组织有关环境保护的方针建议和决议；（2）有关全球环境保护的原则宣言；（3）有关环境保护的行动计划。软法虽无条约法的拘束力，却有力地影响和推动了国际环境法的发展，选项 C 正确。国内法仅对本国有效，不能直接构成国际法渊源，选项 D 错误。

📖 名词解释

1. **答案**：环境信息公开制度，是指依据和尊重公众知情权，政府和企业以及其他社会行为主体向公众通报和公开各自的环境行为以利于公众参与和监督的制度。因此环境信息公开制度既要公开环境质量信息，也要公开政府和企业的环境行为，为公众了解和监督环保工作提供必要条件。这对于加强政府、企业、公众的沟通和协商，形成政府、企业和公众的良性互动关系有着重要的促进作用，有利于社会各方共同参与环境保护。

2. **答案**：国家公园是指由国家设立并主导管理，以保护具有国家代表性的自然生态系统为主要目的，实现自然资源科学保护和合理利用的特定陆地和海洋区域。国家建立以国家公园为主体的自然保护地体系，逐步将自然生态系统最重要、自然景观最独特、自然遗产最精华、生物多样性最富集的自然生态空间纳入国家公园，实行严格保护。

3. **答案**：生态保护补偿，是指通过财政纵向补偿、地区间横向补偿、市场机制补偿等机制，对按照规定或者约定开展生态保护的单位和个人予以补偿的激励性制度安排。生态保护补偿可以采取资金补偿、对口协作、产业转移、人才培训、共建园区、购买生态产品和服务等多种补偿方式。

4. **答案**：企业事业单位和其他生产经营者违法排放污染物，受到罚款处罚，被责令改正，拒不改正的，依法作出处罚决定的行政机关可以自责令改正之日的次日起，按照原处罚数额按日连续处罚。

✏️ 简答题

1. **答案**：环境法律关系，是由环境法的规定和实施所确认、形成、变更和消灭的人与人的关系和人与自然的关系，或者说是指由环境法规定、控制（合称为规制）的行为（环境法律行为）所形成的人与人的关系和人与自然的关系。

环境法律关系作为法律关系之一，既具有法律关系的共性，又具有区别于其他法律关系的特征：（1）环境法律关系包括人与人的关系和人与自然的关系，而不仅是人与人的关系。环境法律关系主体的一个重要特点是将人与自然的关系纳入法律关系的范畴，重视主体和客体之间的关系。即环境法律关系既包括主体之间、客体之间、主体与客体之间的人与人的关系或者人与人之间的权利义务关系，又包括主体与主体之间、客体与客体之间、主体与客体之间的人与自然的关系。（2）环境法律关系中人与人的关系始终以环境为媒介，人与自然的关系也离不开人与人的关系。人与人的关系是以环境为媒介，因而同时反映人与环境的关系；人与自然的关系中的人，是社会化的人，因而人与自然的关系又离不开人与人的关系。

（3）人与环境在不同的具体的法律关系中，具有不同的法律地位，可以成为主体也可以成为客体。（4）环境法律关系是一种综合性的法律关系。环境法律关系包括由合法环境行为、违法环境行为和环境犯罪行为引起的法律关系，而不仅是指合法环境行为引起的法律关系；在某些特定情况下，甚至包括动物行为或大自然行为所引起的法律关系。根据不同的环境法律事实，环境法律关系可能涉及民事性的法律关系、行政性的法律关系、刑事性的法律关系和其他性质的法律关系。

2. **答案**：生态环境标准是环境监督管理的重要技术支持和保证，也是国家进行环境监督管理所遵循的技术基础和准则。生态环境标准制度是有关环境标准的编制、审批、发布、实施和监督管理的一系列法律规范的总称，是生态环境标准活动的正规化、程序化和法定化。

　　《生态环境标准管理办法》规定，生态环境标准分为国家生态环境标准和地方生态环境标准，前者包括国家生态环境质量标准、国家生态环境风险管控标准、国家污染物排放标准、国家生态环境监测标准、国家生态环境基础标准、国家生态环境管理技术规范，后者包括地方生态环境质量标准、地方生态环境风险管控标准、地方污染物排放标准、地方其他生态环境标准。需要注意的是，同一区域内存在地方生态环境质量标准、地方生态环境风险管控标准和地方污染物排放标准时，优先执行地方标准。

论述题

答案：环境资源法调整的是人与自然之间的关系，其基本原则作为立法和执法的核心价值指引，贯穿于环境资源立法、执法、司法和政策执行的全过程。这些原则不仅体现环境法的科学性、公益性、协调性，也影响法律制度的设置与实施效果。

　　我国环境资源法的基本原则有预防原则、受益者负担原则、公众参与原则等。预防原则是指对开发和利用环境行为所产生的环境质量下降或者环境破坏等后果，应当事前采取预测、分析和防范措施，以避免、消除由此可能带来的环境损害。受益者负担原则是根据经济学家有关"外部性理论"而在环境资源法上确立的具有直接适用价值的原则，必须采取措施使治理环境的费用（外部费用）由生产者或消费者承担。公众参与原则是指公众有权通过一定的程序或途径参与一切与公众环境权益相关的开发决策活动之中，并有权受到相应的法律保护和救济，以防止决策的盲目性，使得该项决策符合广大公众的切身利益和需要。

　　预防原则是适用于所有环境利用活动的普遍性原则。该原则的适用要求：合理规划、有计划地开发利用环境和自然资源；运用生态环境标准控制和减少生产经营活动向环境排放污染物；对开发利用环境和资源的活动实行环境影响评价；增强风险防范意识，谨慎地对待具有科学不确定性的开发利用活动。例如，《环境保护法》第19条要求编制有关开发利用规划，建设对环境有影响的项目，应当依法进行环境影响评价，体现规划阶段的预防原则。

　　受益者负担原则主要表现为"开发者养护、污染者治理"，即在对自然资源和能源的开发和利用过程中，对于因开发资源而造成资源的减少和环境的损害以及因利用资源和能源而排放污染物造成环境污染危害等的养护和治理责任，应当由开发者和污染者分别承担。具体表现为：实行排污收费或者征收污染税制度；实行废弃物品再生利用和回收制度；实行开发利用自然资源补偿费或税制度；建立环境保护的共同负担制度。

　　公众参与原则具体体现为：在环境影响评价和其他涉及公众利益的许可程序中建立公众参与制度；建立决策信息公开与披露制度；鼓励各类非政府的环境组织代表公众参与环境决策；建立公众参与的司法保障制度。例如，《环境保护法》第53条规定公民、法人和其他组织依法享有获取环境信息、参与和监督环境保护的权利，确立了公众参与的知情权、参与权、监督权。

图书在版编目（CIP）数据

环境资源法配套测试／教学辅导中心组编. -- 12 版.
北京 ： 中国法治出版社，2025. 8. --（高校法学专业核
心课程配套测试）. -- ISBN 978-7-5216-5282-6

Ⅰ. D922.604

中国国家版本馆 CIP 数据核字第 2025YE0744 号

责任编辑：贺鹏娟　　　　　　　　　　　　　　　封面设计：杨泽江　赵博

环境资源法配套测试
HUANJING ZIYUANFA PEITAO CESHI

组编/教学辅导中心
经销/新华书店
印刷/三河市紫恒印装有限公司
开本/787 毫米×1092 毫米　16 开　　　　　　　　印张/ 15.75　字数/ 326 千
版次/2025 年 8 月第 12 版　　　　　　　　　　　2025 年 8 月第 1 次印刷

中国法治出版社出版

书号 ISBN 978-7-5216-5282-6　　　　　　　　　　　　　　定价：46.00 元

北京市西城区西便门西里甲 16 号西便门办公区
邮政编码：100053　　　　　　　　　　　　　　　传真：010-63141600
网址：http：//www.zgfzs.com　　　　　　　　**编辑部电话：010-63141793**
市场营销部电话：010-63141612　　　　　　　　**印务部电话：010-63141606**

（如有印装质量问题，请与本社印务部联系。）